危机管理：理论·实务·案例

熊卫平　编著

图书在版编目（CIP）数据

危机管理:理论·实务·案例／熊卫平编著. —
杭州:浙江大学出版社,2012.7(2022.2 重印)
ISBN 978-7-308-10178-3

Ⅰ.①危… Ⅱ.①熊… Ⅲ.①企业管理 Ⅳ.
①F270

中国版本图书馆 CIP 数据核字（2012）第 140743 号

危机管理:理论·实务·案例
熊卫平 编著

责任编辑	朱 辉
封面设计	刘依群
出版发行	浙江大学出版社 (杭州市天目山路 148 号 邮政编码 310007) (网址:http://www.zjupress.com)
排 版	杭州青翊图文设计有限公司
印 刷	广东虎彩云印刷有限公司绍兴分公司
开 本	850mm×1168mm 1/16
印 张	16.25
字 数	416 千
版 印 次	2012 年 7 月第 1 版 2022 年 2 月第 7 次印刷
书 号	ISBN 978-7-308-10178-3
定 价	40.00 元

浙江大学出版社市场运营中心联系方式:0571-88925591;http://zjdxcbs.tmall.com

代序

危机管理无法追求完美

危机是任何一个社会组织生存与发展过程的必然组成部分

危机管理是任何一个社会组织管理的基本组成部分

作为一个管理者一般都应该具备两个能力：一是管理常态的能力，二是管理非常态的能力，也就是管理危机的能力，这是管理的题中之义，也是管理者的份内之事。危机只是发生了你早已经知道可能会发生的，打乱了你常态管理思路的一件事情，你要做的也只是启动你的非常态思维方式并采取非常态的手段，通俗地表达就是你需要开启一个特殊的按扭而已。危机迟早会来找你，不用你去找他，什么时候、什么地方并不很明确，但是危机发生却是必然的。管理者需要不断地在常态与非常态的思维方法中进行切换，最关键的是先要做出一个准确的判断，即到底你现在是处在常态还是非常态。尽管管理可以直接表述为决策，但是没有准确的判断任何的决策都将是错误的，所以一个管理者应该先从判断两种状态的能力先开始培养，这正是危机的必然性决定的。

危机的必然性只是问题的一个方面，还有另一个方面是你对危机的判断即使是准确的，你对危机管理作出的决策也是正确的，但是危机管理的过程还是充满了诸多不如人意的地方。大量的不可预知的问题会在管理危机的同时出现，甚至扰乱着我们对自己能力的认知，因此，从一开始我们就必须以一种无法达到完美的心态来开始危机本身的管理。

这种不完美的管理理念可以从以下几个方面来分析：

- **作为管理主体的你来说是不可能穷尽危机的全部规律的**

当我们承认作为危机管理的主体人本身具有认知上的局限性时，就已经知道对危机的判断、决策、配置资源的全过程是一件很困难的事情。

无论是从危机的预警开始到危机的处理、恢复及善后的工作都让管理者处于一种无法完全驾驭自己能够完全清醒地把握自己追求的目标，危机的无法完全预测、危机时决策的偏差在危机管理中都是很平常的事情，正是这种对于自身认识上的无法追求完美让我们对危机这种客观的存在有了一种包容，这其实也是对自己的一种包容。

- **危机管理的对象即危机本身的复杂性及不可预测性**

危机爆发是必然的，但是在什么时候、采取什么样的形式、表现到什么程度、会造成什么样的影响却是不确定的，即带有很大的偶然性，因此，作为管理者往往无法准确地预测危机发生的时间、地点、强度及规模。如同地震是必然要发生的，但是什么时间、地点却往往很难准确地预测。即使我们有种类繁多的危机预案，但是正如有人所说，当危机发生时预案中能够发挥作用的内容大概只占预案全部内容的50%，更为重要的是我们甚至并不清楚是哪一部分的50%可能会发挥临场的作用，甚至有管理者明确表示，等到危机过后，静下心来才发现原来预案还在保险箱里锁着，根本就没有拿出来用。危机预案无法罗列所有危机的可能性，即使罗列了所有发生的危机，但是具体危机的表现形式及危机当时的社会环境也决定了预案本身的时滞性及不可完全的适应性。及时地修订预案可以缓解部分这类问题，但是再好的计划也是赶不上变化，因此，危机成为考验每个管理者的应变心态及能力的最佳时机。

- **危机管理不是常态管理，正如平时你需要自己上下班，解决工作中的问题，但是危机往往需要运用的是内部、外部的一切资源**

有些危机会产生专业性的问题，如地震、化学物体泄漏，需要得到专业人士的帮助，这种社会资源的配置过程是无法完全由管理者自身单独来控制，可能会受制于他人或自身的条件。危机管理总是打破一个组织现有的管理结构，需要面对整个社会，其中赢得社会资源的帮助与否直接决定了危机管理的成败与否。但是，在危机管理中，却不断地发现我们实际拥有的资源在危机状态总是不够，危机的应对往往会让人感到力不从心。因此，危机管理中各种资源配置的不完善也使得危机管理本身注定无法达到预想中的要求。我们可能会感慨：如果当时谁能够帮助我一下该有多好！

- **危机管理的评价标准是无法强求完美的**

假设你已经具备了危机管理所需要的专业知识及专业人才，但是危机最终是否解决无法由你自作主张，危机到底有没有解决，在很多时候往往由社会说了算。你只要承认你不是万能的，你就必须接受很多危机并不是你的能量所能控制的，甚至于有些危机对于整个人类也是无法控制的，或者能够控制它的力量并不被我们现在所占有。既然很多的危机连人类都无法解决，我们所谓的危机管理也就只能追求一种非完美的评价标准，即所有的危机管理最终都是对社会的评价标准作出管理，即能够说服社会认可或愿意接受你终于已经把危机解决了，至于解决到什么程度则是一种认识的问题了。我们从来不会认为一个人的生命与几十万之间带有可比性，但是大量的生命的失去最终人们愿意接受的是用经济来补偿，因为只能做到这个程度了，大家都很清楚：人死是不可以复生的。那么如何来确定这个补偿的标准呢？这是由某个时期、某个地方的人们的认识标准来决定的。所以，危机管理的同时也是对人们关于危机及解决危机的能力的认识本身进行管理，即危机管理并非在意将危机本身管理到什么程度而只是人们对危机管理水平的认识水平管理到什么程度。因此，危机本身并不可怕，可怕的是人们对于危机的认识，危机管理到什么程度也并不重要，重要的是人们希望你把危机管理到什么程度。

可见，在罗列危机管理与常态管理的区别时，不仅仅要看到危机管理的突发性、破坏性、不确定性等，同时还有一个很重要的方面就是它的不完美性，即很难用一个较统一的标准来评估危机管理是否成功，当我们在描述危机管理结果时与其使用“成功地解决了危机”不如使用“危机总算是被解决了”更为合适。

本书的写作主要是应了学生的要求，大量的面向不同对象的授课的机会既充实了自己关于危机理论与实务的信息，同时也开拓了多方面的思路。课讲得多了想法也就多了，想法多了课就讲得更多了。为了将授课时的感受通过更为广泛的传播方式体现出来，因此我决定出一本简单、通俗、易读的与危机管理有关的书。在与浙江大学出版社资深编辑李桂云女士沟通时也得到了认可与支持。因此，经过多年的授课及将近一年时间的整理，呈现在你面前的就是这本《危机管理——理论、实务、案例》。

本书沿用了危机管理的基本理论体系，并力求在以下三个方面表现出与其他同类书籍的区别。

第一，它在内容上包括了理论、实务、案例三个方面，对于初次接触危机管理的读者来说，它既是全面的又是可操作的。所以，本书既可以作为学生的专业用书或选修教材，也可以作为在职管理人员和一般读者的自学读物，具有较强的普遍适用性。

第二，本书在写作中特别注重危机管理的实用性，即讲解它的操作过程，这不仅直接体现在第二部分"危机管理实务"的介绍，也体现在案例点评中给予了操作性的提示，希望通过阅读既培养读者的危机意识更能够提升危机应对的技巧。

第三，本书在写作中不断地展示理论、实务及案例等各方面需要思考的问题，在读者阅读的每一段落都可以进行直接的沟通，而书中大量的对话性的提问方式正是作者铺设的与读者交流的平台。借助于这种与读者思考同步的阅读方式希望能够增强本书的可读性及启发性，这也是阅读的真正目的。

本书编写的全过程刚好我儿子王之晨准备出国学习，边写作边与他探讨一个人在国外的生活、学习可能会遭遇哪些事情，希望他能够给出一个较明确的应对的思路与方法，最终在他的不可理喻的目光中我明白了这是一件多么不容易的事情，你能想到所有问题吗？你能事先做好所有准备吗？不可能的。我们能够做到的是学会无论遭遇什么危机都要有一个良好的心态，努力提高自己的承受力、适应力，这才是最有可能的。

最后，郑重说明，本书写作中运用了大量的资料，因为很多资料是多年授课过程中慢慢积累的，这些资料的出处在书后的参考书目里会有说明，但有些资料的具体出处无法做一个细致的注解，如果由此引起原作者的不快，在此我先表示谢意，同时更表示深深的歉意。

感谢各位同仁的真知灼见，感谢各位同行的严谨推理，我抱着学习的心态希望与你们分享我对危机管理的点滴心得，这是我写这本书的最大心愿。同时也要感谢家人王卫东、王之晨在编写的全过程与我进行的探讨，他们的点滴思维也给了我持续的启发。

熊卫平

2012 年 1 月于浙江大学紫金港校区港湾家园

目　录

上篇　危机管理理论

中篇　危机管理实务

下篇　危机管理案例

上篇

危机管理理论

危机从来就有，危机管理却并非从来就有，而现代意义上的危机管理的理论研究（或危机管理学）严格意义上来说至今只有几十年的历史，危机管理实践的推动作用催促着危机管理理论研究的成长与发展。作为一种对危机本身进行管理的理论，如何才能突破理论自身不完善的危机是目前所有涉足于危机管理的学术界、实务界同仁共同的责任。

在我们这个社会中，因为不可预知的天灾及人为的因素会产生大量的对于一个管理者来说很痛苦的事情，那就是一种打破了常规的管理思路、打断现有的工作节奏、脱离了常规的运作轨迹的并对自身造成伤害的危机事件。面临众多的危机的管理实践，人们开始思考并探索着解决之道，希望能够找到看似繁杂且林林总总的危机背后的共同的规律，这种探索危机背后的共同的规律，力求寻找解决之道的过程形成了众多的危机管理的理念及思路，这种理念的总结即形成了至今较完整的危机管理的理论体系。危机管理的理论要探讨的是危机管理活动的普遍规律、危机管理基本原理和一般的方法。

危机管理的理论作为一门新兴的学科，有大量的定义或含义的描述，这些将在本书的上篇来阐述。

- 危机到底是什么？
- 危机对于一个社会组织来说有什么样的价值？
- 危机管理是如何进行的？
- 危机管理与平时常态的管理有什么样的区别？
- 危机管理的价值及意义是什么？
- 危机管理的基本过程及基本模式是什么？
- 危机管理需要构建哪些制度与规则？
- 对危机管理的探索已经形成了哪些结论及理论体系？
- 所有这些问题的解答将带你进入危机以及危机管理这个大门。

第1章

危　机

学习提要

学习本章要求掌握危机的基本含义，了解危机的特征、危机构成的因素、危机的特殊价值及意义。

本章将回答以下问题

(1)什么是危机?
(2)对危机作判断需要分析哪些要素?
(3)危机的基本特征是什么?
(4)危机有什么特殊的价值?

第一节　危机的含义

危机到底是什么？迄今为止，各国学者一直都在试图寻找一个比较全面和确切的定义来描述，但是由于危机的复杂多变，使得人们往往只能从危机的不同侧面和要点来定义危机，或者使用着“危机”这个术语。

一、一直以来人们是如何来界定危机的

• 美国著名危机管理专家劳伦斯·巴顿博士将危机定义为：一个会引起潜在负面影响的具有不确定性的大事件，这种事件及其后果可能对组织及其员工、产品、服务、资产和声誉造成巨大的损伤。在此，危机被认为是一种大的事件且会带来潜在的负面影响，这种负面影响的范围会扩大到人和组织的名声。即危机会有足够的破坏力，要大到会带来巨大的伤害且影响到一个组织的整体生存环境，而这种环境与一个组织的名誉有关，由此危机管理需要进行及时的沟通及关系的协调。

• 英国著名危机管理专家迈克尔·里杰斯把危机定义为：一种能够使企业成为普遍的和潜在不适宜的关注的承受者的事件，这种关注是来自于国际和国内的媒体以及其他群体，如消

费者、股东、雇员及其家庭、政治家、工会会员以及由于一种或多种原因而对环境保护组织的活动有着天然兴趣的环境保护主义者。迈克尔·里杰斯同样也将危机定义为是一种事件，揭示了危机的被关注性及利益的相关性，即危机只有构成了对某个主体的实际的利益相关性才会成为真正意义上的具体的危机。

- 美国著名学者罗森塔尔则将危机定义为：危机是指具有严重威胁、不确定性和有危机感的情境。此处的危机被描述为是一种情境，即对一个社会系统的基本价值和行为准则架构产生严重威胁，并且在时间压力和不确定性很高的情况下，必须对其作出关键决策的事件。如果我们将危机描述为一种情境既体现了危机管理的非常态性，即不同于一些熟悉的有规律的状态，同时也体现了危机的可描述性，即我们可以对它进行情境化的演绎，也可以为危机的管理打下基础。

- 美国学者福斯特则从危机的基本特征角度对危机作了一个界定，即危机有四个显著特征：急需快速做出决策，并且严重缺乏必要的训练有素的员工、物资资源和时间来完成紧迫的任务。即紧急决策、人员严重缺乏、物资严重缺乏、时间严重缺乏，即我们很熟悉的著名的"三缺一急"，这为危机的应对带来了困难。这个定义主要是体现了危机管理的不可确定性及艰巨性，它与常态管理的有准备是完全不同的，这也就体现了管理者的个人能力的差异性会导致危机结果的差异性。毕竟在时间、物资及人员的前期拥有及临时配置方面，不同的组织、不同的管理者是存在区别的。

- 美国学者赫尔曼对危机的定义是：危机是威胁到决策集团优先目标的一种形势，在这种形势中，决策集团作出反应的时间非常有限，而且形势往往会朝着使决策集团惊奇的方向发展。这个定义强化的是危机本身的过程性及阶段性，即显示了危机的动态特征，这就说明了危机管理过程中存在无穷的可能性，任何结果的出现都是一个特定过程及结果的必然，但是过程的复杂性会使结果显现其多样性，即我们所说的一切皆有可能。

- 《韦伯词典》将危机定义为：危机是有可能变好或变坏的转折点或关键时刻。这更是将危机本身确认为是一个时间点，这个时间点的未来趋势将会取决于危机管理者的引导，同样的也对危机作了阶段性及过程性的描述。

- 《朗曼现代英语词典》将危机定义为：严重疾病突然好转或者恶化的转折点，事物发生过程中的一个转折点、不确定的时间或状态、非常危险或者困难的时刻。

无论是《韦伯词典》还是《朗曼现代英语词典》的描述，都在告诉我们危机未来的发展趋势是未知的，它将取决于管理者介入以后产生的结果，所以危机结果的多样性不仅仅取决于危机本身，更关键的是因为管理者管理本身的差异性。

- 系统论一直都认为：危机是一种改变或破坏系统平衡状态的现象，可以视为系统的失衡状态。系统论认定的危机是一种失衡的状态，这种状态的恢复过程就是危机管理的全过程。所以危机管理本身首先需要恢复正常状态然后再领导追求可能带来的机会或转机。

综上所述我们也可以将危机定义为：一种决策的情景，即在一种特殊的情景下从事的管理模式及由此形成的理念及方法，这种决策情景的管理也具有普遍性及一般的规律，只是还需要通过人们的努力才能够真正地发现。在此情景中作为决策者的组织（政府或企业）所认定的社会基本价值和行为准则架构面临严重威胁，决策者必须在相当有限的时间约束下做出关键性决策和具体的危机应对措施。因此，危机管理就成为管理的基本组成部分，危机管理应该成为一种常态的管理工作中必须做好准备的非常态事件的管理。

在现实的工作中，不同行业的管理者也会根据切实体验对危机作出简单的、通俗的理解，这呈现出了丰富多彩的对危机的解读。

如民航部门从广义和狭义两方面对危机作了定义。从狭义理解危机是一种能够带来高度不确定性和高度威胁的、特殊的、非常规的,以无限多样的形式在许多年中不断发生的非预期性事件;而从广义理解干扰民航业务自然流程的任何事件都可以称为危机,即对于一个组织来说,凡是不好的东西都可以叫做危机。

有些学校管理者对危机的定义更为丰富,他们认为危机就是校园内成员无法克服障碍时,导致成员个人的解组或烦乱;是学校成员或行政体系遭受挫折产生的解组或运动失灵;凡是发生在校园内或与校园有关,对学校成员造成不安、压力、伤害,而以校园现有人力与资源,难以有效解决的事件或情境。

甚至有些学者充满激情地将危机描述为:危机是一所学校,能够使我们在困难的环境中提高驾驭复杂局面的能力;危机是一面镜子,能够使我们从艰巨的任务中发现管理的时弊;危机是一台推土机,能够使我们在非常的情况下推倒平时难以移走的工作障碍;危机是一台转换器,能够使我们在特殊的境遇中端正做人的准则、处事的理念和交往的方式。这些辩证关系为我们进行危机管理的决策做了导向的作用。

综上所述,我们可以对危机作出一些趋向性的解释,即危机一般都是作为"事故"、"灾害"、"破坏"、"灾难"的近义词出现,指向的往往是对突发的且对正常秩序造成破坏的事故或事件。为了表述的方便,我们可以将危机简单地定义为:危机主体预防和控制力以外涉及的,具有某种危害程度的事件或状态。这种表述既体现了危机的事件特征,也表现了是对一个特定主体所构成的危害,而这种危害有一定的度的界定,即伤害没有达到一定的程度是无法构成危机的意义,因此是不是危机往往是因人、因时、因地而异。同样的伤害标准无法简单地套用在不同的危机主体身上,这与主体自身的承受力也有着直接的关系。

二、"危机"、"突发事件"、"紧急事件"、"风险"比较

为了界定什么是危机,有必要将"危机"与"突发事件"、"紧急事件"、"风险"等做一比较。

(一)"危机"与"紧急事件"、"突发事件"的比较

"紧急事件"一般强调的是对于事件处理时间的紧迫性,"突发事件"强调的是事件发生的不可预测性。这两者都不能直接等同于"危机"。在人类社会中各种冲突和"突发事件"及"紧急事件"无处不在,但并不是所有"突发性事件"和"紧急事件"都是危机。"危机"特别强调的是对组织的生存和社会生活及秩序造成影响的突发性的、紧急性的事件。有人举过很形象的例子来说明二者之间的区别:一个工厂里的水龙头坏了,如果仅仅导致会议时间被拖延那只是事故;如果由此造成工厂停产,甚至引起倒闭,那就成为危机。也就是说,事故影响较小,只能是局部的破坏,而危机则影响较大,会对工厂造成根本性的毁坏。

尽管从学术上我们可以将几个概念作清晰地解释,但是在现实生活中人们更愿意将突发的、紧急的事件等同于危机来使用,因为危机往往是突发的且是紧急的。既然突发的或紧急的事件如果破坏程度不够,对于危机主体的伤害并不大,我们没有必要将它作为危机来管理,这就引出了危机管理的警戒线问题,即危机管理中是否将它作为危机来管理首先需要作出一个认识上的澄清,即达到什么样的标准才叫真正的危机,危机预警中的警戒线的设置就不可能是一个随意性的问题了。

（二）“危机”与“风险”的比较

所谓“风险”是指发生对组织不利事件的可能性，对“风险”防范不善造成的危害达到较大的程度时危机才会发生。也就是说，“风险”的存在是导致危机发生的前提，对“风险”进行有效的评估和管理可以防范危机的发生。管理者如果对各种风险熟视无睹，或者对于已经认识到的各种风险不采取有效的措施，今天的风险就会演变成明天的危机。因此危机与风险的区别可以这样理解：风险是危机的诱因，但是并非所有的风险都会引发危机，只有当风险所造成的危害达到一定的程度时，才会演变为危机。

因此，人们普遍地倾向于认为风险管理是危机预警管理的一个部分，而且风险管理的研究进程也已经构成危机管理研究的一个重要的组成部分。

第二节　危机的判断

根据以上的定义及分析，我们认为判断危机时需要作出以下三个方面的思考。

一、危机是客观的

危机的客观性首先指明的是任何一个社会组织其实都是在危机中生存与发展的，危机本身就是一个社会组织的天然组成部分。无论是政府或企业都无一例外。如从政府角度来看，世界头号大国美国政府其实一直经历着危机的考验，从2007年的次贷危机到今年的占领华尔街等等。中国政府自2003年的“非典”以来也经历了不同危机的考验，无论是雪灾、汶川地震等其实都是在逼迫一个政府的快速成长。从企业角度来看，自1886年在美国的药剂师约翰·潘伯顿发明了神奇的饮料“可口可乐”(Coca-Cola)以来，可口可乐公司几乎都是在与危机的较量中发展与壮大。甚至发生了1999年在比利时120人(其中有40人是学生)在饮用可口可乐之后发生中毒的大事件，对于一个拥有113年历史的可口可乐公司也仍然是有史以来罕见的重大危机。同样的，中国的华为公司经历过众多的危机，如高层人员离职、员工过劳死及针对《劳动合同法》实施的集体辞职门事件，在海外拓展与并购中也经历过重大的挫折，等等，也许正是这些不断出现的危机使得华为成为中国目前公认的危机管理的高手。危机的客观性意味着防范危机既是一种必要的工作同时也只是为了让我们在危机到来时更加从容，也就是为了危机的到来做好我们能够做到的一切准备工作。

二、危机是具体的且有针对性的

危机不可能是抽象的，它不仅是客观的存在同时也是有针对性地存在，即对于谁来说它是一次危机，危机指向的是一种伤害的事实，且作为危机的受害方必须已经意识到这是危机的事实。危机总是指对某一个主体构成了伤害，这种伤害尽管作为政府的公共危机管理会具有广泛性，但是它也必须是有针对性的，即使是全球性的危机也是有其针对性。当我们在使用危机这个符号时必须肯定危机的受体，即对谁来说是危机。

三、危机会有生命的周期

危机有一个演化的过程，尽管很多危机带有突发性但是危机的产生、成熟及消失总是伴随着一个周期且有规律地运行着，在这个生命周期中有很多的不可确定的因素，但是危机的或好或坏的转化却是客观的且也是可管理的，因此，危机的可变性才是我们今天可以坐下来探讨危机规律的前提或出发点。正是危机的生命周期使得任何一个社会组织在生存及发展全过程中都会将危机作为一个管理的资源，并且也是组织生存与发展方向及前景的重要资源。危机的生命周期决定了危机本身所包含的时间因子。一方面，危机作为客观的存在与一定的时间背景有着直接的关系；同时危机本身也需要时间来慢慢地演化与发展，其消亡的结果会带来什么样的具体影响与伤害是无法预估的，但是危机会消亡却是必然的。

我们认为危机很难判断是因为我们没有针对危机本身所包含的上述要素进行分析，我们往往会立足于自身的立场来对危机作界定，这是对危机判断的偏离，那么判断危机时应该以谁的角度来界定呢？

下面针对两个实例进行分析：

实例 1

某学者在网上公开中国有十几个香烟产品中金属含量超标四倍？请你分析这是否是危机的信号？

实例 2

有个农民到自己家的屋顶上翻修瓦片时，因为自己不小心从屋顶上摔下来死了，这能成为危机吗？

实例分析

首先判断危机的角度问题。作为烟草企业来说，这是否属于危机的信号？含金属量超标肯定是一件对企业有影响的事情，但是要构成危机必须取决于让企业感受到压力的存在，或伤害的存在，那么造成这种伤害的不可能是企业自己，因为企业生产香烟时明确表示过抽烟是有害身体健康的，而且金属含量是否超过标准，生产者自己是很清楚的，之所以这样生产了就是认为它的含量是符合他认为的标准的。所以真正要成为压力或伤害必须取决于政府或消费者，也就是其他的利益相关者，那么从政府角度来考虑，它会采取相关的措施吗？标准本身就是政府制订的，标准的检查也是政府的行为，我们就先放下政府的影响力，先来看一下消费者的立场。在某个特定的时期如果人们对健康的关爱程度逐步提高并成为一种行为的动力时，那么这个信号是具有杀伤力的，但是，如果抽烟的人并不在意这个信号的话，那么它就无法构成对烟草企业的伤害。所以，到底是不是危机，我们无法仅仅从伦理的标准来界定，更多的要取决于你对于危机本身的相关方的利益分析，即它到底是谁的危机。消费者在意并采取抵触的行为，政府由此介入对企业进行整改并要求对含量超标的产品进行销毁，那么这种伤害才是真实的且危机是客观存在的。所以对于危机的判断最关键的问题是立场要调整，即站在谁的立场才有可能确认危机的存在。

实例分析

如果站在旁观者的立场我们很容易将这个事件定性为意外，但是，事实证明我们认为它是否是意外并不重要，重要的是如果要让它成为意外首先要找到利益最直接的人，那么只能找到其家人的立场才有可能做出准确的判断。如果家人认为这是意外它就无法构成针对谁的危机，但是如果家人认为这不是意外呢？你说这明明就是意外。这里涉及两个问题，一是你的立场并不重要；二是意外与否在危机管理的善后阶段从法理上可以做出一个责任的推理，而作为旁观者你已经超越了危机管理的阶段性，你从危机刚发生的一瞬间就进入了危机结束时的思维，对于过程管理及阶段管理的理念来分析，这是很可怕的，因为你扭曲了危机本身的生命周期。那么结果如何呢？在现实生活中他的家人认为这并不是意外，因为他们找到了一个你的立场无法找到的理由，即边上有个矿区，每天都在施工爆破，是每天的爆破将他家的屋顶震松了，所以责任应该是在矿区。村里的很多人聚在一起涌到矿区门口要求讨个说法，结果制造了一个不大不小的群体事件。这件事情所引发的已经不仅仅是一个企业的危机甚至上升为政府的危机，因为它是一个群体性的事件。危机就这样发生了，它甚至在你无法找到一种对于你来说有说服力的理由时它就发生在你的面前了，危机并没有出错，错的是你的思维没有进入危机的特定的思维，即它是否是危机往往不是由你的立场来做主的。

作为危机的管理者如果在危机的判断上作出错误的选择时我们可能就会错过最重要的非常态思维的启动的第一时间的把控，那么危机的生命周期就会朝着你并不喜欢的方向演绎，因此，面对事件我们对于是否是危机的判断首先要找到是正确的立场与方法。是谁的立场呢？应该是弱者的立场，是你作为管理者以外的其他的弱者的立场。

因此，面对危机的判断往往是三个方面的问题：

- 它是危机吗？
- 它是谁的危机？
- 谁是这个危机的弱者。

这三个问题是正式启动危机思维的基本前提。

思考题

危机中弱者的判断是一件很难的事情，但是找不到弱者就找不到危机管理的对象及依据，尽管这是一件很困难的工作，但是你作为管理者却不可能为危机的弱者这是一个不可犯错的事情，只要管理者将自己作为弱者来进行管理，那么危机肯定是无法顺利解决的。你是否可以从书中罗列的案例中找到危机的弱者？

第三节 危机的基本类型

对危机进行分类是研究和了解危机的基本途径，因为从不同的角度对相同的研究对象进行分类和归纳，可以让我们以新的视角认识客体，获取新的研究方法。危机的种类可以说是千奇百怪，这种多样性既与危机原因的复杂多样有关，同时也与危机表现形式的丰富多彩有关。

一、学术界达成共识的分类

根据不同的思考维度我们可以对危机作出不同的分类。

从危机影响范围考虑，可以将危机划分为国际危机、国内危机、地区危机和组织内部危机；

从危机涉及领域来看，可以将危机划分为政治危机、经济危机、社会危机、价值危机、文化危机等；

按照危机的性质，可以将危机划分为针对社会制度基本结构的危机和针对具体行为规范或价值观的危机。

如果从一个社会组织的生存环境来分析，危机产生的原因不外乎是内、外两个方面，这就是所谓的"危机二分法"。即危机的成因即以危机产生的最终原因一般可以划分为两大类，即天灾或人祸。

按照危机造成后果的严重程度可以将危机划分为：特大危机、重大危机、一般危机等。目前，人们按照危机事件的性质、严重程度、可控性和影响范围、政治影响力大小、人员和财产损失多少等不同情况，借鉴国外"信号灯"反恐怖预警机制和国内地震等自然灾害级别划分的管理方法，由低到高确定绿色、蓝色、黄色、橙色和红色警报级别，并将事件和灾害分门别类地划分成若干等级。这种划分可以作为不同程度的危机在发生前后，涉及危机处置的各部门，依据警报和事件、灾害的级别，启动事先制定好的各类级别的工作预案。如中国政府部门已经将危机的重要程度划分为4级，特别重大的是Ⅰ级（红色），重大的是Ⅱ级（橙色），较大的是Ⅲ级（黄色），一般的是Ⅳ级（蓝色）。

上述这些分类在国内外学术界都已经达成了共识。

二、根据危机管理的主体划分

下面，我们根据危机管理的主体来进行一次危机类别的划分，这种分类有利于一个组织危机管理的进程推进，对可能遇到的危机的种类来开展预警工作，从事相关信号的收集、监测、以及预案的撰写、演习等等。

从管理主体来划分危机首先可以分为组织危机或个人危机，但是我们立足于管理的层面，个人的危机如果也影响到一个组织的利益我们才将它纳入到危机管理的程序，因此，本书倾向于对组织危机进行论证。因此，从组织危机管理主体的角度可以将危机划分为：政府危机、企业危机，等等。

（一）政府危机分类

政府危机根据具体的管理范围可以划分为国家危机和地区危机；根据原因可以划分为灾

难性的突发事件与社会危机事件；按照危机的性质可以划分为针对社会制度基本结构的危机、针对具体行为规范或价值观的危机。

政府危机的具体种类有：自然灾害、事故灾难、公共卫生事件、社会安全事件等四类。自然灾害主要包括水旱灾害、气象灾害、地震灾害、地质灾害、海洋灾害、生物灾害和森林草原火灾等；事故灾难主要包括工矿商贸等企业的各类安全事故、交通运输事故、公共设施和设备事故、环境污染和生态破坏事件等；公共卫生事件主要包括传染病疫情、群体性不明原因疾病、食品安全和职业危害、动物疫情以及其他严重影响公众健康和生命安全的事件；社会安全事件主要包括恐怖袭击事件、经济安全事件、涉外突发事件等。

具体从城市层面来看：作为一个城市危机管理中借助于危机的二分法可以划分为：自然灾害事故，包括旱涝灾害（如城市内涝）、地震、泥石流与滑坡、大风（II级大风会使城市的广告牌和悬挂物刮倒）、冰雹、雾灾（除了制造交通事故外，还会造成大面积断电以及影响飞机起落，造成大量旅客的滞留）、生物灾害（如大型畜场易流行疫病）、雪灾（会造成交通堵塞）、高温（对城市的供水、供电和日常生活会产生一定的影响）；人为灾害事故，包括：战争。现代高技术局部战争以空袭首都为主要作战样式，城市重要政治、经济目标遭到空袭，而战争可能引发的灾害是：火灾、建筑特倒塌、爆炸、有害有毒物质泄漏、疫病等，使城市生命线工程瘫痪，易造成人员重大伤亡；道路交通事故，这是城市发生频率最高，伤亡人数最多，经济损失较大的事故种类之一，且随着私人轿车的增多，重大交通事故呈上升趋势；化学事故，作为化学生产较集中的城市，在生产、运输、贮存或使用过程中，极易发生化学事故；政治事件，敌对分子破坏；信息化灾害，电脑黑客攻击网站、窃取情报、破坏公共计算机系统；暴力事件，以暴力手段威胁、恐吓、挟持、殴打他人或破坏公共设施；爆炸破坏，犯罪分子在人群密集地区或重要地区、重要目标附近实施爆炸，如校园餐厅的爆炸等；群体性事件，集体上访或非法游行、集会等，或在大型任何活动中发生拥挤、踩踏事件；生命线工程灾害，城市电、气、水、热等地下管网（生命线工程）因设备老化或管理不善极易发生灾难；城市火灾，高层建筑的烟囱效应、现代房屋的易燃化学装修材料、家用电器和燃气具的普及使现代城市火险隐患剧增。加之交通拥挤、楼房的封闭性和水电管网不健全、消防设施落后和管理薄弱，火灾一旦发生往往不可收拾；工程质量事故，因建筑设计、施工管理等存在问题，偷工减料、使用劣质建材、不按规范施工导致建筑物倒塌而引起的事故，等等。

上述的分类是我们针对政府部门公共危机管理需要事先进行防范和进行预警的工作依据及出发点，有关分类的认识越具体越形象，那么危机预案的制作也就越具有可操作性。

（二）企业危机分类

企业危机一般可以划分为8种类型：

①自然灾害。如地震、洪水、暴雨、大雪、火灾等。

②交通事故。如飞机失事、火车脱轨相撞、轮船沉没等。

③环境污染。如废气、废水、废渣的排放、核电站泄漏等。

④生产失误。如重大工伤事故、质量事故、房屋倒塌等。

⑤商业危机。如竞争对手冲击市场、股票交易危机、产品信誉危机等。

⑥人为灾害。如重大盗窃案、凶杀事故、自然事件、他人的陷害、误解等。

⑦劳资纠纷。

⑧其他的突发事件等。

也有人从另外的角度概括企业的 8 种危机,即

①信誉危机。它是企业在长期的生产经营过程中,公众对其产品和服务的整体印象和评价。企业由于没有履行合同及其对消费者的承诺,而产生的一系列纠纷,甚至给合作伙伴及消费者造成重大损失或伤害,企业信誉下降,失去公众的信任和支持而造成的危机。

②决策危机。它是企业经营决策失误造成的危机。企业不能根据环境条件变化趋势正确制定经营战略,而使企业遇到困难无法经营,甚至走向绝路。如巨人集团涉足房地产项目——建造巨人大厦,并一再增加层数,隐含着经营决策危机。决策失误没有能够及时调整而给企业带来了灭顶之灾。

③经营管理危机。它是企业管理不善而导致的危机。包括产品质量危机。企业在生产经营中忽略了产品质量问题,使不合格产品流入市场,损害了消费者利益,一些产品质量问题甚至造成了人身伤亡事故,由此引发消费者恐慌,消费者必然要求追究企业的责任而产生的危机;环境污染危机。企业的"三废"处理不彻底,有害物质泄露,爆炸等恶性事故造成环境危害,使周遍居民不满和环保部门的介入引起的危机;关系纠纷危机。由于错误的经营思想、不正当的经营方式忽视经营道德,员工服务态度恶劣,而造成关系纠纷产生的危机。如运输业的恶性交通事故、餐饮业的食物中毒、商业出售的假冒伪劣商品、银行业的不正当经营的丑闻、旅店业的顾客财务丢失、邮政业的传输不畅、旅游业的作弊行为。

④灾难危机。是指企业无法预测和人力不可抗拒的强制力量,如地震、台风、洪水等自然灾害、战争、重大工伤事故、经济危机、交通事故等造成巨大损失的危机。危机给企业带来巨额的财产损失,使企业经营难以开展。

⑤财务危机。企业投资决策的失误、资金周转不灵、股票市场的波动、贷款利率和汇率的调整等因素使企业暂时资金出现断流,难以使企业正常运转,严重的最终造成企业瘫痪。

⑥法律危机。指企业高层领导法律意识淡薄,在企业的生产经营中涉嫌偷税漏税、以权谋私等,事件暴露后,企业陷入危机之中。

⑦人才危机。人才频繁流失所造成的危机。尤其是企业核心员工离职,其岗位没有合适的人选,给企业带来的危机也是比较严重的危机现象。

⑧媒介危机。尽管真实性是新闻报道的基本原则,但是由于客观事物和环境的复杂性和多变性,以及报道人员观察问题的立场角度有所不同,媒体的报道出现失误是常有的现象。一是媒介对企业的报道不全面或失实。媒体不了解事实真相,报道不能客观地反映事实,引起的企业危机。二是曲解事实。由于新科技的引入,媒体还是按照原有的观念、态度分析和看待事件而引起企业的危机。三是报道失误。因为人为的诬陷使媒体蒙蔽从而引发企业的危机。

以上各种企业面临的危机同样也是企业管理者可以根据自身企业的实际情况来作出应对的依据,企业的性质及规模的不等会使企业在上述八种危机中主要面对的情况是不同的,如化工企业目前最关注的是环境及媒体的危机压力,而作为食品制造企业则往往容易陷入食品安全及政府食品监控方面的压力,甚至是因为行业内部有企业的行为不当而引发出了整个行业的灾难。

三、危机分类的意义

危机分类的意义就在于让我们针对不同危机种类进行有区别的管理,并有针对性探索不同类危机背后共同的规律。

①找出危机的起因可以确定危机管理的目标,提高危机管理的针对性;

②根据不同的危机类型可以寻找其共同的规律及提高借鉴的价值；

③强化危机管理的具体可操作性，即按照不同类型的危机分阶段性地进行部署与安排，从时间的延续上保证不同危机管理的差异性，从而真正提高危机管理的效率。

第四节　危机的基本特征

无论危机种类如何繁杂，但是危机本身却具有共同的特征，根据中外专家的分析与总结，目前基本上概括出较为公认的七个方面。

一、危机的隐蔽性

隐蔽性既体现了危机预测的必要性同时也体现了预测的艰巨性，从而也表明了面对危机的心态，以及为了能够发现危机的隐患需要不断地提高自身的水平。如 2004 年 12 月 26 日，西方传统的圣诞节刚刚过去，人们还沉醉于休闲与假日时，印度洋海啸在瞬间发生，灾难涉及印度、泰国、马来西亚、斯里兰卡、印度尼西亚、马尔代夫等 12 国，据路透社统计结果显示，此次灾难中各国死亡、失踪人数总计达 297271 人，刷新了历史上同类灾难死亡人数的最高纪录，死亡、失踪总人数达 30 万左右，遗憾的是在这场灾难发生时，没有一个沿岸国家对此有警觉与防范，甚至有马来西亚的官方和媒体宣称，他们是一个没有天灾的国家。

二、危机的突发性

正是危机的隐藏性给了我们对于危机突发的感受。我们刚刚正在强调要注重危机的预测以尽量挖掘危机背后隐藏的蛛丝马迹，但是，危机的突发又让我们感受到了危机的防不胜防，因此，危机的突发性与我们平时对危机的监控之间到底有什么样的关系呢？它只能是因为人们面对危机的不敏感性或者就是对于危机判断的经验不够充分，但这是一个无法回避的客观事实。由此也就提出了危机教育与危机培训的重要性，它并非是急于教育人们如何处理每一件可能发生的危机，而是先要教育人们面对突发事件或危机时该如何让自己进入应急状态更为有用，并设计危机第一时间的相关规则与要求更为科学与合理。如 1987 年 11 月 8 日晚上 7 点 30 分左右，英国伦敦地铁站出口的电梯着火，但是人们都不相信会有火灾发生。一位经理察看了一下火源但没有启动灭火系统，在场的乘客也表现得无所谓，没有人大喊着火，更没有人奔跑逃命。7 点 50 分左右火势开始蔓延。直至凌晨 42 分，大火才被扑灭。官方统计确认有 30 人丧命，20 人严重受伤。随后展开的调查表明，这次大火的火源是地铁站使用很久的木制结构的电梯。在过去的 45 年里，这种电梯已引发了 18 起火灾。这次火灾后，有关部门提出了 157 条改善意见。如在电梯上安装热监测器，装置自动灭火器，拆除木制结构的电梯、让员工参加应急管理课程的培训等等。

三、危机的不确定性

危机总是被冠以非常规性或非常态性的特征。尽管危机具有不可预测，难以预防、难以控制等特征，但并不是不可预测、不可预防和控制，这种不可预测、难以预防和控制通常与危机管理主体的危机意识、预测技术、预防手段和控制能力等条件密切相关，假如危机意识谨慎、预测技术先进、预防手段严密、控制能力较强，危机的危害性就能够得到削弱或消除。所谓的不确定性就会尽量地变得更可控制，结果也更可以预见。因为，不确定性的问题总是需要非常规的手段才能解决的。如美国政府在应对次贷危机时表现出了非常规的决策理念。2007 年 9 月，美国次贷危机爆发。2008 年 9 月，美国次贷危机演变为全球金融危机。这场危机给世界经济带来了深重的灾难，根据国际货币基金组织预测，危机已经给各国金融机构造成了 4 万亿美元的损失，在危机冲击下，2009 年世界经济增长率将下降 1.3%。为应对危机冲击，美国财政部和美联储相继出台了一系列非常规政策，美联储的非常规政策主要包括极度扩张的财政政策和极度宽松的货币政策，如持续大幅度降低联邦基金利率、新的流动性管理手段、对金融机构的直接救助。2008 年 9 月，美国次贷危机进一步演变为全球金融危机，美国经济形势不断恶化，美国财政部也被迫出台了一系列非常规政策。如 1500 亿美元的一揽子财政刺激计划、援助并接管“两房”、2008 年紧急经济稳定法案、2009 年财政刺激计划、金融监管体制改革等等。

四、危机的公开性或传播性

危机的公开性特征是与当下传媒发达的背景直接相关。信息传播的多样化、速度的高速化、范围的全球化，使得危机的情境往往得以迅速公开并成为公众关注的焦点。媒体的介入一方面要求我们特别关注任何事件的舆论风险，即将舆论本身也作为危机界定的依据，同时要考虑任何危机可能引发的舆论压力以及将舆论的引导纳入整个危机管理的全过程。正如人们所说的，尼克松总统对“水门事件”的极力掩盖所引发的危机，要远比其一开始的违法行为所造成的危机大得多。同样的在 2003 年中国政府处理“非典”危机中，我们并没有找到有效的预防和治疗措施，对疫情控制不力，信息不通畅，病情呈蔓延趋势，工作非常被动。世界卫生组织宣布中国为疫区后，海外的游客几乎瞬间消失，投资额锐减，贸易量下降，经济出现萧条。中国在剧痛的教训中学会了按照国际惯例处理危机，有了一系列越来越开放的新闻发布会，每日的疫情通报，研究成果的交流与交换、WTO 官员的调查和来访，国际社会研究成果、信息与经验的交流等措施。全球化时代的政府不可能是“全能”或“万能”的，同样的，政府对信息的垄断也已经被打破，因此，管理者要学会在众目睽睽之下从容地进行危机的管理。要想着别人都已经知道发生了什么事情我必须告诉别人我会怎样来应对，而不能想着别人都不知道，我怎么处理也无所谓，事实上别人真的是知道的，或者迟早都会知道的。

五、危机的连带性

连带性的特征也被形象地称为危机所带来的“滚雪球的效应”，即一个危机往往会引发下一个危机，产生了涟漪的反应，这与危机全过程的控制力度有着直接的关系，也是危机阶段性特征的体现。危机发展的全过程也是危机自身生命力的演化过程，即危机的发展过程会出现变幻无穷的特点，是好是坏其发展趋势很难作出事先的预测，但最基本的是给了管理它的必要性及信心。如 1978 年在瑞士楚格(Zug)由三道士(Sandoz)控股的化工厂发生的一场大火。尽管这场大火在很短的时间内就被控制，但有一个严重的后果是，在灭火过程中有 30 多吨的有毒物质流入了莱茵河。在其后的 10 天中，一层长达 40 公里的化学物质在河中漂荡，给许多国家的工业生产和河流循环造成了危害。瑞士政府和三道士公司最后不得不对这次污染作出巨额赔偿。在危机的涟漪作用下，一些初始危机还会引发更大的危机。在加利福尼亚、奥克兰及维多利州发生的火灾袭击社区之前，初期的危机预警管理只是防火。一旦着火，对火灾的管理则转为防止生命财产的更大损失，并持续至控制火势、扑灭大火。但火灾之后，更深一层的对人和社会的危害纷纷出现。家庭破碎、社区恢复也很困难。奥克兰社区的半数居民和商业没有恢复，紧接而来的冲击则是由通过税务征收修复和重建社区基础设备的能力薄弱造成的。资料表明，在诸如火灾、洪灾、风灾、地震等大灾难中，只有 29%的行业能在两年内坚持运转。

六、危机的复杂性

危机的复杂性是与前期的几个特征密切相关的，可以说危机的隐藏性、突发性、不确定性、连带性、公开性都造成了危机的复杂性。危机的复杂程度由危机情境中涟漪效应所致的不确定的结果、危机事件的规模和范围、不断增加的不可预见和不可控制的因素有关。一旦出现以下情况那么危机本质上就会变得更加复杂，如没有足够的资源解决危机；人力、物力、财力资源的稀缺意味着管理者必须根据危机的轻重缓急做出选择；在危机事发的当时、当地，专门物资和技能不能及时获取；初始危机的冲击可能产生大量的影响，等等。危机的复杂性使得解决危机的时间和物质成本增加、危机越往后会变得越复杂，所以对付危机最好的方法就是防患于未然，做好预警工作，以及控制危机的初始阶段特别重要。同样以 2003 年春夏之交发生在北京的那场“非典”为例，自 2003 年 3 月 2 日首个病例输入至 3 月 29 日，累计确认病倒 53 例。由于种种因素及原因，政府及有关部门未采取任何实质性的干预措施，以至失去了宝贵的危机管理时间，此后，“非典”流行的非线性特征非常明显。至 4 月 12 日，累计病倒达到 193 例，累计疑似病倒达到 142 例。其后很快就发展到众所周知的剧烈程度，使一个突发公共卫生事件很快演变成蔓延经济、政治及社会各个方面的一场复合性危机，给人民群众的生命安全造成了极大的伤害，也损害了党和国家的国际形象，在一定程度上影响了政府统治的合法性。

七、危机的双重性

危机的双重性也被称为危机的双效性，即人们充满乐观心态表述的危机永远是与机遇共存的。危机的危险性自然不言而喻，危机的出现往往会威胁到组织目标的实现，有的甚至危及组织的生存和发展，众多组织因为遭遇危机而失败的案例无不提醒管理者要重视危机带来的危害。但是，危机同时也是一把双刃剑，危机只是一个中性的概念，“危”如果代表的是危险、危难，那么“机”就是机遇和时机，关于这一点我们将在下面的危机意义中作详细的分析。

第五节　危机的意义

危机对于一个管理者来说到底意味着什么？如果将危机作为一个中性概念来看待，那么答案也就非常明显了。事实上，危机的所有特征都在预示着危机背后的机遇或挑战，这才是我们讨论危机的真正意义所在。危机肯定是一种机会，但是危机作为机会并不会自发地发生，它作为机会永远属于那些愿意善待危机并擅长于管理危机的人。

危机可以被理解为是一种警钟，又可看作是一个组织的疫苗。危机必然是一个组织过去已经存在的缺失所累积的结果、危机是准备工作是否落实的最好检验手段、危机是向社会展现组织能力的最佳时机、危机是侦测组织管理漏洞的工具、危机是提升忧患意识的最佳方法、危机处理是组织扭转负面形象的契机。因此，每一次危机既包含了失败的根源，同时又孕育着成功的种子。发现、培育这颗种子，以便收获潜在的成功机会，就是危机预警与管理的精髓，而习惯于错误地估计形势，并令事态进一步恶化，则是不良危机预警与管理的典型特征。危机的演化有其自身内部规律，客观上它与一个社会组织生命周期会有着某种联系，经常经历危机考验的组织更多的不是能够避免危机的发生而是知道应该如何来管理好这种非常的事件或情景，因此正是危机让这些组织的管理者有了丰富的经验的同时还掌握了危机的规律。也就是说，一个有着丰富的危机管理经验的管理者是知道如何去管理危机了，因为危机最终还是要靠人去解决的。所以危机就成了锻炼人的一种资源及方式。

具体来说，危机带来的机会主要体现在以下四个方面：

一、危机可以帮助管理者探索危机的规律，即“久病成医”

危机使管理者认识到自身的弊端，迅速发现自身的不足，从而能对症下药，实施有效措施。

当亨氏和肯德基相继发生“苏丹红”事件时，人们发现这些声名卓著的制造业跨国公司正在纷纷遭遇危机的检验。有关专家分析，肯德基和麦当劳一样，其物流系统有 GMP 标准，可实现“产品标示与可追溯性”。每个订单、发货都有详细记录。一旦产品出现异常，理论上可通过记录对每一起货源进行跟踪，也就是说，肯德基有能力在文件记录下，将所有来自供应商的那批含苏丹红的原料进行回收。据报道，肯德基之前对供应商采取的是星级评估系统，根据每年对供应商的综合评估来决定供应商在下一年度中业务量的份额。苏丹红事件后，肯德基方面表示将强化苏丹红的检测措施，从以前供应商提供“没有苏丹红”的书面确认，改为要求供应商对每个批次的调料都要提供专业检测机构的报告。由此可见，任何一家全球化制造企业的供应链结构都是复杂且脆弱的，涉及产品的设计、生产、销售等一直到回收的各个环节，如果平常不注意对供应链的管理，一旦其中的任何一环出现了信息的缺失或管理上的问题，供应链的其他环节都会将问题几何级别地放大，从而导致供应链的失控。从这个事件可以得出对供应链式的管理同样也是一个企业设立预警机制强化危机应对能力的不可或缺的部分。

二、危机只是让你换个活法

危机无论如何是一种果，在这个世界上确实不存在无因之果也不存在无果之因，但是在危机面前的人们往往是面对着一个果而在寻找着它的因，那么这种由果至因的思路也给了我们找到因并解决因的机会，正是这种机会让我们可以尽量地避免再次出现由此因而导致的果，因此我们离这一种错误也就远了一点，离正确也就更近了一点。尽管错误是难免的且错误可能会重复地出现，但毕竟它可以让我们寻找另外方法的机会。

一个富二代刚从英国回来，当他接班时正遭遇金融危机，他父亲的三个大的客户正所谓家大业大危机伤害也大，给他们的订单量急剧地下降，这个小伙子不想背上败家子的骂名，他选择了开发新的中小客户，结果是中小客户总的订单量并没有减少甚至还有所上升，对他们也更为客气且资金周转也更快。他终于明白了一个道理，即这一场危机对他来说只是告诉他，他的活法与他的父亲的活法是不一样了，但是活下去是没有区别的。

1997 年 10 月 18 日，奔驰汽车公司第一款小型车 A-Class 正式推向市场。3 天后，一家在瑞典的汽车杂志在对该汽车试车时的 Elch 测试，即 S 型快速转向测试，发生汽车倾覆。经过多次测试证实，A-Class 由于车身高，中心也高，存在严重安全问题。该杂志立即向外界公布测试结果。一时间，沸沸扬扬，无论是媒体和公众都开始质疑 A 型车的质量。结果满世界都是 A 型车翻倾的照片，这对于奔驰公司是有史以来最严重的危机之一。奔驰汽车开始否认汽车的缺陷，后来却不得不承认。经过一轮又一轮的危机会议，10 月 29 日，奔驰公司宣布 A 型车安全改进方案：全部更换新的有 Michelin 公司生产的轮胎并加装电子稳定系统(ESP)。外界对此仍表示怀疑。11 月 11 日公司总裁宣布：暂停 A 型车的生产供货。他宣称：我们不会向市场提供我们现在知道本来可以造得更好的车。第二年的 2 月 26 日，第二代改进后的 A 型车重新推向市场。市场接受了新的车型，市场不仅给予了奔驰公司改正质量的机会，同时还对奔驰公司勇于改正缺陷的努力给予了更高的奖励，奔驰公司的产品更为市场接受。网球明星贝克在广告中说：强大，不是因为不犯错误。强大，在于从错误中学习。从那以后，奔驰车后来的新车型都经过严格的 Elch 测试，包括后来的 SMART。其他的车厂也吸取了类似的教训，采用 ESP 系统。奔驰的 A 型车已经卖出百万辆，而且有了新的变型。奔驰公司 A-Class 的 Elch 测试事件，作为最优秀的危机管理案例被工业界推崇。

三、危机有机会让你赢得常态下无法得到的机会

平时如果没有人犯错误那么你的机会就会很少，如果你没有特别的开创性发展那么平时找到机会也是很难的，但是危机却恰恰相反，在危机状态的管理者很难保证不会犯错误，有些领导明确地表示，当发生群体性事件时，当面对众多的失控的甚至拿着锄头的人以不能妥协的表情面对自己时，他们的大脑处于一片空白的状态。因此，能够坦然地面对危机并冷静地处理危机的管理者毕竟是优秀的人才，所以在危机状态别人的错误就是你的机会，正如同一个企业在危机发生时，消费总是要进行的，但是只要有人离开了那么市场的份额就已经让了出来，这个时候谁留下谁就是赢家，关键是肯定是有人会留下来的，到底谁走谁留是个问题，但是有人会留下来却不是一个问题。因此，危机并不是决定命运的因素，真正决定一个命运的因素是管理者能否有能力管理得了危机。如美国“9・11”事件之后，大型跨国公司突然意识到突发性危机可以引起日益精密的商业流程的“跳闸”现象。IBM、甲骨文等公司最早敏感地从中意识到了商机，即为客户提供数据备份服务，向金融企业提供商业运作的“无间断保障服务”(business continuity)金融机构吸取“9・11”教训，率先审视组织中不可再生的生产要素，如交易信息与客户数据，并将这些不可再生要素异地备案，以保持商业运转的持续性。顺应而生的“无间断保障服务”成为新的市场和利润的来源。

早上起床后，人有点不舒服，一量体温发现有 39 度，成年人发烧到 39 度是可怕的，因此你决定休息看医生，几天后恢复了正常的体温，这说明发烧起的是一个警告的作用，它让人必须

善待自己，而危机恰恰就是你的职业生命在发烧，同样需要你的检查，它只是让你找到问题的起因并解决它，这是机会，是为了保证你能够更好地生存下去。

更为宝贵的是，在一个大众传媒的时代，危机中的社会组织往往会成为公众舆论注意的焦点，如果你危机处理得当，就可以迅速提高一个组织的知名度和美誉度。所有这些都是平时管理工作中无法体现的价值与意义。

四、自信的管理者是从来没有危机的

当危机发生时，一个自信的管理者会意识到危机是必然的，不用隐瞒也不用回避，他会愿意公开面对并对社会坦白，由此有别于隐瞒的自卑；而一个自信的管理者也很清楚危机是一种需要寻找社会帮助才能管理好的资源，因此他会向社会求援，这种求援就是一种示弱的过程，而在这个世界上，道德、法律、舆论是同情弱者的，因此一个示弱的管理者会多多少少得到社会资源的帮助，那么他离危机的解决也就越来越靠近了，这由此区别于自负。所以不是危机不能解决而是解决危机的人需要充满自信。

思考题

请结合实例分析你是如何理解自信的管理者是没有危机的？

一是自信的管理者知道危机是必然的，因为危机是每个管理者都需要面对的问题，所以他敢于面对、接受、承认并公开。那种隐藏及欺骗的做法只是表现了管理者的自卑，这是自卑与自信的区别所在；二是自信的管理者也很清楚危机本身是无法靠一己之力就能解决的，从危机发生的一瞬间开始大家需要比拼的力量就是谁能得到更多的社会资源的帮助谁就是赢家，所以他敢于且必须擅长于向社会求援，这种危机状态的示弱可以保证多多少少有社会资源向你转移，一旦有社会资源向你转移离危机的解决也就越来越靠近了。而那种自以为是，以为靠一己之力就能够解决所有危机的想法只是自负的表现，这是自信与自负的区别。因此，答案只能是：只有自信的管理者才是没有危机的。

有部电影中的情节告诉我们危机是一种什么样的状态：

在一个冰天雪地的地方，有家广告公司正在拍外景，主要成员有70多岁的年老体弱的广告公司的老板、私人飞机的飞行员、身强体壮的黑人小伙子、年轻潇洒的摄影师、年轻漂亮的广告模特儿，特别说明这位模特儿是广告公司老板的夫人，等等。当飞行员、老人、摄影师、黑人小伙子4个人开着飞机去寻找适合拍外景的人时，飞机栽到了冰湖里，飞行员当场死亡，故事情节由此展开。但故事的结局却出人预料，最后活下来的竟然是那位70多岁的老人。两个身强体壮的小伙子反而都死了。

故事告诉我们，这两个小伙子从一进入危机情境就犯了很多的错误。黑人小伙子从遇到麻烦开始就产生了人们很容易出现的错误思维，即自怨和他怨。如"我怎么这么倒霉"，"我当时是可以不来的"，"都是谁不好非要我来不可"，等等。很明显这位小伙子不愿意去接受两个事实，一是他已经来了；二是他已经遇到麻烦了。就在自怨和他怨中，他的生命力逐步地消失，最后他死了。而那个广告摄影师比黑人小伙子还要过分，危机状态争取帮助比什么都重要，从学术上来说是争取社会资源的帮助，从常理上来说则是危机状态只能交朋友不能树敌，要学会化敌为友，不能化敌为友也必须学会与敌人共同地生存，即危机状态绝对不能内哄。但是这个摄影师恰恰违反了危机的天条，他并没有想方设法与老人捆绑在一起共渡难关，而是每天想入非非，我的机会终于来了，因为与模特儿的关系暧昧，他想利用这个机会将老人除掉，但是人算不如天算，当他每天站在老人背后想刺他一刀时，他的背后却暴露在野兽面前，最后他也死了。这正是我们常说的：谁违反了天条必遭天谴。最后，老人活了下来，他只是告诉自己：我已经来了；我碰到麻烦了；为什么是我，已经不再重要，因为这是别无选择的；多想没有用。想办法活下去比什么多重要。这正是所谓：接受危机等于生存之道，即活着的准则是要学会接受危机，此处的接受不仅是认识上的同时也是行动上的。因此，当你面对危机时，一定要学会让自己说一句话：你终于来了，我等了你很长时间了。

事实上，只要我们换个角度，对于危机的认识就会变得更豁达和坦然。如对于森林火灾的认识就会很有启发。森林火灾是森林的一种生存方式，它是通过毁灭的方式来获得重生，只是因为人类栖息在其身边而深受其害，这只是换了一个角度及想法而已。所以，当通用宣告申请破产保护时，只要将危机看成是一个新的机会的开始，那么新通用在短短的几十天后的诞生恰恰就是危机本身带来的启示。它只是完成了一个企业生长过程的一个阶段，破产也是一个企业的生存方式，只是如何延续它的生命靠的是智慧。

但是，在很多时候管理者面对危机的心态却是复杂的，如果承认危机他们就不得不对自己的卓越成绩提出质疑，在某些情况下，甚至要对他们自己的职业行为提出质疑。他们甚至认为有些危机既然与我们的行为无关，为什么要将我们牵制进去，这种对危机的排斥与拒绝会让很多优秀的管理者错过管理的最佳时机。如雀巢公司在发展中国家销售婴儿配方产品时受到强烈抨击，因为在发展中国家，婴儿配方奶粉总是受到污染的水相混合。而雀巢公司一直崇尚其提供悉心呵护、纯天然的形象为己任，这使得高层管理者很难接受这样的批评，这怎么也会是我们的错误呢？

因此，管理者对危机作出的反应为我们提供了一扇强有力的视窗，即使它不是最强大的，但它也能引导我们去探索一个组织及其管理者的灵魂。成功的管理者总是生活在对于危机的担忧及重视中，如比尔·盖茨曾经说过：其实微软每天都面临着危机，如果微软要垮掉，仅仅需要 18 个月而已。看来英雄所见略同，戴尔的迈克·戴尔也曾经说过类似的话：我有时会在半夜突然醒来，害怕在这个行业被别人干掉。我觉得要去面对危机和挑战，需要不停地往前走。而英特尔的安迪·格罗夫也说过：在危机中生存，反而可以避免危机；在恐惧中生存，化恐惧为动力，反而可以避免外界带来的恐惧。我们希望这不应该是一个行业的共识，应该是一个管理者的普遍共识也是任何组织的生存规律。一切的危机管理首先要从面对危机的态度开始。海尔集团总裁张瑞敏就曾经说过：今天的海尔，像一辆疾驰在高速公路上的车，速度非常快，风险也非常大，即“失之毫厘，谬以千里”。海尔完全有可能在一夜之间被淘汰出局。海尔最大的危险是决策上从未出现过大的失误。企业长期成功，员工就会迷信领导，前面有个坑，领导让他跳，他也可能跳下去，这样很危险。每个人都有局限性，我不可能驾驭这个企业永远走向成功，更不能老是超前，假如有一天，海尔因为我超越不了自己时，那就肯定是一个致命的大问题，海尔就有可能变成“泰坦尼克号”。

总之，危机并不可怕，可怕的是人们不愿意或不敢去面对它，真正对人们造成伤害的并不是危机本身，而是危机面前人们采取的不同的态度及不同的行为方式。危机最终总是靠人来面对与解决的，而危机有危机的规律，谁掌握了危机的规律，谁就掌握了真理，而真理面前绝对人人都是平等的。

第 2 章

危机管理

学习提要

学习本章要求掌握的是危机管理的含义是什么，危机危机的基本规则，危机管理的基本资源，危机管理与常态管理的区别是什么。

本章将回答以下问题

(1)危机是可以管理的吗？

(2)危机管理与常态管理的重叠性及差异性是什么？

(3)危机管理的基本原则是什么？

(4)危机管理运用的是哪些资源？

(5)危机管理的特殊意义是什么？

第一节　危机管理的基本含义

危机自古有之，但是有危机并非就等于有危机管理，只有管理者主动地、有意识地、有目的性地将危机纳入到管理的战略规划并采取专门的措施来应对时才形成了现代意义上的危机管理。

那么危机是可以被管理的吗？

我们在上一章特别强调危机的机会特性，但是危机能否表现其机会的特性却取决于危机管理的结果，简单地表达就是危机管理就是转“危”为“机”的全部过程及全部行为，危机管理的过程就是对危机是“危”或“机”的具体解读过程。

危机是必然的，危机管理也是必然的，危机管理作为任何一个有危机意识及具备危机管理程序的组织来说是一个已经客观存在的管理模式，在此，危机管理作为非常态的管理与一个组织的常态管理在组织机构及运行机制及人、财、物的配置上有着重叠性或交叉性，但是因其非常态性也会表现出某种差异，如何将这两种不同状态的管理有效地组合是任何一个管理者进入管理职位第一天都需要事先解决的问题。

一、管理的基本定位

为了更好地了解危机管理的基本职责我们不妨先简单了解一下管理的基本定位。

按照西方管理理论的演化过程，我们可以发现人们总是将管理作为一种有效的职能来理解与运用。西方学者认为，管理是一种普遍的职能，这种职能在每一个国家中，实质上在每一个社会中，都面临着同样的基本任务，管理者必须为他所管理的组织指引方向。他必须深入思考本组织的使命并为之制定目标，为了达到本组织必须做出的成果而组织资源。管理是我们的社会机构领导、指挥和决策的器官，是赋予机构以生命的、能动的、动态的器官。没有机构（如工商企业），就不会有管理。但是，如果没有管理，那也就只会有一群乌合之众，而不会有一个机构。而机构本身又是社会的一个器官，它之所以存在，只是为了给社会、经济和个人提供所需的成果。作为一种实践和一个思考与研究的领域，管理已经有了很长的历史，其根源几乎可以追溯到两百年以前。但管理作为一个学科，其开创的年代应该是在 1954 年彼得·德鲁克的《管理实践》的问世。

按照德鲁克的阐述，管理的本质应该是一种实践，管理更多的不在于'知'而在于'行'；其验证也不在于逻辑而更在于成果；其唯一的权威就是成就。德鲁克同时也认为"管理"应该是一门综合艺术。"综合"是因为管理涉及基本原理、自我认知、智慧和领导力；而"艺术"则是因为近 70 年来，德鲁克反复强调管理既要眼睛向外，关心它的使命及组织成果；又要眼睛朝内，注视那些能使个人取得成就的结构、价值观及人际关系。德鲁克认为应该以人的发展为重点来构思经营管理的组织结构、制度与管理者的工作。管理者应该放大眼光，以使命感和智慧来帮助人们发挥所长，并和组织结合成一个整体。管理是一种具有普遍适用性的行为，是一种职能，是为了满足一个组织的职能需要而存在的，它又充满了艺术性，即管理的结果是有差异的，它将取决于管理者的能力。

法约尔也认为管理是一种职能，但它只是经营的 6 种职能活动之一，另外还有技术活动、商业活动、财务活动、安全活动、会计活动等。管理职能具体包含了计划、组织、指挥、协调和控制等五种要素。

古利克进一步提出了著名的管理"七职能论（POSDCRB）"，即计划（Plannating）、组织（Organizing）、人事（Staffing）、指挥（Directing）、协调（Coordinating）、报告（Reporting）和预算（Budgeting），等等。

西蒙则认为管理就是决策，决策贯穿着管理的全过程。一个组织就是由决策组成的系统。西蒙对决策的过程、准则等进行了深入的研究，他甚至因为对决策理论作出的特殊贡献而荣获了 1978 年度的诺贝尔经济学奖。

孔茨则提出管理就是计划和保持一种良好环境，使人在群体里高效率地完成既定目标。

我国的众多学者也纷纷提出了自己对于管理的见解与看法。如周三多教授认为：管理是社会组织中，为了实现预期目标，以人为中心进行的协调活动。杨文士教授认为：管理是一定组织中的管理者，通过实施计划、组织、人员配备、指导和领导、控制等职能来协调他人的活动，使别人同自己的实现既定目标的活动过程。芮明杰教授认为：管理是对组织的有限资源进行有效整合，以达成组织既定目标与责任的动态创造性活动。

尽管国内外各学者对管理提出的定义在立场、方法和角度上都有所不同，但是综合起来还是有相同之处，即管理应该是一个实现目标的过程，且是通过协调组织的资源来实现组织的目标。管理作为围绕实现组织目标而展开的复杂过程，是一个明确目标、制定计划、开始实施，不断趋向于达到目标的循环的过程。由于环境的变化和人为的影响，计划的实施与原定计划总会出现偏差，这时就要调整计划和重新调配资源，或是针对偏差采取有效的更正措施，来保证计划的顺利实施。此时，组织结构一般是比较稳定的。这样的过程将会循环进行，而且每一个循环都会有新的内容，直到达到组织的目标，一个大的循环过程结束时，在这个过程的后期又会酝酿一个新的组织目标，意味着一个新的过程又在孕育。这一管理的循环过程周而复始，组织目标也不断地提高到一个新的境地，组织由此也会不断地发展壮大。

那么这个目标的实现过程到底涉及什么问题呢？简单地表达管理就是要回答做什么、什么时候做、怎样做以及由谁来做的问题。就此我们可以认为，所谓的危机管理指的就是一个组织在危机这一特定的情境下同样要明确做什么？什么时候做？怎样做以及由谁来做？

二、危机管理的定位

美国著名咨询顾问史蒂文·芬克在《危机管理》一书中明确指出：危机管理是指组织对所有危机因素的预测、分析、化解、防范等而采取的行动，包括组织面临的政治的、经济的、法律的、技术的、自然的、人为的、管理的、文化的、环境的和不可确定的所有相关因素的管理。他的这段表述说明了危机管理是一个过程同时也表述了危机管理所涉及的各种因素。目前，危机管理的范围已经渗透进了政府、企业等不同的社会组织甚至是个人的自我管理中。如果针对一个组织的定位，那么，危机管理应该是指一个社会组织针对危机的特点，通过配置组织的各个部门、人力、物力、财力及社会等相关力量，在监测、预警、干预、控制以及消解危机性事件的生成、演进与影响的过程中所采取的一系列方法和措施，最终实现防止可能发生的危机、处理已经发生的危机或达到减轻损失，甚至要将危机转化为机会的目的。即只有对危机有了一定的了解及认识并在某种危机理念的指导下有目的地、有针对性地并有一套详细的制度来支撑的管理过程才可以认为是真正的危机管理。

所以，现代意义上的危机管理是指应对危机的管理职能，是指通过组织各方面的力量，对可能发生或已经发生的危机事件进行预测、监督、控制、协调处理的全过程，从广泛意义上讲，危机管理包含对危机事前、事中、事后所有过程及所涉及的所有因素的全面管理。

危机管理同样需要回答以下四个问题：

（一）由谁来做？

由谁来做？即危机管理的主体是谁？围绕着危机管理的主体问题如果强调它的专业性，那么宽泛地说是一个社会组织，具体点说应该是组织内的决策者或管理者。危机管理的主体只能是具备一定的权利且能配置相关资源的管理者，因为只有具有决策权的领导才能进行跨部门、跨区域地对正常的业务流程和政策进行改进，并及时进行信息和资源的调配，这种跨部门的工作是任何一个部门的管理人员都无法胜任的，必须由能够支配协调各个部门的领导出面才能达到。由谁来管理危机在危机发生的第一时间尤其重要，如果在责任人的确认上存在时间上的滞后，那么所谓危机管理的黄金时间就会消失，很多本来可控制的事态就会失去机会。但是，需要特别强调的是危机管理的黄金时间往往掌握在一般的工作人员手里，为了尽量保证黄金时间的充分使用，危机管理事先需要设计精确有效的紧急汇报制度。

（二）做什么？

这里表达的是危机管理的目的性。人们一般都会接受危机管理追求的是六个方面的目的：

1. 预防危机

危机如同SARS一样，预防与控制是成本最低、最简便的方法。事先根据工作的性质，识别整个工作过程中可能存在的危机，并从潜在的事件及其潜在的后果追根溯源，排查出其滋生的土壤，然后进而收集、整理所有可能的风险并充分征求各方面意见，形成系统全面的风险列表，从而对这些可能导致危机的原因进行限制，并针对性地练习并增强免疫力，这是危机管理追求的最好的目标。

2. 控制危机

主要是建立应对危机的组织机构并制定危机管理的制度、流程、策略和计划，从而确保在危机事实上到来时能够理智冷静，从容应对。

3. 解决危机

主要是指通过各种有准备的手段阻止危机的蔓延并消除危机。如建立强有力的危机处理班子、有步骤地实施危机处理策略，等等。

4. 在危机中恢复常态

恢复常态主要是制止危机给组织造成的不良影响，尽快恢复组织正常的工作状态或品牌形象；重新赢得内部员工、外部公众及媒介和其他社会组织、政府对自身的信任。

5. 在危机中谋求发展的机会

危机管理的最高境界就是总结经验教训，让组织在危机解决后能够更加充满斗志。正如INTEL公司前CEO安迪·格鲁夫所说：优秀的企业安度危机，平凡的企业在危机中消亡，只有伟大的企业在危机中发展自己。因此，危机对于一个自信的管理者来说并不一定是坏事，只要处理得当就能在危机中找到发展的机会。

6. 实现组织的社会责任

作为社会的一员，成功的危机管理都将促进社会的安定与进步，反之如果危机处理不当就会给社会带来灾难与损失，因此，从微观上来说危机的管理是为了一个社会组织的生存与发展，而从宏观上来说，一个成功的危机管理也是为社会作出了很好的贡献，最低限度，你没有为社会造成伤害就是一种很大的贡献。

（三）什么时候做？

什么时候做？具体包括了危机前的防范、危机中的处理及控制、危机后的善后与总结。关于什么时候做的问题，一直以来人们认为危机管理更多是危机发生后该如何来应对与控制的问题，但是事实告诉我们，危机没有发生前的大量工作与日常一个社会组织常态工作的重叠恰恰是管理危机的最佳时机，同样的危机处理后的善后及总结的过程也是更好地掌握危机的规律并提高自己的管理水平的时机。因此，危机管理重在平时的管理，平时每时每刻都可以体现危机管理的存在与价值。

（四）怎样做？

危机到底应该如何去管理？就目前的研究表明，主要可以从事前的预测、预防、预控；事中的判断、决策、控制、处理；事后的恢复、善后、总结等各个阶段展开。这其中包括了大量的专业性及技术性的工作。如政府危机管理往往是行政手段为主，法律、经济手段为辅，具体又可以包括资源控制、关系协调、行为约束、机制建设等方面，通过建立一个反应迅速、决策果断、政令畅通、组织严密、保障有力、相互协调的危机管理体系，将政府的能力、民众的参与和社会的支持结合在一个广泛而协调的行动中，进而对付多方面的危机或灾害灾难，这些行动需要始终贯穿于危机管理的整个周期之中。这就是危机管理要做的事情，同样的作为企业也需要为自己的危机管理建立一个行之有效的体系，包括了危机管理的全过程及全方面的工作。

综上所述，我们可以得出一个简单的结论，即危机管理是指一个社会组织通过危机监测、危机预警、危机决策和危机处理以及危机善后，达到避免、减少危机产生的危害，总结危机发生、发展的规律，对危机处理科学化、系统化的一种新型管理体系。危机管理的目标是避免、减少危机所带来的危害，乃至将危机转化为机遇。

尽管危机管理与常态管理在危机事前管理上是重叠的，是交叉的，即在日常的管理工作中大量地包含了危机前的管理工作的内容，但是危机管理指向的毕竟是一个社会组织对于特殊情境的一种管理理念及模式，因此它只是在等待着一种对现有工作状态的打破，是否会发生以及什么时候会发生尽管不能简单地猜测，但是管理者仍然需要具备独特的判断力及决断力，管理者只有将两种状态的应对能力有效地区分并综合才有可能真正意义上让一个社会组织由常态的管理模式转向非常态的管理模式，因此，从管理的程序、资源的使用及评价的标准来看，危机管理与常态的管理都是不同的，应该说，它与一个组织的常态管理一起构成了组织管理的全部内容。

第二节 危机管理的基本要素

现在人们都在强调管理过程应该是一条线并非是一个点，因此，危机管理是一个由诸多的阶段构成的一个完整的体系，而无论是在哪个环节都体现了一个组织对已有内部资源的调动以及对于外部资源运用的能力，同时不断地在危机管理过程中配置新的资源的水平。危机管理作为过程管理或阶段管理，在过程中会产生大量的变数，危机的任何结果都只是一种可能性，这种结果不可能代表了全部可能性更不可能是唯一的，因此危机管理充满了不确定性。但是，任何危机管理中都会包含一些基本的因素，这些基本要素渗透在危机管理全过程并发挥着作用，我们可以断定的是任何一种危机的结果都是这些要素或因素使用的结果。

任何危机管理如果是成功的会有其特色，如果是失败的也会有其特定的原因，人们在摆脱困境中使用的方式或方法也会有其特殊性，但是只要是作为危机管理的过程无论是谁都会涉及相关的条件或资源，我们继续沿用两分法，将危机管理中的一切资源或因素划分为内部与外部两个部分。因此，危机管理应该是组织内部资源与外部资源综合运用的过程，毕竟巧妇难为无米之炊。

一、危机管理的内部因素

危机管理的一切因素首先取决于内部可利用的一切资源，正如攘外必先安内，一个组织内部的资源是抵抗危机侵蚀及解决危机的基本依靠力量。内部资源包括领导者资源、执行者资源及组织内部已有的其他人力、物力、财务及信息,等等。一般来说,一个组织的危机管理从内部来看有三个要素是至关重要的,一是高层领导的重视和直接领导,即取决于领导的判断力、决策力及对资源的配置能力,同时也包括了领导的个人性格、心理、感染力等因素;二是制度化、系统化的危机管理组织和业务流程,即内部的相关体制或制度的设计;三是良好的信息系统的支持。我们就从这三个方面来分析组织危机管理的内部资源的运用。

(一)危机管理的决定性因素是决策者的能力与魅力

从静态角度分析,危机管理的全过程首先运用的是组织内部的一切资源,即所有的内部资源都可以想当然地运用到危机管理中去。但是管理者的理念、国内的政治、经济及公共舆论、决策机制和程序、信息情报接受与处理以及决策者的个人性格等等都会构成危机管理中的变量,因此,很难事先确定到底能够用到什么样的资源帮助自己度难关,尽管很多危机管理的资源很难预先确定,但是有一点是确定无疑的,那就是是否有能力配置到大量的社会资源以及资源的使用水平往往取决于一个组织管理者的能力与水平,所以危机管理中资源或因素的使用程度及效果最终还是要取决于管理者本身,即根本上还得依靠管理者的智慧与能力,因此人才是最重要的资源。所以,危机管理中的决定性因素是人的因素,而在人的因素中最核心的问题就是决策的能力。即能够解决如何争取时间、如何获得更多的信息及如何避免和降低生命财产的损失等三个方面的问题。因此,正是决策者的危机意识及对危机的判断力和决断力决定了危机管理的胜与败。我们可以这样来总结:如果说一个没有危机意识的组织就是该组织最大的危机的话,那么一个没有危机意识以及危机管理能力的决策者则是这一最大危机的真正制造者。

思考题

如果说一个组织没有危机的理念是危机的根源的话,没有危机管理能力的管理者才是一个组织危机的真正制造者,你是如何理解这句话的。能否根据第1章中自信的管理者是没有危机的作一个对比性的分析。

那么危机状态的决策者的能力到底应该如何体现呢?德鲁克在美国德鲁克档案馆举办的"智者对话"上精辟地阐述了21世纪CEO的职责。CEO要承担责任,而不是"权力"。你不能用工作所具有的权力来界定工作,而只能用你对这项工作所产生的结果来界定。CEO要对组织的使命和行动以及价值观和结果负责。最重要的就是结果。有鉴于此CEO的工作因他们所服务的组织不同而有所不同。CEO是将组织与外界连接在一起的人。组织内部只有成本,结果存在于组织的外部。同样重要的是,只有CEO才能做的就是决定"我们的事业是什么?我们的事业应当是什么?"更为困难的是决定"我们的事业不应当是什么?"

如果说一个成功的决策者本身就应该具备将组织与外界连接在一起的能力,而且有些事情只有CEO才能去做的话,那么如何追求危机的结果则同样是只有决策者才能做到的事情,不是你的员工不够能干或聪明,而是他们并没有权利在危机状态启动内部、外部资源配置的工作,所以,成功的危机管理都有表现了一个共同的特点,即企业的首席执行官们或政府的官员们都有某些共同的特质,这种共同的特质往往会表现为一种人格的力量,可以说最高领导人的精神是危机管理的最伟大的力量所在。

我们来看看默克多给我们带来了什么样的启示。

澳大利亚新闻集团总是处在“风险前沿”，但公司就是这样在40多年的时间里，从澳大利亚第四大城市的一张小型的下午报慢慢成长为全球新闻帝国。但是，新闻集团在1990年却几乎覆灭，原因正是默克多拒绝通过发行股票来解决公司扩张所需要的资金。他从来不愿意放弃控制权，坚决保全他家族45%的股权。他在1986年到1987年战胜英国印刷工会之后，新闻集团的总收入和在未扣除利息前的利润增长了两倍，财产增加四倍，但是他的债务也增加了四倍。直到20世纪80年代末，银行家们还在跪求默克多接纳他们的现金。但是，到1990年的中期，银行家们却对他开始逐渐地冷淡最后发展为银行的全面溃退。1990年底至1991年，新闻集团在行将覆灭以及他拼尽全力想对其进行重组之时，默克多感觉自己就像只蟾蜍且时时有粉身碎骨之险。

1990年夏天，新闻集团开始走下坡路，滑向许多人看似覆没的深渊。1990年6月30日年度结算报告显示，新闻集团出现大面积的亏损以及沉重的短期债务。账面也表明新闻集团资产重估只增值了30亿澳元。由于默克多不顾后果的收购，新闻集团借遍了全世界——澳大利亚、英国、日本、荷兰、美国、新加坡、印度和中国香港，还有其他许多地方的钱。新闻集团拥有数百家不同的公司，而每家公司都有不同的担保，其贷款类型也各不相同。当新闻集团最大的债权人——花旗银行被委以解决债务问题并重组该公司的重任时，启动了一个代号叫“海豚”的专门针对默克多的项目，由花旗银行的时年34岁的副总裁安·莱恩负责。莱恩着手整理信息时，新闻集团的股份开始急剧下跌。澳大利亚证券交易所要求解释。到1996年10月的后半月，莱恩及其工作组终于将银行归为3个档次。第一档由9家银行组成，它们都是主要的债权人，明确表态不会再单独提供新的贷款；第二档是30家银行，它们将与第一档次的银行共同成为新的贷款者；第三档次的银行不会再加入新的贷款行列，由于它们是最小的投资者。

莱恩要求公司必须进行有序的运转，且拿出一个切实可行的商业计划。1990年12月6日对于默克多来说是一个黑色的日子，一个名不见经传的银行——匹兹堡国民银行到晚上11点还在拒绝一笔小额贷款延期——1000万美元，这只是一笔更大贷款额的一部分。是通过某个澳大利亚放款银行团进来的，而这家银行对新闻集团几乎是一无所知。对方认为可以让公司停业并进行公司清理。对方的要求很简单，即进行破产管理。如果那样那么公司将会陷入全球性的违约拖欠，这样势必加重其所有公共债务。重新筹措资金就无法进行。拖欠贷款会彻底毁掉公司与其债权人的信任关系，公司还欠着全世界的贷款机构30亿美元。

默克多给莱恩打电话，在接下来的几个月里他只能依靠莱恩的帮助，他一生中还没有仰仗过任何其他人。他认为他自己已经完了，认为无法得到那家银行的合作。第二天那笔贷款就要到期，数额为十亿欧元。她请求花旗银行总裁里德给匹兹堡打电话并规劝那位总裁，并解释迫使新闻集团破产的严重后果，公司会因倒闭而一点点地被贱卖掉，那么整个西欧金融系统会受到影响。默克多的新闻集团远不止一家公司——它控制着澳大利亚70%以上的新闻业，英国新闻业的30%～40%，还有美国一家大型电视网。集团是世界上最重要的媒体公司之一。莱恩认为默克多应该与匹兹堡总裁进行对话，这可能是他打过的最重要的电话，它将决定这个他从父亲那里继承下来的现在已经成为帝国的公司的沉浮，这个电话是唯一的“救生艇”，默克多必须为其导航。如果不能让银行延期就全完了。但是对方总裁却不愿意接这个电话，而默克多几十年来几乎可以随心所欲地和总统与首相打电话。如今匹兹堡一个小小银行的总裁竟然不愿意跟他说话。默克多面对对方的信贷主管,他必须乞求,但是这位主管却因为接到过花旗银行总裁的电话才开始变得友善。这是一件让默克多一生无法忘记的事情,默克多在危机时的冷静应对却让新闻集团走出了危机,他的能屈能伸更是令人佩服,危机管理的艺术性也得到了体现,到底是逞强还是示弱这是一个在危机中需要面对及解决的问题。我们可以由此承认默克多是一位卓越的企业领袖。这种卓越并非在于其顺境时的从容与高贵,更在于其逆境时的容忍与谦卑。①

在危机状态,人们普遍地认为管理者需要要动用十倍的头脑才有可能顺利度难关。此时他们的决策将牵涉到其他人的命运,因此,危机的结局往往掌握在决策者的手里。

事实上,一个好的组织确实是由领导者制定出一致的规章制度和价值体系来引导大家向前走,好的领导总是能够成功地将价值观念灌输给全体员工而并不是靠他个人的魅力,领导者也是通过坚持自己制订的价值观念,并且持续不断地加强这些价值观念,因此对他们来说花更多的时间和内部的员工在一起尤其是最基层的员工在一起这一行为本身所传达的信息远远超过了很多规章制度所表达的信息。甚至有些管理者将危机管理的经验表述为:四处走动就是我们管理危机的方法。如联合航空公司在查尔森接管之前,一年亏损5000万美元,而查尔森却扭转了这种劣势,他的经验是:我花了一年的时间旅行约20万公里,来实践所谓的"看得见的管理"。回家度周末的时候,我常跟太太说,自己像是在为公共关系部四处奔走。我一下飞机,就跟每一个我看到的联合航空公司职员握手。我要他们认识到,而且觉得向我提出建议,甚至跟我争论,都是件愉快的事情。目前,美国各公司面临的问题之一就是经理人员都不愿意走出办公室四处走走,听取批评意见,久而久之就形成孤立的状态,环绕在经理四周的都是不会跟他辩论的人。在公司里,他只听自己想听的。一旦如此,这个公司就要身患"癌症"了。假如你跟生产线上的职工处得很好的话,就不会有太多的麻烦。"②

因此,一个充满魅力的管理者总是能够让他的理念能够被大家普遍地接受,最终危机管理还是需要得到大家的配合与支持。

(二)危机管理的基础性资源是全员的危机意识

决策者或管理者的任何危机能力及与平常不同的魅力的展现都需要一个理念的支撑,即危机意识。危机管理首先源自于人的观念,即危机意识是一切危机管理的前提条件。因为,机制取决于体制,体制取决于思路,思路取决于境界。危机不常有,但是危机意识却必须时时有。危机意识通过渗透在危机管理的体制中,形成防微杜渐和趋利避害的强大能量。危机意识的形成过程是一个教育及培养的过程,从管理者到员工的危机意识的培养也是组织内部危机管理的重要资源。因为,任何危机的制度或组织系统的建立及完善都依赖于危机意识。

危机意识的培养过程可以注重以下诸方面:责任意识、防范意识、辩证意识、接受不完美的意识,等等。

1. 责任意识

以危机意识为基础构建的机制首先就是责任机制。这种责任意识在危机前可以表现为全员性的预测及防范,在危机中则表现为有利于全员有序分工与协作的遏制危机的行为,在危机

① 资料选摘自:《危机管理》,哈佛大学MBA核心教材,九州出版社2002年版,第157～163页。

② 资料选摘自:《危机管理》,哈佛大学MBA核心教材,九州出版社2002年版,第194～195页。

后则可以体现在责权到人，全员教育形成更进一步的防范机制，等等。特别是在危机管理中责任人绝对不能缺失。如1989年的那一次“黑色星期五”让埃克森石油公司整整花费了20亿美元的打捞费及50亿美元的罚款才过难关。在危机发生的一长段时间内公司负责人并不到位、阿拉斯加洲政府也没有人到位，更为奇怪的是当地的海岸巡警也没有到位，这一场“环境灾害”的危机让人们记住了曾经排名世界500强第一的埃克森的悲剧。

2. 防范意识，即时刻提防着危机的到来

体现危机意识重要性的有一个著名的“青蛙原理”。这是一个生物实验，把青蛙甲放在装满水的容器里，水温维持在室温，青蛙自由自在地在容器里游泳。把青蛙乙放在热流滚滚的水中，它很快就察觉到情势不妙，在被烫伤前就早已跳出了容器。把青蛙丙放在温水里，容器下放一个瓦斯炉，以慢火烘，青蛙在水中懒洋洋地游着。水温慢慢上升，它的感觉也变得迟钝，反应能力减弱。当青蛙丙最终发现环境变得很恐怖，自己快要被烫死时，它已经没有逃生的体能了。“青蛙故事”带给我们的启示是一种可怕的危机状态，即“宁静危机”。①

> 20世纪50年代末期，美国的汽车制造商就有过这样的失败案例。当时，在底特律的汽车制造商眼中，买外国车的都是爱表现的名牌大学的学生，美国仍然是闭门造车，轻视外国车的设计、制造品质以及对消费者的吸引力。而这时的竞争对手，却通过自己的创新，在汽车行业中展开了一个新的局面。为此底特律丧失了汽车业的盟主宝座，直接或间接丢掉了四万份工作。

面对环境危机，美国汽车工业的命运和青蛙的命运在本质上并没有什么区别。因此在企业管理中，很多人也会碰到青蛙丙一样的际遇。许多人在创业时不知不觉步上失败之途，这通常反应出他们不知道周遭环境的变化。因此，失败并不是因为突发的变故，而是许多看似无关的事件累积而成的。而危机意识的树立却可以让我们警示周围环境的变化，及早地发现自己的不足并加以改正。

正如美国法学家摩菲所给出的结论，任何事情都不会像它看上去那么容易；办任何事情所要花费的时间比你想象的都多；问题往往出在你认为最不会出问题的地方。即坏的事情总是会来的，不要想着不来该多好，而是要想着来了我该怎么办？摩菲定律告诉我们，任何事情，只能往坏的方向发展，就一定往那个地方发展。这就像考试，你没有复习到、最怕出题的章节往往最容易出题。这也正如破窗理论所说的：已经破了的窗户如果不注意就会越破越严重，因此要注重防微杜渐，稍有点漏洞就要学会及时地修补。

3. 辩证意识

辩证意识是指组织在危机管理中的平衡意识。危机管理不可能遵循线性逻辑，但是危机管理中却需要找到其根源才有可能控制事态。现实生活中的危机往往是“一因多果”或“一果多因”，这种复杂的状态形成了制约危机管理成效的种种矛盾。如以政府为例，政府管理中的常态与非常态的矛盾、政府管理战术上的长期考虑与短期考虑的矛盾、在组织状态上的固定模式与临时模式的矛盾、在资源配置上的常规运作与超常规运作的矛盾、在管理观念上的保守与创新的矛盾、在管理心态上的积极与消极的矛盾、在管理技术上的传统与现代的矛盾、在管理目标上的安全与稳定的矛盾等等。②这些矛盾的出现需要管理者作一个权衡，管理的最高境界

---

① “宁静危机”(quiet crisis)：这是一种缓慢渐近，来的时候静悄悄，发现的时候已经来不及的危机状态。

② 引自：《公共危机管理：理论与实践探索》，中国政法大学出版社2006年版，第4页。

即找到一个平衡点，而危机管理的最高境界更需要找到一个平衡点。

如1997年8月31日，戴安娜王妃在巴黎死于车祸，结果引发了民众对王室空前的震惊和不信任，并对王妃之死深感悲痛。由于戴安娜王妃经常捐助各个慈善机构，所以英国民众对她的意外死亡悲痛至极。然而，对于戴安娜的死，女王伊丽莎白二世只发表了一句话的声明："伊丽莎白女王和王子对此事深感震惊，也深表悲痛。"如此简单的一句声明，没有一点人道的关怀，没有令人信服的悲伤，就好像女王与此毫无关系。更让人难以接受的是，在悲剧发生之后的一次教堂布道会上，女王郑重要求，永远不要在她面前提起戴安娜的名字。民众对女王的所作所为深表不满，6天之内，伦敦报纸的头版头条都发表了民众的极大的愤慨之辞，他们纷纷质问："女王何在？"当数千万束鲜花摆在王妃的住室前时，收音机的脱口秀节目实际上是在声讨白金汉宫。有些人甚至公开质问：世界上有什么人，尤其是为人祖母的女王，能对亲人之死如此冷漠？女王低估了危机的程度及其对公众情感的影响，等到她听从了沟通顾问的建议，再向全国发布生动的、充满感情的演讲时，为时已晚。由于在这件事件中的拙劣表现，女王的声誉受到影响，民众对君主制的支持也在一周之内跌落40%，这对英国王室是一次沉重打击。

不难看出，过多地强化自己的感受危机状态往往是失衡的，注重大家的体会却是能够利用危机资源的最佳手段。

4. 接受不完美的观念

按照彼得原理的表述，层阶组织里的每位员工都将晋升到自己不能胜任的阶层。层阶组织的工作任务多半是由尚未到达不胜任阶层的员工所完成的。你会发现，不胜任几乎是我们周围普遍的工作状态。彼得原理要告诉我们的是：很多事情是无法追求完美的，而危机就是一件很多人无法胜任的事情，但它却会在很多人的面前出现。那么面对危机我们应该具备什么样的心态呢？即不要追求危机状态的所谓的完美。日常管理的思路、方式、节奏、频率如果不变通，则根本适应不了改变危机状态的需要。这种变通既表现为在危机状态的灵活机动，更表现为无法追求常态的精确的标准，更多的时候危机的管理结果是模糊的甚至是不确定，但是这并不妨碍我们仍然要从事不断面临的危机。

因此，一个充满抵抗危机能力的组织往往是已经在一个企业的文化或政府的意识中注入"危机感"的组织，而这种注入的过程就是一个培训的过程、研讨的过程和危机预案演习的过程。既然我们已经接受这个世界上并不存在十全十美的危机管理的方法或系统，那么唯一行之有效的应对方法就是促使全体成员一起努力地去解决它，没有比激活组织内部共同的求生欲望更能焕发人们的意志力去过难关了。

（三）组织已有的各项制度资源

如果一个组织已经拥有了令人充满信任的领导，也具备了全员的危机意识，但是，当危机往深处走或当危机同时发生时，管理者的能力再大、个人智慧再高以及内部员工的危机理念再如何地强大，如果没有切实可行的措施以及将决策与意识转化为实际行动的能力，那么危机也是不可能自动消失的。因此，危机管理的全过程还得依靠一整套规范的并行之有效的运行机制来支撑。

危机管理系统论告诉我们系统几乎无所不在。一个社会组织就是一个系统，一个正常的系统可以通过输入和输出而获得相对的平衡又稳定的状态。从系统论的角度看，一个组织的管理运作系统是由内部环境和外部环境构成的，其管理运作是一个多层次、多方向的动态系统，并且可以通过输入和输出过程及反馈不断循环而达到相对稳定的状态，当系统遭到外部不正常因素的破坏或内部因素的突变而影响了正常的循环和稳定时，系统就会失控，从而引发一个组织的危机。一个组织遭遇内、外部环境的变化而做出应对时，一个组织内部自身机构是否健全，以及结合内外资源的决策体系是否能做出正确的决定以解决危机才是至关重要的。因此，任何危机的出现都需要一个社会组织做出快速的反应以防止危机可能产生的连锁的反应，这就使得一个组织的内部管理结构的健全与否直接成为影响危机管理质量的重要因素。因此，一个健全的内部管理结构既能防止危机的发生同时也可以保证在危机发生时快速地作出调整并有效地控制和解决危机并能让一个组织回归正常的状态。

再好的决策也需要一定的程序、制度及组织结构去有效地执行。目前有些企业在危机管理的执行层面有了一个专业的机构及人员，即"首席危机官"，CCO(Chief Crisis Official)。"首席危机官"是一种危机发生时专门成立的以克服危机为目标的项目式组织制度，更多的是一种象征性的称号，尽管 CCO 不是严格意义上的职位名称，但是 CCO 的出现也确实反映了企业和各类组织对危机管理的重视。除 CCO 外，一个组织还需要另外三个团队处于执行的状态，即紧急应对小组，主要是解救最紧迫的受害者；危机处理小组，最大可能地消除危机的影响；三是营运持续执行督导小组，即保证正常的组织行为延续。真正有效的管理机制或制度的设计必须做到在危机计划书中事先明确规定不同类型及级别的危机会由不同的人出任首席危机官来承担危机管理的领导责任。

具备健全的应对危机的体系是任何一个社会组织管理体制成熟的标志，而一个组织的危机管理体系既是危机管理的应急平台同时也是危机管理运作的组织载体，因此，危机管理的组织体系的建设是危机管理能力提升和建设的前提和基础。危机管理中既要有追求远大的目标、富有责任心的领导，同时也要强化内部各专业部门的合作。因此，组织内部成员对于决策者所作危机决策的接受程度，员工危机意识的强化程度都需要一套完整的有效的组织架构来支撑。企业业务规模越大，政府的机构越复杂，危机造成的损失就可能越高，危机工作的难度越大。大公司或大城市特别需要制定一整套全面、系统、可操作的危机管理制度和处理机制。它可以是成文的危机管理制度，如处理的程序及应对的计划；也可以是有效的组织管理机制，等等。我们不仅要构建一个信息畅通、及时反馈、责权清晰，专门的危机反应机构及明确的授权，而且还要追求一旦有危机的征兆就能得到及时关注和处理并进行危机流程的"再造"①。

事实上，政府机构的计划和措施一如其他机构一样，极易"老化"，不但将长久拖延，还会演变出法令规章。以美国为例，政府的每一项法案、第一个机构、每一个计划，均必须视为"临时性质"，经过一定年限后便该自动失效，否则的话，也必须客观地研究其存在价值、成果和贡献，再重新立法来延续其有效期。如美国总统尼克松在 1965 年至 1966 年间，曾对政府的每一机构及其计划作过一项研究。尼克松总统的这一研究，是仿效"计划检讨"制度：删除过时的和无效的计划。尼克松总统这一步走得很对，倘若我们仍然抱有传统观念，认为一切计划如果无需证明其确实无效，则应继续存在，恐怕危机研究仍难产生成果。

因此，针对危机的组织管理体制或制度都将处于一种不断地更新及修改的状态，这是一个

---

① 危机流程的再造：德勒咨询公司协助北美一家大型汽车企业对 90 个业务流程进行危机相关分析并对其中 30 多个"至关重要"的业务流程可能发生的重大危机进行重新设计，这些流程不仅能够满足企业正常运行时的要求而且还能承受可能发生的一些重大危机或可以在危机发生时进行恢复。而政府的业务流程也可以是转化为"权利分配"，即明确各部门的职责明确、协调配合等等。

组织能够及时应对不断出现的各种危机的基本因素和条件。

（四）组织危机管理中的资金与物资的保障

危机事件发生后，资金、物资管理工作非常重要，危机管理的成功与否很大程度上与资金、物资管理工作是否到位有密切的联系。危机管理需要资金和物资，而危机管理所需的资金与物资却往往是紧缺的，保证及时有效的供给资金与物资，并合理地分配有限的资金与物资是危机管理者有效开展危机管理工作的关键。

1. 危机管理中的资金保障

对于企业来说，除了财务本身的危机之外的所有危机同样都会涉及一个组织的资金问题，良好的财务控制是防范和控制危机的关键。当一个组织缺乏对现金流的控制、没有完善的成本核算和会计信息系统时，往往会陷入财务控制不力的状况。因此需要提高财务信息质量，加强间接费用控制，建立一种现代化财务制度。

如 1989 年埃克森“黑色星期五”之危机历时十年，共计化费 20 亿美元。而当香港维他奶在欧洲市场发生变酸事件后，立即回收并销毁了当地市场上的全部产品，并请权威的研究机构进行化验，证明产品变酸是由少量无害细菌导致的，并不影响健康。为此维他奶公司花费了 6600 万港币的处理费用，相当于公司半年的利润。

就企业而言，危机状态需要特别关注的是现金流的管理与控制，无数的企业失败的案例都表明，危机的原因千万种，但最终几乎都败在现金流上。

而对于政府来说，一个优秀的政府财政审计架构也是有效预防危机的天然屏障。任何危机管理的过程都需要进行资金上的准备及预算。就政府本身而言，财政资源保障也称为紧急费用保障。政府财物应急费用主要是应急应对的启动费用，应急指挥协调动员机构运转费用，现场救援费用，紧急生产启动、应急物资装备采购和进口、应急物资调运所必需的周转金，征用非政府物资资产的补偿、赔偿费用，受灾居民伤病治疗、生活救济补助费用等。各级财政应该设立一定额度的应急准备金，列出专户并只用于应急支出，当年未使用完的结转下年使用，每年预算应将准备金补入；日常应急管理费用保障。主要是用于通讯系统整合、网络信息系统建设和维护、应急计划及预案和标准规范编制审定等。受预算体制约束，这一部分难度较大。主要矛盾是应急工作经费没有纳入日常经费预算渠道，来源没有固定渠道，多靠临时调剂，保障程度较低需要引起各级政府的重视；储备物资费用保障：大部分物资储备都存在物理上的时限问题，如金属材料锈蚀、电器设备老化、医药化学物质失效、粮食食品陈化变质等。当前社会生产能力和商业流转规模较大，可以在保持一定储备规模的情况下，加快储备物资轮换，尽量避免不必要的损失。由于市场价格波动造成的储备资金规模的增减，要完善核销补偿机制，用较小的储备成本获得较可靠的储备保障。

为了建设危机管理的资金保障制度，无论企业或政府都需要做好三个方面的工作：

- 将危机应急的费用纳入组织整体财务管理体系；
- 保证专款专用；
- 做好财政资源使用的监督机制；四是注重社会保险制度的配套。

2. 危机管理中的物资保障

危机中的物资因素则是危机管理的基本保障，它将与组织现有的物资储备及后续物资配备的渠道同样是形成一个安全的屏障，如果自身的资金及物资条件不充分或不能及时到位，那么危机的冲击也会让最优秀的管理者望洋兴叹，因此，所谓的有备无患在这里不仅仅是观念上的问题了，它只能是实实在在的看得见、摸得着的有形的东西，为了过冬我们总要有点适当的储备。

危机管理的物资管理具体包括物资资源的储备工作、必要的生产能力、生产基地储备、调拨和紧急配送系统，并借助于社会的力量来解决物资方面的问题。根据不同危机事件和灾害种类，搞好物资储备、必要的生产能力储备、生产基地储备、调拨和紧急配送系统；发展经济动员能力，探索由实物储备向生产潜力信息储备；建立应急生产启动运行机制；必要时可以根据有关法律、规定及时动员和征用社会物资。

劳伦斯·巴顿甚至以最通俗的方式告诫大家，如果你要对付天灾，那么你需要事先考虑的问题是：员工手上握有可得知组织最新运营状况的电话号码吗？你的广播系统有信息可立即通知员工或顾客龙卷风或暴风雨正在逼近吗？你有一间储存有水、干粮、收音机、手电筒、毯子或其他物品可让内部人员安危度过的避难所吗？组织领导有双向沟通广播系统吗？万一手机失效时可以随时与你联络。而这些广播系统的频率不同于手机。当暴风雨侵袭时，有人可能会被碎的玻璃、瓦砾弄伤，你有医疗箱、医用电击器以及一般人就可操作的紧急医疗工具吗？

这就是危机管理专家所说的危机前的细致而充分的物资上的准备。这里的物资保障指的是实实在在能够解决危机中可能发生的情况并且能够提供物质上的帮助，罗列得越细致越好。一般来说，一个组织一般都会为预防危机而储备物资。危机爆发时这些资源可以迅速地被危机处理小组人员使用，但有时却难以满足危机反应的需要，因此，资源配置人员获取和储备资源的决策顺序是：根据危机的具体情况和对危机发展的预测，危机反应需要哪些资源；根据危机实际的危机发展的需要，判断这些资源的需求量有多大；如何获取足够数量的资源；如何储备那些获取的资源。资源的获取和储备是一个动态的过程，需要不断地重复上述的决策过程，以使危机资源的获取和储备能跟上危机发展的需要。同时资源的获取和储备还要有一定的代偿性，绝对不能等到储备的资源快耗尽时再考虑资源的补给。如果因为资源消耗而使资源储备接近或低于警戒线时，就应及时地补充资源，使得资源储备一般不低于警戒线水平。在危机中因为时间的紧迫性要在短时间之内获取危机反应所需要的资源是非常困难的。因此，在资源不足的情况下，特别需要合理地配置资源，以最大程度弥补资源不足的缺陷。在综合考虑危机的重要方面和资源的主要功能时，要使资源在危机工作中能够产生最大的综合使用效果。

具体到政府应急管理的实践，应急物资往往会成为政府应对突发事件最重要的要素之一。政府可以结合现有物资储备和流通体制，建立快速、有效、常备的应急物资保障机制，从以下8个方面来保证物资保障的可行性，即建立应急物资目录、应急物资实物储备保障、应急物资生产能力储备、应急物资紧急采购和进口、非政府物资的征用、应急物资运输保障、应急基础设施建设、危机管理的资源配置工作。

危机管理全过程的物质保障机制的构建重在平时的管理，特别是交通运输工具、通讯网络和基本生活保障等必需物资，应有合理的储备和及时的补充。

（五）组织的信息沟通与交流的平台

一个社会组织自身的组织机构的建设是影响到危机管理的效率及结果的重要因素。除了决策系统、运行系统外，还有就是信息系统。随着信息技术日益广泛地应用于政府和企业管理，良好的信息系统对组织危机管理的作用也日益明显。信息系统作为预警机制的重要工具能够帮助在危机苗头出现早期及时识别和发现；在危机处理时有助于有效诊断危机原因，及时汇总和传达相关信息，有助于政府或者企业的各个部门统一口径协调作业。良好的信息系统曾为美国有效控制“非典”立下汗马功劳。2003 年 3 月初，世界卫生组织首次发布“非典”警报后，美国疾病控制和预防中心利用其信息系统在美国各政府部门、各级地方卫生机构以及世界卫生组织等国际机构间实现信息的即时传递、收集和整理，快速完成对疫情的全面评估并迅速提供给美国领导人作为决策依据。美国政府还利用信息系统将药品制造、运输、销售和医院相联，从而保证了医疗供应链的畅通，在最短的时间内将药品送到病人手中。

二、危机管理的外部要素

任何组织的危机管理都处在一个特定的外部环境中，如果外部环境和谐即使有危机也能够得到化解并赢得帮助与同情或支持，如果外部环境恶劣，那就是雪上加霜，对于危机的解决就成了难上加难。一个组织危机管理需要关注的外部资源主要涉及相关利益者的关系、自然环境、社会伦理环境、政治环境、法律环境、媒体舆论环境，等等。

危机管理过程是一个不断地整合组织内、外不同资源的过程，任何一个社会组织如果不能在危机管理的过程中化解外部的矛盾，赢得外部资源的支持与帮助或得到外部相关利益关系者的理解与认可，那么不仅原有的危机得不到解决甚至还会引发危机中的危机，因此，我们需要对任何一个社会组织危机管理的外部资源作一个现代意义上的分析。

（一）利益直接相关者的关系

如果危机管理的主体是企业，那么对于它来说利益最相关的无非是消费者、股东、经销商、供应商等等。如果政府作为危机管理的主体，其利益最相关的应该是社会各界的公众对象。其实，无论是政府或企业，危机管理特别关注的往往是利益最相关的群体，他们的感受及意见信息的汇总是我们防范危机及应对包括自然灾害在内的危机时都是重点管理的内容。

因此，注重平时培养良好的利益相关者的关系既是一个组织生存的前提与条件，同时也是有效地解决危机的有利条件。有人会在不经意间将一些平时遇到的矛盾与纠纷当作危机来看待，其实这也不是一个多大的错误，因为平时矛盾与纠纷的调节本身就是危机管理的举措之一，因为这就是对危机的防范工作。如果平时的矛盾与纠纷调解无效那么自然就会爆发危机。如何注重平时利益的协调呢？无论是企业或政府，作为管理者都应该重视利益相关者的利益诉求，特别需要强化的是真正意义上的服务理念，以保证培养顾客与公众的忠诚与信任，因为建立顾客或公众的忠诚是有效防范客户危机的有力保障。兰德公司调查表明，每有一名口头或书面直接向公司提出投诉的顾客，就有约 26 名保持沉默的感到不满意的顾客。这 26 名顾客每个人会对另外 10 个亲朋好友造成消极影响，而这 10 名亲朋好友中，约 33％的人会再把这个坏消息传给另外 20 个人，换言之，只要有 1 名顾客不满意，就会产生 1×(26×10)＋(10×33％×20)即 326 人的不满意，因此，优秀的管理者早就意识到：“顾客满意”就是经营，让顾客回到经营的起点上来。

在培养公众或顾客的忠诚方面我们可以通过自身提升服务意识来做到。

真正意义上的服务理念一般由三个层次来构成：

一是基础服务做到完美，即承诺多少就要做到多少，这是赢得信任与支持的基本前提条件；

二是追求卓越服务，这并不是一个高深的问题，而只是通过员工授权的方式，以公众或顾客是否满意为评价自身行为的标准，而不是以规章制度作为评价的标准，如果制度授予我们的权利并不能真正让顾客或公众满意时，我们可以通过员工的努力来弥补制度的不足，即让顾客或公众有意外的惊喜；

三是欢迎投诉，因为投诉是黄金。因为投诉代表信任，毕竟敢于投诉就是对你的一种认可；而且投诉代表免费的信息，即通过投诉的方式免费地告知他们发生了一件与你有关的问题，这应该是一种莫大的财富。

思考题

你是如何理解卓越服务的含义的？卓越服务只是为了提供一种意外、一种惊喜，它是通过得到授权的员工或政府的工作人员的行为来实现的，这又与一个组织内部成员的素质形成了关联。你又会如何来理解“投诉是黄金”这句话的。目前中国政府正在打造服务型政府，而企业的基本生存法则即服务于顾客，那么投诉这一现象如何能够尽量控制且防范其向危机方向演化，这也需要我们改变对投诉的认识及善待投诉开始。

（二）政策与法律的环境

政策与法律的环境对于企业来说即使对于政府自身来说也是一个强制性的约束资源，如果一个社会拥有完善的政策与法制，那么任何危机的发生都会进入有序的应急状态，但是如果一个社会缺失健全的政策与法制，那么危机管理的成本就会额外地提升且会偏离正确的轨道，从而造成后续的更可怕的危机。因此，危机管理者对一定时期政策与法律制度的把握程度也是是否有效利用外部环境的能力之一。

危机管理百余年来的历史经验告诉人们，现代国家公共危机管理的实质是法律的管理，依法设立一套规范的行政应急机制是紧急状态下管理的必然要求。在现代社会危机频繁出现，除了传统的战争、政治危机、自然灾害、瘟疫外，还有经济危机（金融危机等）及高科技危机（核泄漏、滥用生物技术等）。民主宪政国家无论何时都必须厉行法治，作为实施法治的国家，必须有完整的法制体系，该体系理应包括平常时期的法制及非常时期的法制、成熟的法治国家必须由国家宪法规定国家紧急权。紧急权往往会承认政府作短暂的权力扩张，具有非常态下的紧迫性与严格程序的时限性，政府碍于紧急处理的需要无法坐以等待立法机关制定新法，且现有法律无从挽救危机只能由政府全权代理，当然，一旦危机事态结束，立即恢复行使常态下的各项规则，故国家紧急权须受时限制约，不得违反程序规则。

广义的紧急状态法可以分为战争法（包括军事法）、戒严法，狭义的紧急状态法、灾害法以及动员法。其含义是：当国家遭遇紧急危机时，得暂停宪法某些条文及有关法律的效力，但仅为暂时性地阻却和代替宪法（条文）或法律（某些）的效力，而非具有永久性效力的特别法。国家紧急状态法的主要形式如国家动员法：国家动员法一类的法律制度产生于第一次世界大战之前，形成在两次大战之间，全面发展在二战以后，世界各国都将国家动员法作为支援总体法的法律依据。“动员”是指国家在战事发生或行将发生时，由政府下达动员令，将全国一切人力、物力的资源及全部有形无形的潜力，加以严密组织与合理地编制，并将国家平时的态势转为战时态势，得以充分发挥战斗力，克敌制胜，确保国家民族的生存。

紧急状态下，全社会第一要务是如何控制与消除出现的危机，恢复正常的生产生活以及平时的法律秩序。故社会公共利益，包括国家利益、国有安全、集体利益等，要得到优先保护。因此有必要赋予政府及法律法规授权或政府合法委托的行政主体享有行政紧急权力。这种权力

(利)是平时法宝权利义务的重新配置,不仅是政府权力扩大,其他主体也被赋予了许多行政管理的职权,甚至是强制措施的执行权。

在危机管理中的法律制度主要包括两个方面的工作:一是制订危机管理的相关法律;二是依据相关法律来管理危机。

管理者必然对危机管理中的民、刑等法律问题必须有一定的了解,如果是太专业的法律问题,可以聘请专业的法律顾问来应对危机管理中的法律事务。危机管理全过程不仅需要运用相关应急性的法律来执行,更为关键的在危机的预警及处理、恢复和善后中也还需要有相关的法律来认定其危机管理的责任及义务问题。

纵览国外工业化国家的危机管理都非常重视法律保障基础。美国、日本法律体系已成型、内容丰富全面、结构系统严谨,对各类突发事件全过程管理的法律支持比较有效。特别规范各级政府、公共服务企事业单位、生产企业、社会非政府组织以及公众的应急职责、义务。而依法进行危机管理如果从危机预警机制来分析还需要尽量进行法律知识的培训与教育,提高一个社会组织生存发展的法律环境的适应能力。

微软与英特尔在这个方面给了我们很大的启示。微软与英特尔是各自领域的"巨无霸",二者都是反垄断诉讼的首要目标,当微软一直受困于官司的折磨时,英特尔却稳坐钓鱼台,成功地避免了这些既费时又和的反垄断案件。因为英特尔公司愿意按照游戏规则办事。美国关于反垄断的立法历史100多年前已经开始了,法案都禁止同一行业内实力超群的公司之间进行勾结或以有损竞争的方式行事。明文禁止的手段包括:单一销售合同、招标中的舞弊、掠夺性定价、私下的回扣、捆绑销售、相互持股以及有损竞争的收购行为。其中有两个微妙的用词,一是"拥有垄断地位"和"滥用垄断地位"是不同的,前者是合法的,后者则是违法的。1968年创建后不久就走向辉煌的英特尔公司作为记忆芯片和微处理器的鼻祖,到了20世纪80年代,凭借着当时的386微处理器呈现了爆炸式的发展,而安迪·格鲁夫却更加谨慎,极力避免惹上反垄断诉讼的官司。他在了解了法律之"可接受行为"与"不可接受行为"之间并不是可以截然分开的,这其间存在着很多的"灰色地带",因此,他建议公司在这儿专门设立了"警戒线"。即一个安全的边缘地带。其第一步就是为所有相关员工提供形式活泼的培训,而不仅仅是建设性的手册或录像。法律部对整个经理阶层和60%~70%的非制造部门的员工(包括销售人员)进行了培训,培训的课程包括几个"不可为"领域:不能设定固定价格、不能签订微处理器方面的单一合同、不能和竞争对手讨论产品和定价方面的战略等。但培训也强调了诸如技术合作和捆绑销售之类的灰色领域,这些都是极易出错的地方。而且公司希望他们知道什么时候该和接受过反垄断法训练的律师建立联系。

在随后的培训中,法律部门的人员还设计了特别的程序。如销售部门在定价和捆绑销售方面能得到更多的指点,而产品部门在知识产权和专利方面则能得到更多的培训。为了使反垄断法这一规定更能深入人心,公司还采取了另外的措施。从20世纪90年代开始,英特尔的法律部就开始对员工的文件进行随机审查,律师可以调用某位经理的文件、磁盘和电子邮件,拿走联邦贸易委员会可能要求的所有文档和文件进行分析。如果发现某项不合规定之处,法律部将查找问题症结所在,然后开出"药方",并对培训计划进行更新,防止问题再次发生。英特尔法律部有各个领域的专家,但其最强有力的手段却是"模拟宣誓作证"。在对某位高级决策人员和其部门进行突然袭击之后,将会有一位反垄断法专家在整个决策层面对这位经理进行全面盘问,为了增加实战性,盘问过程还会作用各种"没收"的各种文件资料,在一个小时的详细盘问之后,法律部的律师将花费额外的时间讨论关键的经验教训和回答那些棘手的问题。

这种角色扮演给那些思想麻痹的经理们起到“警世钟”的作用。[①]

(三)社会伦理的环境

危机管理的全过程都渗透着伦理的规范,伦理因素既是危机管理的重要资源同时也是解决危机的重要法宝,当然也是保证危机转化为机会的重要条件。

危机管理中的伦理关注往往是被放大的,一方面这是因为危机中伦理的损失会比其他的损失更大,伦理资源的丧失就是信任资源的丧失,它需要更多的时间来重新拥有,因为声誉的损失总会对一个组织产生很大的打击。另一方面,当我们面对危机时,管理者的所有言行都会体现对伦理价值的追求,即是否表现良好的态度,对责任的认识,等等。

危机发生是否就意味着一个人或一个社会组织做出了不道德的事情呢?尽管从道义上讲危机肯定会造成荣誉的,即使是不可预知的或不可抗拒的力量或恐怖主义的袭击所造成的危机,态度强硬的人也会坚持,这与你平时的不重视及疏忽有着某种关系。这是一种理论的逻辑,尽管从实践的逻辑上很难成立,因为在现实生活再谨慎的人也无法做到万无一失的。由此可见,危机状态的人们需要面对的并不是简单的有没有责任的问题而是如何来看待责任的问题。如事故发生后,你是如何表态的?你是什么时候表态的?你把工作的重点放在什么地方?你最关注的是你的损失还是别人的伤害与损失?你在补救时对人的关注到底有多少?你说得多不多?你说的是不是真的?你说的时候的态度到底怎么样?林林总总的问题几乎都是指向了伦理的要求。危机状态的管理者需比平时更大的真诚、更多的无私、更多的公开,并且更愿意承担责任,更愿意放下自我才有可能真正地过难关。因此,危机状态的伦理准则是一种非常时期的伦理要求,它比平时管理的伦理要求更直接且更强烈。

在危机管理中,面对伦理的约束可以注重以下四个方面:

- 真诚的沟通与传递真实的信息是解决一切危机的前提;
- 勇于承担责任及尽一切可能地解决危机而作出牺牲是危机伦理的具体方法;
- 永远传播真实的信息,真实是危机管理的底线,也是赢得信任的基础;
- 充分体现对弱者的同情,为了在危机管理中赢得更多的社会资源,我们必须接受一个简单的事实,即在这个社会上舆论、道德、法律都是同情弱者的。

2005年5月25日,浙江省工商局公布了该省市场《儿童食品质量抽检报告》,在碘超标食品目录中,黑龙江双城雀巢有限公司生产的“雀巢”牌金牌“成长3+”奶粉也是榜上有名。次日,雀巢向媒体发布声明说,其碘检测结果符合《国际幼儿食品标准》,该奶粉是安全的。当全国各大超市将“雀巢”奶粉全面撤柜后,雀巢中国公司却表示对“问题奶粉”目前尚不实行召回。雀巢傲慢的态度和对公众健康的冷漠终于引发了媒体和公众大规模集体声讨,而在北京、昆明等地雀巢奶粉也被查出碘超标,初期的星星之火终成燎原之势。5月29日,中央电视台经济半小时播出《雀巢早知奶粉有问题》。此时雀巢方面仍然没有就问题奶粉事件给出关于召回或者退货的进一步答复,导致大部消费者退货无门。6月5日,雀巢中国有限公司大中华区总裁就雀巢奶粉碘超标一事向消费者道歉。

显然,本次危机管理缺失在于不作为,这正是2005年跨国公司危机处理中最大的败笔。

① 《危机管理》哈佛大学MBA核心课程,九州出版社2002年版,127～129页。

而同样是在2005年6月16日上午，深圳市质量技术监督局罗湖分局根据投诉举报，联合罗湖工商分局、罗湖区卫生监督所对位于深圳市罗湖区振华大厦的1004房的哈根达斯生产加工作坊进行了检查，发现该处加工点属于无证生产加工且生产加工环境符合相关卫生要求，依法予以查封并拟按照《食品卫生法》的规定处以3万元人民币罚款。哈根达斯"脏厨房"事件由此受到社会各界的广泛关注。第二天，哈根达斯大中华区总经理迅速赶到深圳，于18日在深圳媒体公开发表声明表示道歉，就事件对公众进行了详细的说明，承认公司管理体系上存在漏洞，导致在运营中违反了国家的相关规定，并表示愿意接受处罚，限期整改。其真诚的态度赢得了公众的一致好评。随后国家质检部门对上海和北京两地的哈根达斯冰淇淋蛋糕产品进行了紧急检查，结果显示两地的哈根达斯产品均符合国家卫生标准，深圳市质量技术监督局对深圳市的哈根达斯产品的复查也显示产品质量合格。国家权威机构的认证彻底打消了顾客的顾虑，深圳市哈根达斯产品的销量经过了短暂的下滑后开始恢复到正常水平。6月23日，哈根达斯大中华区总经理接受媒体采访时，再次坦诚地承认了公司的错误，并对媒体一段时间以来客观、善意、理性的报道表示感谢，感谢媒体对"哈根达斯事件"的监督，认为媒体的监督更好地促进了企业的发展。同时，哈根达斯向消费者郑重承诺：对消费者的疑问愿意真诚沟通，对消费者提出的合理赔偿要求一定给予赔偿，顾客可以凭收款全额退货，出现问题的加工一律关停，其和平的产品停止销售，具体整改方案将随后送到政府各个部门报批。经理的坦诚态度打动了消费者，也让消费者感受到了哈根达斯公司勇于面对错误的责任心。事发一个星期后，哈根达斯开放中央厨房让公众参观，使消费者对哈根达斯产品的质量有了下面的了解，对上海、北京等地的产品销售起了促进作用。10月，质检部门大范围的抽查结果显示，哈根达斯的产品无质量问题。消费者信心逐渐恢复。

危机发生后，哈根达斯的销售量仅在事发点深圳有过短暂的下滑，并没有涉及其他地区，即使是在深圳，其销量也恢复到正常水平。哈根达斯公司能够做到这一点，应该说得益于公司对于危机出现后的迅速反应，有效措施以及真诚的沟通矿工。该公司大中华区总经理在事发后第二天就抵达深圳，及时向媒体通报了相关情况，并承认了公司管理上的漏洞。其快速的反应和坦诚的态度得到了公众的接受。随后上海和北京的检查结果更是有利于支持了哈根达斯的说法，同是地也有效地遏制了流言扩散，将负面影响减少到最小的限度。至于总经理在媒体的声明，不仅通过媒体的平台进一步与公众进行了沟通，加深了媒体、公众之间的相互理解，更展现了哈根达斯作为一家跨国公司的社会责任心和顾客至上的理念，消除了事件在消费者心中留下的阴影。

（四）媒体与舆论环境

前面我们曾经说过，有一种危机在媒体如此发达的当代需要特别关注，即舆论的风险或压力。对于一定时期媒体资源的评估及舆论走势的判断也是影响到危机管理的顺利与否的重要因素。面对危机时不同的处理方式直接影响着组织形象美誉度的发展方向，在积极的舆论政策引导下，组织形象美誉度会经过一段时间下降后反而会迅速提高，有的甚至直线上升，而采取鸵鸟政策采取消极态度，听之任之，甚至隐瞒事实不与公众合作，这样组织的形象美誉度反而会迅速下降。考虑到当今社会，危机往往都是舆论的危机，我们将在第9章中作详细的介绍。

（五）其他的外部资源

一个组织的生存环境不仅是政策的、法律的、媒体的、伦理的，同时也可以是心理的医疗的，因此，危机管理还将涉及大量的外部的相关资源与因素。及作为非直接利益关系的因素应该如何来运用，这里涉及社会资源的全方位的配置问题。因为危机的连锁性一方面可能会造成牵涉面的扩大，因此我们需要得到全社会各界人士的理解与帮助，同时大量的危机事件涉及专业问题也需要得到各种专业人士的支持，如医疗资源、心理资源的介入，等等。如 2003 年 9 月正式出台的《北京市防治传染性非典型性肺炎应急预案》中，就为决策领导机构专门设计了“专家预警委员会”。它是由流行病学、病毒学、临床医学、公共卫生管理、统计学等方面专家组成的、专门承担疫情监测信息的综合分析与评估，预警级别确认、疫情形势判断、应急响应建议等任务，对决策领导机构起信息咨询和决策参谋作用。

总之，危机管理同样追求天时、地利、人和，任何资源使用不当或危机当时不能及时到位都会影响到危机管理的时效性及结果。危机管理的全过程简单地表达就是各种危机管理资源的正确调动及有效运用的过程，这就是管理的价值所在。

第三节　危机管理的基本原则

危机管理作为一种非常态的管理其与常态管理相比较而言无论是从管理者的心理素质及管理要素的运用上都有其特殊性，那么作为危机管理其特殊的运用准则到底是什么，下面我们从危机管理的基本入门准则、最高准则及其他相关准则作一个分析。

一、危机管理的三大入门准则

（一）危机管理的第一大入门准则是“黄金时间”准则

众多的危机管理者根据工作经验总结出了中国从事危机管理需要奉行的“五抢”原则，即“抢尸体、抢现场、抢家属、抢时间、抢媒体”，这五个“抢”字倒是通俗形象地表述了危机管理的与众不同，即对时间的掌握几乎成了危机管理的重中之重，即快速反应的准则。“黄金时间”准则包括了两个方面含义，一是越快越好。因为危机本身的不确定性容易使危机产生连锁的反应。这里的反应既是对危机情境、种类的判断，也是对解决危机条件的判断。如果管理者反应不够及时就有可能使危机的发展轨迹产生出乎人预料的变故，因此快速地把握时间是危机管理的入门准则；二是危机的“黄金时间”最好不要轻易地破坏。因为危机的第一时间你说的话、做的事情往往会成为危机的基本格调或定位，作为管理者最好能直接掌握“第一时间”的话语权，尽管我们总是遗憾地发现“黄金时间”会被一般的工作人员占用，如果一个组织内部没有一定的危机管理的培训而任由工作人员在危机的第一时间以个人的方式去应对和处理时，那么危机后续的管理成本可能会非常地高。

思考题

很多管理者表示，碰到危机时往往是大脑一片空白，“黄金时间”的掌握需要一个“学习—记忆—习惯”的过程。

（二）保护弱者的准则

在危机状态的管理者绝对不能保护自己，而要保护弱者。正如我们在判断危机的因素时曾经强调过，在危机管理最初判断“谁是弱者”是衡量管理水平的标志，因为危机管理就是对弱者进行管理。一个人在遇到麻烦的时候本能的反应往往是自我保护，但是处于危机状态的管理者却没有权利去保护自己，他只能保护弱者。危机管理的管理者从进入危机的第一时间开始就将放下自己的利益诉求，要将弱者的利益诉求放在管理的第一位，如果保护自己或立足于自身的立场那么危机管理就会出现越来越不利于自己的结果。

关于上述的两个入门准则，我们以一个现实生活中的案例分析来作解读。

有个企业的老总为了一件事情而气愤。有一家三口人去某景点旅游，当地有严格的防护措施，在景区的周围都有防护栏杆，且在景区边界也设立了“游客止步”之类的警告牌。没有想到这一家三口却翻过栏杆冲进了没有开发的深山，结果在一个树洞前发生了悲剧，父亲和五岁大的儿子到树洞里探险时坠落而亡。当时第一时间到现场的是一位景区管理公司的员工，这位员工明显在黄金时间做了一件似乎没有什么错，但是却让公司变得很被动的事情，即他不仅努力保护自己而且还想着要保护公司，当他不断地告知那位刚刚失去两个亲人的母亲，自己公司是没有责任时，因为有很多的警告标示且也有很好的防护措施，那位母亲彻底崩溃了，结果是舆论沸沸扬扬，最后在花钱买平安中度过了这一场危机。

到底是哪里出了问题？很明显的，这位员工并不清楚这是一件他的工作权限并不包括的问题，他已经无权独自地处理这么复杂的突发事件，作为一个有着整套危机管理机制的企业来说应该事先就有明确的规定，一旦发生什么样的情况时员工要启动的是汇报制度，而不是自作主张地想解决问题。

很明显的这位企业的老总可以根据这一事件作出两个反思，一是公司为什么没有相关的制度来约束员工在突发事件中的行为；二是员工的过错责任只能是在老总自己，因为没有培养好员工就应该由公司付出代价。

（三）“说”比“做”还要重要的准则

当下危机管理“说”比“做”还要重要的原则体现的是真诚坦率与公开透明的原则。在一个媒体审判与司法审判并列的社会，任何的危机不仅要承受法律的约束同时也要承受舆论的约束，如果在危机最初疏忽了对媒体及舆论的重视则会引发人们的猜测，一旦产生猜测就会产生不信任，而不信任是一般管理者很难驾驭的资源。我们如果能够将危机管理控制在被人们所理解的舆论环境进行那么危机管理就会更为顺利，但是如果置于不信任的舆论环境那么危机管理的成本也是多倍的。尽管我们已经经历过了 2003 年“非典”危机的洗礼，也有过了 2005 年松花江水污染的教训，但是，当时间进入 2011 年时，在中国发生的“抢盐”风波又让我们见识到了危机状态不及时说所产生的后患，危机状态的沉默是比危机还要可怕的灾难。

上述三大入门准则可以说是危机管理者在学习危机管理时最简单易行的操作准则，同时也是危机发生第一时间管理者马上要启动的思路与方法，但是这三大准则并不能代替危机管理的最高准则，即社会帮助你解决危机的准则。

二、危机管理的最高准则

危机管理的最高准则是争取社会资源的帮助共克难关。这既是管理主体能力有限性决定的，同时也是危机管理的评价标准决定的。当深圳富士康"连环跳"危机发生时，当富士康公司邀请了几百名心理专家到企业进行集体心理干预时，当老总通过媒体面向全社会深深鞠躬表示歉意时，当富士康公司向深圳政府求援时，我们可以发现一个组织面对危机时的脆弱。同样的从政府角度来分析我们也会发现，在全球化的今天，政治过程的重心正在从管理走向治理，从善政走向善治，善治的本质在于它是政府与公民对公共生活的合作管理，是政治国家和公民社会的一种新颖关系，是两者的最佳状态。阿尔文·托夫勒认为：面对越来越多的决策事件，政府不仅需要设法强化一个中心，还要让"下面"或"外面"作出更多的决定，减轻政府作决定的负担。在实践中，解决公共问题(包括危机事件等)有多种可能途径，并涉及公共部门、第三部门、私营部门和社会公众，将这些社会力量整合到统一的制度性框架内是提升政府危机管理能力的重要途径。

危机社会保障机制建设是由危机的性质、危机管理的特殊性以及危机管理的评价标准等诸多方面的原因决定的。一是从危机的性质和特殊性来看，危机往往是突发的且是不确定的，很多资源的储备可能一时满足不了危机解决的要求；二是从危机的评价标准来看，危机最终是否解决往往取决于当时社会评价的一般标准。

政府在危机中需要得到企业及其他社会的帮助，同样的企业在危机中也需要得到政府资源的帮助，只要我们承认政府与企业都不是万能的，甚至有些危机连人类都无法解决，那么危机管理的全过程没有什么比边处理危机边争取得到社会的帮助与认可更重要的了。

这不仅仅是企业对政府的要求，也是政府对企业的要求。

如蒙牛有一年遭遇"投毒危机"，有人在武汉声称将毒药放入蒙牛产品中，对蒙牛进行敲诈打击。面对这种严重的突发事件，仅企业自身的能力是无法解救的，而且若不及时处理，后果将不堪设想。此情此景，牛根生想这下完了，赶忙和副总一行赶赴北京，频频给总理写信，向中央救援。总理获悉后作出批示，大意是，不仅要保护消费者，也要保护企业。责令公安部派出强大警力(包括顶级的侦破人员)快速在武汉抓捕到了凶手。

2002年4月23日，格兰仕突遇危机：网上传播"微波炉有害健康"一文，该文立即被全国近600百家媒体转载，给格兰仕微波炉销售带来致使的伤害。格兰仕一方面调查实情，同时立即赴京，寻求国家权威部门的支持，以"正面引导消费、规范竞争环境"为主题邀请国家工商管理局、中国质量技术监督局、中国家电协会、中国消协、中国名牌推进委员会、中国预防医学会、中国营养学会等相关机构组织的领导和专家在京举办研讨会，发出辟谣的权威声音，稳定了不利局势。后经查，操纵者是早两年在中国微波炉市场辉煌过，后又落马败走的一家跨国企业。其目的是想推出他们的第五代新产品。

政府在危机管理中同样也需要整合各类社会资源。因为非常态管理的复杂性及不确定性，往往需要社会各种力量的配合与支持，而且由于危机的广泛性仅仅依靠一方力量是无法控制突发事件的扩散及消解突发事件的危害，需要依赖整个社会的政治力量、经济力量和社会力量的支持，其中社会力量的合作与支持显得尤其重要。社会力量的参与一方面可以缓解危机在公众中产生的副作用，使公众了解真相，消除因为危机而引发的流言诽语及恐慌等副产品，起到稳定社会、恢复秩序的作用，同时可以降低危机管理的成本。由于社会力量的介入，信息通道不再堵塞，政府决策的可信度及可行度可以提高，降低了政府政策制定及执行的成本。

如美国“9·11”事件后，布什政府积极鼓励公民参加地方救援工作，倡导成立了一个“公民军团”的民间组织，该组织在联邦紧急事务管理局指导下，配合联邦政府参加社区救灾、抗险和反恐等危机管理工作，已与41个州的449个地方政府建立了伙伴关系。①

同样的，我国经过多年建设，国防动员体制比较完备，理论研究体系相对丰满。规模上分总动员和局部动员，方式上可以分为公开动员和秘密动员，时间上分为应急动员和持续动员，从结构上可以分为武装力量动员、国民经济动员、人民防空动员、交通、卫生保障动员、科学技术动员和政治动员等部分。要做好应急工作，一方面需要借鉴国防动员的经验，提高应急管理体系的科学性、系统性；另一方面也要和国防动员体制有机结合，互为补充。中国社会长期处于行政主导一切的状态，社会自治机制十分孱弱，因此，大城市的危机管理尤其需要重视民众参与的机制的建设，要把应急志愿者队伍建设、公众危机意识及各种突发事件相关知识的教育培训工作、市民自救与互救演练、危机心理准备等一并纳入城市公共安全机制，提高危机管理中政府与社会耦合联动的水平。

国际经验表明，一场大型灾难发生后，提供消防和医疗服务的第一反应者往往是社区，社区居民的互相帮助是满足救生瞬时需要的重要途径之一。因此，危机管理体系必须整合到更广泛的社区领域里去，必须形成广泛参与的社会动员机制。

一是在全体市民中广泛开展危机教育活动。危机管理委员会及各防灾专业机构承担起宣传教育群众的任务，建立各类培训基地，有组织有计划地为民众提供各种防灾知识和技能培训。通过学校、报刊、杂志、网络、影视等媒体，广泛宣传防灾减灾、应对危机的知识和技能，让群众了解相关应急预案，定期开展各种演练，不断提高广大市民特别是各级领导干部危机意识和应急防范能力；

二是广泛发动社会各部门、各企事业单位、各群众团体和基层组织，积极做好突发事件的防范和应对准备。各单位应根据自己的实际情况，做好本单位的应急管理预案，成立各司其职、分工合作的应急行动组织，以便在紧急状态下迅速服从指挥调度，有效组织、管理群众；

三是充分发挥社区组织的作用，广泛动员人民群众，组成广泛参与的社会志愿者队伍，建立民间社区救灾联防体系，实现群防群控，提高群众的自救、互救能力；

四是探索利用市场机制组织动员社会力量参与危机管理与服务的长效机制。政府以资助、合同、委托等方式，调动社会组织参与危机管理的积极性，把民间力量整合到危机管理体系中来，逐步形成专、兼职队伍相结合，广泛动员社会力量参与的危机管理应对机制，实现危机应对的社会化。②

总之，在一个社会参与越来越频繁的现代社会，如何保证赢得社会的帮助与支持是危机管理者在预警、决策、执行及复恢的全过程都需要启动的思维路径。

危机管理的这一最高准则让管理者明确一个真理，平时工作状态是以自我力量为主，但是

① 《参考消息》，2003年6月5日。

② 丁开杰：《社会治安体制改革：迈向“多中心治理”》，《成都市委党校学报》2009年第5期，第21～24页。

危机状态的管理者要马上问自己一个问题：到底谁能够帮助我度过这个难关。在危机状态与其说是管理者的能力大小导致危机的结果好坏，不如说是谁得到更多的社会资源的帮助谁就是真正的赢家。

三、危机管理的其他准则

除了危机管理的三大入门准则及最高准则外，危机管理过程还将遵循其他的准则，即

(1)居安思危，即注重平时预防的原则。

(2)效率性原则。即将危机管理纳入有效的管理范畴，注意其成本与效益的关系。危机管理毕竟是一个组织管理的基本组成部门，管理中涉及的一切资源都会对一个组织的管理成本产生影响，而任何管理也需要产生投入与产出的对比性，只是在危机管理的评估时要求更多地介入管理的社会效益。

(3)协同性原则。指内外一切资源合理、协调的配置与使用，即部门之间的应急联动性。

(4)安全性原则。危机管理的全过程需要体现安全高于一切，人的生命第一位的原则。危机事件的应对中，抢救人的生命与保障人们的基本生存条件，是处理危机和开展救援工作的首要任务。这既强化了对危机受害者生命安全的重视，同时也强化了危机救援人员的生命安全。对人的生命权的尊重是人类社会的一条基本公理，也是“以人为本”的原初意义。

(5)合法性原则。一是注意规避管理中的法律风险，二是危机管理中注重依法执行的要求。

(6)科学性原则。科学性原则既是管理层面的科学运用，如采取科学的决策、科学的执行机制及科学的评估标准，同时也是现代科技手段的运用，如采用现代信息社会的一切成果进行危机的预测、决策及总结工作。

(7)程序性原则。即危机管理的决策、执行及评估的全过程设计可控制的程序，按照程序进行管理将变得更可控制。

(8)适度性原则。即危机管理的标准是有限度的，无法追求真正的完美。危机管理比拼的是谁犯的错误更少，因为危机状态不犯错误是很难的，人们追求的只是尽量将错误降到最小。

以上所有危机管理的准则都是帮助管理者尽快进入危机管理思维的途径，也是有效运用危机理论与操作危机实务的指南，同时也是我们正确评析各种危机案例的指导。

第四节　危机管理的基本特征及意义

一、危机管理的基本特征

危机管理的特征源自于危机本身的特殊性，正是因为危机本身的特殊性决定了危机管理与常态管理的差异性，我们先在此作个比较，在后续的危机决策中还会进一步地分析。

(一)不确定性

在危机状态的管理者很难或不可能对问题进行客观地分类及处理，它具体表现为管理对

象的不确定性、管理预测的不确定性、预控的不确定性及处理计划的不确定性。面对不确定性人们可能更多地会告诫要小心危机可能会朝着不利的方向发展，但是却又忽视了另外一种可能性，即危机也会朝着令人预料不到的好的方向发展，因此，无论危机本身多么可怕，但是明天会怎么样其实无法事先作很明确的推断，关键是先做好眼前的事情才是最重要的，因此，危机管理的不确定性往往要求管理者注重事情的轻重缓急，必须在众多的目标中确定优先的目标，很多远大的目标可能不是危机状态要考虑的问题了，这并不是危机管理的狭隘性而是危机管理的特殊性决定的。

（二）应急性

在面对极限的压力下如何保证危机损失的最小化，这需要危机管理者作出一个快速的判断与决策，这就决定了危机管理的快节奏性特征。其实任何社会组织在危机状态不做出反应是不现实的，关键的是做出什么样的反应？即是有利于问题的解决还是背离问题的本质。危机管理者具有高度的危机敏感度是管理者最好的应付危机的策略。这种敏感性恰恰是突破常态管理惯性的过程。一个组织过去管理的成功与辉煌往往也是危机的毒方，如果成功成为可以克隆的一种模式，那么一贯的战略、流程及发展现有的文化和价值理念将会带来更大的成功就会使管理者陷入迷失的境地；还有一种惯性即在于对已有的关系的维护也可能成为发展的桎梏，它会消磨革新的欲望，一种价值观一旦成为组织的教条就会产生自我封闭。正是常态的习惯性思维将会使管理者无法预见危机，因此，危机管理需要打破的就是常态的习惯思维，这也是它的特殊性所在。

（三）预控性

预控性即危机管理更多的时间是在危机的防范上，明明没有发生的一件事情我们却会耗费大量的人力、物力和财力去应对它，这也是危机管理的特征所在。正是这种对可能发生事件的管理工作让危机管理本身充满了一种想象性及推测性，当然也可能表现出一种虚拟性。

（四）艺术性

管理需要艺术，危机管理需要艺术中的艺术。危机管理的艺术性一方面是危机管理过程的善变、管理者的个人魅力及智慧的表现，这些都让危机管理表现得比常态管理更精彩、更具影响力；同时危机管理的艺术性还表现为，危机管理需要投入情感的因素，而情感的介入往往会表现为管理者的同情心及有感染力的表情和语言，甚至于与弱者一起哭泣，等等。这些表现形式往往与管理者自身对危机管理的理解有着直接的关系，也许有人认为过多的情感因素会让危机管理变得复杂，而且让危机管理中的弱者有了额外的要求，因此，管理者应该照章办事，应该严谨、严肃，但是现实的危机管理恰恰论证了不一般的危机管理的价值或意义，即充满艺术性的危机管理总是让人留下深刻的印象，也正是充满艺术性的危机管理才凸显了管理者的个人魅力及口碑。因此，没有感情因素投入的危机管理根本不是真正意义上的危机管理。

思考题

你是如何理解危机管理中的情感因素的，有人说，危机状态的管理者与弱者捆绑的最好办法就是感同身受，甚至比弱者的情感诉求更直接。危机中受到伤害的弱者不仅需要物质上的帮助，更需要精神上的安慰，而情感的投入刚好满足了情感上的需求；二是情感的投入可以保证在第一时间与弱者捆绑在一起，即站在弱者的立场启动危机管理；三是情感的因素可以向社会证实你的诚意，也可以赢得社会的理解与认可。

二、危机管理的意义

危机管理的价值是即在于没有危机管理的组织将无法顺利地生存及发展，或者无法顺利地延续其生命。所以危机管理的意义即在于首先保证组织的生存，再是保证组织的延续，然后再是生存及发展的成本会有效地下降，即保证管理的效率、秩序的同时还能够保证降低管理的成本。

（一）有效地降低管理成本，提高管理的效率

这里所说的管理效率的提高是指一个有着完整意义上的危机管理的组织与一个没有危机管理的组织之间的对比。事实上，真正的危机管理如果能够从危机前开始的话，那么关于成本的意义就一清二楚了，即最好的减少危机伤害的方法就是不让它发生或在它发生最初就控制住危机。

（二）能够强化全员的忧患意识

危机忧患意识是危机管理的起点，正是因为有危机意识才可能会有危机的预警工作。如果管理者对危机抱有侥幸心理，不愿意在危机预警方面投入一定的人力、物力及财力，而且因为缺失平时的危机意识的培养而导致对工作人员对危机承受力不高，人们的自我保护意识不强、危机应对水平较低，缺乏自救、救护的意识和能力，那么在危机面前永远会处在被动状态，其结果就是或等待“被告知”我应该怎么做，或盲目地不采取行动。也正是因为对危机的侥幸造成常设的危机管理部门的缺失，这会加深危机管理本身的危机。事实上，在发达国家的危机管理体系中，专门的危机管理机构往往会占有重要的一席，如美国国家层面的国土安全部和联邦紧急事务管理署，还有在地方层面上的危机管理办公室等专门部门。这些机构的设置都是以危机的忧患意识为条件的，这种意识会催促人们为了危机而愿意采取大量的措施。

（三）保证组织持续平衡地发展，达成永续经营

从系统论的角度来分析，危机就是一个组织的失衡，尽管平衡是相对的，但是危机管理往往是以破坏作为开始，因此危机管理如果可以将整个事态恢复正常已经是危机管理的目标实现的第一步，如果能够在此基础上将它作为契机进行改革或突破那将是危机管理的第二个效果。

（四）排除公众报怨

危机多多少少是矛盾积累到一定程度的集中暴发或利益的冲突无法调和产生的结果，即使是自然灾害引发的危机也会对人的生命、财产造成伤害，因此，危机管理正是及时化解矛盾与纠纷的时机，也是保证社会关系和谐及利益协调的时机。

（五）维持组织的良好形象

危机状态的组织既是恢复形象的过程也是再塑造形象的过程，危机中的组织最能直观地展示其责任心，最大地传播并展现其管理的理念及价值，这些信息不仅可以扭转组织危机的形象，同时也可以赢得更多的信任。

危机管理的特定意义和价值，当卡特里娜飓风侵袭美国东部海岸时，沃尔玛的体会应该是最深的。

在卡特里娜飓风侵袭美国海岸的前六天，沃尔玛持续运营部门主管贾森·杰克逊为当地分店店长打电话给全国供货商，并请分店加快订货流程，订购紧急事件能够派上用场的物品，如干粮、毯子、寝具、煤油灯、收音机等。沃尔玛增加路易斯安娜州与密西西比州分店的补给，再加上水、罐头、发电机、卫星导航系统与无线射频识别装置(Radio afrequency Identification Devices，RFID)等用品的铺货，并命令货车在当地待命，直到可以进去当时被视为灾区的城市为止。他们的任务是运送、捐赠必需物资给受到风灾影响的人，任务真的完成了。事实上，沃尔玛是完成了联邦政府不可能完成的任务：他们快速、有效率地分送物资至灾区。这家企业常因不重视员工福利而备受批评，但没有人能够批评它在灾难发生时危机物流系统的优越表现。当暴风逐渐消失时，沃尔玛市场玛派遣损失预防小组成员前往，此小组的主要目的是防止各分店受到偷窃或破坏。小组成员对于当时景象感到十分震惊，新奥尔良商店街已被暴民洗劫一空，沃尔玛的员工则奋力抵挡暴民并将补给给真正需要的人。一名当地损失预防成员指出，在新奥尔良城郊的杰斐逊·帕里什，有人用堆高车撬开他的仓库，运送干净的水给困在养老院的100名老人。而在靠近路易斯安娜州马雷罗的地方，沃尔玛员工则为无处可去的警察将分店改造成为临时总部；当装备不足的国民警卫队进城时，他们更提供了子弹与手枪皮套。风灾过后一个星期，沃尔玛找回了97%在海岸地区的126家分店的员工，而相比较之下，万豪酒店集团承认他们还在寻找2800名员工，沃尔玛的成功体现在找到失散的员工，有计划有策略地随时更新紧急联络电话的联系网也在此时发挥最大功效。

这就是锻造世界500强第一的力量所在，它做了很多连政府都无法做到的事情，由这种佩服而产生的对沃尔玛的信任是无法估量的。

总之，危机管理首先是管理的必然组成部分，同时也是一般的常态管理无法取代的管理模式，它需要配置一个组织内、外的一切可利用的资源，只有遵循危机管理的特殊规律才能真正保证一个组织的持续生存和发展。

第3章

危机管理的理论探索

学习提要

学习本章要求掌握西方危机管理理论探索的由来及发展过程，西方危机管理理论的现状及发展趋势；目前中国危机管理理论的现状及热点问题；危机管理理论的研究方法，危机管理理论与风险管理理论、问题管理理论、应急管理理论之间的互动关系。

本章将回答以下问题

(1)危机管理理论研究的历史背景；

(2)西方危机管理理论的起源及发展趋势；

(3)中国危机管理的理论进程及发展趋势；

(4)危机管理的基本研究方法；

(5)危机管理与应急管理、风险管理及问题管理研究的关系。

有危机并非就有危机管理，有危机管理也并非就有危机管理的理论(Theory of Crisis Management)，或危机管理学。事实上，危机管理的理论研究或危机管理学的学术探讨与危机管理实践并没有同步发展，这一点在中国表现得更为突出。危机作为一种社会现象肯定会有人思考，而危机管理作为一种管理的实践活动肯定会吸引学者介入，但是作为危机管理的理论体系的探索及形成的过程却是近期的事情。

自美国“9·11”事件和我国SARS事件以后，在中国本来并非显学的危机管理学科迅速走红，成为社会各界耳熟能详、尽人皆知的一个热门话题。危机催生着危机管理实践的成长，而危机管理的实践也急需得到危机管理学科的发展。如何保证危机管理的有计划、有目的地推进，这可以成为理论与实践互助的过程。特别对于中国来说，危机的多发、频发、高发给了管理者一个很好的反思机会，也给了学术界一个很好的探索的机遇。这就是为什么目前中国对于危机管理理论研究会如此重视的原因所在，而且初步的研究成果也已经纷纷涌现，具体表现为出现了大量的危机管理研究的教材与著作。

危机管理理论(学科)是探索危机管理的一般规律、基本原理和一般方法的科学。我们通过对西方及中国危机管理理论探索的历史分析，针对当前危机理论研究的热点及难点的汇总，可以让我们对危机以及危机管理都会有一个更深刻、更清晰的了解。

第一节　西方危机管理学科的产生与发展

一、西方危机管理理论的由来及发展

一直以来学者们针对危机管理理论的起源有不同的论述，有人认为是企业危机管理的研究带动了政府的危机管理研究，因为企业的危机总会涉及社会的公共问题，政府必然会以社会管理者的角色介入到企业危机管理的过程，使得企业危机管理的研究成果被应用到政府危机管理的实践中。也有学者认为，危机管理理论一直以来都是西方政治学研究的传统课题，最早分析的应该是政治危机，包括政治制度变迁、政府与政权的变更、政治冲突和战争等，此时危机研究的目的就是探索政治危机的根源、寻找处理和应对政治危机、维护政治稳定或促进政治变革的方法。事实上，危机管理理论无论是源于企业的危机研究或源于政府的危机研究，有一点是明确的，即目前危机管理的理论有了两个重大的流派，即政府危机管理理论与企业危机管理理论。很多学者往往是从政府主体或企业主体对危机管理进行分析和论述，至于专门从事政府或企业危机背后共同规则的书籍或专著并不是很多，这也给了危机管理很好的研究空间和发展机会。

根据已有的资料，如果从危机管理研究的起源上来看，最早应该可以追溯到第一次世界大战以后在当时德国出现的通货膨胀和1929年在美国发生的应对经济萧条时的企业管理实践过程中。二战后随着社会生产力的恢复和科学技术的发展，世界政治经济格局发生了根本性的变化，东西方两大阵营的出现使得国际危机与各国国内的社会危机出现了许多新的形式与特征。因此，在20世纪50年代才陆续出版了一些有关危机处理的决策、谈判理论和危机个案研究成果的书籍，这为后来的危机管理理论的萌芽奠定了基础。

20世纪60年代美国学者正式提出了危机管理的理论，它最初是作为决策学的一个重要分支，首先用于外交和国家政策领域。随着国际经济的发展，特别是跨国公司的兴起，“危机管理”开始引进企业。如20世纪60年代初，美国学者 R. B. Lake 和 I. Mouton 把危机管理作为决策学的一个分支率先从企业组织因素的角度对企业领导行为有效性的差异进行了研究，并建立了一个指标体系来评价企业内部的不信任行为、冲突行为、无效行为、沟通障碍和失误等现象，开创了对企业危机管理理论研究的先河。这时还有一些学者就危机管理的内涵进行了自然灾害抗灾实践及灾害学的相关研究。但是从理论本身的成熟来看，这一阶段并没有形成科学的危机管理理论体系。

因此，国内的学者比较一致地认为真正的危机管理的理论应该起源于20世纪60年代的“古巴导弹危机”等一系列事件。即所谓的世界冷战氛围中的政治、军事冲突事件。1962年的古巴导弹危机是危机管理理论研究的转折点。从今以后，危机管理的研究不仅普遍受到世人的重视，而且还进一步推动了政府、研究机构和学术界的携手合作。具有代表性的有美国学者

丹尼斯·皮拉格斯[①]、桑德斯[②]、格尔和麦克利兰[③]以及亨廷顿[④]。他们都试图通过对不同政体、不同民族文化体系下危机发生、发展所表现出来的某些同质的物质与表象的研究，力求获得对于危机管理具有普遍意义的结论或规律，从而有效地预测和防范危机、监控危机、管理危机提供理论依据。另外有日本学者龟井利明[⑤]及加拿大的学者等对此也先后进行了不同层面的研究。

随着危机管理研究的深入，"危机管理"一词开始逐步地进入了管理学的新兴研究领域，并且慢慢地扩展到自然灾害、技术系统事故、社会经济系统危机预防等领域，并且取得良好的应用效果。

自20世纪60—80年代，西方危机管理的研究领域从政治领域向经济、社会领域扩展，从自然灾害领域向公共危机管理领域扩展，危机管理成为一门学科，形成了企业危机管理和公共危机管理两个既独立发展又相互整合的学科分支。企业危机管理理论研究的代表人物有：巴顿(Barton)、福斯特(Foster)、格林(Green)、米卓夫(Mitroff)等；政府危机管理理论研究的代表人物有：罗森塔尔(Hosenghal)、罗伯特·吉尔(Robert Girr)、科塞(Cose)等，他们纷纷出版了大量的著作，危机管理此时也成为大学的学科和专业，同时更成为一种社会职业并出现了专门从事危机管理的咨询公司。

所以，危机管理理论是在战后两极格局体制下，国际冲突与危机频发和各国国内政治、经济、民族、宗教矛盾激化引起的社会危机不断的社会环境与国际背景中逐步建立的。特别是在冷战结束后，世界形势发生了根本性的变化，国际危机与各国国内的社会危机不但没有因冷战的结束而减少，反而表现出许多新的特征，危机管理的理论也由此面临着更大的挑战和机遇，也面临着更多的突破与创新。

二、20世纪80年代以来西方危机管理理论的探索

20世纪80年代末，在全球化的背景下，国家与国家之间的关系越来越紧密，国家之间在经济、政治、文化上的彼此渗透与影响导致危机呈现了国际问题国内化、国内问题国际化的趋势，特别是互联网的快速发展和应用，更加剧了危机产生、发展、变化的复杂性，此时的危机管理研究地位也越来越突出，正如同美国前国防部长罗伯特·斯迈克纳马拉曾指出：今后的战略可能不复存在，取而代之的将是危机管理。正是从20世纪80年代以来，国际社会对于危机管理的研究也出现了多学科、多领域、多角度、方法多样化的新的态势。这具体表现在两个方面：

一方面是研究的内容上。学者们关注的危机种类越来越多，跨学科的危机管理研究成果也越来越多。学术界在对危机现象进行理性分析的基础上，试图解决一系列重要的理论和实

---

① 丹尼斯·皮拉格斯在《政治稳定与冲突管理》中专门探讨了政治稳定的条件、政治控制、政权合法性与政治危机等问题，阐述了政党与政府管理、控制危机发生、强化社论运动员和社会整合、巩固政权等与实现国家政治稳定的关系。

② 桑德斯对1948—1967年间136个不同政体下发生的社会危机进行了比较分析研究。

③ 格尔和麦克利兰对1800—1870年间全球范围内336个不同政体下发生的危机现象进行了研究，格尔教授运用比较分析理论提供了一个危机分析框架。

④ 亨廷顿对发展中国家尤其是亚洲、非洲、拉丁美洲那些处于传统向现代化转型中的发展中国家与地区面临的社会不稳定的困境、频繁发生的政治暴乱与民族宗教冲突，进行了大量的比较分析，取得了丰厚的理论成果。

⑤ 代表著作《危险管理论》，中国金融出版社1988年版，李操松译。日本学者龟井利明认为，风险不只是指损失的不确定性，而且还包括盈利的不确定性。这种观点认为风险就是不确定性，它既可能给活动主体带来威胁，也可能带来机会，这就是广义风险的概念。

践问题。如各类危机的成因、国家风险、社会冲突与危机发生的关系；在操作层面上，社会危机预警、防范的可行性；危机决策的选择与危机控制的途径与方法；危机后的管理与处置；危机管理体制、机制的建立和现代国家法律体系及体制的关系，等等，危机理论研究的目标正在朝着最大限度地降低人类悲剧的发生的方向发展。再加上社会科学学科间互相渗透的特点，使得危机研究更为丰富，跨学科的危机管理研究成果也越来越多。人们开始有意识地构建属于危机管理自身的理论体系及管理的框架。特别是以罗伯特·希斯（Robert Heath ）的《危机管理》、劳伦斯·巴顿（Lawrence. Barton）的《组织危机管理》为标志进入了危机管理理论研究的初步框架构建阶段。罗伯特·希斯（Robert Heath ）的《危机管理》一书在危机管理理论体系的构建中具有标志性的贡献。罗伯特·希斯的危机管理理论体系涵盖了风险评估、危机预警和避免、危机应对计划与准备、危机反应管理、情境管理、危机沟通、恢复管理、危机风险评估等内容。劳伦斯·巴顿（Lawrence. Barton）的《组织危机管理》更是在危机沟通和各类日趋复杂的危机应对方面进一步加深、拓宽了危机管理在企业领域的应用，并对非营利组织的危机管理具有重大的指导价值。

另一方面是研究的方法上。由于研究方法的不断革新，对危机研究的兴盛也起到了决定性的作用，学者们更多地采取科学的方法，如定量研究、建立模型等对历史和现实中的危机进行比较，大量的相关学科的研究手段也开始介入危机管理的研究范畴，出现了以现代科技手段支撑的危机管理研究的体系，特别是计算机技术的运用使得危机整个管理机制的运作更具有科学性及可操作性。这反过来也对危机管理的内容产生了促进的作用。

总的来说，在这一阶段，西方危机管理理论主要注重的应该是两个策略方面的研究，即危机防范策略和危机管理策略。

（一）危机防范策略

危机防范策略主要集中于危机意识、危机沟通、消除缺陷。作为防范本身是一件很难的事情，而且一旦着重于防范就会产生一种依赖性，造成警觉性下降且避免危机就会使得人们更多地将重心用在防范而一旦防不胜防危机来临则会束手无策，且也无法真正体现危机双重性的价值。而危机的处理策略尊重危机的客观性，启动动态的危机管理，发现新问题并全员参与，只是进入一个组织的另外一种生存的方式及管理的模式，事先训练一批专业的危机应对人员，将危机管理纳入一个组织的文化体系中，成为一个组织的题中之意，也成为管理的份内事。如1961 年美国人克苏斯比基在人类行为心理学的研究过程中提出了“零缺陷管理”，他认为任何一个人只要小心谨慎，避免错误，便可以向“零缺陷”的目标迈向一步，并以此为工作标准的方法。20 世纪 80 年代初进入中国后被管理者们具体化为要求员工不发生错误的决定。如上海电话局的“危机管理战略”、海尔的“日清日高—OEC 管理模式”、荣事达的“无缺陷管理”、小天鹅集团的“末日管理”。

（二）危机管理策略

危机的管理策略中，特别是在危机管理研究的同时强化了危机管理的实效性分析。进入20 世纪中后期以来，政府部门增强了绩效问题的分析，这同样也体现在危机管理的研究领域。进入 20 世纪中后期，绩效导向的科学管理深入到政府治理的实践中，绩效导向的标杆管理提升了危机处置的水平。联合国专门就此提出了绩效导向的危机管理的五项要求，即可持续性、有明确的绩效标准和专业标杆可测量，能够满足不同情境的关联性，在明确时间内完成项目的及时性。

三、当前西方危机管理理论研究的基本取向

进入21世纪后，因为民族、宗教问题的凸显、2001年美国“9·11”恐怖袭击事件、2002年印尼的巴厘岛爆炸、2002年莫斯科人质危机、2003年“SARS”在全球的流行、2003年以来的朝核危机、2003年8月的美、加大停电，等等，所有这一切让人们再次对危机产生了深刻的担忧与关注。人们逐渐地意识到，危机原因的复杂性，表现形式的多样化需要管理者负起更大的责任，同时对于学术界也提出了更紧迫的要求，即不仅要加强管理同时也要加强研究。进入新的世纪以来，国际学术界对危机管理的研究再次掀起了新的高潮。危机管理理论的研究或危机管理的学科进入了完善的新阶段。这种新的发展具体表现为以下几个方面：

（一）研究内容的全面革新

在研究内容上有了进一步的开拓与创新，即从简单的应对危机转向全过程和全方位的管理，即着重于危机的全过程的管理或全面的管理。危机管理将借助于政策的支持、体制的设计、能力的提升和资源的供给四大机制，展现了从预防、筹备、应对到修复的周期发展过程。特别是借助于可持续发展论，深入分析了危机与环境和经济的关系，提出将生态平衡、救灾纳入经济发展战略，在可持续进程中培养社会公众的自救和互助，规划生态建设和各项援助工作，改善生态环境系统和提高对灾害的承受力，形成全民防御危机的意识。这种全面及全过程的危机管理的研究探索使得在研究内容上表现了更大灵活多样性，既有对于危机预测和预警机制的建立、也有对于现有的应急管理机构的绩效评估；既有对于应急管理的战略规划的远景设计，又有专门针对相关情报的定量分析以及对于具体危机解决意见的建议。特别重视将国内与国际情况进行结合、短、中、长期研究相结合，定性与定量研究相结合。另外还开辟了一些新的研究领域，如危机与政治间的渗透性，危机研究工作人员注重与政府与媒体的协调互助关系，强调了研究危机的动态本质将危机置于一定的历史、社会、政治背景中，保证时间上的同步性和连续性。

同时出现了大量的新的研究视角。如基于国际关系的研究而强调的国家之间的早期危机监控系统、灾难研究、冲突研究，等等；基于政治稳定的研究，尤其是发展中国家的政治稳定为研究对象；基于个人与集团心理研究，即如何保证在紧张的心理状态下作出理性的决策；基于新方法的研究，即偏向于技术性、操作性的研究；基于全面综合的研究，即从管理的角度运用多学科的知识，对危机的性质、产生原因、类型以及发展过程等进行研究，并且就危机的机制、危机预防、处理、危机教育、技术准备等方面进行探讨；基于案例的分析与研究，欧洲和美国一些学者与实际管理部门的领导和工作人员一起编写了大量的危机管理案例，他们试图从中找出危机管理的一般规律，抽象概括出危机管理的理论。以管理研究教育研究著称的美国锡拉丘兹大学马斯威尔学院于2001年在M·赫曼教授的领导下成立了一个由各国访问学者和留学生组成的专家队伍，共同编写危机管理的案例，在总结各国管理经验的基础上探讨危机管理的一般理论）、决策研究。在这些新的研究视角中有几个问题尤其突出，即国际关系研究方面的早期危机监控系统、危机的决策研究、灾难事件的研究，特别是集体紧张局势之发展与管理、冲突研究、个人与集团心理研究，即对于危机状态的紧张心理与对策的分析、公共管理研究，即行政管理上的技术操作、以及恢复性管理研究、危机的认定过程模型、危机的分类定级、危机事件

案例及细节数据，等等。

（二）研究手段的创新，即全面应用高新技术保障社会的安全

网络信息、卫星监测、全球定位系统、遥感等技术及其国际前沿的管理方法的应用，极大地提高了危机管理的绩效。主要包括灾害评估、卫星遥感应用和网络通信三项工程，对危机的预防、筹备、应对和修复各个环节起到了减少损失、提高效率和节约成本的功效。特别是在危机信息系统的构建方面取得了很多方法上的创新，如开发了危机信息化运用的科技工程；建设单一、便利的危机管理信息门户网站；建设全国性的危机信息通讯系统，建设实施全国的知识共享战略。

（三）研究体制的创新及研究运作的市场化趋势

为了进一步顺应危机实践的需要，危机管理的理论研究本身也呈现了体制的革新。如研究机构形式多样化，既有官方的渠道，也有官民的合作，尽量保证优势互补、成果互动。

目前，在从事危机管理的研究机构中主要有三种类型：

(1)行政性的决策信息咨询机构。该机构隶属于政府及其下属的机关，专门从事信息收集、整理和政策研究的官方机构。

(2)半官方的政策研究咨询机构。该机构是独立的、介于官方与民间的，以客观分析政策为目标的研究机构。

(3)民间的政策研究、咨询机构。该机构包括一些行业协会的研究组织、公司及大学的研究所等。

这些研究机构在具体作业中均纷纷引入了市场的机制，如西方国家著名的思想库的运作基本上都是靠市场的力量，即使是政府或军方的资金，也是通过招投标的方式进行运作。这样的动作方式既可以让思想库拿出优秀的产品，保证其研究成果要确定对政府或企业的危机管理有用；同时也可以吸引优秀的人才，因为只有市场机制才能最大限度地调动人才的积极性。这就使得危机管理的咨询业发展迅速。

（四）研究国际化的趋势越来越明显

不同的国家在危机管理的实践中不仅积极做好国内资源共享和全民动员的工作，即开展全民的反危机教育、灾难培训、实地演习等，强化全民的防灾抗灾的意识，同时也开始有效利用国际资源和加大国际合作。危机实践中的国际合作是为了保证资源的真正共享，这一举措也推动了研究协作的全球化。优秀的研究咨询机构面向全球，从全球一体化的角度来进行危机的预测和预防，如应对国际金融风险时，国际货币基金组织和世界银行、联合国非洲经济委员会、斯坦福研究院、兰德公司、加拿大社会发展院、俄罗斯经济研究所、韩国产业研究院、法国及印度有关机构，都在集中精力进行专门性的预测研究，对于可能到来的经济危机进行预测并提出对策性意见。美国的疾病预防监测中心不仅在亚特兰大总部有一支庞大的研究队伍，在美国几乎每个城市都有相应的分支机构，还在世界主要大城市建有实验室，对世界上的各种疾病和城市危机进行有效研究，这使得中心在最短的时间内对世界各地发生的流行性疾病进行选项研究，提出预防方案，从而将保卫国家卫生安全的战线推广到了国外，该中心现在已经成为足以对付任何生物恐怖袭击或某种新型疾病爆发的一个世界级的行动中心。

总之，危机管理的研究与社会发展的步骤是一致的，社会经济、政治、文化的发展趋势必然

带动着危机管理研究的发展，社会科技的进步也会促进危机管理研究手段的提升，这既是危机管理实践的需要，也是管理者自身能力提升的结果。

第二节　中国危机管理理论的开创与发展

一、中国危机管理理论的引进与初步研究

尽管中国危机管理的思想源远流长，但中国目前的危机管理研究却有一个特别突出的问题就是危机管理研究本身的危机。目前中国危机的频繁爆发，对中国政府、企业及其他管理者的危机管理能力提出了更高的要求，同时对学术界的危机管理研究也提出了更高的要求。但是一直以来，在我国的学术界危机管理几乎都是盲区，相关的学术成果也几乎近于零，因此，中国的学术界就无法对中国的政府、企业的管理者提出相应的知识资源和智力支持，这一研究本身存在的危机终于在 2003 年的那一场“非典”危机的爆发中得以凸显。

中国历史渊源远流长，在漫长的经济社会发展进程中，中国人早已积累了与各种自然灾害和社会危机抗争的经验，并不断加以提炼形成了具有中国特色的危机管理的古典理论。我们甚至可以说危机管理思维是中国古代人思维的特点之一，危机思维方式也总是体现在博大精深的中国古代文化中。应该说中国人自古以来都是十分重视危机管理的。中国古代有许多著作，特别是《周易》和《孙子兵法》就体现了古代危机管理的思想，如“存而不忘亡，安而不忘危，治而不忘乱，思所以危则安矣，思所以乱则治矣，思所以亡则存矣。”“居安思危，思则有备”，等可以说是中国古代危机管理预防思想的经典概括；而“祸兮福之所倚，福兮祸之所伏”则是中国古代对危机两面性的辩证思考；“亡羊补牢，犹未为晚”则是中国古代危机善后总结的思想。

但是有着传统危机管理理念的中国却并没有形成真正意义上的现代危机管理的理论体系。从现代危机管理学科的角度来分析，危机管理是一门实践性和应用性很强的学科，中国危机管理的实践及应用的过程也一直缺失对经验的总结以及从现代管理学的角度进行管理体系的设计与制度的建设。因此，从国外危机管理学科发展的成功经验来看，要建成中国自己的危机管理学科，要形成我们自己的对危机管理实践有正直指导或有现实针对性强的学术体系，还需要花费大量的实证研究功夫，还需要在政(界)、商(企)、学(界)密切互动的过程中进行比较长时间的学术积累。

中国是从 20 世纪开始现代政治学研究的，这其中就应该包含了政治危机的研究。但是，严格意义上来说，真正对危机管理研究的重视应该是从 2003 年的“非典”危机开始。正是 2003 年的“非典”危机、2004—2005 年的“禽流感”和 2008 年的金融风暴，使得中国政府和很多企业遭受了很大的损失，给中国各行各业的管理者都上了生动的一课，进而有力地推动了国内对危机管理研究的重视。所以，中国真正开展现代危机管理理论研究是在 2003 年之后，至今只能说仍然处于起步阶段。尽管起步较晚，但是伴随着中国政府“非典”危机的防治，危机管理却在中国理论界和企业界已经引起高度关注，危机管理的研究和应用也已经成为管理学的热点，这可以表现在大量的学术活动的开展以及不同形式论坛的举办，大量研究报告和论著纷纷出版、发表，也就是说，起步较迟但是发展势头却强大，在短的时间之内，中国的危机管理就已经进入了研究氛围热烈的新的阶段。

其中，较有代表性的有以下几件事情：

• 2003年7月18日，“首届清华大学危机管理论坛”在清华大学隆重开幕；①

• 2003年教育部批准的“国民经济动员学”硕士学位点，自2004年起首次开始招生，北京理工大学成为中国首批中国高校中第一个开设本专业的高校，而准备招的10名学生也将成为中国首批危机管理的专业人才。“国民经济动员学”专业的招生意味着中国危机管理理论和实践已经进入了新的发展阶段。

• 中国学者还积极引进世界著名危机管理学者的理论，翻译出版了包括罗伯特·希斯所著的《危机管理》、劳伦斯·巴顿所著《组织危机管理》、诺曼·R·奥古斯丁的《哈佛商业评论》精粹译丛。这些著作为理论界进一步掌握国外先进危机管理理论提供了良好的条件。

• 中国学者在引进与推广国外优秀的危机管理著作的同时，也开始了自主研究的进程，并有了相关的研究著作，较早的有佘廉等人的《企业预警管理丛书》、薛澜等人的著作《危机管理——转型期中国面临的挑战》等。

总体上来说，中国学者的研究在内容上主要集中在危机管理理论的应用、公共管理（社会危机管理）以及管理案例分析和总结研究等方面；在方法上主要结合中国政府、企业危机管理的实例进行案例分析与总结，这也是国外学者普遍采取的研究方法。只有较少的学者开始进行危机管理与战略管理的比较研究，以及部分学者开始进行危机管理模型的研究。

因此，中国危机管理研究的开创性的发展源自于危机管理实践的迫切需要，这种应急性的研究成果也会表现为以引进为主，希望通过对西方国家已有的危机研究成果进行符合中国国情的运用，它也只能是一个初步开创与发展的时期。

二、中国危机管理研究的视角

当前中国危机管理尽管处于引进与消化的阶段，但是，因为国际共同的研究背景给了中国危机管理研究发展的大好时机，因此，目前中国理论界及学术界围绕着危机管理的研究呈现了一些较集中的视角，这说明从其运用的层面来分析，这可能就是中国危机管理较成熟的方面。根据有关学者的概括及总结可以分为五种类型，即制度论视角、经验论视角、全面整合视角及公共关系学视角、传统文化的视角，等等。

1. 制度论

指危机管理的研究从制度视角介入，这是目前我国占主导地位的一种观点，认为我国危机的频发是因为机制不健全、制度设计存在缺陷从而影响了危机管理的能力；

2. 经验论

指在危机管理的研究中重视经验尤其是国外成功经验的作用，通过对美国、日本等发达国家在危机管理上的成功经验及有关危机管理方面富有成交的法律、制度、政策的介绍，为我国危机管理和相关制度建设提供借鉴，有些学者在总结近年来我国在危机应对方面存在问题的

① 来自科技部、卫生部、教育部、人事部、中组部、公安部和北京市政府等政府机关人员，以及中科院、中华医学会、中国社科院、中国疾病预防控制中心、北大、人大等科研院所和行业协会的专家学者共200余人参加了论坛。本次论坛的主题是“政府行为与公共卫生”，共分危机管理、危机管理中的媒体与法律问题、危机应对和影响3个议题。与会的专家们围绕危机管理的预警机制和快速反应机制介绍危机情况调查，及时分析和预测危机发展趋势；结合种种危机类型，阐述危机管理的系统知识和处理方法。

基础上，提出了可供参考的政策建议，提出在注重经验的同时制度建设也是不可或缺的；

3. 全面整合说

指由于当今社会高新技术的发展及国内外形势的复杂多变，现代危机事件呈现了多样性及复杂性的特点，这就使得危机管理不能仅仅限于某一项资源、模式和策略，主张在高层领导的直接领导和参与下，通过整合组织各类资源、借助各种组织和社会的协作网络，通过全程管理提升危机管理的能力。同时特别强调管理中必须体现以人为本，危机管理与经济发展、资源合理利用、环境保护、文化建设、政治和法制建设以及社会基础设施的发展结合起来；

4. 公共关系论

是指在危机管理中需要充分利用公关的原理、方法，这在一个传媒资源发达的社会及舆论力量起着巨大影响作用的时代更加显得不可或缺，如何在危机管理中满足公众的知晓权从而获得公众的支持与参与，尽量协调内外的舆论环境，等等；

5. 传统文化视角

借助于中国传统文化的力量探讨危机管理的价值及可借鉴的方法。如借助于儒家思想来管理危机，强调危机管理中以民为本，体现和、合的价值，即追求天人合一、天人合德、诚信为本、以义统利，等等。

自 20 世纪 90 年代以来国学大热，特别是中国成为世界第二大经济实体以来，中国人充满了自信，在危机管理方面也越来越追求自身的独创性，从中国传统文化的智慧中找到依据这只是一个开始，未来中国危机管理的研究将会有更多的创新性发展。这已经多多少少体现在目前中国危机管理研究的发展趋势中。

三、中国目前危机管理研究的发展趋势

（一）以过去的反应为主逐步地转向预防为主

从反应为主逐步转向预防为主被中国学者形象地表述为：如果我们只集中注意力在救明天的火，那就有永远救不完的火。

有学者明确地将危机管理上升到战略管理高度，认为危机管理是组织战略的基本环节，应当与组织的制度、流程、人力资源、财务、文化管理融为一体，突出强调了危机预警与危机预控的作用，从而改变了传统的“头痛医头，脚痛医脚”、“平时不烧香，临时抱佛脚”的狭隘的错误的危机管理观念。这对于改进传统的危机管理模式，推动组织更新危机管理理念、规避危机风险、减少危机带来的灾害和造成的损失，不仅具有十分重要的理论创新意义，更具有十分重要的实践指导意义。有些学者开始整合各个学科的知识，如在系统论和矛盾论的理论基石之上，将危机重新定义为“系统内部及系统与外部环境之间的不平衡状态”，将危机管理活动从一种事件的应对上升到对异常状态的调整，从而客观地反映了危机和危机管理活动的本质。

有些国内学者对于危机管理的诸阶段的定位作了重新的界定，特别强调了平时对于危机的防范工作的重要性。不再是将危机处置作为危机管理的中心内容，而是将危机管理视为“以预测、预警、预防为核心，以科学应对处置为策略，以事后修复完善为目标，以管理评估为基础的系统管理工程”，突出了危机预测、预警、预防在危机管理体系中的中心地位，强调了危机预警和危机管理评估对于危机管理的重要作用，并对危机预警和危机管理评估方法作了全面介绍。这就使危机管理学科的效用不仅体现在理论层面，而且延伸到实践领域，具有可操作性的特征。

（二）更加强调危机的恢复与学习，促使管理的良性循环

根据危机自身演化的规律，希望能够从危机的生命周期中寻找更多的危机的＝机会。危机管理的过程性决定了其生命周期的延续性，即从以往的注重解决危机开始，也注重了危机后的总结与学习，即愿意从危机中寻找机会，发现新的契机使得管理纳入一个良性的循环。

（三）更加注意内外沟通作用及精神复员

强化了危机状态的沟通的重要性及信息分享的意义，这是建立在当下信息交流的平台逐渐得到发展的基础上必须面对的一个共同的问题。

（四）构建新的危机管理理论分析的框架

国内有些学者将危机管理的理论置身于开放的体系，以开放的学术视野，将危机管理与风险管理、应急管理、沟通管理、媒介管理有机地融合在一起，预示了危机管理学科与风险管理、应急管理等学科之间"你中有我，我中有你"、既相互区分、又密切结合的发展趋势。建立了具有独特学术意义的体系架构，拓宽了危机管理的学科视野，对重新建构当代中国危机管理理论体系、推动危机管理理论发展与危机管理工作实践的进一步适应与深层次契合具有非常难得的标杆意义。

（五）从决策者和决策过程的观念角度进行分析

既然我们将危机管理上升组织的战略要求，那么在研究如何构建预测、防范、化解、处理危机事件的研究体系、指挥体系、通讯体系、处置体系时，我们都无法回避决策背后的观念导向作用。即只有进行观念、素质、结构和关系等方面的完善，才有可能在更深层次上解决危机管理机制的建设问题。任何机制的建立都是为了激活和释放这一机制的活力，即体现为危机管理的导向性目标、科学性境界及有效性体系的价值选择。危机管理到底要达到什么目标，及其特定目标的实质又是什么，只有真正符合社会价值取向的危机管理目标才有可能将危机的破坏力降到最低。

四、中国危机管理理论探索的不足

尽管中国危机管理的研究有了大量的新的视角，而且也有了很好的发展的趋势，但是毕竟中国危机管理研究起步较晚且带有应急性的特征，因此，无论是从研究的理论体系构建、内容创新及研究方法上都存在一些不足，可以说，无论是从技术或非技术这两个不可或缺的方面来看，中国的危机管理研究还处在一个急需提高的阶段。

(1)跨学科研究不够。目前我国的研究主要限于政治学与管理学等学科，综合运用政治学、经济学、管理学、社会学与生态学(人类学)和心理学等多学科理论与方法的能力并不够，这也制约了危机管理研究领域的拓展以及在危机管理研究上的创新。

(2)研究领域与范围狭窄，即使在危机本身的研究中也带有局限性。如以政府危机管理研究为例，主要以政府公共危机管理为核心，以城市和行业公共危机管理为主要研究对象，而对生态环境、诚信危机、食品安全危机、农村社会危机和民族地区危机事件的频发度与危机程度均呈上升趋势，阻碍了经济社会的协调发展，影响了社会稳定。而以企业危机研究为例则更多

地集中于财务危机、产品危机等范围，至于舆论危机等方面的介入并不深。

(3)实证性研究不够。仍然处于学习和吸收西方研究成果的阶段，主要以对国外研究理论引介及文献的解读为主，能够立足于国内的案例所作的研究并不多见，运用现代高科技的手段设计危机管理的模型更不多见，危机管理的信息化运用程度也不高。

因此，如何借鉴国外的理论与实践经验，立足于国内现实，针对现阶段我国危机及其管理进行具体的分析，提出符合国情的理论依据和有效对策，仍然是一件任重而道远的事情。

第三节　危机管理研究基本方法的探讨

任何一门学科都有其特定的研究方法，危机管理研究也不例外。危机管理研究方法是指人们从事危机管理研究工作，探索和揭示研究对象和规律所需的一套科学思维和操作规则。正确运用研究方法是取得危机管理研究成果的重要原因。

一、危机管理其研究方法立足于管理学的研究特色

(1)管理学是一门综合性的学科，因其管理活动的范围非常广泛由此涉及的知识面也非常宽，因此，管理学的研究会涵盖社会科学、自然科学、工程技术科学中的众多学科，如哲学、史学、社会学、政治学、法学、伦理学、人类学、心理学、数学中的许多分支、系统学、经济学、统计学、计算机科学，等等。

(2)管理学也是一门实践性的学科，管理学研究的目的是为了指导管理的实践，因此，其研究方法中注重的是理论与实践的结合；

(3)管理学是一门不精确的学科。数学、物理学等科学是精确的科学，根据规律一般可以用数学公式表示，可以是线性的，也可以用积分或微分来表示的非线性的和所给定的初始条件就可以得出解。但是，管理工作中遇到的因素、所要解决的问题中有许多因素是无法用数字来表示的，也就是无法精确地度量的。如管理工作中遇到的一些环境因素及人的思想情绪、心理变化等都是无法量化的，所以管理学是不精确的。因此，管理学研究中定性分析与定量分析都有不可缺少的作用。

(4)管理学既是一门科学更是一门艺术。其科学性源自于管理学中的思想互相联结且形成了一个完整的体系，具有严谨的逻辑；但是作为艺术来讲主要是指人们在管理工作中能灵活运用各种知识并能熟练地应用巧妙的技能来获取成功。面对管理工作的复杂性，人们往往会依据个人的社会经历提出不同的解决方法。这就呈现出了危机管理研究的个体差异性，即研究中要体现其艺术性的特征。

(5)管理学是一门软科学。一个组织里的人、财、物等到有形的资源就是硬件，而管理则是软件。通过很好的管理可以调动组织成员的积极性，更好地利用各种资源来获得更多的经济及社会效益。

二、考虑危机管理学科研究的特殊性

根据管理学科的特色，我们可以认为危机研究的方法选择同样需要考虑危机管理学科研

究的特殊性。在危机管理研究中应该追求理论与实际相结合的方法、定性分析和定量分析相结合的方法、表态分析和动态分析相结合的方法、宏观分析和微观分析相结合的方法、系统研究和专题研究相结合的方法，充分应用调查研究法、案例分析法、比较研究法、历史研究法、矛盾分析法、科学抽象法、统计分析法、系统研究法、模拟研究法、实验方法，等等。这呈现出危机管理的研究方法是一个开放的、综合的、有层次的、有技术的体系。

1. 危机管理跨学科的多样性及综合性

随着经济与社会的发展，危机管理的研究方法出现了跨学科的多样性及综合性的特征，它一方面表现为从不同的侧面对同一个危机管理问题进行多学科的研究，如危机管理的沟通问题既可以运用传播学方法研究危机管理传播的沟通方式、媒体选择，也可以运用心理学方法研究危机管理受众接受危机管理信息的心理活动等问题；另一方面表现为研究方法的互相融合，即运用不同的方法来研究同一个问题，如运用系统方法、管理科学方法研究危机管理计划、实施方案等。另外，在危机管理研究中，已经普遍使用数学方法、统计学方法和计算机工具，使定性研究与定量分析研究日益结合起来。

2. 危机管理研究的开放性

危机管理至今仍然是一门新兴学科，尽管危机管理在现代社会条件下发展很快，由萌芽阶段迅速经过成长阶段正在进入成熟阶段，但由于它与社会经济的发展和相关学科有着广泛的联系，势必要求它要不断地充实新的理论和知识，而学科的发展往往又是以研究方法的补充和变革为条件的，所以危机管理的研究方法是一个开放的方法论系统。开放性一方面体现了其研究方法的历史进程的演进，同时也体现了其处于发展中的某个阶段的具体定位。目前的危机管理研究从其历史发展进程来分析主要实现了三个转变：一是从早期的演绎研究向归纳研究进行转变，即早期学者往往会从原则、理论、法则出发来解释现实危机管理的行为和现象，而现今的学者更多侧重于从事实和经验的研究出发，注意实地调查、个案案例研究来归纳总结危机是一般规律。二是从静态研究到动态研究的转变。早期危机管理研究更多注重危机管理活动的静态方面，现在主要侧重于研究危机管理过程中的行为、功能、沟通等动态方面；三是从单科研究到跨学科研究的转变，即更加注重危机管理与社会的政治、经济、文化等诸多方面的对应联系。

3. 危机管理研究的层次性

层次性即从观念层面、管理科学层面及具体研究方法层面来概括危机管理研究的方法体系，不同层面的研究方法可以解决危机管理不同层面的问题，也给了危机管理研究开拓了更为广阔的空间。如从观念层面，危机管理理论的构建首先需要正确的而又科学的哲学指导思想。研究需要具有哲学的训练使研究多探索一些规律性的东西。从管理科学方法的层面则突出系统方法的作用，它可以解决危机管理活动过程的科学程序和如何提高危机管理效率等方面的问题，同时在某种程度上影响和决定着危机管理的内容和学科体系。从研究方法层次则表现得丰富多彩，它可以运用管理科学、市场营销学方法、传播学方法、职能分析方法、心理学行为科学方法、经济学方法、社会学方法、统计学方法等，具体解决危机活动中的具体职能、具体策略、具体方法等问题，具体揭示危机管理活动中的具体内容，如危机管理环境分析、危机管理咨询产业、危机管理媒体选择、危机管理沟通、危机管理善后处理等。

三、危机研究方法的科学性及技术性特征

早期的危机管理研究主要集中于计量、类比分析、变量之间的相关度，后来加强了对概念、

通则、模型、理论的建构研究。如格雷厄姆·T·阿里森在对古巴导弹危机的研究过程中建立了三种危机管理的模式,即理性行为模式、官僚组织过程模式和议会政治运作模式。查尔斯·赫尔曼和布来狄从200个假设中构建了个人压力模式、组织反应模式、敌对互动模式和成本计算模式等四种模式。这是现代科学与技术发展带给危机管理的机遇,也是一个挑战,即危机管理的研究方法将伴随着现代科学技术的发展而不断地更新。

第四节 应急管理、风险管理、问题管理的研究

危机管理作为一个较完整的理论体系正逐步地出现整合化及细分化的趋势,一方面表现为危机管理不断地应用相关研究的成果,另一方面表现为很多研究者针对特定管理的主体及某类危机的特殊性强化了具体化的研究,无论是应用不同学科的研究成果还是危机内部细分化的趋势都对危机管理的研究产生了很大的推进作用,这也是一个相辅相成的过程。当今学术界有三个方面的研究显得尤为突出,即风险管理研究、应急管理研究和问题管理研究,我们通过对这三个方面研究的介绍来更好地了解当今对于危机管理的理论水平及实践水平。

一、应急管理研究

(一)应急管理研究的由来及发展

应急管理在国际上是一个年轻的学科,在我国也是刚刚起步。所谓"应急管理"(Emergency Management)是将紧急事态(Emergency)作为管理的对象。"紧急事态"的含义在应急管理领域有严格的法律限定。美国2000年的《灾难减除法》(Disaster Mitigation Act),即修正的斯塔福法(stafford Act)很明确地将紧急事态分为两类,第一类是正常情况下可以在地方得到处理的危险事件;第二类是需要总统决定、联邦政府提供帮助,以拯救生命、保护财产和公共卫生与安全,减少或防止在美国任何地方发生大灾难威胁的任何危险事件。

一般来说作为应急管理的"紧急事态"需要具备以下三个特征:

(1)紧急事态应该是一种危险事件或状态,即无论是什么原因引起的,都会危及到人民的生命、财产甚至环境。所以,危险性是它的主要特征;

(2)紧急事态具有突然性和紧急性的特征,它的出现往往出乎人们的意料,给人以措手不及的打击,需要立即采取应对措施;

(3)紧急事态是政府必须采取应对行动的事件或状态。也就是说这些事件或事态无论是在规模上或是在影响上都已经超出了社区和居民所能应对的范围,需要政府(不管是哪一级)迅速干预应对。

如果紧急事态是一种事件或状态,那么应急管理应该就是对一种事件或状态的管理。美国联邦紧急事态管理局将"应急管理"定义为组织分析、规划、决策和对可用资源的分配以实施对灾难影响的减除、准备、应对和从中恢复。管理的目标是拯救生命、防止伤亡、保护财产和环境。

应急管理首先是有组织的政府行为,现代西方国家的政府已经将紧急事态管理当作了政府的职责,这种职责的实现过程需要政府的专门机构对政府的、民间的、社区的和个人的努力实施组织和协调的工作;其次,应急管理的对象是各种灾难,既包括战争和恐怖主义的暴力灾难,更包括各种自然灾害和技术灾难。美国自从联邦紧急事态管理局成立并将5个单一的应

急管理机构合并之后，将这种针对所有灾难的应急管理称为全面应急管理（comprehensive Emergency Management）。这一管理模式被各级政府广泛接受之后，通称为“应急管理”；再次，应急管理的目标是保护人民的生命、财产和环境。从过去只注重生命和财产安全到现在同时关注环境保护，这也正是西方国家应急管理的一大特色；最后，应急管理包括灾难发生之前的准备、预防，到灾难发生时的应对，以及灾难过后的恢复的全过程，这种全过程的应急管理的理念是现代西方应急管理的主要特征，正是因为经历了许多重大事件的挫折后，才逐渐形成了今天对紧急事态全过程实施管理的体制。由此可见，西方“应急管理”的概念已经涵盖了非常态和常态的全部内容，具有“安全管理”的内涵。

应急管理的研究如果从20世纪60—70年代新西兰建立现代民防体制开始，不过几十年的历史；如果从美国高校中大规模设立紧急事态管理专业开始，也不过十几年的历史。尽管应急管理的研究历史较短，且应急管理的主要概念尚未完全统一，研究方法也正在形成中，其基本原则也还在探讨之中，但是就应急管理的研究对象、研究范畴、应急管理的四个阶段、四个系统和风险管理要素等作为应急管理的主要研究内容也已形成共识。

全面应急管理研究的成果可以体现在以下四个方面：

(1)形成了全面应急管理的研究视角。应急管理的内容已经不再仅仅局限于紧急事态或突发事件本身，而是从时间序列上包括了突发事件从酝酿到发生、应对和恢复的全过程，即从灾害的减除、准备、应对到恢复的全过程进行了探讨；从处置要素上包括了不同的响应系统；从预防方面来分析包括风险管理的各种要素。

(2)构建了应急管理的系统。经过几十年的实践发展，特别是“9·11”事件之后《国土安全法》的颁布和国土安全部的成立，美国在应急管理系统基本完成了制度化过程。所谓应急管理的系统具体包括四个子系统，分别是指挥系统、通讯与信息系统、资源系统和后勤保障系统。每一个子系统的管理和运作都有规定的内容。

(3)与借助风险管理的理念，在应急管理中强化了“风险”、“脆弱性”等应对。风险(risk)在紧急事态管理领域，它通常被认为是“危险”和“脆弱性”。美国联邦紧急事态管理局下属的紧急事态管理学院的教科书中，非常直观地将“风险”表述为一个公式，即

风险(RIsK)＝可能性(LIKELIH00D)×因果关系(CONSEQUENCE)

通俗地讲，风险是危险发生的概率性和可能性。而脆弱性(Vulnerabnitv)的英文原意有弱点、易受侵害性、易受攻击性等意思。在应急管理领域，脆弱性是关于社区对危险的暴露程度或易感性(susceptibility)和康复能力(resilience)的描述或衡量。通俗地讲，脆弱性就是在面对各种灾难的时候，从自身方面寻找的遭受损失的原因。美国紧急事态管理学院还专门开设了《研究灾难的社会脆弱性方法》的课程。目前，对社会脆弱性的研究，已经成为应急管理学科和社会学的一个重要分支。

(4)研究方法的不断创新。目前，西方国家用于应急管理的理论与方法比较多，在灾害预防方面常用的是风险管理方法，在应对方面常使用权变理论，在灾害减除与社区恢复方面常采用组织理论。在应急管理的研究中有一种方法很受到推崇，即模型系统的运用。模型系统是指多变量因素间的理论联系或者群体内部或群体之间关联的表达方式。发展模式包括综合模式[1]、部门模式或可持续的模式等等。在应用方法的研究中有一类模型可以好地展示输入变

[1] 综合模式最著名的是美国的国家事故管理系统(National Incitent Manftgement System，NIMS)，该系统规定了不同组织之间实现统一协调的控制方法，以及如何将人力资源分配至计划、行动、后勤和财政记录等不同部门。

量是如何影响输出效果，即风险管理(Risk Mangement Diagram)，该模型枚举了可放大脆弱性的一些因素。还有一类模型展示了个体或机构部门的关联关系或信息交流，其中最著名的就是美国的事故管理系统。这是统一指导应急管理的模式，但政策制定者和研究人员认为，单纯的CEM不可能使公众免于自然或技术风险，有人提出了“抗灾社区”(Disaster Resistant Counity)的发展模式，一般国内会将之称为“平安社区”。也有人认为“抗逆力”应该成为应急管理的主要指导原则，那么是要“恢复”还是为允许事件发展到灾害性的状况呢？也有人提出了“可持续性减灾”的思想，即引进了环境保护的理念。

由此可见，西方国家在对事件的管理之外，不仅提出对危险的管理(潜在的事件)，而且也提出了对社区实施公共安全风险管理的概念和方法，标志着紧急事态管理进入相对成熟期，从早期对各类突发事件的单纯应对，发展成全过程(减除、准备、应对和恢复四个阶段)的管理，每一个阶段都有比较固定的内容和相对科学的方法，从而对我国的应急管理具有重大参考价值。

(二)中国应急管理研究的现状

自2006年1月8日国务院发布的《国家突发公共事件总体应急预案》出台，我国应急预案框架体系初步形成。尽管是否已经具备应急能力及制定防灾减灾应急预案是标示着社会、企业、社区、家庭安全文化的程度，而作为公众中的一员我们每个人都应该具备一定的安全减灾文化素养及良好的心理素质和应急管理知识，但是，这种理想化的应急状态却并没有在我国成为一种事实，在应急管理及研究的各方面都存在缺陷与不足。

(1)从应急准备体系建设规划的角度。我国目前产并没有清晰的应急准备战略目标，没有建立各类应急能力的建设标准或评估方法，没有专项的国家重要基础设施和关键资源保护机制，也没有明确的应急准备体系建设规划编制要求及指导规划编制的方法。应急能力建设的不平衡、布局不合理，出现应急能力缺少但重复建设突出的现象。

(2)从应急准备的持续过程来看。应急准备活动非常即兴，往往会借助于政府号召或事件的应急推动，尽管应急预案数量不少但质量普遍不高，没有持续改进的机制，缺乏风险评估、脆弱性评估和应急能力评估的机制。

(3)从组织机制方面来看。我国缺乏类似于美国国家事务管理系统那样适用于全国特大突发事件的应急管理标准化模板，没有形成统一有效指挥系统所需时间较长，部门、地方、行业、上下级及军地间的应急术语、标示、通讯信息交互组织和运行机制不尽相同，没有明确的事先授权机制，各个指挥系统结合度低，急需从制度上推进具有扁平网格化模式，规范化应急组织系统和统一指挥机制。

(4)从应急准备的基础层面来分析。社会公众的公共安全素质和应急准备自觉性不高，没有形成积极主动的应急准备文化。部分受灾群众对外援有过高的期望值，灾害高风险地区及安全生产风险行业缺乏有效的社会保障机制情况下，强化全社会的安全意识和培育积极主动的应急准备文化，如志愿者队伍建设和活动组织应强调属地为主和社区自救互救，使自愿者工作更规范、有序、且有力，有利于应急统一协调的指挥。

(三)应急管理与危机管理的关系

应急管理就是对某一种具体危机的管理，因此，应急管理的研究就是以特定的危机作为研究的对象。它是以政府作为管理的主体，主要集中于公共危机管理的领域，研究的重点是当政府面对突发事件特别是带有灾难性的事件时应该如何紧急应对。目前应急管理的研究正在以危机管理的体系为基础构建一套较全面的应急管理的体系，尽管它提示的是政府应急管理的特殊规律，但却可以为危机管理普遍规律的探索提供有益的帮助。当然，应急管理的研究并不能囊括全部危机管理研究的内容，甚至应急管理的研究都无法包括政府危机管理的全部内容，它强调的是公共危机事件中的自然灾害与公共的安全事件，尽管它也正在重视危机管理的过程性，但是应急管理强化的还主要是应急性，即灾难性事件发生时的应对与处理，而这只是危机管理的一个过程或一个环节而已。因此，我们可以简单地总结，应急管理是危机管理的一个基本组成部分。

二、风险管理研究

（一）风险管理研究的产生与发展

风险管理(Risk management)理论最早源自于美国并在美国获得了广泛的发展，尤其是1929—1933年的世界性经济危机进一步加速了风险管理理论和实务的发展。1952年，美国学者格拉尔在其调查报告《费用控制的新时期——风险管理》中，首次使用“风险管理”一词，由此，风险管理的概念广为传播。20世纪50年代，风险管理开始在美国逐步形成了独立的理论体系，并在美国企业中得到高度重视和积极推广。这主要是因为当时美国的企业界发生了两件大事，一是1948年美国钢铁工人协会与厂方就养老金和团体人身保险等损失问题进行谈判，但是由于厂方不接受工会所提出的条件，导致钢铁工人罢工长达半年之；二是1953年8月12日，美国通用汽车公司在密执安州得佛尼的一个汽车变速箱工厂发生重大火灾，这次火灾成为美国历史上损失最严重的15次重大火灾之一。这两件事情提醒企业界，在利用科技技术迅速发展的同时，也要重视科技技术带来的巨大风险，重视对引起事故的各种风险因素进行科学、规范的分析和管理，采取措施来消除风险、控制风险、处置风险，以减少风险事件对企业可能造成的负面影响是不容忽视的事情。在此阶段，风险管理主要运用于企业管理领域，主要的目的是对企业的人员、财产和财务资源进行适当保护，而且风险管理主要以保险为核心。进入20世纪60年代后，企业风险管理进一步扩大，特别是在美国保险管理学会的推动下美国风险管理教育也开始在美国风行起来，风险管理成为企业管理领域的一门独特学科。①

20世纪70年代后，风险管理在亚洲、欧洲、拉丁美洲的一些国家和地区也获得了广泛的传播，被公认为是企业管理领域内的一项重要内容，控制企业环境的风险和不确定性成为企业管理的核心问题，此时的风险管理逐步规范化、标准化和程序化，管理方法也不断丰富，管理领域不断扩大。②

从历史上看企业的风险管理的思想与方法产生于企业的安全管理。在企业经营管理过程中，管理者自觉或不自觉地面对着各种风险与不确定性的挑战，特别是进入20世纪以来，社会化生产得到高度的发展，垄断和集中加剧，经济活动的竞争性加剧，经济关系日趋复杂，现代企

---

① 1962年，美国管理协会出版了一本有关风险管理的专著《风险管理的兴起》；1963年和1964年，梅尔和赫奇斯、威廉姆斯和赫汉斯分别出版了《企业风险管理》和《风险管理与保险》。这两本著作的出版引起了欧美各国的广泛重视，标志着风险管理研究系统化、专业化的开始，风险管理由此成为一门独立的学科。

② 1970年，联邦德国引入美国风险管理理论，并形成了自己独特的理论体系。1973年成立的日内瓦协会是推动欧洲风险管理的最主要的组织。由日内瓦协会主办的《风险及风险管理》于1976年8月创刊。在亚洲地区，日本的风险管理开始得较早，主要是在20世纪70年代末80年代初由学术界推动的。

业面临着越来越多的生产风险、环境风险、技术风险、人员风险、财务风险、经营风险等，任何一种重要的风险处理不当都可能导致企业经营的失败。而企业存在的目的是持续发展并获取利润，它从根本上需要稳定与发展，需要减少损失和增加利润，在这种情况下出现了原始与相互的安全管理思想以管理导致损失的风险或者危险。[①]

进入21世纪以来，2001年美国的"9·11"事件、2001年美国的安然公司倒闭、2002年世通公司财务欺诈案等事件发生后，风险管理得到各国政府的普遍重视。人们在风险管理实践中逐渐认识到，企业不仅仅从某项业务、某个部门的角度考虑风险，必须根据风险组合的观点，从贯穿整个企业角度看风险，即必须实行全面的风险管理。各国纷纷投入人力、物力和财力，强调政、研、企多方合作，开展风险管理的理论研究和实际运作。2002年7月，美国国会通过的《萨班斯法案》要求所有在美国上市的公司必须建立和完善其内控体系。这被称为是美国自1934年以来最重要的公司法案，在其影响下，世办各国也纷纷出台类似的方案，加强公司治理和内部控制防范，严肃信息披露要求，加强企业全面风险管理。接着在内部控制领域具有权柄影响的美国COSO在1992年发布的《内部控制整体框架》基础上，吸收各方面风险管理要，于2004年9月颁布了报告《全面风险管理——整合框架》。报告从内部控制的角度出发，研究了全面风险管理的过程以及实施的要点，是全美风险管理理论在运用上的重大突破，并随之成为世界各国和众多企业广为接受的标准规范。

全面风险管理改变了传统的头痛医头、脚痛医脚的事后分散管理模式，体现了风险管理的战略性、前瞻性和整体系统控制，并考虑了环境因素，不仅注重事后管理也注重事前管理及事中管理。更为重要的是，它通过构建系统的风险管理的框架将企业面临的各种风险有机地结合起来，明确各风险之间的关系和相互影响，形成了即时的、立体的风险管理模式。在西方发达国家，许多企业中都设有风险管理机构，专门负责风险的分析和处理工作。风险管理工作涉及人力资源管理、财务管理、市场营销、生产作业管理等企业运作等各个方面的风险。风险管理已经成为企业中专业性、技术性较强的经济管理部门，风险管理人员通过他们的工作识别风险，为企业最高领导层提供决策依据。

随着政府应急管理研究的全面推进，风险管理也被纳入政府应急管理的范畴，发展出了政府紧急事态风险管理的研究领域。风险管理是从企业管理中引入公共安全管理领域的。其内容包括风险识别、风险评估、风险控制以及风险理财等等。澳大利亚在紧急事态管理领域的风险管理是西方的典范，为美国、新西兰等西方国家所采用。[②] 在澳大利亚紧急事态管理署1999年颁布的《紧急事态风险管理·应用指导》中，提出了"紧急事态风险管理"的完整内涵，以及从"管理"、"风险管理"到"紧急事态管理"的阶进式概念。它提出"紧急事态风险管理是产生一系列旨在推进社区和环境安康的措施的系统化过程。它包括相关概念、风险识别、风险分析、风险评估、风险处理、监控和复查，以及交流与磋商。澳大利亚将风险管理分为七个步骤：问题解

---

① 参阅王晓玲著：《基于风险管理的内部控制建设》，电子工业出版社2010年版。

② 1995年，澳大利亚和新西兰标准局出版了"As/NZS4360：1995风险管理"。制定这个标准的目的是为风险的辨别、分析、评价、处置和监督提供一般框架。该标准是专门为组织机构所使用的，以"使它们能最小化损失、最大化机遇"。这一标准在社区紧急事态管理中的实施效果很快得到认可。1997年澳大利亚制定了《紧急事态风险管理的指导方针》。该方针构成了澳大利亚紧急事态管理局公开出版的《紧急事态风险管理：应用指导》的基础。如今，澳大利亚关于紧急事态风险管理的基本概念和原则，都是以该书和《澳大利亚紧急事态管理术语》的内容为标准的。《澳大利亚紧急事态管理术语》给"风险管理"下的定义是"对管理政策、过程和实践在完成识别、分析、评估、处理和监测等任务中的系统化应用"。当然，这个概念显得有点中性化，似乎能适用于所有行业；但是，在紧急事态管理领域，紧急事态风险管理，或如美国学者说的危险的风险管理，就有非常鲜明而具体的含义。

释、研究、分析、决策、执行、监督与检查、交流和协商。从它规定的内容来看，紧急事态风险管理与风险管理的原理是相同的；紧急事态风险管理只是作为一般风险管理理论在应急管理方面的应用，在实际内容上更具体化了，但在原理上没有更多的创新之处。尽管如此，紧急事态风险管理在日益形成“预防为主”方针的应急管理中，开始占据了越来越重要的地位。

（二）中国风险管理的引进与发展

20 世纪 70 年代初企业风险管理开始进入中国的台湾，一些企业引进了风险管理和安全系统管理的理论，运用风险管理的经验识别、衡量和估计风险，取得了较好的效果。对于中国的企业来说，尽管导致巴林银行倒闭的“李森事件”曾经震惊了世界，但真正引起中国政府、企业关注的却是“中航油事件”。2004 年 12 月，中航油（新加坡）上市公司因石油衍生产品交易总计亏损 5.5 亿美元。净资产不过 1.45 亿美元的中航油（新加坡）因之严重资不抵债，已经向新加坡最高法院申请破产保护。“中航油事件”引发了有关方面对全面风险管理的高度重视。国务院国资委组成了企业改革局为主、有关中介机构参加的专项课题组，对我国国有企业二十年改革发展历史的经验进行系统总结，借鉴发达国家风险管理标准，对我国中央国有企业全面风险管理进行研究。2006 年 6 月 6 日，国务院国资委以“国资发改革[2006]108 号文件”发布了《中央企业全面风险管理指引》，要求企业开展风险管理工作，逐步建立健全全面风险管理体系。由此国内监管当局开始制定指导性文件要求企业对风险进行管理。[①] 各监管部门均出于自身的要求颁布了约束其监督对象的风险管理指引，对企业风险分散监管的格局形成，标志着我国企业风险管理的监管体系架构已具雏形。

2008 年 6 月 28 日，财政部、证监会、审计署、银监会、保监会联合发布了《企业内部控制基本规范》，标志着中国企业内部控制规范体系建设取得重大突破。基本规范要求自 2009 年 7 月 1 日起先在上市公司范围内施行，鼓励非上市的其他大中型企业执行。至此，开启了对中国企业风险实施全面监管的序幕，也标志着中国企业风险管理与内部控制体系开始融合，标志着我国企业风险集中监管体系的形成。

中国大部分企业（投资银行、商业银行与中央国有企业除外）的内部决策和管理机构中，通常没有专门的风险管理委员会和相应的机构，对全面风险管理有清晰理解的并不多，已经实施了全面风险管理的企业则更少。提升企业风险防范意识，加强风险管理能力，成立专门风险管理部门将是中国企业面临的一个紧迫任务。

企业的风险管理推动了风险管理理论的研究，为适应市场经济发展的要求，我国高等院校普遍开设了风险管理的课程。目前，风险管理理论和实务在我国还仅仅处于初步发展的阶段，有关著作及论文也较少，随着政府对风险和管理的重视，随着企业发展的深化，随着个人风险管理意识的增强，风险管理的理论和实务必将在中国获得较大的发展。

（三）风险管理研究与危机管理研究的关系

风险本身就是危机的征兆，风险管理应该是危机管理的一种具体的方法，如何将危机控制在萌芽状态，没有比对风险的防范更有效的；同时，全面的风险管理将风险意识渗透进了前期

① 上海证券交易所制定了《上海证券交易所上市公司内部控制指引》、深圳证券交易所制定了《深圳证券交易所上市公司内部控制指引》、国务院国有资产监督管理委员会颁布了《中央企业全面风险管理指引》、中国证券监督管理委员会《证券公司风险控制指标管理办法》、中国保监会《保险公司风险管理指引（试行）》等。

的预控过程，这是一种有效的危机意识的培养过程，危机管理需要强化的就是风险的意识及风险沟通的能力，风险沟通可既可以发挥知识灌输的作用，也可以发挥行动与教育的功能、以及提升忧患的功能；最后需要说明的是风险管理作为独立的学科体系是对企业危机的某个阶段的精细化研究，而企业危机管理研究无论从内容及方法上都远远超过风险管理，而且企业的风险管理与企业的危机管理其研究的目的也是殊途同归的。

三、问题管理的研究

（一）问题管理的由来及发展

问题管理（Management by Problem，MBP）是以解决问题为导向、以挖掘问题为基础，以表达问题为辅助的管理理论和方法，最简单地表达，所谓问题管理就是借助问题进行的管理。问题管理的产生一方面是因为企业面临的环境和条件日益复杂，而且这些不断变化的环境和条件对企业经营管理产生的影响越来越大，另一方面是管理学在充分发展的基础上呈现了整合化与精细化的趋势。而目前国内问题管理的研究上主要是从三条路径汇合而成：一是由危机管理升级演变而成；二是从约束管理（TOC）扩充延伸而来；三是从 IT 服务业的“事故管理”路线演变而成。

1. 问题管理的特点

（1）防患于未然，及早解决可能演变为危机的问题和阻碍企业发展的问题。正如英国学者迈克尔·雷吉斯特在《风险问题与危机管理》中提出的：被忽视的问题是危机滋生的温床。

有些企业对于问题管理表现出了实质性的重视，在组织机构的设置上专门设立一个重要的新职务——问题经理。问题经理的基本职责是对于可能影响公司的各种问题，包括政治、经济、社会等方面的问题，向高级管理当局提出警告，并建议解决问题的对策。在外在压力越来越大的环境中，问题经理可以为高级管理人员提供早期的警报系统，即对于企业必须面对的环境作不同方式的观察。在西方企业从事这种职业的人既有公关经历的或公共事务管理经验的，也有律师、经济学家、或大学教授，有些曾经是记者，其工作涵盖面很广，从各种各样的立法甚至到国家的经济政策。美国联合碳化钙公司甚至任命了三位问题经理，每个人专职负责一项对公司未来有重大影响的特定领域，即能源；安全、健康和环境；国家的经济政策。有些企业甚至专门邀请博士作兼职工作负责搜集各种问题的资料，同时有十几位中高阶层的主管分析资料并提出公司的对策。

（2）可以打通部门之间或管理专业之间的鸿沟。越来越多的企业用问题管理来指导日常管理工作，如海尔集团的张瑞敏就特别推崇“问题管理”，他甚至认为管理者必须进行的是问题管理而不是危机管理。许多企业都已经制定了许多管理制度，但是制度是否有效取决于实际管理的结果，而现场管理的核心就是问题管理，即运用持续不断的提出问题的方法进行循序渐进解决问题的管理模式，这就需要管理者建立一种机制，即提出问题、研究问题的机制，把一个企业最重要、最致命的问题提出来并加以解决。

2. 问题管理的作用

（1）强化了管理的全员性。问题管理将传统意义上由管理者进行的管理下降到由办公、生产、营销、后勤等第一线的前沿，使管理的层次扁平化，即把管理人员执行的管理变成了全员管理，并且不断地锻造着一种持续的危机意识，让人们不仅要对自身的岗位提问题，还可以对企业的所有生产经营管理和其他方面提问题，从而强化管理者与员工的权责意识，培养了责任心；

(2)问题管理是将问题的发现变成一种经常性的活动与制度，而不是一时的兴起或运动；

(3)人们常常为自身的学识与见识所局限，为思维定式所左右，问题管理可以让人们超越自我，且极大地降低了企业的风险。

问题管理的职能包括：确认问题和趋势、评估其影响、确立优先顺序、确定组织的姿态、设计公司的行动和反应，以帮助其实现预定的地位和顺利地执行计划。1978 年美国公共事务理事会(US Public Affairs Council)提出：问题管理是指一种项目，公司借以增加自身对公共政策过程的认知，并且增加其介入该过程的严密度和有效度。问题管理职能的核心在于解决问题，特别强调的是现场管理，注重的是细节，使管理层次扁平化。但是事实证明，人们在问题管理中也会发现，大量的问题最终还得依靠管理者动用全套的危机管理的方案，配置不同部门的资源才有可能真正得到解决。

(二)问题管理在危机管理中的作用

根据人们对于问题管理的理解及认知，如果从全过程的危机管理来分析的话，问题管理所要完成的只是危机管理的预警阶段的任务或工作。一般来说从问题到危机再到问题的演变会包括四个阶段的循环过程：起源、干预/扩大、成型/危机、解决。正是基于此，有人甚至直接地将问题管理当作危机管理的第一个阶段。事实上，问题管理最早确实是作为公司应对危机的一种方法而兴起的。

如果从问题管理的侧重点来分析，它强化的是问题的解决，即人与事的职责到位，这对于全员的危机预测以及危机的控制有着重要的作用，但是危机管理的专业性往往需要启动专业的管理程序，所以一般具体的问题通过问题管理可以化解，但是较复杂的全方位的危机事件却只能通过启动危机管理的程序才能得到控制与解决。

需要做个说明的是，问题管理往往针对的是以企业为主体的危机管理，它与应急管理、风险管理一样都是注重危机某个阶段或某个领域的细节性研究方法。

第4章

危机管理的基本程序

学习提要

学习本章要求掌握危机管理的阶段模型、危机管理的一般程序或阶段、危机前如何管理、危机中如何管理以及危机后如何管理。

本章将回答以下问题

(1)危机管理经典的阶段模型;
(2)危机管理要经历的三个时期以及六个阶段是什么?
(3)危机前的预测、预控及预报、预防工作有什么要求?
(4)危机前应该做好哪些准备工作?
(5)危机中的确认的基本原则是什么?
(6)危机中的控制与处理的基本方法是什么?
(7)危机后如何进行恢复及善后总结工作?

第一节　危机管理的阶段模型

为了帮助人们更直观地了解危机管理的过程,学者们纷纷地构建了危机管理的阶段模型,较清晰地向我们展示了危机管理的过程性及阶段性的特征。

所谓模型就是对某一问题的内在机制与外部联系进行的一种直观简洁的描述,建立模型的目的就是为了便于使用,危机管理的阶段也可以称为危机管理的程序主要是为了确定危机管理的基本步骤,即告诉我们危机管理一般都会经过哪些环节。目前,国内外的学者们纷纷提出了众多的危机管理的阶段模型,下面提供几种有代表性的模型进行分析。

一、斯蒂文·芬克的危机传播四阶段模型,也称为"F模型"

斯蒂文·芬克在1986年提出了危机传播四阶段论模式的分析理论,揭示了企业危机的生命周期,即征兆期(Prodromal)、发作期(Breakout)、延续期(Chronic)、痊愈期(Resolution)。(见图4.1)

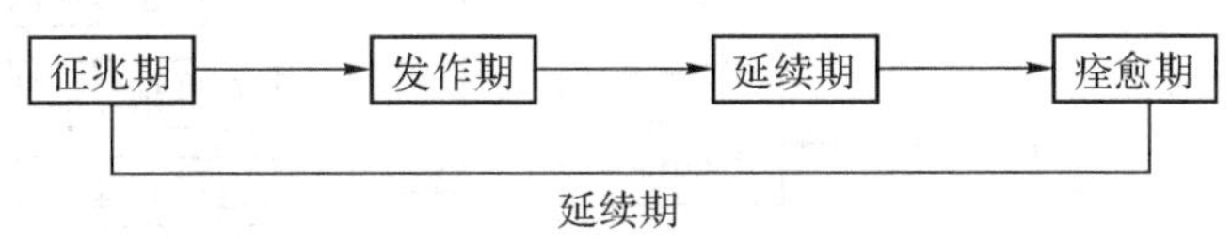

图 4.1　芬克的“F 模型”

第一个阶段:危机潜在期

潜在期是危机处理最容易的阶段,但却是最不为人所知的阶段;

第二阶段:危机突发期

突发期是四个阶段中时间最短但却是感觉最长的阶段,它对人们心理造成的冲击也是最严重的;

第三个阶段:危机蔓延期

蔓延期四个阶段中时间较长的一个阶段,如果危机管理运作恰当,将会极大地缩短这一阶段的时间;

第四阶段:危机解决阶段

解决阶段是从危机的影响中完全解脱出来,但是仍须保持警惕,因为危机可能会去而复来,这提示了危机管理的循环往复的过程性。

斯蒂文·芬克对危机生命周期的划分方式,强调的是危机因子从出现到处理结束的过程中会有不同的生命特征。就如同人的生命周期,从诞生、成长、成熟到死亡,都有不同的征兆显现。芬克的危机生命周期理论是对于危机的症候学研究或过程学研究。

二、罗伯特·希斯的四 R 模型

美国危机管理大师罗伯特·希斯(Robrt Heath)在《危机管理》一书中提出了经典的危机管理“4R 模型”。危机管理“4R 模型由缩减力(Reduction)、预备力(Readiness)、反应力(Response)、恢复力(Recovery)等四个部分来组成。(见图 4.2)
其中,预备力体现了预警和监视系统在危机管理中是一个整体。它们监视一个特定的环境,从而对每个细节的不良变化都会有所反应,并发出信号给其他系统或者负责人;反应力强调的是在危机已经来临的时候,企业应该做出什么样的反应以策略性地解决危机?危机反应管理所涵盖 的范围极为广泛,如危机的沟通、媒体管理、决策的制定、与利益相关者进行沟通等,都属于危机反应管理的范畴。

预警系统的功能有:危机始发时能更快反应(不良变化被注意到并传递出去);保护人和财产(通过发布撤离信号和开通收容系统);激活积极反应系统(如抑制系统)。完善的企业危机预警系统可以很直观地评估和模拟出事故可能造成的灾难,以警示相关者做出快速和必要的反应。

恢复力具体可以体现在两个方面,一是指在危机发生并得到控制后着手后续形象恢复和提升;二是指在危机管理结束后的总结阶段,为今后的危机管理提供经验和支持,避免重蹈历史覆辙。

有效的危机管理必须是对 4R 模式所有方面的整合,其中缩减管理贯穿整个危机管理的过程,也是危机管理的核心内容。

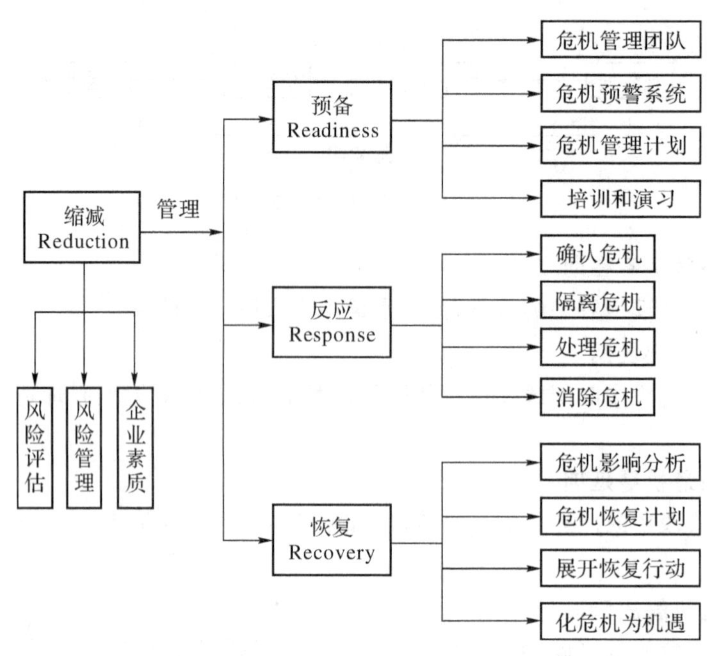

图 4.2 罗伯特·希斯的"4R 模型"

希斯认为，危机缩减管理要内置于环境、结构、系统和人员中并与其浑然一体。一旦环境、结构、系统、人员这个不断更新和变化的过程存在，危机缩减就应该成为不可分割的一部分。只有将以上这些管理活动作为组织持续运转和管理的一部分，有利于组织降低风险和威胁，降低危机冲击所致的成本，并提高永续经营、不断繁荣的概率。

所谓环境，准备就绪状态意味着人们都要做好应对危机的预备工作，因而缩减危机策略能够建立和保证与环境相适宜的报警信号，这些策略也可能会重视改进对环境的管理。从结构角度，缩减危机的策略包括保证物归原处，保证人员会操作一些设备。在某些时候，还要根据环境需要进行改进。同时，也要保证设备的标签无误，说明书正确易读易懂。符合 ISO 条款是再好不过了。从系统角度，在保证系统位置正确或者有所富余的情况下，管理者能够运用缩减危机策略确定哪些防险系统可能失效 ，并相应修正和强化。从人员角度，当反应和恢复的人员能力强，能够有效控制局面的时候，人员就成为降低风险发生概率和缩减其冲击的 一个关键因素。这些能力是通过有效的培训和演习得到的。这些培训不仅可以提高人的预见性，让人们熟悉各种一个组织可能发生的危机的基本情况，提高他们有效解决问题的技能。缩减策略还包括建设性的听取汇报，这些汇报是决定如何改善反应和恢复措施，甚至试图找到消除或者降低危机之道，这是一种集思广益的决策方式。在预备模块中，运用缩减管理的风险评估法可以确定哪些预警系统可能会失效，就可以及时地予以修正或加强。在反应模块中，缩减管理可以帮助管理者识别危机的根源，找到有利于应对危机的方法。在恢复模块中，缩减管理可以对在恢复计划执行时产生的风险进行评估，从而使恢复工作产生更大的效果。

通过对"4R 模型"的分析，我们能够找到贯穿于危机管理的一条主线，即好的管理，尤其是有效的危机管理，是从组织产生的第一天就开始的。

三、米特罗夫、皮尔逊的五阶段模型

米特罗夫、皮尔逊(Mitroff & Pearson)针对危机管理,提出了五阶段的危机管理模型,即信号侦测、探测和预防、控制损害、恢复阶段、学习阶段。

第一阶段:信号侦测期(Signal Detection)

就是通过已有的经验知识或理论知识对危机征兆进行系统地识别,确定企业是否存在危机暴发的各种信号;

第二阶段:准备和预防期(Preparation and Prevention)

就是为可能实施的危机管理做好准备,采取各种措施,预防危机发生。

第三阶段:损害控制期(Damage Containment)

就是当企业危机暴发后,必须通过自己的各种努力,避免或减少给企业或者企业外部利益主体带来的损失和灾难;

第四阶段:恢复期(Recovery)

就是指企业通过危机恢复管理,使企业能快地从危机中复原,实现正常的生产经营活动;

第五阶段:学习期(Learning)

即企业从危机中总结经验教训,以不断改善和提高企业的危机管理能力,避免危机再次发生。

四、诺曼·R·奥古斯丁危机管理六阶段模型

奥古斯丁(Norman R. Augustine)将危机管理过程划分成如下六个不同的阶段,即

1. 危机的避免

这一阶段事实上就是危机预防,企业危机管理者要注意加强和员工的信息沟通,通过共同努力把企业风险减到最小。当企业不得不冒险时一定要遵循风险与相对称的原则。对于无法避免的风险企业必须要有恰当的风险保障机制。真正的问题还在于完全的预防是可望不可及的。

2. 危机管理的准备

企业管理者由于过多的工作压力而往往很容易忽略为将来可能暴发的危机做些准备工作。因此,企业管理者必须为危机做好准备,如制订行动计划、通信计划、实战演习、关系建立等,以防范危机的突然袭击,在危机管理的准备工作时特别强调要注意细节问题,才能够做到有备无患。

3. 危机的确认

这是非常具有挑战性的工作。因为这时企业管理者必须要根据企业已有的一些信号来判断和论证危机是否已经发生,企业管理者通过搜集各种信息并集中考虑大家的意见,必要时还要请外部专家帮助诊断。如果危机确认已经发生,企业应该尽快找出危机的源头,为解决危机提供思路。

4. 危机的控制

当企业危机发生时,企业必须要迅速作出反应,尽可能地将危机的扩散度和所带来的损失控制到最小的范围内,在这个阶段,企业需要根据不同的情况,确定自己工作的优先次序。当

然，首先就要控制危机给企业带来的损失。最快的速度向危机发生的现场派出高级负责人(CEO)将是非常有益的。

5. 危机的解决

在这一阶段危机的解决速度至关重要。因此，企业管理层必须根据危机发生的原因，迅速而又有针对性地采取对抗性措施，促使企业危机妥善而又尽快地解决。

6. 从危机中获利

这个阶段主要是对前5个阶段的工作进行总结，根据危机管理的实际工作情况进行反思，找出对企业有利的成分。因此，就像奥古斯丁所说：前5个阶段处理得较好在这个阶段还可为青年时代7个至少能弥补部分损失和纠正造成错误的机会。企业虽然遭受重要损失，但如果能够从前面的工作中吸取一些经验教训，也是非常有价值的。

五、薛澜等人提出的危机管理五阶段论

清华大学的薛澜教授等人认为，危机管理可以分为以下几个阶段：危机预警以及危机管理准备阶段、识别危机阶段、隔离危机阶段、管理危机阶段以及危机后处理阶段(见图4.3)。即

1. 危机预警以及危机管理的准备

这一阶段是为了有效地预防和避免危机事件发生，主要包括避免危机、危机管理预案、组织系统建立和模拟演习。

2. 识别危机

信息是影响危机管理成败的关键因素，该阶段的关键问题是通过危机监测或信息监测处理系统认识和辨别出危机潜伏期的各种症状。

3. 隔离危机

当危机发生时，危机管理人坐吃山空必须要充分运用危机发展过程，通过迅速采取对策，发挥启动危机管理机构"防火墙"的作用控制危机事态的蔓延，以保证其他相关部门的正常运转。

4. 管理危机

当危机发展到一定程度，就会对组织及社会带来很大的损失，严重的甚至会影响到整个社会秩序，这时候的组织要积极行动起来，采取一些可行的方法甚至不惜运用国家资源，争取在较短时间内控制危机，将危机造成的损失降到最低。

5. 危机后处理

这个阶段是危机管理的最后一个阶段，在这个阶段，要做好危机善后处理，消除危机隐患。通过反思，总结经验教训，提出应对危机的改革方案。

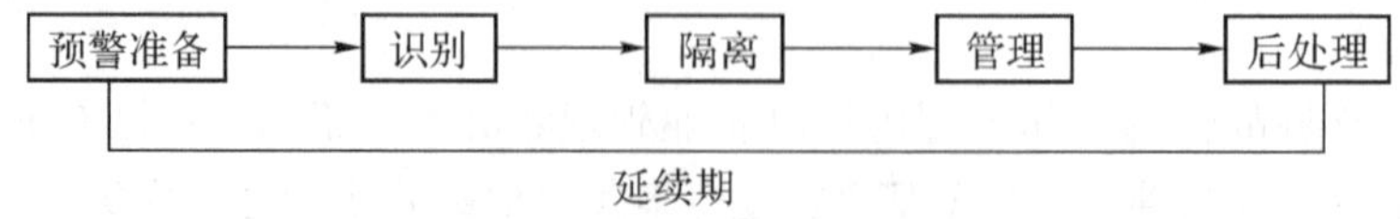

图4.3 危机管理的五阶段论

六、胡立成的危机管理三阶段论

北方交通大学胡立成等人认为，危机管理大体来说应该分为以下三个阶段：

1. 事前预防

事前预防主要做好事前准备、检查原因、建立危机管理小组和模拟训练。

2. 危机处理

首先正确地识别危机，然后根据危机的特点和发生的原因，以最快的速度处理危机，防止危机蔓延尽量减少损失。

3. 危机后的恢复工作

在危机后尽快修补因为危机而造成的破坏，如重要的关系、通信网络、财务管理系统、组织形象等，并做好经验总结，建立危机评估系统并彻底消除危机的隐患。

这种阶段模型非常符合人们对于危机管理阶段分析的要求，它从时间上很简洁地划分了危机管理的前、中、后的关联性，这也是对危机管理不同阶段性工作的概括性归纳。

七、畅铁民的危机管理职能模型

畅铁民等人根据管理职能理论创建了危机管理的职能模型，将危机管理过程划分为五个主要管理职能，即危机信息分析、危机应对计划、危机应对组织、危机应对领导和危机应对控制。

1. 危机信息分析

信息分析主要是对危机来源、征兆、态势和扭转机会进行分析，为危机管理的其他职能做好准备。

2. 制定危机应对计划

制订应对计划就是做好危机计划，其中包括风险预防与控制、预警系统的建立、危机反应与恢复计划。危机应对计划是指导企业进行危机管理活动的行动纲领，该职能对危机管理活动有关键性的影响。

3. 危机应对组织工作

确定危机应对组织是确保危机管理计划的执行和危机管理目标实现的关键。它主要是成立危机管理小组或部门，并把各项任务进行合理分配，使各小组或部门相互协调，共同完成目标任务。

4. 危机应对领导

成立了危机应对组织后，就需要有一个领导者来领导，各小组或部门之间协调、危机应对决策、统一思想和行动以及对组织成员的指导等任务就需要有相应素质的领导者来完成。

5. 危机应对控制

应对控制主要是对危机管理活动进行控制，以确保按照计划进行，争取危机管理目标尽早实现。

危机管理的模型在界定危机管理的阶段时一般都会包括危机前、危机中、危机后三个时期，几乎所有的学者都愿意接受危机管理不仅仅是对危机本身进行管理，而是对危机发生前、解决后也要进行管理，正是这种阶段性的、过程性的危机管理的理念使得我们对危机管理本身充满了动态分析的必要性，也给了追求危机管理更好的结果的可能性。因此，根据以上几个较有代表性的国内外专业人士对于危机管理阶段模型的分析，我们可以总结出以下几个方面的结论：

①危机是一个动态管理过程，不同阶段的危机管理具有其阶段性的特定要求从而表现了某一阶段的特殊性；

②上一个阶段危机管理的结果会成为下一个阶段管理的条件，所以危机起因并不重要，重要的是在危机管理中是强化了有利条件还是制造了更多的麻烦，这往往是因人而异的，这给了危机管理无穷的可能性和希望；

③任何危机管理都要从设立一个有效的危机管理领导机构开始，这个领导机构的组成与具体危机发生后的危机管理小组以及危机恢复阶段的危机恢复小组一般人员的配置上有相同的地方，但在在具体成员的构成上可以有所区别我，我们正是根据危机发展的不同阶段所面对的不同的任务来补充、调整危机管理的人员，为了保证危机管理每个阶段的有序进行，我们首先需要建立一个危机管理的组织机构。

第二节　危机管理的一般程序

既然危机是任何组织生存、发展的必然组成部分，危机管理也是任何组织管理工作的基本内容，因此在一个组织管理的战略规划中必然已经包含了危机管理的内容或项目。因此，任何真正意义上的危机管理的起点应该源自于一个组织内部从成立之初就设立的危机管理的组织机构，它可以被称为是“危机管理领导小组”，而作为政府往往会称为“某某应急管理的领导小组”。如果事先没有设置这样的组织机构那么所谓的危机管理程序就找不到源头。无论是危机预警所需要的信号收集、汇总、归纳、整理、预报工作；危机发生后的危机管理小组的组建以及危机的判断与确认、危机的控制与处理；以及危机后的危机恢复小组的组建、危机善后的总结和评估几乎都离不开一个强有力的、职权清晰的组织机构。“危机管理领导小组”可以是一个非常设的机构，在企业可能就是一个统称，而在政府往往会根据不同的危机项目而单独设立不同的危机管理的领导小组，其成员的组成也会有所不同。这种为了非常态的管理而设置的组织机构与常态的组织机构是重叠的，而且大量的危机前的管理工作的组织与安排也会与常态的组织机构的职能产生重叠，也就是说将常态的管理与非常态的管理融合到一起。而且危机状态授予危机管理小组哪些特殊职权也都会在危机发生前作出明确的规定，只有这样才能避免出现平时危机预警没有职能部门关心，危机发生时大家可以互相推卸责任，以及最可怕的是大家并不了解危机是一件应该由谁来管理的事情。“危机管理领导小组”可以是非常设的，但是为了保证管理职能的到位最好设立配置一个常设的部门或人员，如危机管理办公室、或危机管理秘书，有些企业为了重视起见还专门设立了CCO(首席危机官)，常设的办公室或秘书主要负责危机管理的日常事务及定期不定期的危机管理领导小组的会议召集、记录及文件的编撰、保存及修订的具体工作。

思考题

危机管理领导小组平时的工作职责是什么？它与危机中组建的危机管理小组有什么关系？平时危机管理的日常工作应该由什么部门来运作？

从危机管理的全过程来看，危机管理从时间序列及内容上可以包括危机前的管理、危机中的管理、危机后的管理三个时期，而这三个时期又可以根据具体的管理职能可以划分为不同的阶段。危机前的管理可以划分为危机的预警阶段及准备阶段；危机中的管理可以划分为危机确认与决策阶段及直接控制或处理阶段；危机后的管理可以划分为危机的恢复阶段与危机的善后总结阶段。

因此，危机管理的一般程序应该由三个时期的六个阶段来组成，正是这三个时期的六个阶段构成了完整的危机管理的全过程。在危机管理的实践中六个阶段有可能是清晰的也有可能是模糊的，但是危机管理的三个时期在职能及操作上却是清楚而明了的，因为它们代表的是危机管理的基本职能。

第一个阶段——危机的预警

危机没有发生时我们可以从事的管理工作，这个阶段的危机管理应该是一个社会组织常态管理的重叠内容，即纳入到整个管理的全过程且日常化进行；

第二个阶段——危机的准备

我们平时为了危机的到来做好与危机有关的具体工作，如危机预案、预演、培训等工作；

第三个阶段——危机的确认与决策

即在危机到来时针对危机的具体情况做出相关的部署及安排；

第四个阶段——危机的控制与处理

即在危机状态时如何启动危机管理的程序，调动内、外一切资源化解危机，隔离、解决问题并控制危机事态的工作。危机的处理往往是常态管理的终结与非常态的开始；

第五个阶段——危机的恢复

即将非常态重新恢复到常态，开始正常的工作生活；

第六个阶段——危机的善后

即进行危机管理的调查与总结，对危机管理的每个阶段进行评估并总结经验教训，为以后危机管理提供可供借鉴的信息，学会从危机中寻找到机会。每一次危机的管理过程都可以从危机中发现孕育成功的种子。

以上六个阶段就构成了一个完整意义上的危机管理的全部过程。(见图 4.4)我们下面将根据这六个阶段进行危机前、危机中、危机后的管理全过程的分析。

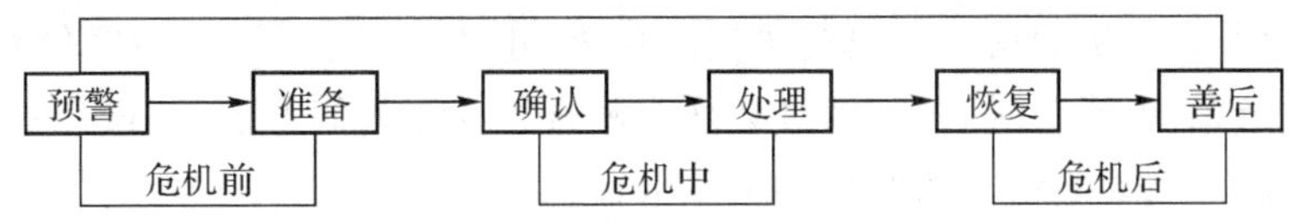

图 4.4　危机管理的一般程序

第三节　危机前的管理

危机发生前的管理是为了危机的到来而做的大量日常性的工作。危机管理的最高境界是不让危机发生，危机管理的最高境界是看不见危机，危机肯定是果，我们都接受一个事实，那就是在这个世界上不存在无“因”之“果”也不存在无“果”之“因”，但是人的认识非常有限我们往往是看到了危机这个“果”但是却没有发现它的“因”，因此危机前管理工作只是表达了人类的美好愿望，希望能够预见到危机。但是危机却总是防不胜防，但这并不是不去为了预测危机而去做些什么事情的理由或借口，因为危机的预警就是表达了我们想去预见到危机的一种愿望，当然效果可能不会太理想。因此，我们总要去做点什么就成了危机前这一阶段很重要的思维。正如美国前国务卿亨利·基辛格所说的：下周不会再有危机了，因为我的日程已经排满了。

危机前的管理具体又可以包括危机预警和危机准备两个阶段。

一、危机的预警

“预警”一词最早用于军事领域，后来逐渐地应用于经济、政治和文化等不同的领域。它是指在灾害或灾难以及其他需要提防的危机发生之前，根据以往总结的规律或观测得到的可能性前兆，向相关部门发出紧急信号，报告危险情况，以避免危机在不知情或准备不足的情况下发生，从而最大程度上降低危害所造成的损失的行为。

危机的预警是危机管理全过程的一个必然的组成部分，危机发展中的前兆阶段的管理，即对危机产生的前兆进行通报警告以引起组织内部相关部门和人员的关注，并采取防御或预控措施，以减少危机发生的概率，或者保证能在准备阶段将危机对组织和人员的伤害降到最小。危机预警工作需要解决以下的问题：建立什么样的危机预警系统，采用什么样的技术、设备、程序，需要为危机预警系统配备哪些资源；为危机预警系统的使用和维护配备适当的人力资源，并制定相应的规章制度，确定使用和维护人员的责任、权利和义务。向需要接收危机警报的公众说明危机预警系统的原理与使用方法，使他们能够理解危机警报，并在收到危机警报时能够作出正确的反应。经常性地评估危机预警系统的性能，了解系统的特性，如系统的误差、准确性、可信度、稳定性、连续性，系统需要什么样的维护措施，系统可能受到什么样的干扰等；如果有必要可以进行危机预警演习，使公众把握如何对危机警报作出正确的反应，它与大量的危机准备工作是一体化的。

危机的预警工作具体包括建立危机预警系统、有序推进危机预警的工作应对危机的准备等几个工作步骤：

（一）建立危机预警系统

建立预警系统的目标是能够采集到预测危机所需要的信号；预警要准确，既不能把不是危机的风险信号发布为危机的信号。出现错误的预警，也不能延误预警；预警信号要及时发布，并能使所有接收到的人能及时收到；信号必须明确且容易为人们所理解；避免各种信号的干扰而影响接收者，预警系统的建立和使用必须经济且合理。

根据预警阶段的职能要求，危机预警系统由五个子系统构成，即信息收集子系统、信息加工子系统、信息决策子系统、警报子系统和咨询子系统等5个部分组成。

信息收集子系统的任务是对有关危机风险源和危机征兆等信息进行收集，保证信息的全面性，危机预警系统要确定信息收集的范围，这取决于危机风险源存在的范围，因而，在确立危机预警系统时，首先要分析危机风险源的分布情况。同时注意信息传递的障碍，其中人为的障碍可是由于传递信息时互相之间在利益上的相关性，传递者可能根据自己的需要进行信息加工，如信息在传递中发生失真就会影响到预警的准确性，即需要选择合适的传递者及制定相关的规章制度，来减少传递者之间的利益相关性。而非人为的障碍一般是指系统本身存在的缺陷或干扰，这要求系统设计得要完善并具备较强的抗干扰能力；

信息加工子系统具体完成的是信息整理、信息识别等相关的工作，通过对信息的归纳与整理是为了让信息变得更有条理从而能从整体上把握所收集的信息；信息识别则是为了排除那些干扰信息或者虚假信息，通过对信息源、信息传递的环节以及信息传递者进行分析判断以保证信息的准确可信。

信息决策子系统的功能是根据信息加工子系统的结果决定是否发出危机警报及确定危机

警报的级别，并向警报子系统下达指令。其中最难的是确定预警的级别，这里涉及各个级别之间的警警戒线的划分，即设立各个危机级别的临界点。如果信号与指标无法直接显示危机是否发生，而只是表明危机可能发生有多大的可能性，那么也要以危机发生可能性大小确定不同危机预警级别的临界点。危机发生的可能性大就发出红色警报，表明要高度警惕危机的发生。可能性大小也需要精确地以概率来表示，如可能性大要求概率在80%以上，有可能要求概率在60%～80%。

信息警报子系统的功能就是向危机管理领导小组成员和危机潜在的受害者发出明确无误的警报，使他们采取正确的措施。警报系统要告诉相关人员危机的来临，这就要求警报系统能与危机管理领导小组成员和危机潜在受害者之间进行有效的信息沟通。能否保证在第一时间让危机管理领导小组的成员以及危机潜在的受害都接受到危机的警报是一件专业的工作，一方面必须了解危机管理领导小组成员以及潜在危机受害者的分布情况，且已经拥有准确的沟通方式，如不断更新的通讯录等，这只是让他们接受到警报信息，而保证他们能够理解警报的内容并能够有所反应则需要掌握这引起人员的文化水平和心理上特点，因此，这需要注重平时的经常性的教育与培养工作，通过培训和演习保证在警报的信息面前能够快速反应并采取有效的措施。危机发生的偶然性使人们大部分时间生活在正常的状态下，在危机警报发出时人们首先要问的是危机真的来了吗？并等待更多的信号以证实危机从而耽误了预防危机的时机。如1988年英国的克拉彭铁路事件中，伦敦紧急服务中心曾经发出大量的“黄色预警”。当时的圣乔治医院的接线员也收到了“黄色警报”，但是由于她并不了解“黄色警报”的含义，因此该医院没有做好相应的救护准备，导致大量伤员不能及时救治。在美国的安道尔发生的一次龙卷风袭击中，也由于人们对龙卷风警报一无所知，而失去了最佳的避免伤害的时机，导致严重的生命财产损失。

信息咨询子系统是为了充分发挥专家咨询的作用，保证决策的科学性及专业性。危机涉及的领域太广泛，需要运用各方面的专业知识及专业人员的智慧，如医学专家、军事专家、地震专家、气象专家、水利专家、管理专家、电脑专家、公关专家和法律专家的帮助。在危机管理领导小组的定期与不定期的危机会议中，针对危机信息的评估及决策的过程都需要建构一个完整的咨询网络，既加强专家队伍的建设，健全专家咨询机制，又强化信息的沟通与交流，使危机的信息决策能够得到专业人士的智力和技术上的支持。而信息咨询网络的作用主要：定期与危机管理领导小组进行信息沟通、提供与危机有关的研究报告、提供科学的专家预案、提出相关危机处置的建议和意见，等等。

（二）有序推进危机预警的工作

危机的预警分析是对危机的迹象作出监测、识别、诊断与评估并由此作出警示的管理活动。危机预警工作可以有计划地推进和展开，具体包括以下几个程序：

1. 收集危机的信息

收集信息即危机信号的监测与获取。

2. 评估危机的信息

评估即对信号作出评估与分析，通过定性和定量分析的方法来判断危机到底会不会发生以及危机后损失的程度会有多大。

3. 上报预警信息

建立信息汇报制度，日常的信息汇报可以根据不同的层次进行日、周、月、季度、半年、一年等，而紧急情况的发展可以打破有规律的信息汇报制度的限制，启动特殊的紧急汇报制度。

4. 决策者的预警反应

预警反应指通过对预警信息的汇总与整理，或由危机管理领导小组的例行会议来辨别和判断是否是危机的信号，或由专业人士提供咨询建议，即对危机信息作一个准确的判断。

5. 采取相关的危机预防措施

危机管理的预防、预控机制主要是根据危机前期信息作出的预防或自我控制的工作，其策略主要是两个，或尽量将危机原因控制或消除在萌芽状态。如通过设计一套程序来分析相关的信息是否具有与以前发生过的同类危机相似的前提条件、通过定期不定期的检查制度尽量将消除危机的隐患，或尽量将可能产生的危机损失转移、减小或缓解。

消除危机隐患是危机预警追求的最理想的境界。主要可以表现在平时尽量做到最好，让自已消除或远离危机爆发的诱因。如企业实施的零缺陷管理，通过提高工作标准的方式来解决大量的小问题或小错误。而减少、缓解、转移等策略则是在危机诱因不能完全排除的情况下，通过各种措施将危机诱因控制在一定的限度和范围之内，尽可能减轻危机爆发后的直接危害程度，如建筑物内的防火墙就是缓解策略的典型运用，第1章提到的烟草产品含金属量超标的问题，既然香烟有害人们的身体健康，这就是为什么会在香烟盒上写明“抽烟有害身体健康”的原因所在，也是医院手术前需要病人家属签字的原因所在。危机的预防与预控的工作可以借鉴风险管理、问题管理的方法尽量将可能诱发危机的问题尽早解决。

（三）应对危机的准备

危机管理的准备阶段是指为了危机的到来做好事先的准备工作，具体可以包括针对不同危机的管理小组的设立、危机的预案撰写、危机手册的撰写、危机预案的演习、危机管理意识的培训以及大量的物资、资金、人力资源的储备，以及为了减少危机的损失而事先采取的一系列措施。凡是已经进入我们的预警范围且也愿意接受它有可能成为现实的一切危机，我们都需要为了它的发生而作出大量的准备工作，为了危机到来事先做的准备再多都是不过分的。如1992年安德鲁飓风过后，电话公司管理者们发现他们在南加利福尼亚州短缺的不是电线杆、电线或开关，而是日间托儿中心。许多电话公司的野外工作人员都有孩子，需要日间托儿所。当飓风将日托所摧毁后，必须有人在家照看孩子，导致在最需要人手的时候反而人员减少了，公司招募了一些退休人员开办托儿中心，从而将父母们解脱出来，投入到电话网络的恢复工作中去。

1. 制订危机管理计划或预案

危机管理计划是危机管理行动的指南，危机管理计划不仅要系统、全面、连续而且要灵活、通用和具有前瞻性，更要对具体细节给予认真的关注，使之具有可操作性。危机计划要有标准的报告流程、清晰的业务流程、危机管理的目标优先序列、必要的危机管理预算和定期对计划进行检查及其变动方面的内容。如美国在1991年发动第一次海湾战争时，一家危机公司为美国政府模拟了128种可能出现的危机并逐一进行分析其或然率并制定相关的预案。

危机管理计划一般会有两套作业，第一套作业与支持危机管理反应的组织有关，第二套作业包括反应行动。一部分是制定发展和维护组织资源的组织计划，另一部是制定应对危机的行动计划。即一个社会组织有效率的管理者需要以有效的反应能力为代价，同时对危机的高反应能力又必须要求组织拥有足够的资源。

2. 组建应对各类危机的管理小组

大量危机管理的经验总结出了应对危机事件我们应该做的是那些有用的准备工作，包括建立一个危机管理中心并事先选择好危机处理小组的成员，提供完备的、充足的沟通系统，同时要经常地测试这些沟通系统。

危机管理小组应该是具有简洁的结构、简短的沟通渠道、扁平的管理方式的团队，必须能够保证减少信息扭曲和时滞、可以集中决策、有效授权、重视合作而不仅仅是战术指挥、收集和评估及整理信息、内外都能进行有效的沟通。为此，组建危机管理小组时在人数、人员方面都要有所区别及做精心地安排。但是有一点是明确的，即任何危机管理小组的构成中主要依靠的是一个组织已有的人力资源。

危机管理小组的工作主要是负责危机发生后的控制、处理及抢救工作，而危机发生后的恢复工作则会由危机的恢复来承担。危机发生后危机处理小组就要发挥它的管理职能。

危机发生后的管理工作主要有：

①危机反应小组的内部协调；

②危机反应和恢复所需资源，包括处理危机所要使用的人、财、物和设备等；

③沟通政策；

④媒体管理；

⑤形象管理；

⑥危机预警；

⑦危机指挥、协调和控制。

3. 危机预案的演习以及危机管理的日常培训

危机预案可以采取多种方式进行演练，主要是实战性的演习和桌面的演习。预案的演习不仅可以强化居安思危的意识，同时也可以强化各个职能部门及工作人员之间的应急联动，更为重要的是可以发现预案的问题从而及时地修正以保证预案的可操作性。

危机管理的培训工作是指经常性地进行危机意识的培养和危机应对技术能力的培训。人们总是奇怪，为什么大公司会有那么多危机？它们的规模能够说明一些问题。因为规模大了设计的制度就会复杂，而复杂的制度反而会带来更多的问题或危机，因为制度总是靠人在执行或运用。所以，管理者必须牢记，数以千计的雇员中的一个人的一个失误都可能将整个公司拖入危机。

在危机意识的培养中要打破一个组织的学习智障，冲突危机的迷思，从以下几个方面强化组织员工的危机意识。

①突破局限思考，避免因为社会分工的发展使得人们只专注于自身职务；

②归罪于外，即不同部门之间的互相指责；

③缺乏整体思考的积极性；

④专注于个别事件，即充斥着短期事件；

⑤煮青蛙的故事；

⑥从经验学习的错觉（如何保证监控当下）；七是管理团队的迷思，即将时间用于争权夺利，大家都害怕在团队中互相追根究底的质疑求真所带来的威胁。[①]

危机前的大量培训工作恰恰也是危机预控与预防的有效方法，即大量的防备措施可以尽量提高危机管理的效率和减少危机的损失。防备策略从阶段上来说应该属于危机准备阶段的

① 参阅：《危机管理》哈佛大学 MBA 核心课程，九州出版社 2002 年版，第 63～64 页。

工作，即培养危机意识、开展危机的教育工作，建立应对不同危机的各类危机管理小组、明确危机管理小组各成员的职责、规定危机期间的沟通方式。“9·11”恐怖主义袭击时纽约世界贸易中心双塔里面的工作人员超过两万，撤离人员中只有几个电梯可以使用，但是在遭受袭击到倒塌的一两个小时中，大部分人有序而安全地撤离，因而只有不到3000人遇难。这与美国人通过训练和教育而熟悉紧急疏散过程，有较高的心理素质和处理能力是密切相关的，这与1993年世贸中心已经遭遇到一次炸弹爆炸有过一次紧急疏散的经验也有关系。

二、危机预警阶段需要注意的几个问题

针对危机预警中容易产生的一些问题，我们可以采取适当的措施以保证提升预警的效果。

1. 危机预警设计上存在缺陷

危机信号缺乏代表性、系统本身的运行问题、系统容易出现故障，它会导致信息传递出现故障，这既可能是技术上的问题也可能是工作人员的激励不到位而没有工作的积极性，其应对措施就是需要不断地对危机预警系统的可靠性进行评估；同时不断地说明员工的工作职责及风险的后患，同时要将预警工作与员工的日常工作进行有效地组合，让它成为日常工作的基本组成部分，这样才有可能真正保证发挥员工的主观能动性，同时也能减少预警的失误与迟误而造成的损失。

2. 危机评估准确性不够

由于历史数据的不完整、不准确，使危机评估的效果大打折扣，当然也有可能是专家的审查不严格，或专家的整体水平不高。应对措施是保证预警信号明确简明，信号必须传达内容有消息来源、日期和时间、紧急区域所在地、威胁的性质、威胁可能造成的伤害、威胁持续的时间、威胁冲击的程度，在可能的危情中需要采取的基本措施。这些内容要不断地重复，要让每一个相关人员都能注意到细节，了解其准确的含义。同时尽量避免发出错误的警报；有些信息是不确定的，被称为是“噪音”，如何屏蔽“噪音”找出真实的准确的信息是整个预警系统发挥作用所要达到的目标。

3. 对危机信息不予重视，对危机预报反应迟钝

应对危机的措施就是要提高个人预警信号的接收能力，保证预警信息的清晰明了。对于预警的接受和反应，是因人而异的，这主要取决于每个人的经验以及预警中的内容，影响的因素主要有信息的清晰度、连贯性、权威性，以及过去预警的权威性、危机或灾难发生的频率，等等。当接受者发现信息清楚明了时，并且有多个信息来源可以支撑该信息、多次重复、来源可靠时，人们的反应会较快，否则就会出现忽视、等待或观望的情形，这就有可能失去选择或执行反应的最佳时机。危机管理经验也告诉我们，被预警的受众人群中，有20%的人会做出与预警相背离的选择和反应。这些人往往会表示自己并未接受到预警、喜欢自己亲自证实消息、害怕结果或相信自己比预警中的建议更权威和专业相信。解决这些问题的方法只能是采取特别的措施加以控制，并预备一些潜在和必要的施救方案来解决实际的问题。

第四节　危机中的管理

危机中的管理是危机发生后到危机处理结束时的全部管理过程，它同样由两个阶段构成，

即危机的确认和决策、危机的处理与控制。

一、危机的确认

危机的决策首先依赖于危机的确认，是或不是危机？这确实是一个问题。如果是危机那么是哪种类型的危机？危机中的弱者又是谁？等等。这些问题不能够解决是无法进入后续工作程序的，否则也是错误的决策及资源的浪费。

危机的确认工作主要包括以下四个方面：

①收集与危机相关信息确认危机是否发生；

②确认危机的影响程度，包括影响的范围及可能的后果；

③找出危机产生的原因；

④对危机进行归类。

危机的确认工作一般按照以下步骤进行：先是进行危机的初步识别并进行初步的危机等级判断，并将情况及等级判断结果向危机管理小组或危机管理中心汇报报；将接警信息以及危机等级情况迅速备份给上级指挥中心和本级指挥中心；建立跟踪监测专线，即时对危机现场等情况进行监控，并不断地将信息传递给指挥中心。危机管理中心接到报告后立即对危机等级进行最后确定；立即将危机情况以及危机等级报告危机管理的第一责任人，建议并组织召开不同类型的紧急情况下的对策会议；按照有关规定，将情况向相关部门传达。

危机确认的全过程都需要跟进当时危机的特定环境。因为危机确认的准确度不仅取决于信息量的多少，还取决于对当时危机发生时对形势的准确把握，更取决于危机管理者自身的判断能力。如果你觉得当时只有你的头脑是清醒的，而你周围所有的人都失去了理智的话，那么很有可能是你自己错误地估计了形势。人们有时会将问题错误归类，他们会将注意力集中在技术方面，而忽视一些感觉问题。可是，公众的感觉却往往是危机的根源。经验告诉我们，在寻找危机发生的信息时，最好听听各种人的看法。在危机确认的阶段，需要向独立调查人员和知情者了解更多的情况。比如说在当下舆论的环境下，如何来评估与判断危机与否就无法回避舆论的风险及压力，1994 年英特尔奔腾芯片的事件不仅仅是一个技术层面的危机更多的是一种舆论上的危机，这就是一个判断的问题。

二、危机的决策

危机决策是管理者在调查的基础上制定危机方案的过程。危机决策要根据前期对于危机的确认与判断，对于危机产生的原因有充分的了解，针对危机造成的损失这一事实设计多种可行方案，并对各种方案进行优缺点比较后选择出最佳方案的过程。危机决策的方案定位要准、推行要迅速。根据危机的种类、程度及原因作出判断后，如果组织已有相关的预案那么将进行操作并作出妥善的安排，并修正预案中可能的不足；如果危机的种类及级别超出了组织的预警范围，就必须采取非常态的决策思路设计方案并作出选择，同时进行有效的安排贯彻执行方案。

正如罗伯特·希斯所说的："危机管理需要一个既使用权威又使用民主的决策程序，在此环境中激发反应者作出一个富有弹性但又极有力度的决定。"[①]因此，危机决策同样的需要按

① 罗伯特·希斯著：《危机管理》，王成译，中信出版社 2001 年版，第 259 页。

照一定的程序来进行，一般包括以下五个阶段：

1. 发现问题或机会

决策是解决问题的过程，而机会也往往蕴藏在问题之中。决策过程的第一步就是发现问题进而发现更多的机会。发现问题并不是一件容易的事情，必须调查、分析、研究组织与环境的适应情况，才能准确地找到问题的关键。

2. 确定决策目标

目标是指管理者在特定条件下要达到的结果。能否正确地确定目标是关系到决策成败的关键。正确的目标一般需要符合以下条件：目标要有根据、目标要具体明确，决策目标的表达应该是单义的，可以分解落实到具体部门、具体单位，这样执行者都会明确领会目标的含义。目标要有具体的衡量指标，如费用指标、效益指标，目标应该尽量数量化，否则可用评分法将决策目标划分为一些等级；目标应该分清主次。在进行多个目标的复杂决策时，在满足决策需要的前提下要尽量减少目标的个数，因为目标越多，决策难度越大。然后将目标确定一个优先顺序，先集中力量实现必须达到的重要目标。如果多个目标之间不是协调一致的，上下级的目标存在矛盾冲突，要按照局部服从全局的原则，采取适当的办法来解决；确定目标的约束条件。对于有条件目标，所附加的条件就是约束条件，这可能包括人、物、财等客观存在的限制条件，也可能是一定的主观愿望。有条件目标的实现必须满足它的约束条件，否则，即使达到目标与付出的代价相比，后果也可能令人不满意。

3. 探讨并拟订各种可行方案

任何一个问题都不可能只有一种解决方案，只有经过比较、选择、决策才能趋于合理。即使是最好的方案如果没有人发现它也不会被选择和实施。因此，拟订各种方案是非常重要的。一般可以通过大胆设想和精心设计两个阶段。大胆设想即具有勇于创新的精神和丰富的想象力，从不同的角度设想出各种各样的可行方案，为决策者提供尽可能广阔的思考与选择的余地，为最佳方案的选择和实施提供条件。拟订方案的人必须有广博的知识作为创新的基础，以超人的思维创造力作为创新的保证以及冲破习惯势力与环境压力束缚的精神。精心设计正好与大胆设想相反，它要求拟订方案的人用冷静的头脑和求实的态度进行分析，以确定方案的细节和预测方案的实施后果，如组织工作、日程安排、经费落实等，同时还要预测客观环境变化对各方案预期效果的影响。这一阶段的工作做得越细，决策方案的选择越有把握。

4. 方案的评价、比较与选择

方案的评价、比较和选择一般会依据以下三个标准：

(1)价值标准。即方案的作用、意义、效果等，用来衡量方案的好坏。决策的目的是为了实现决策目标，越接近决策目标越好，这就是方案的价值标准。

(2)满意标准。方案要好到什么程度才是符合要求？收益最大、成本最低，是传统意义上的准则，这种“最优原则”在理论上是适用的，但是在复杂的管理决策过程中，由于主客观条件的限制，即使采用最优化数学方法和计算机等科学手段，也难以实现绝对最优。现代决策理论给出了一个现实的标准，即“满意标准”，认为只要决策“足够满意”就可以了。

(3)期望值标准。对于确定性决策机构，决策者可以根据上述两个标准进行方案选择。但对于不确定性条件下的决策，一个方案在执行时可能产生几种结果，在这种情况下，选择标准通常采用最大期望值标准，这里的期望值是指按各种客观状况的出现概率计算的平均值。

有了选择标准和评价标准后，根据有效经济的原则从中选出满意的方案，具体方法如下：

(1)经验判断法。对于牵涉到较多的社会因素、人的因素的决策问题，主要靠经验判断法。

决策者根据以往的经验和掌握的材料，经过权衡利弊，做出决策。在现代决策理论中，采用了一套决策的软技术，如德尔菲法等，这些方法充分利用了专家的集体智慧来进行决策，已经有了一套理论和具体方法，这些都是经验判断法的新发展。

(2)数学分析法。当为达到决策目标而设定的变量是连续变量时，需要依靠数学分析的方法使决策达到准确优化，如果是单目标连续型决策变量，可以通过建立数学模型为求出最优值。

(3)试验法。即先采取试点进行实验，在试验基础上进行改进的方法。

5. 决策方案的执行和反馈

决策做出后要付诸于实施。在执行中，不但要运用计划、组织、指挥、控制等职能来保证决策顺利进行，还要进行信息反馈渠道，以便发现新问题时，修订目标或修正，补充原有决策方案。

二、危机的控制及处理

危机的控制主要是控制危机影响的扩散以及危机造成的损失，而危机的处理则主要是解决危机的根源，从根本上将危机消除，在现实的危机管理工作中，控制过程就是处理的过程，而处理的过程也是控制的过程，控制与处理彼此交叉渗透，因此，我们在此将控制与处理联合在一个阶段中来分析。

危机控制、处理是危机管理工作的重要职能之一，它是危机管理者通过监督、监察有关活动，保证危机管理活动按照危机应对计划进行，并不断纠正各种偏差的过程。危机的控制与处理是危机管理的核心阶段，平时需要培养一大批的专业人员。

在现实的危机管理工作中我们会发现，尽管危机前有了很好的预防、预控工作，而且也设计制作了自认为是好的危机计划，但是往往会由于计划不当或危机情境的发展与原来预测的不同，同样会造成危机应对计划局部或整体不符合现实危机的状况，这就使得危机管理者难以实现危机应对计划要求的目标，这就需要在危机控制与处理中对计划作出调整并提出有建设性的方案来尽快地将危机造成的损失降到最低，同时也希望能够在处理危机的过程中创造新的机会。

危机的控制与处理阶段主要要完成四个方面的工作，即遏制危机；防止危机蔓延；加强媒体管理，防止谣言并一致对外；危机的解决。

围绕着以上四个方面的工作要求，危机的控制与处理可以按照以下程序来进行：

(一)在危机管理领导小组的指导下迅速成立危机处理小组

危机发生后，根据危机的类型按照预先制定的危机管理计划，迅速组成由高层、相关职能部门和内外部专业人员组成的危机处理小组，并明确规定危机处理小组成员之间的职责分工、相应权限和沟通渠道。危机管理领导小组与危机处理小组在人员的配置上可以是重叠的，但是根据危机的特殊情况会作出一些调整，特别是专业性较强的危机发生时我们需要配置特殊的专业人员加入危机处理小组。

危机处理小组作为该危机管理的最高权力和协调机构，有权调动所有资源，有权独立代表组织作出任何妥协、承诺和说明，有权制定和审核危机处理的方案和工作程序。需要明确管理人员的职责，特别强化首席危机官和首席发言人的作用，一般可以有组织外部的人员加入。

危机处理小组能够比较全面地、清晰地对危机的各种情况进行预测，为处理危机制定有关的策略和步骤；监督有关方针和步骤的正确实施等。

危机是否会影响到战略目标；诊断出的潜在危机的真实性如何？是否需要采取行动？如果不采取行动的结果会是怎样？行动是否能够真正地阻遏危机？制订的方案是否能够取得利益相关者和社会公众的认同？是否已经具备处理危机所需的资源？是否能够获得更多的时间以应对危机？是否能够更多地获得全面真实的信息以便了解危机波及的程度，为危机的顺利解决提供依据？如何进行人员的合理分工，既保证职权清晰到位，又可以按照事情的轻重缓急依次处理，哪些人继续日常的工作，哪些人专门投入专职危机的控制工作？指定谁担任对外发言人，如何保证同一个声音对外说话。

（二）启动相应的危机管理计划或制订新的危机方案

(1)建立实施预案的责任制度，形成各级领导层面和各级执行层面分工明确、责任落实、配合有序的工作局面，并为保证这些职责的履行进行人力、物力和财务的特殊配置。如以政府为例：危机可控状态运行机制有两个关键环节：一是采取变通的方式保证生产、生活和休闲秩序的适当节律，使政治、经济、文化、体育、教育、科技及其他公共事件的发展保持基本的连续。即制定并切实落实非常时期的工作计划，利用网络、通讯和各种技术手段，开展开放化、分散化、小型化的日常工作，保证生产和建设的基本秩序；二是采取政策宣传等手段保证公民的心理、情绪免受危机事件的干扰，为抗击危机营造安全、安心、安定的政治生态、文化氛围和心态环境。各级职能部门要整体配合，广泛开展形式多样、丰富生动的辅助性文化、体育和娱乐活动，对公民的身心承受力进行积极的调节和补偿，保证公民生命安全、生息有序、生活充实。

(2)迅速控制事态，避免其进一步扩大。

(3)本着公众利益至上的准则，开辟有效的信息传播渠道。正如沃伦·巴菲特所说，必须清楚地说明情况并发布已经了解的全部情况，即迅速将你知道的说出去。

（三）选择适当的危机控制与处理的策略

从危机的萌芽发展到危机事件的全面爆发，中间有一定的过程。及时发挥危机管理机构的“防火墙”的作用，控制危机事态的蔓延保证组织其他部门的正常运转。管理者需要立即采取相关的隔离、消除等控制及处理的策略。对于危机处理的策略需要根据事态的严重性、紧迫性及未来可能的发展趋势作一个选择与评估。危机隔离阶段对于工作的优先次序要做一个选择，事先必须有一个简单的评估过程，对危机需要处理的各项事宜进行评估，以分清轻重缓急，确定先抢救什么后抢救什么，做到从实际出发保证重点。危机状态下的信息不对称、时间紧迫、决策上的心理压力都需要管理者具备非一般的思维能力。建立一个有效的思考框架去迅速地掌握正在发生的危机的实际情况并进行评估。

1. 危机策略选择与评估的原则

一般可以由危机管理小组的成员将问题进行梳理，找出先后的顺序，必要时也可以聘请有关方面的专家协助进行技术鉴定、事故分析和财产损失的评估工作。

在危机处理策略选择及评估时最需要把握的原则：

(1)“生命第一的原则”。即首先必须尽可能地减少人员伤亡和财产损失。

(2)有序推进原则。进入危机后的事态可能会出现无序发展的现象，确立优先次序作为隔离工作的前提，是尽可能地收集各方面的危机信息，并迅速判断危机的主要影响利益方，如人、财、物、责任等，为下一步应对发生的危机事件简单地进行灾害评估奠定基础。

(3)专业操作、责任到位原则。必须借助于组织在日常运转中建立的危机管理小组和危机管理计划，有时根据危机事态发展决定组织主要领导人的卷入程度，使这些专职的危机管理机构和人员在危机事件爆发后真正起到"防火墙"的作用。启动危机管理应急计划，让危机管理专职人员去应对已经发生的各种危机，这样可以做到有的放矢、分工明确。因此，任何组织都应该建立一支素质过硬的突发事件处理小组，进行危机的响应、处理、恢复、跟踪工作，在遇有突发事件时，组织可以在第一时间安排安全服务小组负责处理，在注意保护可追查线索的基础上调查事件的起因和症状，在最短的时间内修正系统，使组织正常地运转。启动危机管理机构，让一些人员专职从事危机的控制工作，让其他人继续组织正常运转工作。决定主要人物的介入程度。很多突发性事件破坏范围较磊，可能导致组织的生产和生活陷入瘫痪和混乱状态，在这种情况下，仅仅依靠危机管理小组的力量是很难完成危机的应对工作的，必须让组织的主要领导出现，确保管理的权威性、强制性，以利于组织内部各职能部门、组织成员之间危机应对时的协调运作。同时，根据危机事态发展的具体情况，在一些必要的时候，由组织主要人物出面担当危机应对的领导职责，还可以保证组织与外界保持畅通的通信，表明组织应对危机的信心和决心，维护组织在社会公众中的地位和形象。

(4)"做"与"说"同步的原则。信息在危机处理中成为决定性的因素，与危机相关的各种信息的及时收集、反馈和有关数据的分析的效果，往往会影响危机管理的成交。因此，组织应当及时向所有的组织成员及利益相关者通报信息，不要让他们仅仅从公众媒体上得到有关组织的信息。事实上人们感兴趣的往往不是事情本身，而是管理者对事情的态度。危机管理的内部信息通报与外部沟通都极其复杂和难以控制。在信息技术高度发达的现代社会中，由于大众传播媒介日益增大的影响力，以及瞬息万变的危机信息庞杂，导致组织决策层对信息的了解和把握程度也是不一样的。为确保危机信息发布的连续性、一致性，组织应当指定固定的发言人。开展有效的救援、及时公布信息安定民心，满足公众的知晓权。如"9・11"恐怖袭击的一天之后，摩根士丹利(世贸中心最大的租户)董事长兼首席执行官菲尔・帕塞尔就向所有客户发送了一封电子邮件，表达了对这场惨剧的哀痛之情，并向客户保证公司将继续经营下去，客户的资产安然无恙。除了广泛的沟通外，一些关键的投资者、债权人、供应商和客户还需要从最高管理层那里获得更多的详情，并且是越快越好。信息传达的一致性也是非常重要的，任何矛盾、含糊和不全面的信息披露都会受到负面评价，还会作为管理者缺乏认清现实、妥善处理能力不足的证明。

(5)争取支援的原则。在危机控制及处理的全过程要学会调动社会各界资源，充分发挥公证或权威性的机构对解决危机的作用。如雀巢危机后组成的10人小组监督该公司执行世界卫生组织规定的情况，有著名医学家、教授，大众领袖及国际政策专家等。

2. 危机控制及处理的具体策略

根据众多专业人士的总结，危机控制及处理的具体策略可以概括为以下六种：

(1)危机中止策略。中止策略即根据危机发展的不同原因、不同程度、不同范围及其发展的趋势，审时度势，顺势而为，主动中止承担某种危机损失的。企业发生产品质量危机时一般都会实施中止策略，如停止销售、回收产品、关闭有关工厂或分支机构等，主动承担相应的损失，防止危机的进一步扩散。

(2)隔离策略。隔离策略包括人员隔离与危害隔离。危害隔离是对危机采取物理隔离的方法，使危机所造成的损失尽可能地控制在一定范围之内。如火灾发生后，采取果断措施切割火场，以避免"城门失火，殃及池鱼"。如对于一些多元化经营的企业，在某一产品线上发生信誉危机之后，要采取有效的隔离措施，避免对其他产品造成不利的影响。对危机的隔离应该从发出警报开始。报警信号应该明确危机的范围，以便使其他部分的正常工作秩序不被影响，同时也为处理危机创造有利条件。报警信号的准确无误才能使危机处理人员确认危机到底在什么地方发生。如在列车行车事故中，除了抢救伤员外，最关键的就是开通线路，线路一分钟不开通，危机危害就会不停地扩大，所引起的连锁反应也会持续不断地蔓延。只要线路开通，就意味着危机已经被隔离，全局得到控制。人员隔离是指当危机发生后应该立即进行有效的人员隔离，即在人力资源上让首席危机官为首的危机管理小组成员专门负责危机处理，让其他人继续从事企业正常的生产，以防止危机对企业正常的生产经营活动造成巨大的冲击，使企业的市场被竞争对手侵蚀。①

(3)消除策略。消除策略也称为排除策略，危机排除策略：就是立即采取措施消除危机所造成的各种负面影响，既可能是物质上的，如生产场地遭到破坏，产品大量积压等，也可能是精神上的损失，如股东信心不足、士气低落、企业形象受损等。排除方法可以是工程物理法，即以物质措施排除危机，如投资新工厂，购置新的设备来改变生产经营方向，提高生产效益；而员工行为法则是通过公司文化、行为规范来提高士气，激发员工的创造性。

(4)危机利用策略。在综合考虑危机的危害程度后，力求造成有利于企业某方面利益的结果。事实上这一策略就是所谓的"转危为机"，能够显示危机管理的艺术性，如承担危机的责任、处理危机的能力等。

(5)危机分担策略。将危机主体由单一承受变为由多个主体共同承受。如合资经营、合作经营、发行股票等，由合作者、股东来共同分担企业危机。如咨询顾问业过去以投入的时间来向客户收费，现在的趋势是共同分担风险，也就是作策略性股东，以收取客户公司的股票来交换部分佣金报酬，对于咨询顾问业者来说，找到好客户作策略性股东可以获得更高的投资报酬。

(6)避强就弱策略。由于危机损害强弱有别，在危机不能一下子根除的前提下，要有两害相比取其轻的思路，就是要比较理智地选择危机损害小的策略。

以上六种策略在危机处理全过程中一般都会同时交叉发挥作用。

（四）拟定危机处理报告

危机处理工作需要及时进行总结与评估，这就是危机处理报告的要求。

危机处理的总结报告一般包括以下内容：

①调查总结整个危机处理过程中的相关信息，对发生的原因、处理的全部措施进行系统的调查与搜集，由此来发现平时可能不能发现的问题；

②分析评价；

③整改；

④发现一些优势资源；

⑤通过危机处理来积累包括危机处理在内的经验，建立起平时没有机会建立起的社会关系资源，如媒体关系、政府关系和与消费者的互信关系并进行正面的宣传；

⑥危机善后工作。

---

① 刘刚著：《危机管理》，中国经济出版社2004年版，第142页。

三、危机处理的基本原则

与危机事前、危机事后管理相比它处于危机管理的中心地位，发挥着决定了危机管理成败的关键作用。因此，在危机控制及处理的过程中要尽量避免出现处理不当或处理不力的现象。

所谓危机处理不当是由于危机实施人员采取了不恰当的危机处理行动，使本来不应该爱受到危机影响的领域也受到了危机的影响。这些领域以危机本身的影响力是无法或难以影响到的，只是因为处理人员的处理不当，将危机引向了这些领域，如正常工作及公众形象等。危机处理不力是指在危机处理的过程中采用了一些并不是很有效的方式，从而导致了危机蔓延和危机的连锁反应，使危机影响到更为广泛的领域，如果措施得当则是可以避免的。

因此，危机控制与处理的全过程需要遵循以下几个方面的原则：

（一）快速反应的原则

危机发生时把握“黄金时间”准则、成立中心或任务小组、避免惯性反应和团体盲思、尽快查清真相与公布、诚实是最好的政策、权力集中、控制资讯与媒体应对、避免二度危机；先反应再作出回应、说明发生了什么事情、说明当局的态度、说明当局的责任、说明当局目前的处置、说明当局未来打算如何处理；危机发言人发言的重点：表明政府面对问题的态度、表明政府面对责任的态度、事实与真相、目前的做法、后续处置、澄清疑虑与谣言、建立资源权威中心；在这个阶段，速度是关键，正如威尔·罗杰斯所说：如果你站着不动，那么即使你在正确的道路上，也会被撞倒。此时最关键的问题就是先解决问题。因为当你来到岔路口时，不管怎样，一定要选一条路走。

在快速反应原则的指导下，很多企业的危机应对具体化为危机处理的每个时间点都有很具体细致的要求，如美国国家半导体公司对付危机的行动步骤中要求：

在危机发生的10分钟内：

①安全人员必须通知危机协调人员和企业公关部门；

②危机协调人员再通知出事现场驻地的总监或经理、指定的发言人（如果不是总监或经理的话）、驻地公关联络人员和危机记录人员。

在危机发生的20分钟时间内：

①通知危机支援团体成员；

②起草临时声明并按照雇员传播的规则发送到雇员的手里。如有必要，也可发送到外部与企业利益相关的任何人；

③通知电话总机以便危机团队有专人负责接受和答复有关危机的提问，记录任何有关危机的电话问询；

④专门指定和设立“指挥中心”和“媒体中心”，让危机管理团队人员知道这些中心的存在和作用；

⑤按事情发生的次序记录危机的过程以及危机询问的答复。

在危机发生的30分钟之内：

①开始与企业公关部门和/或公关公司专门人员协调对内对外声明的制定；

②随时随地关切雇员并尽力回答他们的提问。

将时间安排到分的程度恰恰是体现了危机处理的速度第一原则的要求。

（二）果断应对的原则

很多危机可能是首次发生的，无章可循，但它的严重性却关系到组织的安危，管理者必须及时控制事态发展以避免陷入更深的危机，此时的管理者需要将主要精力都放在应对危机上来。超常规的突发事件毕竟是太突然了、难于完全把握的，因此处理起来比较棘手，难度也大。针对这类突发的问题若想获得主动的和满意的处理结果，避免损失或把损失减少到最低限度，领导者既要有正确的态度和科学的处理原则，但同时也要有敢于冒风险的勇气，尽管处理的结果对危机的作用难以预测，但正是这种处理结果的风险性体现了危机管理者在特定情境下的应对能力和领导艺术。因此，往往是管理者的政治心理素质和能力品质对危机处理结果起着决定性的作用。此时的管理者必须具有探险家的胆识，敢冒风险、敢顶风险的精神和能力。

（三）适当停顿的原则

危机执行的不完美性表现：一是执行机制的运行中是一个从“理论逻辑”向“实践逻辑”转化的过程，及各种资源协调配置的过得，危机管理的不完美在执行过程会表现得理更为充分；二是危机执行过程是一个不同资源整合及共同协调运作的过程，而不同部门之间的协调往往是一个很理想化的用词，即时间上很难达到“无缝隙地对接”，能够合作到什么程度很难事先作出预测。因此，危机处理中一旦各类资源与时机并未成熟时，我们到底应该采取什么样的手段来应对，在一些特定的情景下我们需要具备“不解决”的理念。“不解决”与果断性、快速反应原则并不矛盾，正是快速地作出判断与决策才有可能决定是“解决”或“不解决”，因为“不解决”不是不去面对问题和解决问题，而是作出更准确的判断，什么人、什么时间、用什么手段来解决更合适，这种解决问题的理念在危机管理中非常有实际操作的价值。

思考题

如何理解危机处理中的“不解决”的理念？日本有家银行招聘员工都会设计这样的一个问题：如果本银行和社会发生了矛盾（此处的社会指向的是银行以外的一切利益主体），你会如何应对？

上题凡是回答维护银行利益的不能录用，因为银行不是生活在真空状态；凡是回答恢复社会利益的也不能能录用，因为毕竟银行不是慈善机构；凡是回答兼顾双方利益的更加不能录用，因为兼顾是一种理论的逻辑，假如这个社会的矛盾都可以兼顾，那么这个社会将没有矛盾。真正的矛盾往往是无法兼顾的。那么作为招聘方来说，他希望听到什么样的答案呢？他想听到的答案就是“不解决”。

毕竟银行招聘的只是一个普通的员工，作为员工银行将赋予他们两个权力：一是做好本职工作，尽量不要制造矛盾和纠纷；二是一旦发生超出了员工承受力或职权范围以外的矛盾时，作为员工要承担的责任就是维持矛盾的现状，及时汇报，让真正适合解决问题的管理者来应对。

有个政府的市场执法人员同样遇到了这种困惑。市场有位摊主违法卖鞭炮，屡次说服都无效后，市场执法部门部门决定强制没收鞭炮。当几个年轻的执法人员到现场时发现事情不是很巧，因为年轻的摊主不在，摊主年迈的父亲在场。这位70多岁的老人采取一些过激的方式阻止执法人员将鞭炮拿走，争执中有个执法人员为了躲避老人的过激行为时却反手碰到了老人，老人在反冲击力下躺到了地上开始流鼻血。此时所有摊主都围上来，纷纷表达了对政府执法人员的不满，同时媒体也赶到了现场，此时的媒体能拍到的画面只有一个，即老人躺在地上流鼻血。媒体将这个画面传播后立即引起了舆论的强烈不满，舆论纷纷裁定这属于"暴力执法"。最后这位老人被送到医院躺了3个月，执法部门前后共花了18万。这到底是哪里出了问题呢？我们先不去评价政府目前流行的"花钱买平安"、"人民内部矛盾人民币解决"等诸如此类的解决危机的方法到底是否合理，我们作出的评论是这些年轻的执法人员肯定不愿意接受一个对他们不利的事实，即他们并没有在一个特别关键的时间点选择适当的停顿，即可以暂时"放弃执法"，因为在很多时候"不解决"往往是开始有效解决问题的最好起点。

如果结合目前中国政府因拆迁而引发的大量危机事件，你认为"不解决"到底有什么样的指导意义？"不解决"只是危机处理过程中的一个重要环节。

第五节　危机后的管理

危机一旦被控制，迅速挽回危机所造成的损失就上升为危机管理的首要工作。我们管理危机的过程不仅仅是解决危机的过程，同时也是希望能够总结经验教训并发现新的机会的过程，因此，在危机后需要对危机产生的影响和后果进行分析并制定出有针对性的危机恢复计划，保证尽快摆脱危机的阴影、恢复以往正常的工作或生活状态；同时学会抓住危机带来的机遇，吸取危机带来的经验或教训，探索比危机前更好的生存与发展方法。由此我们把危机后的管理工作也分为两个阶段来进行，即危机的恢复和危机的总结。

一、危机的恢复阶段

危机已经造成的损失只能通过危机恢复工作来加以解决，此时危机的处理即转向危机的恢复工作。

（一）危机恢复工作的基本任务

危机的平息并不意味着危机管理的结束，大量的危机管理工作在进一个后处理阶段将会展开，组织也希望通过这个阶段的工作能够提供了一个弥补部分损失和纠正混乱的机会。危机恢复阶段的主要任务就是对危机造成的破坏进行恢复和重建、调查危机发生的原因、评估危机造成的损失，形成改进的意见，变危机为发展的一个机会。

根据大量的调查资料显示，政府人员认为危机恢复管理的中心任务是：积极与媒体沟通、引导公众舆论、弘扬主流价值；举行庆功会，向员工宣布危机已经过去，加强内部凝聚力；对危机中受到损害的利益相关者和公众进行补偿。企业管理者认为危机恢复管理有三大中心任务，即补偿消费者和其他利益相关者的损失、吸取教训、改造、重构企业的价值体系以及重建组织形象。（见图4.5：政府和企业危机恢复工作的中心任务）[①]

---

① 胡百精：《2006年中国危机管理报告》，中国人民大学出版社2007年版，第78页。

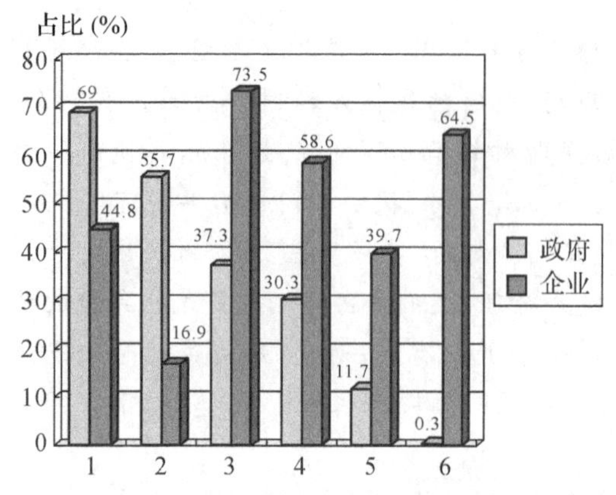

①积极与媒体沟通,引导社会舆论,弘扬主流价值;
②举行庆功会,向员工宣布危机已经过去,增强内部凝聚力;
③对危机中受到损害的利益相关者和公众进行补偿;
④重塑组织形象;
⑤召开新闻发布会,对外告知危机已经结束,表达组织面对美好明天的信心;
⑥吸取教训,改造和重构组织价值体系。

图4.5　政府和企业危机恢复管理的中心任务

资料来源:《2006中国危机管理报告》

恢复阶段的危机管理已经逐步地从控制事态转移到修补和重建上来,危机恢复阶段的工作既包括"解决危机"后的补救型任务,如补偿危机中受到损害的利益相关者和公众、面向大众的心理修复、组织形象的重建;同时也会以"把握机会、超越自我"为目标,通过总结经验和吸取教训来提升组织的形象。

(二)危机恢复工作的基本程序

1. 建立危机恢复小组

危机恢复小组与危机处理小组在结构及人员的配置上会有一定的差异性,其中危机处理小组的部分成员可以加入到危机的恢复小组中去。这两个小组的工作目的不同、职责不同、成员也有所不同(更多来自内部的技术和管理人员,很少使用外部人员),同时决策的执行者也是不同的。危机恢复小组的决策往往都是由内部的各个部门来执行,一般不需要专业的危机管理人员。

2. 获取危机处理的全部信息

从受害者、危机管理人员,帮助进行危机管理的其他人员那里获得详细的第一手资料,由技术人员、医生、及资产评估人员等专业人士做出较为客观公正的评估,如企业危机后的机器设备的损害程度、受伤者的伤势、无形资产受损害的程度等等,只有进行专业的评估才能为危机恢复小组的决策提供科学的依据。

3. 确定危机恢复的策略

对危机恢复对象及危机恢复对象的重要性排序。

4. 制订危机恢复计划

恢复计划一般包括危机背景情况简介,起因、发展态势、造成的影响、危机处理中已经采取的措施、取得的成效和遗留的问题等、确定危机恢复的目标、计划的拟定者和执行人、恢复的预算,即对危机恢复计划的执行过程所做的物质、时间上的要求和限制,需要的物质资源、本计划适用的前提和执行期限。危机恢复对象,可以是员工士气、组织形象、客户关系等;恢复过程中的沟通策略、对员工的恢复策略、对组织形象的恢复策略。

5. 实施危机恢复的计划

认真反思、总结危机的经验与教训,作出适当的调整,包括:人事调整、组织结构调整、供应商、经销商、产品结构调整和战略调整等。检讨危机免疫力的各项措施,并做出适当的改进,进入新的一轮的过程，并处理相关的责任人。如自然灾害危机的恢复和重建指向的就是对危机造成的破坏进行修复和重建，社会的、物质的、精神的和组织的各方面。如受灾人员的安置、补偿等；物资和劳务的征用补偿等；灾后重建；污染物收集、清理和处理；社会求助和捐赠事宜的组织协调、资金和物资的管理与监督，保险机构对应急救援人员和受灾人员的保险，危机当事人与受灾者精神与心理救助，危机后组织的变革、法律和社会秩序的重建，这个恢复不是简单地恢复到危机前的状态与水平，而是利用危机这个机会，在新的起点上改革、建设与发展。在善后处理中，物质方面的恢复和重建是有形的，而社会与精神方面的恢复则更多是无形的，而组织管理的恢复和重建既有有形的又有无形的因素。

（三）危机恢复的基本要求

1. 确定以人为核心的恢复计划

事实上，恢复管理依赖于与人的关系，因而恢复管理将有形和实体的活动（计划、信息交流、核心作业的确认和恢复）与人的参与以及连续的感觉这些无形和心理方面综合起来。危机恢复管理很大一部分涉及人的管理工作。在某种意义上，人包括明显受到危机或灾难影响的受害者，以及反应和支持恢复过程的人们。危机管理者应该管理好那些关注着危机的反应和恢复的人们，已经突破了被危机伤害的"人"，即伤亡者和危机或灾难现场逃离或转移出来的人，或受到影响的旁观者、反应者和有所触动的援助者。当处理工作转向恢复管理时，受影响的人既可以包括支持和接受恢复计划影响的人，也可以是那些没有直接受到危机冲击，但被恢复的过程影响到的人。他们不得已接受减少的服务和直接或间接地为恢复支持成本。再者，由于负罪感（没有与他人共患难）导致情绪沮丧，由于致力于恢复工作而忽略了对别人的关心，或由于恢复过程中可选服务项目的减少，都有可能导致冲突和分歧。

因此，在反应和恢复计划中，人是最基本的组成要素，经营管理者需要保证信息流的通畅，以及受危机影响的各方人事的参与。受到的影响包括来自于危机情景中的、危机涉及的、冲击复原的过程。如果没有信息的交流和那些直接或间接受到危机或灾难冲击影响的人的参与，工作必定遭受批评和抵制，引起时间上和精力上的损失。使用一些方法，使人们感到参与信息交流、决策制定和恢复工作，可以减少批评和抵制。

2. 保证恢复工作的连续性

连续性是危机管理的必然要求，它是结构的连续、功能的连续、存在的连续。恢复的程序可以分为简单的三组行为：核心、支持和延伸的活动。只有核心作业得到完全的保障，支持活动才能重新开始。也只有支持活动完全起作用时，公司的其余活动才能再次开始。三组行为的转换速度取决于修复和受损部件的有效资源。如一场重大灾难后，社区可能致力于恢复和维持核心作业，诸如生命供给线（水、电、天然气和进出道路），紧急办公室和建筑（避难所和处理中心）和资金流的运营。当资源变得可利用时，恢复程序可以进入支持行动，如恢复交通道路和重开学校和医院。当核心和支持活动被恢复（或恢复进展顺利）时，注意力会转移到延伸的活动——图书馆、公园、运动中心和公开聚会的场所。管理者可以采取类似的行动——集中核心作业，然后在需要的时候恢复支持和延伸行动。如，一家银行管理者所能看到的，就是其基本的核心作业（客户贷款的账户处理和安排），然后，慢慢恢复支持活动（增开运行以方便顾客），最后延伸活动（特殊银行通常提供各种额外金融服务）。

持续性是恢复过程最终目标之一。当人们相信我们是在努力地减少危机的影响，而且努力将环境复原到他们可以接受的、熟悉的和可预测的正常状态，他们就会感觉到持续——并更加努力去保持这种持续感。注意危机恢复的有序推进，特别是在恢复的速度取决于以下的因素：可用资金的多少、有效资源的补给情况；重获物资及人员的途径；公司遭受损失的大小；危机发生前恢复计划的准备；卷入危机的程度以及与利益连接者信息沟通的程度；危机属于地区性的（单个组织）还是地域性的（多个组织）；要求作业恢复及利益连接者支持的程度；最重要的支持应该能使人感觉一切是正常和持续的。人们参与制定的计划就牵涉到持续性的问题，这些计划需要概要地指出如何保证核心流程的继续，如何以及地支持和连续的流程才能重新开始。许多遭受危机冲击的人，要求能够预测危机结果和熟悉周围环境。因此，他们渴望返回危机前的状态中去，但这种愿望是无法达到的。管理者和主管必须通过计划、沟通和参与的策略，在恢复的过程中创造出那种可预测和熟悉的氛围。通过不断表达期望，洞察现状，运作将来，以及危机事前和事后参与反应和恢复活动，人们会逐渐熟悉，更有归属感，他们会更加能够预测未来。他们会适应和满意当前的生活和工作，更有利于合作与业务的持续性。

3. 确定合理、合适的恢复标准

合理、合适的恢复标准的设定取决于期望恢复的速度和实际造成的损失两个方面。

4. 确定合适的恢复机制

恢复机构的正常运转，制定恢复正常运转的程序及编写执行人员的职务；文件记录和保存，所有危机事故都必须记录清楚，因这些文件可用于保险索赔、法规所定的事故呈报和法律诉讼等；事故调查。清楚列明调查“危机事故”的程序和有关负责人员的职责。事故调查有助于找出危机的根本原因，并制定有效改善措施，以防范同类事故的发生；清算损失，制定程序来清算机构的资源和设备损失，并指派人选负责损失清算工作；补偿损失，要抢救受伤人员、救济群众，对住房、食品、用水、医疗、生产资料等进行妥善安排；稳定人心，认清危机的危害，减少心理震荡，增强对危机的免疫能力。

恢复机制包括：安抚机制，即建立、健全被害人援助制度、区分危机相关者、恰当处理危机相关者；重建机制：给予必要的经济援助弥补其在危机中的损失并能够保证启动生产、组织调节供应渠道及民众生活的日常和急需物品，保障公众的正常生活；说服参与冲突的成员回到工作岗位，陈述发展生产对解决危机问题和社会矛盾的重要性，强化相关的社会福利政策的实施力度等；转变机制：即危机是一个转折的时机，如观念的更新、产品的革新、组织的变革等；社会心理恢复机制。构建危机后精神心理救助机制的重要性；措施包括做好灾难心理卫生研究工作、建立、健全精神卫生的救援制度，通过立法途径将心理援助纳入政府救灾计划，充分发挥新闻媒体在危机管理中的心理引导作用；社会调整机制。通过第三方的调查，独立调查委员会还需要进行责任归属、纠纷处理及补偿分配等。加强危机后的反馈调整机制。建立危机后的反馈调整机制，调查通常会召开总结会议，找出危机发生的原因并且集思广益，举一反三。可以降低未来再度发生危机的几率并强化危机管理的能力，可以增进危机管理中的技巧；进行有效的声誉管理。组织的信誉比大多数人所认识到的要重要得多。当你迫切需要人们相信你的时候，人们能否相信你，取决你在危机前的多年间你在公众心中建立起的信任度。因此在危机管理中时时把握把公众利益放在第一位、善待被害者、争取新闻界的理解与合作。

最后，针对危机恢复阶段的工作特点，还需要强调一个问题，为了充分调动和发挥参与危机恢复工作的所有成员的力量，处于恢复状态的组织并不用急于问责，否则会引发相关人员急于为自己辩解或开脱责任，无法保证他们全身心地投入到危机恢复工作中去，无形中减弱了危机恢复力量的投入；二是引发危机相关人员在资料的提供方面采取有所取舍的方式，甚至想方设法地毁灭有关证据，使得危机恢复工作中的信息失真，这会严重阻碍危机恢复工作的顺利开展；三是追求责任不仅会导致人们的相互猜疑和不信任，使得他们难以全身心投入到危机恢复工作中去，而且还会浪费管理者的有限精力和时间。

二、危机的善后阶段

在善后阶段，必须设立由第三方人员担任的、相对独立的、具有较高权威性的调查部门，对造成危机事件的真正诱因进行深入调查，通过调查找到事件发生的根源，明确事件的责任主体并采取相应的奖惩惩措施，同时修订原来的危机预案，以便遇到同类危机事件时能更好发挥计划的价值。危机的善后工作可以帮助我们及时总结并学会从危机中获取利益。

危机并非失败，通过对危机发生原因、危机处理过程的细致分析，总结经验教训，提出在技术上、管理上、组织机构及运作程序上的改进意见，进而进行必要的组织变革。调查及问责并不是是危机善后总结的唯一目的，我们更多的是希望能够借鉴及提升，毕竟一次管理的成功与否并不能说明全部，关键是危机本身的复杂多变并不能由此认定这是危机管理的一般的规则，很有可能带有大量的巧合及或偶然性，这只是一个社会组织生存及发展的一个环节，对于一个管理者来说任何一次危机管理的成功与失败都会是其个人职业生涯的关键点，但是对于危机本身的研究来说这只是为了我们更好地了解危机管理的规律提供了一次机会，同时对于能够长久生存的组织来说也只是一次生存的方式的挑战而已。这才是危机管理的大局所在。正如奥斯卡·王尔德所说的：人们总是习惯于把他们犯过的错误成为经验。甚至有管理者明确地表示，危机管理并不能靠教育而只能靠教训，这些话其实也是有一些道理，因为危机管理中的教训是直接的经验总结也是留下过深刻印象的。

危机善后工作一般会通过调查与总结两个环节来完成。

（一）危机调查

危机的调查工作是通过建立一个独立于组织之外的调查体系并建立一个相对独立的调查制度来开展的按照国际惯例一般都由第三方来完成危机的调查工作。由第三方力量组成的调查机构既可以保证调查的独立性、公正性，同时更能够体现调查的公开性，因为独立的调查委员有权对调查报告连同有关建议向新闻界公布，以寻求社会舆论力量的支持，给被调查及监督的对象以压力，并迫其作出修正并公开危机产生的原因。

危机调查工作主要是指调查委员会组织人员通过现场勘察法、询问法、观察法及文献分析法等一系列行之有效的调查方法，对危机的成因、危机的危害、危机预防和处理措施的执行情况、危机后的反馈与危机管理的改进工作展开调查与分析，只有经过严格的调查才有可能把握危机评价与总结的相关资料，也只有将危机爆发的真正原因调查清楚了，危机当事人各自所应承担的责任也就一目了然了。

（二）对危机的总结与评价

危机管理的总结评价是渗透在危机管理全过程的一项基本工作，它对危机的预测、预报、确认、决策、处理及恢复和善后的每项工作都有一个详细的总结与评估的要求。因此，这种总结与评估的工作既可以是阶段性的也可以是最后总结性的。作为阶段性的评估工作具有具有双重的作用，它既是对本阶段工作的一个总结，同时更是为下一个阶段的工作提供了条件及依据。当然，所有阶段怀的总结评估最终都会在危机恢复后的总结报告中体现出来，这是一个超越了所有阶段的局限性，更完整、更准确、更清晰的分析与评价，而且此时对每个阶段工作的总结都可以结果作为参照的对象，就可以更直观地展示危机管理的阶段目标与最终目标之间的对应性，从而对各个阶段的工作作出更有说服力的评价与判断。

危机总结评价涉及危机管理的所有方面及全部过程，它以客观性、准确性、实效性为总结评价的原则，对危机管理系统、危机管理的制度与架构、危机管理者的管理水平、危机预警机制的效果、危机管理计划的制订与运用、危机管理小组（危机处理小组、危机恢复小组）的工作、危机判断与决策方案的选择、危机处理的措施、危机管理的信息交流与沟通、危机管理中的媒体资源运用、危机恢复机制的运用效果，等等，从危机管理的全过程无一遗漏地进行全面的评价与总结，在完成评价与总结的基础上提供一份完整的危机管理的调查报告。

危机总结评价最能反映出高层管理者和危机管理小组的判断力和决断水平，为了提高评价的准确性，有必要从外部引入相关专家参加危机的评价工作。危机总结评价工作可以发挥教育、改进及提高的作用。通过总结评价可以教育全体工作人员提高应对突发事件的意识，将评价结果作为危机文化知识的一部分为大家所共享；对组织结构、文化、运行机制、人员配置、管理方法等进行改革，使其更具有有效的防范和处理能力；推动沟通和媒体管理的工作的改进；促进危机管理的机构设置的改进，等等。

总之，危机管理的结果如何依赖于危机管理的全过程，危机管理不可能追求一时一刻的工作成效，任何环节的工作失误都会导致危机后续管理的压力和成本的增加，所以，危机到底是“危”还是“机”是每个阶段管理者及工作人员共同工作的结果。危机要想成为转折点主要是体现在以下几个方面：面对灾难，应该考虑到最坏的可能，并及时有条不紊地采取行动；当危机处理完毕时要吸取教训并以此教育其他同行；策划一个危机管理计划；时刻准备在危机发生时将公众利益置于首位；在传播沟通工作中要掌握对外报道的主动权，以组织为第一消息发布源；要善于利用媒体与公众进行传播沟通以此控制危机；危机发生时，要以最快的速度设立“战时”办公室或危机控制中心，调配训练有素的专业人员以便实施控制和管理危机；设立专线电话用以应付危机期间外部打来的大量电话，要有训练有素的人员来负责处理热线电话；了解组织的公众并倾听他们的意见；设法使受到危机影响的公众站到组织一边帮助组织解决有关问题。如果缺乏中间某个环节的工作，或工作不及时或不到位，那么危机管理就无法继续进行。因此，保证让危机成为机会的所有工作都是每个阶段的不同的危机管理人员所作出的共同努力。

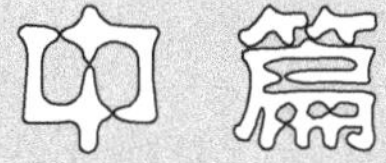

危机管理实务

危机管理的效果不仅仅取决于危机的理论及观念上的充分重视，更为重要的是取决于如何将危机的意识转化为行之有效的危机管理的具体应用过程。

在进行危机管理的实践中需要注意以下三个方面的问题：

（一）日常危机管理工作的重复性与创新性的结合

危机管理作为任何组织管理的基本组成部分，很多的工作是在危机发生前，即在危机没有发生以前如何等待着危机的到来，这些工作往往是与一个组织的日常管理工作发生着重叠并重复地进行，这种重复进行的工作可能会由于人的倦怠而逐渐地失去兴趣或引起人们的忽视，如何能够保证在重复进行中体现不断的创新性，根据组织生存环境的变化能够及时地调整和改进这是一个经常性的工作。正如我们所说的，预案最好是三年进行一次大的修改，而每年都要进行一次小的修改。

（二）危机实务管理的科学性和专业性

危机中的管理工作需要运用大量的内、外的资源，如何保证在危机的决策、控制、处理、恢复及总结工作中赢得社会资源的帮助，如何保证在危机管理全过程得到社会的理解及认可都需要注重平时一些的小的细节的管理工作，体现危机实务的科学性和专业性。

（三）体现危机管理实务的真正价值，即投入与产出的比较效益

危机管理的实务分析主要是具体讲解如何进行管理的全过程操作层面的内容，可以从危机的预测、决策及处理、心理干预及危机传播等诸多方面体现出危机状态的特殊性，危机管理的全过程涉及大量的需要具体应用与操作的方法与技术，在此特别介绍危机预警阶段的危机信息收集、危机预案撰写、危机计划演练等方法；危机决策的基本方法、危机心理干预的基本技巧、危机传播机制的构建等。

第 5 章

危机信息收集、危机预案、危机预演

学习提要

学习本章要求掌握危机信息收集的具体操作方法、危机预案撰写的基本方法和文本格式、危机管理小组组建的注意事项、危机管理手册的编写以及危机预案的演习方法。

本章将回答以下问题

(1)危机信息收集的基本方法是什么?
(2)如何构建全员参与的“员工调查制度”?
(3)如何撰写各种危机预案?
(4)如何制作适用于不同岗位的《危机管理手册》?
(5)如何进行危机预案的演习?

第一节　危机信息收集的原则与方法

危机预警防范的关键环节是对所有危机发生的因素进行准确和有力的应对,它可以借助于信息监测、信息归纳、信息整理和判断等方法来完成,但这一切的开始源自于你手上必须要有与危机有关的信息,因此,危机管理的实务将从危机信息的收集工作开始。

危机的突发性特征与我们对危机预警工作的重视并不矛盾,危机肯定有信息,关键是信息在哪里?哪些是危机的信息、哪些又不是危机的信息?谁能够帮助我们去收集这些信息?他们会用什么方法可以既快速又有效地找到危机的信息?所有危机有关的信息应该通过什么方式让他们发挥应该发挥的作用?等等。这些才是我们真正需要关心的问题。至于危机能否预测并不是我们需要过多思考的问题,因为再怎么地艰难我们总得为了预测到危机而会去做些事情。收集危机信号的工作是一件既日常又专业的事情。说它日常是因为它每时每刻都在进行中,说它专业是指信号的收集工作涉及调查、筛选、保存、输送、汇总、评估及判断的工作,而所有这些工作不仅牵涉面广而且还需要掌握科学的方法与运用现代的技术手段。一个组织预测危机能力的大小不仅取决于我们捕捉到的危机信号的量及质,以及信号捕捉的时机是否及时,同时也取决于信息的使用能力和水平。

危机信号收集开始前我们要作两个说明：

首先，危机的信息应该是已经进入我们的监测范围之内的那一部分，任何组织的人力、物力、财力都是有限的，再有价值的信息只要没有进入我们监测的范围那么作为危机管理的意义都是不存在的，因此我们只能在能力范围之内进行危机的预警工作，也就是说，危机管理的水平及结果如何从危机信息收集这一时间点就已经开始了。

其次，既然危机的信息是已经进入我们的监测能力所能涉及的范围，由此决定了我们必须动用组织一切可利用的资源并纳入到危机信息收集的工作中去，这就将危机信息的收集工作与日常的工作进行了整合，同时也体现了信息收集工作的日常性和全员性。

一、危机信息收集的原则

危机信息收集是指通过各种方式获取所需要的信息，危机信息收集工作的好坏将直接关系到整个信息管理工作的质量，为了保证危机信息收集的质量，需要坚持以下原则：

1. 准确性原则，即真实性原则

真实性是指收集到的信息要真实，可靠。一方面，信息来源是可靠的、真实的，而且信息确实能够反映真实的情况，信息的表达也是无误的；另一方面，采集到的信息与实际信息应用的目标之间的关联度要高，即体现信息的适用性。关联度越高，适应性就越强，信息准确性也就越高。这是信息收集工作的基础。为达到这样的要求，信息收集者就必须对收集到的信息反复核实，不断检验，力求把误差减少到最低限度。

2. 全面性原则，即完整性原则

全面性是指收集到的信息要广泛、全面、完整，只有这样才能完整地反映管理活动和决策对象的全貌，为危机决策的科学性提供保障。全面性既可以是指信息内容上的、范围上的完整性，也可以是强调信息收集的全员参与性。

3. 专业性原则

专业性原则是指信息收集工作既要有一个统一的标准，同时也要学会借助现代科技手段及科学方法进行信息收集工作。

4. 实时性原则

实时性原则是指信息的利用价值取决于该信息是否能及时地提供，即它的时效性。信息只有及时、迅速地提供给它的使用者才能有效地发挥作用，对于决策者来说对信息要求只希望是“事前”的消息和情报。

因此，实时性一般有三个含意：

(1)尽量保证信息收集与信息发生保持同步性，即信息自发生到被收集的时间间隔越短越好；

(2)指组织在危机管理中需要的信息都能够及时地采集到；

(3)指信息收集的时间越少越有价值。

5. 长期性原则

长期性原则是指为了保证危机决策工作能够得到持续的信息，信息收集工作应该遵循长期坚持的原则，即将信息收集工作常态化，体现信息收集工作的持续性与针对性的有效结合。

二、危机信息收集的基本程序

一旦我们确立了以真实性为依据的危机信息收集的原则后，面对的是一个从哪里去获得危机信息的问题。在一个现代信息爆炸的社会，需要先把五花八门的信息渠道进行梳理，根据危机管理的实际需要采用多种收集方法，让来自不同渠道的信息相互印证、互相补充，以保证危机的预测工作能够无限接近事实。

危机信息收集工作一般包括以下几个阶段：

1. 先确定信息的需求

即明确我们是为了危机管理而在收集信息，危机管理只是一个组织在非常态中的管理，而任何组织的管理还包括了大量的常态管理的工作，任何管理工作都需要以信息作为决策及管理的基础，因此，立足于危机管理的本质我们要关注的是与一个组织的危机相关的信息，这就是我们对于信息的真正需求。那么这种需求会表现在哪些方面呢？在本书第1章中我们曾经对危机的种类作过一个归纳，这个归纳的工作让我们对一个组织可能发生的危机有了一个预先的设想，正是这种对自己可能遭遇危机的预见性使得人们开始关注一些与危机相关的信息，如果危机的发生超出你的预见范围，而你平时也并没有关注过这类事件的相关信息，这在现实生活中是一个正常的现象，也无法强求，只能将这类信息纳入下一轮危机管理的范畴。所以，危机信息收集工作从一开始就是有针对性和有选择性的。为此，我们需要根据信息的需求制定信息需求的内容大纲、确定目标形式及所需载体类型并列出信息需求清单。

2. 确定信息来源，尽量从多不同的渠道获取危机信息

为了使采集到的信息更具说服力，选择信息源的时候，应尽量选择可靠的信息源，同时力求信息来源具有多样性和代表性，避免从单一渠道获取信息。一般来说，信息源越广阔，收集到的信息量就越大；信息源越可靠，收集到的信息就越真实可信。

3. 选择有效的信息渠道，尽量保证信息源到信息接受者之间的通道能够顺畅

信息渠道是指信息从信息源到受信者之间在传递过程中使用的通道，或指沟通信息源与受信者之间的联系路径。信息渠道一般包括直接渠道、间接渠道两种形式，但是鉴于某些危机信息的专业性特征，在直接渠道与间接信息渠道之外我们会特别关注专业的渠道。

我们通过直接渠道可以直接获取信息，即通过感官直接与对象接触，如参加实践活动。这可以保证信息路线的直接、快捷和稳固从而追求危机信息的真实性和时效性。这种接触的对象可以是企业的老客户，也可以是政府职能部门的具体服务对象。

通过间接渠道我们可以获得第二手的信息，如进行文献资料的收集、客户网站、政府网站、专业项目网站、行业网站新闻、行业报刊，等等。这些间接渠道获得的信息保证我们作出初步的参考，但必须学会鉴别其时效性、真实性，并学会找到信息源头的发布者。

专业的渠道则特指危机信息借助于专业的中间人渠道，如招投标公司、设计院、科研院所、环保局环境评估报告、展会、行业协会、有影响力的第三方（比如工程监理公司）、质量检验部门、人才招聘网，等等。

4. 采取不同的方法进行信息的收集

有效获取信息的方法一般可以分为直接与间接两种，其中通过直接渠道获取信息方式有：问卷调查法（民意测验法）、访谈调查法、观察调查法、实验调查法等、个人交往与考察、交流以及参加各种会议展览；等等。

通过间接渠道获得信息的方法主要有文献整理法或资料分析法，它可以从文献中、专业书籍和报刊中、广播、电视、影视资料、通过电子读物、利用数字设备、因特网等渠道来获取。信息文献是前人或他人留下的宝贵财富，是知识的集合体，如何在数量庞大，高度分散的文献资料中寻找与组织相关的危机信息需要专业的搜索工作。

为了保证信息的适用性，最好能够多采用直接调查的方式来获取第一手资料，以体现危机信息的时效性和真实性。

另外，无论采取何种信息收集方法，都需要充分地运用各种信息收集的工具，除了传统的精心设计不同的调查问卷外，还要学会运用现代的高科技的工具，如数码照相机、扫描仪、数码摄像机、数码录像机(DC)，等等。

5. 整理和保存信息

我们将收集到的各类信息可以按照信息的内容、信息的类型、信息的来源进行分类，同时输入计算机进行分类保存，一是方便调阅，二是方便使用。

三、设计"员工调查制度"

在设计信息收集的方法时，我们根据大量管理的经验特别推荐"员工调查制度"。危机的信号平时是谁在收集？是管理者或每个工作岗位的员工？是组织内部人员还是借助于外部的咨询公司？信息收集如何才能持续进行？如何强化危机信息的针对性？如何通过信息的收集将组织监控在当下？通过以往危机管理的总结是否可以发现新的危机的征兆？所有这些都需要一个组织事先设计一种行之有效的危机信息的调查制度以真正解决我们面对的上述问题。

一个组织的信息收集制度是在组织常态下也需要启动的工作制度，其涉及的人、财、物及规章制度的设计都与平时的管理制度有着交叉性，因此，如何将危机信息的收集制度与常态管理的制度互相渗透，即保证以常态的全员参与的制度来推动危机信息的收集制度，这是我们介绍"员工调查制度"的意义所在。

所谓员工调查制度是指一个组织的全体员工以自己的岗位信息作为起点，根据组织危机的分类信息所进行的经常性的调查制度，它一般会以日调查、周调查、月调查、季度调查、半年调查、年度调查为时间的界定，运用纸质汇报、电话汇报、会议汇报、网络汇报等方式，将分散在各个岗位的员工身上表现出的危机的信息全部整合到组织的监控状态。员工调查的意义在于几个方面：一是将危机信息收集制度常态化，即设计进所有员工的日常工作程序中；二是用日常管理的制度来推动信息收集制度，这种制度化的设计可以真正保证信息收集工作的长期性、持续性；三是在日常工作程序中进行信息的收集可以保证在不知不觉中提高员工的观察力、判断力、总结归纳能力、信息沟通能力，最为宝贵的是这些能力的提升一般不需要额外的成本；四是最为突出的意义在于它是监控当下的，这最能体现危机信息收集的价值。

下面我们来看一下"员工调查制度"如何操作？

有一家企业，在员工入职时会进行岗前培训，在培训的内容中专门增加了一项"员工个人财富手册"的使用说明，要求每个员工进入岗位角色后每天都要操作"员工个人财富手册"，即一本类似于日历性质的小册子，一天是一页，每一页有三部分内容：即员工描述、主管描述及部门经理的描述；管理者在培训时就将企业可能遭受的危机细分为各个岗位的信息，要求员工在岗位工作的全过程特殊关注可能在岗位上发生的一些与危机有关的信息，经过层层的描述进行汇总，员工描述的结果由主管总结，主管描述的结果由部门经理进行总结，如果只是一般的信息交流则进行当天的返回，每天的信息在小组内交流、一周的信息要在部门内部交流，一个月的信息要在总经理层面交流，而季度信息可能就要呈送董事会。根据企业危机管理领导小组的工作程序，定期或不定期地对这些信息进行决策层的或专家层面的分析，这样的重复进行不仅保证了企业内部信息的交流，同时也会使每个员工快速地强化自身对岗位的认知。在培训时还会特别强调有些特殊信息的处理方式，即可以进行越级的汇报，打破危机管理领导小组的工作规律，立即进行专业的分析与判断。为了保证调查制度的持续有效性(我们发现很多企业的员工"意见信箱"在风雨飘摇中并没有真正地发挥应该发挥的作用)，这家企业规定当天的调查信息描述与汇报和员工的考勤制度相结合，即如果今天你没有完成信息收集工作，等于当天工作任务没有完成，它要将这种调查制度内化为员工的一种习惯，成为日常工作的基本组成部分，而不是额外的负担。可以说，这种制度的设计体现了一个组织危机信息收集的全部价值。

一个企业的危机肯定是与企业的行为有关的，即使是自然灾害的危机最终解决过程也是与企业的利益或行为有关，因此，由谁来帮助监控更经济、更有效，答案只能有一个，就是员工。一个企业的财务危机信息在哪里，肯定是在财务总监的身上，人们无法想象的是一个从事外贸的企业竟然会无人关注汇率的波动，汇率波动是一个简单的经济现象或行为，汇率有波动是正常的现象，外贸企业创立的第一天根据企业可能发生的危机情境，应该提前设计两份预案，一份专门针对人民币增值、一份专门针对人民币贬值，那么平时谁来关注其增、贬的趋势与规律呢？我们认为既专业又职责到位的肯定是一个企业的财务管理人员，即使需要借助于外部智囊的建议，也是由专业的财务管理人员负责更合适。一个组织的危机总是与组织的利益相关，即使政府的危机尽管很多只是相关到了政府某些部门但毕竟也是利益受到了牵连，所以一个组织的任何一个工作人员都将是一个组织内部的危机信息的监控人员，只是如何将这项工作渗透进员工的日常工作中可以因单位而异，如果没有一个员工调查制度可以说就很难有一个有效的危机预测机制，也就无从谈起真正意义上的危机管理。

思考题

如何全面地理解"员工调查制度"的价值？

我们可以从以下几件事情中找到原因：

一是办公室工作人员下班时将桌上的电话放到了自己的包里，你会对这行为产生很大的震惊，因为你认为这是不可理喻的事情，电话是公家的财富，你为什么可以带走呢？这说明你对财富的理解只是停留在最表层和原始的状态，你将财富与有形、物质建立了固定的关联性，但是，这位工作人员每天在工作中接触到那么多的人、处理过那么多的事情，大量的信息都储存在他的大脑里，而这些信息同样是一个组织的财富，理论上来说是不能带回去的，但是，有多少管理者意识到这种财富的流失，有多少管理者知道该如何去留住这些财富？以及有多少管理者有能力去拥有这些财富？

二是美国"9·11"后的第一时间，美国政府做了一件令人佩服的事情，即邀请好莱坞的编剧去白宫开会，理由很简单，一方面是因为编剧们曾经有过飞机撞大楼的故事剧情，说明编剧的思维远远早于恐怖主义分子；二是既然编导的思维更超前，那么能否帮助美国政府设想恐怖主义分子还会如何对付美国政府，希望能够让编剧们再设计某种情境，按照这种情境的设计再制定相关的危机预案。这是一件可以解读“员工调查制度”很好的案例；

三是在1986年1月28日，美国“挑战者号”航天飞机载有7名宇航员进行航天飞机的第25次飞行。成千上万名参观者聚集在肯尼迪航天中心，等待挑战者号腾飞的壮观景象。上午11点38分，在人们的目送之下，竖立在发射架上的挑战者号升空点火，起飞苍穹，当看台上的人们一片欢腾时，不到73秒，空中却传来了一声闷响，只见挑战者号顷刻间爆裂成一团橘红色的火球，碎片拖着火焰和白烟四散飘飞，坠落到大西洋，7名宇航员全部遇难，铸成了美国太空发展史上最严重的灾难事故。事故调查委员会后来证实，一位工程师早就发现了造成事故的技术缺陷，并写过一份内部备忘录交给他的上司，但是这份备忘录在传递的过程中不知落入谁的手中，最终并未起到警示的作用。非常遗憾，这其实并非仅仅是全员是否参与的问题同时也内部信息传递的机制建设，即如何保证信息传达的准确及时及不发生遗漏，这仍然需要相关的监督责任机制的配套进行。

危机出现之前肯定有信息，几乎所有记载的公共灾难的共同模式就是灾难到来之前肯定都有清楚的警告，而人们总是认为有些事情是可以被阻止的且人们也采取了一些行动来调查这些事件是否原本可以避免，且也都有相关的行动来保证类似的事情不要再发生。人们在事后都会发现原来有那么多的征兆就在我们的身边，但是我们为什么就没有发现呢?

肯尼思·G·麦基认为，面对信息收集工作，管理者应该充满信心。因为：

①用于避免突发事件，利用机会，做出中途改正的数据已经存在，即危机肯定是有信号的。

②虽然大多数管理者担心信息流太过庞大，但其中真正重要的信息很少，而且管理者有能力识别它们，即管理者应该已经具备从众多信息中分辨真伪的能力，只是需要掌握一定的方法。

③一旦具有重要性的信息确定下来，就能够持续捕捉和监控它们，即信息的监控是一个持续的过程。

④信息监控使每个部门，业务单元以及整体公司看到它们每天向既定的目标前进，并且取得进步，这又被称作预测现在，即信息的收集需要注重它的时效性，而监控当下是最有效的。

⑤他们可以通过预测各种事件和变化来调整战略战术，确保达到经营目标，实现机会最大化，并避免灾难，这又被称作实时机会探测，即危机信息的收集确实可以为管理者开展下一步危机的决策作出基础性的帮助。

我们只要是用尽了我们已经拥有的一切的资源，我们也做足了准备的工作，那么危机信息的缺失也已经不是一件可怕的事情了，因为我们已经尽力了。真正让人担心的不是危机信息有没有及时被人们所掌握，而是有人根本没有想到要去做一些力所能及的事情，或者因为曾经有过的失败而认为我们无法做得更好。遵循肯尼思·G·麦基的思路，我们必须不断地告诉自己：我们可以做到，而且可以做得越来越好。

第二节　组建高效的危机管理小组

一、危机管理小组的职能与作用

无论危机发生前或发生后都需要一个有力的领导及管理机构来控制和操作整个危机管理

的全过程。与危机有关的小组很多,有平时已经存在的危机管理领导小组,有危机发生后再组建的由危机管理领导小组为主体的但在人员上进行适当调整的危机处理小组,还有危机处理后的以组织内部各个职能部门人员为主体的危机恢复小组。无论名称如何,它们是危机管理不同的阶段发挥决定性作用的组织机构。危机管理小组的组织结构及规模大小,人员的配置以及职权的设置都会直接关系到危机管理每个阶段的效果与水平。各类管理危机小组一般都需要履行以下职责,即全面、清晰地对各种危机情况进行预测;为危机处理制定有关的策略和计划;监督有关方针和步骤的正确实施;在危机爆发时保证有人对于危机处理给予全面的工作指导和咨询;进行危机的善后工作;最后进行经验教训的总结,不断完善危机应对体系和提升危机的管理能力。危机管理小组工作人员的管理职能又可以具体化为财务、公共关系、市场营销、法律、人力资源、对外联络、法律顾问、紧急预备队等等诸方面。

危机管理领导小组既是日常危机管理工作的领导核心,同时也是负责危机管理小组与危机处理小组组建的决策机构,危机管理领导小组的领导核心通常是由组织高层人士组成,他们不仅对组织的情况非常了解,而且能够在紧急情况下调兵遣将,组织、策划、处理问题的能力很强。

建立危机处理小组有利于获得不同层次的决策建议;有利于识别弱点,防范危机;使制定的危机管理计划更加可行、具体;进行经验教训的总结,提升危机管理水平。危机处理小组除了要有领导核心外,还要注意职能机构的建设。

建立危机恢复小组可以保证在危机后开展及时的重建及恢复的工作,以保证组织从危机状态向正常状态转变,并进行危机管理的评估,发现危机中的机会并以此为鉴,提供整个危机管理的总结报告。

如中美史克公司在2000年月11月国家药检部门关于PPA的禁令,使感冒药的待业领导者康泰克被醒目地推上了第一审判台。十余家感冒药生产厂家受到影响。中美史克公司一下子失去了其在感冒药市场40%以上的份额。面对这次危机,中美史克沉着积极地应对。公司首先建立了专门的应对危机的管理领导小组,并划分了职责:危机领导小组、沟通小组、市场小组和生产小组。各个小组分工明确,积极开展工作。做出不停投资和"无论怎样,维护广大群众的安全和健康是康泰克公司自始至终坚持的原则,将在国家药品监管部门得出PPA的研究论证结果后为广大消费者提供一个满意的解决方法。的态度和决心。同时其总经理作为新闻发言人频频接受国内知名媒体的专访,争取为中美史克公司说话的机会,向媒体发出"禁药品有十几种,单单把康泰克当作靶子,这不公平"的呼吁。经过危机管理小组的一番努力,历时262天不含PPA的新康泰克面世后仍然受到欢迎。

二、组建危机管理小组的基本要求

(一)灵活构建危机管理的职能机构

危机管理职能机构的设置并没有固定的模式,可以根据具体情况灵活组建。罗伯特·希斯为危机管理小组设计了一个危机管理框架——CMSS(Crisis Management Shell Structure)结构。他认为CMSS结构是为满足危机情景下的策略和政策的需要而专门设计的,这个结构适用于从一个人的公司直到国家政府各种规模的组织。CMSS结构中的管理人员是根据他们的技能和能力承担危机事件管理的责任,而不是依据他们在组织中的地位和年资决定他们的分工。

CMSS包含两大部分和四大系统。

两大部分为信息部分和决策部分，信息部分有咨询系统和信息系统，决策部分有决策系统和操作系统，总共四大系统。下面重点介绍信息系统及决策系统。

1. 信息系统

信息系统包括：信息整理部、公众和媒体部和咨询形象管理部。咨询系统由咨询形象管理部和主要咨询团体组成。决策系统是危机管理者和高层权威的接口。高层权威包括很多危机中都存在的首席危机管理者。危机管理者在相关管理部门的支持下，与四个系统进行有效的沟通，并可扩展四个系统的任何范围。操作系统也可称为运营系统包括一个合作和指挥部、一个专业的战术反应部。1996年组建纽约城市危机管理机构，专司各类突发事件应急处理的职能部门。办公室设主任一名，直接对市长负责，其他人员来自警察局、消防局、急救服务办公室、环保局、公园管理局、残疾人办公室和美国红十字会。纽约城市危机机构常设四个部门：行政部门包括与媒体接触的信息及公共事物部、紧急事故应对、规划和培训部门、灾难救援部门、计划与技术支持部门。1991年日本设立了世界一流的应急指挥中心，即东京都防灾中心。由五大机构组成：灾害对策本部、防灾中心联络室、通信室、指挥情报室、夜间防灾联络室。常规状态下，中心的主要任务是进行防灾演练，加强工作人员的培训。下属的总务局、消防厅、警视厅、防卫厅、健康局都设有相应的防灾处室。

2. 决策系统

通常我国在危机发生时会先成立一个临时指挥中心或指挥部，如抗震救灾指挥部、抗洪抢险指挥部等。无论是指挥中心或指挥部，其基本的组成结构应该包括以下几个方面：

(1)危机管理中心的主要负责人。他们是危机管理的主要责任者，在履行职责时需要有足够的权威进行决策和控制危机形势。指挥中心管理者应该是经过专门训练的、经验丰富的高级管理者，他们一般拥有单独的指挥中心或总部。危机管理信息联络部，对所收集到的信息进行加工和评估，向各个部门提供客观的、准确的重要信息，防止出现信息不足或信息过多造成决策失误；

(2)对外联络部，对外联络部的工作是应付媒体、公众、利益团体和危机之外的人。要做到这一点，就要求外联部的人员既有丰富的经验，又有熟练的技能。他们应该具备和掌握的基本技能有：分析批评和评论、应付危机中的恶意观点和公众观点、提供有效的建议、获得持有敌意看法的公众的合作与谅解。

(3)设置专家组，专家组提供的建议可以为危机指挥中心提供与特殊危机相适应的、危机管理所需要的专门知识，使指挥中心得以借助于外脑，减轻决策的压力以及在决策时受到的思维定势与组织惯性的影响。专家组的一个明显特点是其成员可以随危机形势的变化而变化。

(4)资源配置部，资源配置部的主要任务是监控局势和资源配置，使危机管理中心能够进行直接的、连续的资源控制。对危机现场作出最快的反应，及时整合资源，实施合理的调配；后勤保障部，后勤保障部门一般不是危机管理中需要特意组建的部门。后勤保障部门受危机管理小组中的危机管理者的指挥，负责危机管理的后勤保障工作。

(二)危机管理小组人员的知识结构和素质技能的合理搭配

1. 危机管理小组成员组成特征

根据迈克尔·里杰斯特的总结与归纳，他认为危机处理小组成员的组成特征如下：

①点子型，积聚富有创造性的专门人才，不断提出新建议与新点子，使危机公关方案不断丰富完善；

②沟通型，起承上启下的沟通协调作用以及与新闻媒体的融洽合作，使各方交流通畅；

③"厄运经销商"型，能够运用逆向思维从反而不断提出修正意见，尽量考虑完善；

④记录型，善于总结完善，形成文字文案；

⑤人道主义型，充分以人为导向，倾向于顾客利益至上，真正为社会大众和利益相关者着想，这正是危机处理获得成功的最基本条件。

那么，吸收哪些人以及多少人进入危机管理小组才是最合适的呢？劳伦斯·巴顿认为一个典型的危机管理小组应该包括一名律师、一位公共关系经理、来自公司各部门的几名技术人员、一名财务或控制经理、一名信息技术经理和一名公共事务专家。[①] 杰佛里·R·卡波里格罗认为危机管理小组应该包括以下人员：CEO（首席执行官）、高级营销人员、高级公关人员、公司分支机构负责人、质量担保经理、工厂经理、CFO（首席财务官）、首席法律顾问、公司外部法律代理人、来自公关或危机管理公司的高级顾问、会议期间整理谈话资料的高级管理助理等。[②]由此可见，危机管理小组成员的构成尽管基于企业的规模、结构和危机类型的不同而有所差异，但一般都会包括决策者、部门负责人、技术人员、法律人士及公关人员五类人员，其他则可以依据具体实际需要再增加人员。一般少则10人多则上百人。小组的规模不能太小，否则不能保证人员的广泛参与和获得充分的建议，同时规模也不能太大，过大会影响信息交流和执行。一般来说，一个中等规模的危机小组应该控制在8～20人之间。小组成立后应该经常在一起进行信息交流，根据各成员所提出的问题进行讨论。在危机发生前至少要保证每两个月召开一次全体会议，而危机发生时，则可能一天就要召开几次会议，这样就有利于真正做好危机管理的防范工作。如韩国LG重组部门有60人，三星集团有80人，而SK集团大约有90人。

2. 选择危机管理小成员时必须考虑的几个方面问题

(1)不同技能的人员在危机小组中要发挥不同的作用，相互间形成一个有机的整体。绝对不能容忍危机管理小组成员临阵脱逃、不负责任的行为；

(2)危机管理是一个压力较大，非常富有挑战性的工作，有些人面临危机经常变得焦虑、紧张、失眠、忧郁，最后导致心理障碍，从而影响决策，危机管理小组成员最好事先进行相关的测试择优选择；

(3)危机管理中有些信息是需要保密的，特别是有些管理人员，由于接触面大，了解得较多，更应该为组织做好保密工作，对组织要绝对忠诚。所以在选择危机管理人员时，人员的忠诚度和专业能力需要同时考虑；

(4)组建危机管理小组要充分考虑本组织的实际情况和问题的复杂程度，确定适当的人数。

实际上，真正的问题不是这些人是否应该包含在危机管理小组之中，而是这些人是否应在危机处理和恢复中提出正确的决策和实施方案，各管理层面的管理人员是否相互支持合作，充分发挥每一个成员的作用。

---

① 劳伦斯·巴顿著：《组织危机管理》，符彩霞译，清华大学出版社2002年版，第286页。

② 杰佛里·R·卡波里格著：《危机顾问》，杭建平译，中国三峡出版社2001年版，第116～117页。

第三节　编写危机预案(危机计划书)

一、危机管理预案的意义

危机管理计划(Crisis Management Plan,CMP)是一个组织独立的危机管理的文件,一般是指在危机事件发生后马上启动并遵循的“剧本”①。它是危机管理决策和行动的指南。

危机管理计划的价值在于有利于协调成员行动、有利于危机管理过程中出现的变化做出预测、有利于减少工作的重复和资源浪费、有利于对行动进行及时控制。它可以增强危机决策的科学性、增加应对危机决策的时效性、增强危机指挥的规范性及权威性。

史蒂芬·芬克在对《财富》500强的企业的首席执行官进行调查后发现,80%承认危机如同死亡;74%认为受到过危机为挑战;100%同意公司容易产生的危机有以下十种情况:生产性意外、环境问题、劳资争议、产品质量、股东信心丧失、具有敌意的兼并、谣言或向媒体泄密、政府方面的限制、恐怖破坏活动、内部的贪污腐化等。57%认为一年中企业潜伏的危机有可能爆发;38%表示一年中潜伏的危机已经爆发;其中:75%日益严重、72%日益受到大众传媒的注意、32%受到政府的关注、55%影响公司的正常运转、52%公司利益及利润受到损失、14%认为危机损害了个人的名誉;

世界500强企业调查,被危机困扰的时间平均为8周,而没有应急计划的公司比有应急计划的公司长2.5倍;危机后遗症涉及的时间平均为8周,没有应急计划的企业比有应急计划的企业长2.5倍。

这些调查资料说明两个问题,一是管理者们很清楚危机是一个无法回避的问题;二是尽管有人统计过危机发生以后危机计划中发挥作用的部分只占50%,更为遗憾的是我们并不了解是哪一部分的50%在发挥作用,但是有没有危机计划对于危机管理的结果来说确实是不一样的。在现实生活中,高级管理人员会因对危机的准备严重不足而受挫,但绝不是因为他们缺乏应付危机的信心,事实是只有50%的人认为他们有应付危机的计划,看来很多时候只是需要多做一件事情而已。

为了确保北京奥运的安全,北京各个奥运场馆管理者的一项重要工作就是制订300～400项应急预案,针对可能出现的风险(包括医疗急救、天气、技术、设备、重大事故、员工、有害材料、运输和安全等)提出相应的解决方案。简单地说,从奥运场馆失火、观众中暑倒地,到运动员忘记带器材进入场地,都要事先准备好对策。

如果比赛过程中场馆突然停电,所有的办公系统无法运转,怎么办?

如果观众买票出现下雨,怎么办?

如果教练员和运动员拒绝出席新闻发布会,或是遇到当日比赛取消、新闻发布会举行前发布厅断电一个小时,又该如何面对蜂拥而来的记者?

如某场网球比赛因故延时举行,可能会对场馆造成什么样的影响?答案可能有:需要志愿者加班、需要增加食物供应、需变动赛事、需要管理人群,如向在场外聚集的下一场比赛观众解

① 劳伦斯·巴顿著:《危机管理》,许静予译,东方出版社2009年版,第188页。

释推迟的原因，加快赛后场馆清扫工作、需要为炎热下的观众提供更多的饮料、需要通知临近场馆比赛结束时间，以避免出现人群拥挤情形、需要提供更多交通工具、需要通知来自奥运大家庭成员等方面的重要人物。只有把问题想清了、想全了，才有可能制定出万无一失的对策。奥运会筹办过程也是对各类风险进行预测、分析和规避的过程。在奥运场馆应急预案中可以肯定地说，其中有99%都不会发生，但运行团队却仍然要为那1%的可能性作100%的准备。这一点对于任何组织具有共同的借鉴意义。

思考题

大量的危机预案在危机管理中也许只能用上一小部分，甚至有些管理者明确表示，危机过去后才发现，预案仍然放在保险柜里，甚至都没有拿出来用。其实，预案的存在价值恰恰是不要用上它；而且危机发生时预案并没有派上用场，只是说明这份预案的可行性并不强，或者并没有真正发挥预案该发挥的作用，这不是预案本身的问题，而是管理者并不懂预案的真正价值，或者平时缺乏演练，这都导致预案是危机发生时才拿出来阅读的误区，事实上真正有效的预案早已经成为管理者思维的一个基本组成部分。

二、制订危机管理计划的基本要求

危机管理的专家与学者们早已经对危机计划的制定提出过他们的建议与要求。如布兰德(Michael Bland)提出危机计划的九大注意事项：找出可能会出现哪些危机、这些危机会牵涉哪些重要关系人、完成危机手册、与重要人物进行联系、适时给予外界合适的讯息、建构危机沟通小组、提出危机期间可能需要的资源和设施、提出防止可能爆发危机所需的相关训练并循序渐进地完成、与重要关系人建立沟通管道。而安德森和克莱纳(Alan H. Anderson & David Kleiner)提出整体的危机计划应该根据公司政策、市场研究、资源分析、竞争环境中机会与威胁等进行深度的评估。普林斯顿大学的奥古斯丁(Norman R. Augustine)教授对危机管理计划提出了次要事项效果的理论，即一个危机管理计划除了要重视大政方针之外，还要加大对具体细节的注意力度，因为危机有时候往往隐藏在一些比较琐碎的事情中，不易察觉。如果一些细节被忽略的话，一个社会组织有可能要为此付出沉重的代价。

根据众多危机管理专家的意见及大量的危机管理实践经验的总结，我们认为一份有价值的危机预案或危机计划在制作时应该体现以下几个方面的要求：

1. 根据组织资源的有效性来制订危机管理计划

即任何计划都是针对每一个具体的组织危机管理的要求，其他组织的计划只能提供模式上的借鉴作用，但绝对不能代替本组织的具体计划。

2. 危机管理计划必须保证可操作性

计划中要为员工设计岗位任务和轮流工作制度，确保提供一个清晰的业务流程，针对危机具体情节尽可能提出行动方案。

3. 保证计划的前瞻性

危机计划的制订者尽管都希望最好不要让计划发挥作用，但同样也很清楚当危机真正发生时，现在制定的计划要全部发挥作用确实是一个很大的考验。既然危机计划不是指向今天的工作状况，而是在预测未来可能发生的事件，因此，危机的计划必然体现预测性或前瞻性。

4. 保证计划的时效性

即计划需要根据组织的内部、外部形势的变化而不断地作出调整，这就是预案要保证每年都有具体的演习及修改的工作。

5. 保证计划表达的简洁明了

无论是危机处理计划和危机恢复计划都要做到言简意赅，没有必要写成长达几百页的书本，这样既不便于携带更不便于使用。毕竟计划制作得再精美，它的主要生命力还是在于它的可操作性。

总之，预案的制定既要保证留有余地，即体现预案的灵活性或弹性，同时也要注意预案信息的全面，以保证所有危机执行过程都有章可循。在预案的制定过程中最好能够充分利用外部的资源并制定多份备选的预案以确保安全。

在危机计划(预案)的编制过程中有一些细节的问题需要特别关注。对于一本完整的危机管理计划书其打印尺寸和图案的确定也是不容忽视的问题，有的便于携带、有的方便查阅等，各种形式的文件都会制定成不同规格大小。既可以装帧装订和，这种装订可以经受得住过多的翻阅，并使计划依据需要及时更新，而不致混乱，但浪费较大；环形装订是较松散的装订方式。危机管理计划者和管理者依据单元业务主管和团队代表们能够迅速更新计划方案，然后再将更新过的部分方案与未更新部分整合成整体方案，有利于节约，但是由于一些人可能忘记了更新与整合或者不习惯这样做，从而导致计划混乱、各种版本不一致。这将会使危机反应者从不同的危机管理计划中得到不同的指导，进而导致意见不一，使组织出现更大的混乱。

三、危机预案(计划)的类型

危机计划或预案的形式多样，根据不同的标准可以进行分类。如根据预案本身的内容或解决危机的类别可以分为综合的预案、部门的预案及具体业务的预案或策略的预案等。

综合预案也可以称为总体预案，是总体上带有指导意义的预案，一般对所属部门的所有危机都适用，如《国务院国家突发事件总体应急预案》；

部门预案是具体职能部门根据工作的特殊性而单独制定的预案，如中国地震局制定《中国地震局地震应急预案》；

具体业务预案或策略的预案也可以称为新时期预案，它是专门针对危机管理中的某一具体业务而制定的预案，如《××危机传播预案》。

根据预案使用的权限可以分为对内预案和对外预案；对内预案又分为对上预案和对下预案。对外的预案一般都是条理性的、概要性的，只是提供了一个操作的大致框架，而对内预案中的对上的预案则是保密的，里面涉及一引起机密的材料和关键人物的联系方式，甚至危机相关人员的通讯方式也是需要保密的且不便对外及对下公开，对下的预案一般表现为各种具体的指导性手册或行动指南。

根据预案制作主体可以分为组织自身制订的预案与专家预案等，专家预案往往关注组织内部预案的操作界限的设定，因为它是专业人士提供的，所以提供的是专业的标准性的规定。如什么时候启动公路不收费的预案，如果根据堵车的距离来确定是不科学的，应该根据堵车成本与不收费的成本的对比来确定，只有当堵车的成本超过不收费的成本时启动本预案才有其合理性和必要性，而这种成本的计算肯定需要专家预案来配套执行。

根据预案内容涉及的范围又可以分为权变性预案与部分性预案。权变性预案是全面考虑对付不同危机情况下应采取的不同行动方案，其优点在于充分考虑了每一类危机的各种可能性及对每一种情况都作出了相应的处理办法，适用范围较广，但是它的拟订比较复杂且不是很简明；而部分性预案侧重于某一种危机中那些事先可以确定的情况预先制定预案，它比较明确、具体、简明，对首要事项规定得比较详细，操作性比较强。但是缺乏灵活性不能区分不同情况采取不同的措施，容易导致反应过度或者反应过轻，最好能够补充；预案要不断修改和调整。

四、危机预案（计划）的内容

危机计划并没有统一的格式与模板，但是为了体现危机计划的职能及可操作性，针对危机管理而制定的计划文本最好包括以下几个方面的内容：

1. 计划前页

①目录封面，即注明计划的名称、计划发行号、文件版本号、生效日期、主要电话号码、主要项目目录等内容。

②高层管理者签发的授权证明书（文件），由公司最高层管理者签署发布，确保该文件的权威。

③计划成员范围：主要规定文件发送给哪些人员。危机管理计划有些内容属于秘密文件，对外需要绝对保密，对内则要规定文件发送人员的范围与层次，即哪些部门或小组需要阅读什么计划、团队中什么层次的人阅读计划等。并要计划接收人员签署姓名和日期，作出为计划保密的承诺，对本计划了解并无异议的意思表示。

2. 政策部分

主要规定了该文件的管理制度和成员的执行制度，主要包括以下 7 个方面的内容：

①本计划的目的、任务和标准；

②危机管理和恢复管理的目标和轻重缓急的排序；

③各部门和小组的权责划分；

④维护和更新计划制度；

⑤对计划和信息的保密政策；

⑥计划的审查制度；

⑦计划启动的时机条件。

3. 处理计划部分

①危机管理的目标和任务。主要说明危机管理时所要达到的总体目标和具体任务；

②危机管理定位。主要说明建立危机管理体系的意义，对危机的重视程度和为危机管理计划作出的价值取向，如“消费者利益永远至上”或“在危机面前，我们要承担起我们的责任”等标语。这是整个危机管理计划的纲领，也是行动价值取向的指导原则；

③危机管理准备。组织整体责任、寻求健康、安全和减少危机小组、部门或责任的有效途径、降低和控制风险、危机发生时，对内外人员的管理政策、信息管理的主导方针。

④建立危机管理小组。确定危机管理负责人、确定危机管理小组成员，并按任务分小组或部门，同时明确界定相应权责、计划的培训和学习安排、岗位轮换制度及人员替补方案、确定专家咨询组成员、指挥、协调与合作程序。

⑤危机的诊断与鉴定。企业危机的可能征兆、内部可能存在的危机诱因、对危机发生的概率、严重性进行估算的方法、对危机的鉴定方法和程序、报告制度。

⑥危机的预防和控制措施。危机的预防和控制方法、危机的预防和控制政策、危机预防和

控制的执行程序、危机预防和控制的监督。

⑦危机管理沟通。这是危机管理计划极为重要的组成部分，因为危机管理的核心就是有效的沟通，具体有：信息的保密层次和范围、信息交流的程序、对媒体的信息沟通原则、对员工的信息沟通原则、对受害者的信息沟通原则、对股东和债权人的信息沟通原则、对供应商和经销商的信息沟通原则、对竞争对手的信息沟通原则、对政府的信息沟通原则、与外部组织相处的原则。

⑧危机的应变管理。主要是根据危机管理人员的任务和环境变化的特征而对危机计划的应变方式、条件和相应的职责作出说明，以及紧急情况下的求助说明。危机管理计划小组或部门工作原则和程序；信息汇报制度；危机的应变方式；危机的应变条件；决策制度；后果责任承担制度；人、财、物的调拨制度；紧急情况下的求助制度，如业务、法律、金融方面的咨询。

⑨危机管理的财物资源管理。危机管理小组的日常运转费用、危机管理设备的赎买、维护和储备的费用以及危机管理计划实施的费用；财物资源的管理，由谁管理，通过何种渠道获得；财物资源的应急措施，即储备的资源用完后，应如何获得相应的资源；财物资源的维护制度，如定期检查、修理和更换制度；财物资源的使用制度，由谁使用和如何使用等。

⑩危机指挥、协调。其主要内容如下：危机管理中的指挥方式和沟通渠道；危机指挥中心地点；列出外部的反应机构；危机管理者或危机管理团队的联系方式。

4. 恢复管理部分

①贯彻安全程序；

②恢复和发展的原则；

③危机管理人员危机后的职责说明；

④与新闻媒体的沟通原则；

⑤统一内部思想计划；

⑥回答相关利益者的疑问；

⑦重建信誉，恢复债权人、股东、供应商和经销商队伍的信心，争取他们的支持；

⑧赢得竞争对手的尊重与理解。

5. 危机后管理与评估的部分

①处理与外部机构的事宜；

②内部审计制度；

③检讨制度；

④责任承担制度；

⑤危机管理评估标准；

⑥危机管理评估方法；

⑦修订危机管理计划；

⑧如何正常结束危机管理活动；

⑨管理总结。

6. 附录部分

主要提供危机管理计划的各种附加文件，通常包括：业务流程图、工作联系表、报告表、申请表、信息记录表、监控表、情况变化记录和术语释义对照表，等等。

关于危机预案的范文格式可以参阅附录一：《国务院国家突发公共事件总体应急预案》，下面提供一份简单的学校危机的预案（计划书）以供借鉴引用。

案例分析

某学校食物中毒应急预案

学校本着为学生和教师的身体健康的目的出发，在加强学校常规管理的同时，加强对食堂食品卫生工作管理，即适应对学生非正常中毒或疑似食物中毒事故，特制定本预案。提高认识，加强领导，把维护学生健康和生命安全放在首位。做好学校卫生安全工作，减少学生群体性食物中毒事件的发生，保障师生的身体健康和生命安全，保证正常教学秩序、维护社会稳定的高度，充分认识加强学校卫生安全工作的重要性、紧迫性和长期性，牢固树立学校教育"健康安全第一，责任重于泰山"的指导思想，切实承担起教育、管理和保护学生的职责。

(1)成立食物中毒预防应急小组

学校成立应急小组，由学校主要领导任组长要、副组长，成员由政教处、总务处和班主任、食堂管理员等组成。(缺乏法律人员及公关人员)

(2)建立食物中毒报告制度

学校的食堂要认真贯彻执行卫生部食品卫生以及关于《食物中毒调查报告方法》的精神，以便及时采取防治措施。

(3)广泛开展预防食物中毒宣传教育

广泛深入地开展预防食物中毒宣传，结合学校实际情况，充分利用广播、黑板报、主题班会、宣传画和实物标本等各种形式，普及有关的卫生知识，提高食物从业人员和广大师生员工的卫生管理水平，减少食物中毒发生。

(4)前期工作

①食品原料进货关。学校采购人员要严格把关，定点采购，进货保证原料符合有关的规定，从源头上把好食品安全关。

②严把食堂仓库关，学校食堂仓库安全责任落实，库房门口有明显标记同，规定非工作人员不得进入食堂库房。定期对库房里的原料进行检查，发现变质原料，及时处理、坚决杜绝变质的原料流入餐桌。

③把餐具消毒关。学校食堂对餐具按规定进行严格消毒，确保餐具清洁卫生，防止出现因交叉感染而引发的食物中毒事故。

④对每餐的饭菜要做好留样，取每餐的饭菜100克密封好在冷藏箱内保存24小时。

(5)做好消毒工作

①食堂应对食品加强卫生管理，特别是肉类、鱼类和奶类等动物性食品，要防止再生产加工和销售过程中污染。食堂人员要重视个人卫生，定期按规定进行身体检查。②控制细菌污染，低温贮藏。

③杀灭病原菌，即高温灭菌。

(6)突发性事件处置

①食物中毒事故发生，立即停止食堂的生产活动，并于半小时内向教育局和卫生防疫站报告。

②积极配合协助卫生机构救助病人。

③现在封存造成食物中毒或者可能导致食物中毒的食品及其原料、工具、设备和现场。配合卫生防疫部门现场调查处理。

④配合卫生和教育部门进行调查，按卫生行政部门的要求如实提供有关材料和样品。

⑤落实卫生行政主管部门要求采取的其他措施，把事态控制在最小范围。

⑥分析原因，根据现场调查和技术鉴定的情况进行综合分析，确定事故原因地，汲取教训。

⑦对发生食物中毒的师生，做好登记工作，分析判断可能造成食物中毒的原因，对可疑中毒食物进行消毒处理，根据中毒原因做好现场消毒预防措施。

(7)对中毒食物的处理

在查明情况之前，对可疑食物立即停止食用。在卫生部门已查明情况，确定的食物中毒源可采取煮沸15分钟掩埋或焚烧。液体食品可用漂白粉混合消毒。食品用具、容器可用1—2%碱水或漂白粉溶液、消毒液等消毒。

(8)分析报告上报

根据查明的事故原因，向上级领导和卫生部门递交书面事故分析报告，对发生的事故做到“三不放过”，对原有食堂工作人员进行安全教育，引经为戒，并对造成中毒的责任人、当事人进行严肃处理，追究其责任。如故意破坏造成中毒事故，将当事人交司法机关处理，如因工作疏解而造成中毒事故对当事人进行罚款赔偿或辞退处理。

(9)事故报告、处置联系电话

教育局安保科	现场保护：校保卫科负责
卫生院	现场抢救：由学校负责安全工作的校长负责
派出所	通讯联络：保卫科
防疫站	食物封存：保卫科
总指挥：学校校长	机动人员：各组组员自己联络

第四节　《危机管理手册》或《危机行动指南》的编制

《危机管理手册》或《危机行动指南》并非只是简化版的危机管理预案（或计划书），事实上它是组织内部的对下的预案，即将危机预案的具体操作要求细化为每个工作人员的工作准则及操作方法，以保证危机计划的具体可行且责任到位。

《危机管理手册》主要是以危机管理的预案为依据将危机管理全过程细化为每个岗位的操作指南或行动指南，它最好是以岗位为依据，这使得人员的更迭也不会影响到危机管理手册的具体操作，而且作为一个普通的工作人员也没有必要对长达几十页的危机预案有详细的理解，他只要明白自己在危机发生时该做哪些工作就可以了。

将危机管理手册理解为简化的危机预案是不科学的，因为预案一般可以分为两种，即对外与对内。对外的预案一般是可以公开的，而对内的预案又可以分为对上与对下，对上的预案有很多核心的内容是不可能对外公开的，甚至都是不可能对下的，特别是有些关键人物的联系方式甚至会牵连到一个组织的机密性的资料，但是对下的预案其实理解为危机管理的手册更为直接与易理解，即它要将每个岗位及职务的人员在危机状态的工作程序作个详细的说明，即以岗位为描述的重点，以便于掌握与运用。

因此，危机管理的手册往往是细化危机管理的方法与操作程序，更具有指导性价值；危机管理手册将一个组织的成员全部纳入危机管理的过程，能够增强预案的操作性。

如有一家银行有消防预案规定，大堂某个岗位的工作人员在发生火灾时，要以最快的速度冲进旁边的储藏室，穿上为了火灾而准备的带荧光条的背心，再冲进大厅里的顾客中间，以最引人瞩目的方式引导顾客有序地从平时训练过的安全通道离开大堂。我们都很清楚，人在慌乱时，特别是在火灾时，也许烧死的并不多，但是踩死的可能会更多，而且人在慌乱的时候最想寻找的就是带有某种标志性的符号，如果在街上遇到车祸人们最想看到的就是交警，因此穿上荧光条背心的工作人员就满足了人们在危机状态的心理上的、安全上的需要。危机状态的银行能够将正在等待中的顾客安全地救出那也就达到了危机管理的基本要求，而要做到这一点不仅需要平时经常性的演习，而且最关键的是将操作具体到每个岗位或工作人员的身上，这才是预案可操作性。而危机管理手册或危机管理指南正可以发挥这样的作用，因为它不仅仅是便于携带，而是表达得简单明了而且岗位责职清晰更易于理解和掌握。

第五节 危机预案的演习

保证危机预案有效且可操作的最简单的方法就是对预案进行经常性的演练。预案要保证一年一次小修改，三年一次大改也得依靠预演的结果，因为很多预案的改进工作都是通过预案演习来进行的。

预案演练一般括实战演练及桌面演练。

一、预案演练

实战演练也叫实战模拟演练是对预案的一种完整"彩排"，不仅要穿上服装，角色全部位走台，而且连布景、道具等都要全部到位。它根据各种预案中设计的情景，根据事先的不同部门、人员的合理分工，配置相关的物质资源通过模拟的方式将危机预案的全过程"表演"(如劳伦斯·巴顿所说，危机预案是"剧本"，那么实战演习就是按照剧本表演一遍)一遍。

案例分析

珠海市人民检察院是如何进行实战演习的

经过5个月精心准备后，珠海市检察院根据"1十3"预案，即突发事件应急总预案以及办案安全突发事件应急预案、控告信访突发事件应急预案、危机传播应急预案三项子预案，进行了一场演习活动。先进行了三个场景的设计：

场景一：珠海市人民检察院审讯室。珠海市某国有企业董事长李某正在接受检察机关讯问。李某涉嫌利用职务之便，收受某公司200万元贿赂。审讯员步步紧逼，指挥员场外指挥，现场实施同步录音录像。面对检察机关一系列追问，真相即将大白于天下。就在这时，李某突然将头撞向审讯桌角，顿时，鲜血直流，李某昏倒在地……

场景二：珠海市检察院控申科。“被调查人情绪太紧张，身体状况不好，我们将他送医院治疗了，现在他情绪稳定，请你们放心。”检察院控申部门领导安抚到检察院要人的李某的四位亲属。“李总被检察院打伤了，他们还要划走公司的钱，你们都过来，讨个说法”——来访人以检察机关刑讯逼供、打人致伤为由召集亲属以及员工20多人围堵冲击检察机关。混乱中，有上访人捡起路边石块打伤检察干警、投掷汽油瓶纵火焚烧办案车辆……

场景三：在协助李某上120救护车时，大批记者闻讯赶来。

面对突如其来的危机事件，珠海市人民检察院迅速启动相应应急反应机制以具体应对上述三种场景。

针对场景一：现场主审干警迅速摁响警铃，并向前查看李某伤势，与5秒钟内赶到现场的值班司法警察对李某实施简单救护；办案值班人员立即拨打120急救电话，通知技术科干警到现场取证；20秒钟内主管领导到现场协助控制……应急办通知法警支队加强院内外警戒，告知控申科做好上访预警，报告发言人做好媒体应对。十分钟内，救护车赶到检察院，并将李某送往医院。

针对场景二：全院进入应急状态。事件上报，控申科领导接待“上访群众”，做疏导安抚工作；法警着防爆衣、头盔、盾牌等拉起警戒线，隔离“上访人”，控制局势；两名法警擒获“纵火人”，干警使用灭火器及时扑灭大火；110巡警赶来，将“闹事者”带离；检察机关领导与上访群众代表座谈；技术科干警全程录音录像取证；事态逐步平息。

针对场景三：立即召开新闻发布会。检察院新闻发言人全面介绍实际情况，播放录像片段，回答记者提问，回应公众对事件的关注……

实战演习相对来说前期准备的要求很高，而且几乎调动了危机管理的一切资源，成本较高，一般每年能有个一次就已经很不错了。

二、桌面演练

在现实的工作中人们比较愿意采用桌面演练的方式来检验预案的可行性及培养人们危机意识和提高运用预案的水平。所谓桌面演练也可以称为“程序演习”甚至更通俗地称为“纸上谈兵”，它是指通过情景的模拟与设计，启动相关的预案并就模拟事件的发展过程，按照预案的人员分工要求进行现场同上步的应答式演练。如2011年11月25日下午，在广东省高速公路有限公司22楼会议室，广东省交通集团高速公路安全生产事故综合应急预案举行了一场桌面演练活动。[①]

案例分析

广东省交通集团高速公路安全生产事故综合应急预演

此次安全生产事故综合应急预案桌面演练，是以京珠北高速公路隧道火灾导致隧道塌

① http://www.boraid.com/company_news/news_read.asp? id=68412

方事故为情景事件展开的。以京珠北乌坑坝隧道北行入口10米左右主车道一辆货车着火为诱因，采取视频与幻灯片配合讲解词、根据情景事件提出问题并由参与单位现场解答或对答的方式进行。根据灾情的类别，分为两个阶段，一是火灾处理阶段，此阶段主要通过幻灯片、视频展示处置过程。发现火情后，监控中心马上上报京珠北应急办公室，启动IV预案，用隧道语音系统，指导司乘人员利用隧道内灭火器、消防栓等消防器材灭火，通知路政、交警、消防、拯救等单位赶赴现场；交警、路政派员实行交通管制，在乳源和东田收费站进行分流，引导滞留在隧道内的车辆和人员采取安全防护措施，有序撤离火灾现场；消防大队派员前往火灾地点侦查火情后，立即展开救援工作，全方位开展消防灭火；医护人员赶往火灾现场，察看人员伤亡情况，救治伤员。二是隧道塌方处理阶段，此阶段主要采取问答的方式进行。各参与单位根据演练设定的情景，按照有限的信息和资源进行决策，根据现有预案和能力进行响应。在火灾救援过程中，发现着火点附近有隧道塌方，京珠北应急办公室立即将事故情况逐级上报，启动I级预案，各相关单位领导及职能部门人员就设定情景提出的问题作出回答。工程抢险组调集人员、设备到一线进行勘察，制定救援方案，利用大型机械设备清理坍塌物，抢救被掩埋的车辆和人员，并对隧道塌方进行临时支护，消除隐患；交警、路政对事故现场进行详细勘察取证；拯救车辆实施拖车作业，将事故车拖离事故现场。参与演练的人员分工明确，各司其职，演练过程秩序井然、有条不紊。

在现实的预案演练中，通常提倡实行桌面与实战演练结合的方式，这样可以更强化预案的可操作性。

无论是桌面演练或实战演习，都需要预设危机情景、角色全部到位、程序必须完整，在预案的演练中一般会涉及下面三个训练方法：

1. 专门针对危机管理小组的训练

危机管理小组必须注重事先的演练工作并在平时要求严格按照危机管理计划执行。通过演练不仅能够提高危机管理小组的反应能力、分析能力、应对能力和执行能力，而且能够检验危机管理计划的可行性及其不足，以便及时改进。危机管理小组的训练主要内容包括基本知识教育、基本技能训练、熟练度训练、执行力训练和心理训练等。此外，必须最少一年一次仿真性训练。例如设计一个突发状况来测试危机处理小组的应变能力，事前完全采取保密的措施，半天或一天的时间来进行演练，之后再检讨危机处理过程中有无疏漏，从容应变。对危机管理小组进行有关方面的理论知识讲解，并请外部专家讲授专业技能，让危机管理小组成员具备一些基本理论知识和技能，以利于以后工作的开展和协调。

2. 案例情景模拟训练

案例模拟训练就是演练负责人搜集一些危机案例，通过提供案例背景资料让受训者阅读，然后根据各自的理解说出自己的解决方案；或者针对案例中的某个情节进行提问，进行讨论，从而使危机管理小组成员集体思考，发挥集体智慧的作用，为问题的解决找到更好的方案。与此同时，各成员也能从中受到很大的启发。如果有条件，根据案例的情境，进行具体的分工操作，做到按计划按步骤地进行模拟演练，这更能使受训人员感受到危机管理的实际情境，中国古代早有先例，如春秋末年的著名军事家伍子胥在辅佐吴国领兵时，不是先练习如何打胜仗而是训练打败仗后如何处置。

3. 角色轮换训练

根据危机计划进行定期的角色轮换模拟训练。模拟训练应包括心理训练、危机处理知识训练和危机处理基本功的演练等内容。演练负责人应该针对本企业情况进行有的放矢设计危机管理的模拟训练，按计划把具体任务分解成各个步骤，并让多个受训者担当不同角色。每个人根据自己的理解相互合作地进行危机管理活动模拟，然后针对他们的行为大家一起讨论，让他们相互间取长补短、互相学习。还可以安排专家对他们的行为进行指导，从而使他们的行为更加规范。

无论哪种预案演练结束后都要认真地对演练结果进行总结，它可以是自己内容独立完成总结的工作，也可以聘请外部专业人士进行观摩与现场指导和总结，总结的目的就是为了找出预案中不完善的地方并进行修改。同时要对每个受训者的分析能力、执行能力和心理素质进行考核，促使其个人危机综合能力的提高。定期模拟训练不仅可以提高危机管理小组的快速反应能力，强化危机管理意识，还可以检测已拟定的危机应变计划是否充分、可行。

第6章

危机决策与执行

学习提要

学习本章需要掌握决策与危机决策的区别，危机决策的基本方法及如何破解危机决策的误区，如何保证有效地贯彻执行危机中作出的决策。

本章将回答以下问题

(1)危机的决策与常态决策有什么联系和区别？
(2)危机决策的基本过程及基本方法是什么？
(3)如何避免危机决策的陷阱？
(4)如何运用危机决策的技巧？
(5)如何有效地实施危机的决策，提升危机管理的执行力？

第一节　危机决策的特点

一、决策与危机决策

(一)决策与危机决策

决策(Decision-making)观念经历了一系列历史演变，一般是指人们确定未来行动目标，拟订评价实现目标的各种可行方案并从中选择一个合理方案的分析判断过程。事实上，一个组织和管理者的大部分工作都是在做决策，因为决策是行动的前提和基础，正确的行动往往来源于正确的决策，而管理的关键就在于决策。

20世纪初，戴维·伊斯顿和拉斯维尔最初将决策概念带到互动、正式和非正式关系的层次上，他们认为决策就是政治系统的输出，由此在社会中实现价值的权威性分配。20世纪30年代，美国学者巴纳德第一次把决策概念引入了管理理论，奠定了现代决策管理学的基础。随后，赫伯特·西蒙在批判吸收巴纳德理论的基础上，通过把决策概念作为管理的统一概念来阐明管理的过程、组织本质和结构，开创性地提出了现代科学决策理论，成为西方决策理论学派的创始人之一。西蒙针对传统的"理性人"或"经纪人"的假设，提出人作为理性的独特生物，只能掌握不完全的信息，人类实际的决策过程只能是在给定的条件下，尝试性地寻找、探索"满意"的过程，决策过程是有限理性的。他认为，决策就是根据行为前提或决定前提引申出来的结论。[①]

20世纪50年代中期，伴随着行为主义管理理论对传统管理理论的冲击，美国政治学家斯奈德、布鲁克等人认为决策是对一个复杂环境中的认识与行为的结果，参与决策的机构或单位的特征、各组织内部的沟通与信息交往、决策者的个性、背景和价值观念等偏好决定决策行为的结果。斯奈德认为决策是从多种受社会限定的不确定选择中，决策者挑选其中一种他认为能够实现自己所构想的特定状况的过程。决策过程是一个不完全理性的过程，要受到多种因素的影响，而这些因素通过决策的动态过程又对决策结果产生作用。

决策是指管理者识别并解决问题以及利用机会的过程，决策者就是决策的主体，决策的目的十分明确即解决问题和利用机会，决策的过程就是遵循满意原则而完成的识别机会或诊断问题、识别目标、拟定备选方案、评估备选方案、做出决定、选择实施战略、监督和评估步骤组成的全部内容。

基于以上对决策的理解，我们认为危机决策是决策主体为化解危机而设定目标、选择方案、指挥协调和恢复及善后评估的快速反应过程，危机决策作为一个完整的体系，同样由决策者、决策对象、决策目的、决策方案及相关的决策环境等基本要素构成。

危机决策的主体即决策者，决策者既可以是个体的也可以是群体的，即个人决策和群体决策。个体决策是指决策者为达到某个目的依据个人掌握的信息、自身价值观和偏好进行的方案抉择活动。而群体决策是指决策者为达到某个目的根据组织内多数人认同的价值观和判断所进行的方案选择活动。还可以根据群体中个体间的关系，把群体决策分为委员会决策、组织决策、社会决策。依据决策者的权力、结构、资源和文化背景不同，决策的方式主要有：委托代理、选举投票、民主协商等。

危机决策的客体是危机管理中涉及的一切人、物、事，因为它会随着危机进程的发展而变化，所以会充满变数。

危机决策的环境：指围绕危机决策问题可能出现的自然状态背景。它们是直接或间接作用于应急决策活动的各种客观因素的总和。具有广泛性、复杂性、互动性等特点，特别是危机决策的全过程因为决策及执行的推进会保证环境的改善，即环境是一个变化中的管理的状态。

危机决策的约束条件：即决策中可能产生的随机变量。它可以体现出"硬约束"和"软约束"两种情形。危机决策的"硬约束"是指客观的不能人为改变的制约因素，如时间的紧迫性、信息的有限性、人力资源的稀缺性和技术支持的稀缺性等。危机决策的"软约束"是对于危机决策过程中诸多主观因素的制约性，如决策者的认知水平、应变能力、决策机制和决策环境等，以及以此软约束引发的价值选择，这是决策者与危机管理者之间的价值冲突的选择，从决策层面会有一个道德伦理的价值选择问题，在权衡利弊得失之后，以公或以私为出发点就会做出完全正确同的决策方案，而面对带来的巨大压力，其伦理道德不同决策所产生的选择肯定是不同的，因此危机管理的决策过程也是对个人的道德品行的考验。

危机决策的行动方案：这是危机决策的结果和达到危机管理目标的手段，也可以叫危机应

① 引自占部都美著：《现代管理论》，蒋道鼎译，新华出版社1984年版，第227页。

对方案。危机方案的制订可遵循两个原则:即大中取大法准则,先从每一个方案中选出最大损益值并从中选出最大者,大中取大法是目标收益最大化,即乐观原则;另外一种是小中取大法,即在各方案的最小损益值中取最大的为优选方案,即被称为悲观准则,即力求损失最小化。

(二)决策的类型

根据不同的标准可以将决策划分为战略决策和战术决策;群体决策和个人决策;初始决策与追踪决策;程序化决策与非程序化决策;确定性决策、风险决策与不确定性决策。

1. 战略决策和战术决策

从决策调整的对象和涉及的时限来看,可把决策分为战略决策和战术决策。战略决策是指直接关系到组织生存发展方向的长远性、全局性问题的决策,如经营目标、发展规模、新技术的采用等,一般由高层管理者做出。而战术决策是实现战略决策而采取的具体的短期的策略手段,调整组织在既定方向和内容下的作战策略。如日常营销、物资储备以及生产中资源配置等问题的决策。

2. 群体决策和个人决策

从决策主体来分析可以将决策分为集体决策和个人决策。个人决策职责明确,能有效地杜绝互相推诿、不负责任的不良作风;且权力集中,因而行动迅速有力,费时较少,降低了决策的成本,也在一定程度上提高了管理效率。但是受个人的学识、经验、才能、精力和他要处理的复杂问题可能会构成鲜明落差,个人权力过分集中可能导致有效监督的缺失,且个人性格的薄弱处在关键时刻无法得到有效的弥补,个人权重一时可能会挫伤下属参与管理的积极性,使得民主管理风气不易形成。群体决策一方面能比个人做出质量更高的决策,因为它具有完整的信息和更多的备选方案,以群体方式做出决策可以增加有关人员对决策方案的接受性,能更好地实现沟通。但同样的受到群体大小、成员从众现象等因素的影响而导致花费较多的时间及其他资源,群体决策的效率相对较低且责任不明确,易产生从众现象,且也易受权威影响。

很明显的,个体决策与群体决策各有利弊,而且在危机决策主体的选择上,群体决策不一定会优于个体决策。如2005年8月末,卡特里娜飓风袭击了美国南部地区,共造成1330人死亡,损失高达1000亿美元。产生如此巨大的损失,除了飓风本身来势凶猛之外,相关法律程序过于复杂,掣肘决策时效也是十分重要的原因。虽然美国《联邦反应计划》的存在给灾害的应对省去了临时立法的决策成本,然而应当看到在整个救援行动中由于法律程序障碍过多、联邦与州及地方法律关系过于复杂,严重迟滞了应急力量的部署调动。各级政府和救援人员在原本需要灵活处置的环境下仍不得不严格遵照法条按部就班,在出现一些复杂局面的时候往往出现跨部门协调程序复杂、决策迟滞等情形,这极大地耗费了决策成本并导致了死亡人数和灾民财产损失的增加,从而也直接地推高了整个应急决策的总成本。在灾害发生后,美国联邦紧急情况署请求陆军某装甲兵团开赴灾区进行救援时,后者却要苦苦等待国防部的批准。就在灾区需要大量救援人力的时候,周边各州的国民警卫队本来可以相互驰援,结果却受到1878年Posse Comitarus法的限制。该法条中规定:各州国民警卫队可以在该州境内授州长指挥进行执法活动,但开赴其他州则等同于联邦武装力量,须经联邦政府批准方可。这使得受灾地区周边各州的国民警卫队无法按时开赴灾区,加之飓风导致电力系统瘫痪,在灾难发生后黄金时间的救援时段内,救援力量的主力并没有能够开赴灾害的核心区开展施救行动。

因此,为了体现危机决策的快速反应要求,我们不妨可以考虑在危机决策中尽量地集中权力,避免危机决策中的过程损失及团体极化。所谓过程损失(process loss)是指团体交流过程中，导致无法达成最优解决方案的情况。因为要试图说服一个团体同意你的观点会较困难，当人们面临众多的反对意见和怀疑的观点，你将不得不保持沉默然后眼睁睁地看着团体做出错误的决策。这就是过程损失。为了尽量地避免出现团体思维和陷阱，一个聪明的管理者往往会采取以下的措施来保证他的团队能避免出现决策的失误：一是保持中立。领导者不应该采取指挥者的角色，而是应该保持中立；二是寻找外界的观点，领导者应该邀请一非团体成员来发表见解，因为这些人才不会去关心团体的凝聚力问题；三是组建小组，领导者应该将团体分为几个小组，先各自讨论，然后再集体讨论他们的不同建议；四是征求匿名意见，领导者也许可以采取不记名投票，或者要求团队成员匿名写下他们的意见。可以尽量保证成员提出他们的真实想法，不必害怕受到团体的谴责。团体极化(group polarization)指团体决策比成员先前的个人决策倾向更极端的现象。如果人们先前的倾向是冒险的，那么团体决策更具有冒险性；如果人们先前的倾向是保守的，那么团体的决策更为谨慎。[①]

3. 初始决策与追踪决策

可以根据决策的起点可以将决策分为初始决策与追踪决策。初始决策是零起点决策，它是在有关活动尚未进行从而环境未受到影响的情况下进行的；而追踪决策是非零起点决策，随着初始决策的实施，组织环境发生变化，这种情况下所进行的决策就是追踪决策。

4. 程序化决策与非程序化决策

从决策所涉及的问题看，可把决策划分为程序化决策与非程序化决策。组织中的问题一般可以分为两类：一类是例行问题，另一类是例外问题。例行问题是指那些重复出现的、日常的管理问题，如管理者日常所遇到的物资订货、退货的问题；例外问题则是那些偶然发生的新问题，如开发新产品、工程投资等。西蒙根据问题的发生把决策分为程序化决策和非程序化决策，程序化决策涉及的是例行问题，这类决策可以通过规则和标准操作简化决策工作，在组织中一般有约80%的决策是程序化决策。而非程序化决策涉及的是例外问题，由于非程序化决策无先例可循，因此更多地依赖于个人的知识、经验、直觉判断能力和解决问题的创造力等。

5. 确定性决策、风险决策与不确定性决策

从环境因素的可控程度看，可把决策分为确定性决策、风险型决策与不确定性决策。

确定性决策是指可靠选择的方案只有一种自然状态的决策，即各备选方案所需的条件是已知的并能预先准确了解各方案的必然后果的决策。在确定性决策中，决策者确切知道自然状态的发生，每个方案有一个确定的结果，最终选择哪个方案，取决于对各个方案结果的直接比较。

风险型决策也称随机决策，是指可供选择的方案中存在两种以上的自然状态，决策者不能知道哪种自然状态会发生，但能知道有多少种自然状态以及每种自然状态发生的概率。在风险性决策中，决策者知道各备选方案所需具备的条件，但对每一方案的执行可能会出现的几种不同的后果只有有限的了解，决策是需要冒一定的风险的。

不确定性决策是指各备选方案可能出现的结果是未知的或只能靠主观概率判断时的决策。在不确定性决策中，决策者可能不知道有多少种自然状态，即便知道，也不知道每种自然状态发生的概率。

（三）危机决策的特殊性

根据以上对决策的分类我们可以发现危机决策是所有决策类型中具有典型的非常规性

① Elliot Aronson、Timothy D. Wilson、Robin M. Akert 等著，《社会心理学》，侯玉波译，中国轻工业出版社 2005 年版，第 266～271 页。

的、不确定性且风险性的决策类型。危机决策作为危机管理的核心，因其不确定性的前景给决策者造成额外的紧张和压力，不可能按部就班去行使常规决策的民主协商程序，往往需要依靠管理者的个人或群体的智慧、胆识和经验，在信息不是很具备的情况下快速作出反应和决断。由此可以将危机决策区别于一般的常规决策。

常规决策是为了达到预期的目标从两个以上行动方案中做出评价和选择的过程。它是在日常行动中重复出现并具有相对固定模式的例行决策，其选择方案的过程往往有足够的时间和条件按例行程序及操作规程去选择方案，即常规下的决策其问题和结果是已知的且是确定的，问题和解决方案以相同或类似的情形重复出现，决策的程序和方法较规范。危机决策是高度集权的决策主体在紧急状态和不确定性很高的情境下，受到有限的时间、资源和人力的约束下，以控制危机蔓延为目标，调动有限决策资源，经过全局性地考量和筹划之后，通过非常规、非程序化手段所作的一次性快速决策。

有学者专门将决策制定中采用的不同技术区分为常规决策（程序性决策）和危机决策（非常规决策）的主要依据，并把传统式和现代式的决策制定技术做了对比，这对我们理解两种不同类型的决策程序很有借鉴意义。

与常规决策相比非常规决策在目标取向、约束条件、决策程序、决策效果等各方面都表现了特殊性。（见表 6.1）

表 6.1　常规决策与非常规决策类型比较一览①

决策类型	类型特点	决策制定的技术手段	
		传统式	现代式
常规决策	程序化的：常规性、反复性决定，为处理该类型决策而研究制定的特定过程。	①习惯 ②事务性常规工作：标准操作规程 ③组织结构：普遍可能性，明确规定的信息通道。	①运筹学，数学分析，模型，计算机模型 ②电子数据处理
危机决策	非程序化的：单射式，结构不良，新的政策性决策，用通用问题解决过程处理的。	①判断、直觉和创造 ②概测法 ③管理者的筛选和培训	探索式问题解决技术，选用于： ①培训人类决策制定者 ②编制探索式计算机程序

（四）危机决策的基本方法

同样的危机会因为不同的决策结构、不同的决策过程及不同的决策方法而产生截然不同的结果。因此，运用科学的方法能够尽量防范决策的风险，以形成真正行之有效的方案与措施。

决策方法一般有定性方法及定量方法两种。定性方法是主观决策法，即用心理学、社会心理学等学科的成果而采用的有效决策的组织形式。它一般会直接利用专家们的学识、经验、能力、智慧和直觉等，根据已经掌握的情况和资料，提出决策目标及实现目标的方法，并提出评价和选择。定量方法是用数学的语言和数据描述所研究对象系统的状态并分析其变化规律的活动或行为。如数字符号、图片、图表等。

其实任何一种方法都不能完全涵盖一个真正有效的决策结果，这是由于使用者所使用的各种假设条件造成的。最优决策模式的决策与互动的环境互不相干。这些方法耗费大量的时

① 畅伟民著：《企业危机管理》，科学出版社 2004 年版，第 193 页。

间，而时间在危机情境中是稀缺资源，同时还要求充分信息，而在危机情境中这是不可能的。事实上，由于工作量的不同，最优的可能选择与最终令人满意的选择之间有很大区别。“在时间与信息充裕的情况下，任何需求最优结果的方法都很可能产生接近于最优的结果。在时间、信息不确定或不允许的情况下，决策者们反映 NDM 环境，采用 RPD 模式。

为弥补集体思考、头脑僵化与个人认识决策的缺点，应考虑如下三种有效的训练与操作：

(1)在使用 RPD 模式以产生决策与评估过程时，确保决策者是有经验的。在此模式中，经验可以抵消快速决策与评估的主观不足。

(2)寻求可增加有效利用时间与信息的方法，从而使决策者可以不必囿于第一个有效行动。

(3)发展决策工具，意在迅速使用 RPD 方法①与 NDM ② 环境中进行理性的、最优的决策。这些操作重点使危机中的行动决策可以更好，更具有防御性，从而使决策产生更有效的管理绩效。”③

国内外专家、学者对于决策的一般方法的认识并没有多大的差别。如彼德·F·杜拉克列举了有效决策方法的五个要素，即确立问题的实质，是否确属“常态”，是否只有建立一种规则或原则的决策才能解决；确实找出解决问题所需的规范，即应该找出问题的“边界条件”；仔细思考确能满足规范的正确途径，然后再考虑必要的妥协、适应及让步事项，以期待决策者能被接受；决策方案应该同时兼顾其能执行的方法；在执行的过程中，搜集“回馈”资料，以印证决策的适用性及有效性。④ 卡尔·帕顿和大卫·沙维奇则提出了政策抉择的理性模式，即界定问题、建立评估标准、认定可选择方案、评估可选择方案、选定偏好的政策、执行偏好的政策。危机决策直接决定着危机处理工作的成败，危机情境下面临的约束条件较多，尽管学术界对于危机决策方法的要求都是明确的，但是至今还没有成熟的方法，大家正在努力地希望通过运用决策支持系统的方法为危机决策方法提供理论分析和支持，目前较有代表性的主要有五种方法：⑤

1. 决策快速分析法

这是一种在海瑞特思想的基础上不断深化寻找具体的决策方法，基本思路是决策者以自己的主观认识能力、经验及直觉作为全部决策分析的基础，运用逻辑推理等认知过程的客观规律指导决策过程。主要是思考—分解—简化—论证—反思；而这一过程又包括 6 个具体步骤：界定问题，即对问题作出认定细化——确定标准、确认备选方案、评估备选政策、展示和比较备选政策、监督和评估政策实施。快速决策的首要环节是对将要进行的决策问题进行详细的确认和分析。

2. 多目标演算法

针对多目标的应急决策，可以借助多种演算法，寻找可供的满意解。针对多目标决策时各

---

① RPD：Recognition Primed Decision Making，识别启动决策方法。是由费雷德里克和克莱因提出的，他们认为必须着重研究危机决策者如何决定进行恰当的行动过程，重点包括情景评估、满意或是乐观、连续决策与优化、心理模拟可操作性的最优选择，提升和改进决策及其启动行动。

② NDM：Naturalistic Decision－Making Environment，自然决策环境模型。其特征如下，持续变化的情景，对变化的即时反应；限定的错误目标和建构的错误任务；有知识的人们。除上述的四个因素外，还必须考虑不确定性、模糊、数据的缺乏、易变的、相冲突的目标、时间压力、利害关系、参与人、组织文化与规范等。

③ 罗伯特·希斯：《危机管理》，王成译，中信出版社 2001 年版，第 268 页。

④ 参阅彼德·F·杜拉克著：《有效的管理者》(第三版)，许是祥译，中华企业管理发展中心，1978 年版。

⑤ 参阅桂维民著：《应急决策论》，中共中央学校出版社 2007 年版。

目标的不可公度性(无统一量纲)的现实情况，提出一种多目标快速决策的方法——无差别虚拟决策法，通过不断寻找与原方案具有同等满意价值的虚拟方案，把不可比的多目标方案简化为具有可比性的多目标方案，以期选择最优的方案，较好地把不同决策目标转化为可比因素，然后根据多目标优化、决策问题不存在唯一的全局最优解，而存在多个最优化的集合的现实的情况，通过选择具体算法中的任意一个求得满意的结果。决策的系统构成:架构、决策目标，决策以目标选择为基础的，没有明确的目标就不可能拟订应急管理的方案，对应急方案的评价也就没有了标准。目标是决策的前提，是制定及执行应急方案的导向。一般可以分为多目标决策和单目标决策，尽管危机管理的目标往往是多元化的，但是在一定的条件下，可以简化、归并和缩减，可以只敲定单一的目标。传统的单目标决策仅仅假设决策对系统的一个目标有作用，一般决策的第一目标往往是控制危机的蔓延和事态的进一步恶化。但是现实中的危机决策往往都是多目标决策，多目标决策的缺点是目标之间缺少统一的衡量标准、目标之间甚至存在冲突性。

3. 决策支持模型法

考虑到现实生活中常见的含糊和不确定的环境，把数学上的发展引入到决策支持中，得到动静结合的决策支持模式。如针对应急系统多个点出现救援问题的特点，引入连续可行方案的概念，提出以最早应急开始时间为目标的数学模型及相应的求解算法，通过把粗糙集引入决策系统，提出了一组用于决策支持的粗糙决策支持系统。

4. 情境演化法

这是利用优先权演化技术和粗糙决策支持方法的机理创建的一个改进方法。它能争取在一定的时间限制内不断地作出决策，后一个决策总是在前一个决策的结果上做出的，这样时间与事态共同演化，在这个演化过程中，可以不断地调整时间的限制，这是一个调适的过程。随着优先权的演化，设计出的改进方法不断告诉我们应该做的满意决策。这个决策从长期看来肯定不是最优的，但在复杂的现实中是不可能找到最优的理念值，只是依据演化经济学的观点，不断寻找能获得正收益的决策，尽可能的在已有的资源条件、既定的时间限制、不完全的信息条件下，做出满足决策层主观偏好的满意决策，并在个体决策与群体决策中达到平衡。

5. 援例推理法

考虑到危机管理中非结构化的随机变量问题，借助援例推理人工智能技术是一条有效途径。在基于案例的推理 CBR 系统中将面对的问题或状况称为求解目标，而将记忆中的问题或状况称为原案例。根据决策目标案例的要求与提示，检索匹配原案例，并在其指导下形成的求解方案。在缺乏危机管理领域知识的情形下，通过类比求解可以得到问题的近似解，以支持决策者的形象思维过程。由于国外危机管理案例十分丰富，决策的经验案例不胜枚举，从各种文献甚至散见于报刊的危机管理案例中，挖掘出易于解释、便于应用的知识，可设计出解决危机管理决策问题的推理方法，对 CBR ①系统在危机管理决策中的实际问题十分管用。

第二节 危机决策的过程

危机管理中最大的失误肯定是决策的失误，最大的效益往往也是决策的效益。危机管理

---

① 基于案例推理——CBR(Case-Based Reasoning)是一种基于人的认知心理 过程的机器学习和问题求解方法，通过联想或类比，将过去解决问题的经验、方法和过程用于当前相似问题的求解，被广泛应用于各种领域。

需要一个既使用权威又使用民主的决策程序，完成发现问题、确定目标、拟订方案、评估选优、实施完善等一系列有着先后顺序而又彼此衔接的环节构成的动态过程，应急决策的步骤和流程一般是按照危机的时态节点来进行的。

危机的决策需要面对的是八个问题：

①确认危机事前决策所面临的问题；

②认清危机发生的事实和可能化解危机的标准；

③决定评估标准、方式和权重；

④不断完善备选方案；

⑤评估和选择备选方案；

⑥选择一个备选方案；

⑦执行备选方案；

⑧评估决策程序和决策结果的影响。

危机决策中面对的所有问题如果按照罗伯特·希斯的思路都可以细化到危机管理的每一个阶段来完成，即具体通过危机事前决策、事中决策、事后决策来完成。如果说管理者能力主要体现在及时决策和民主参与之间寻求平衡，以及在目标层分解、责任到人和全体员工齐心协力向统一的核心目标冲刺之间寻求平衡。那么这种平衡最明显的方法是在缩减与准备阶段（危机事前阶段）让员工以及各组织、团体参与到计划中来。通过对危机反应、恢复计划的有效参与，在危机反应与恢复过程中就能实现协作，各个团体就能接受指挥。这一分析阐述了危机管理的一个核心问题——在一个分散无序、嘈杂混乱的环境做出的及时适应的决策。[①]

从危机管理的时间点来分析，危机的决策贯穿了危机管理的全过程，因此危机决策既是危机前的，也是危机进行中的，同时也是危机后的，因为危机后的决策是在危机已经初步得到控制和缩减的条件下，对危机衰退状态的处理以及危机过后的恢复与重建方案的选择、确认的过程。恢复的选择与评估同样的可以借鉴危机中决策的方法，只是侧重点有所不同，从恢复后开始危机决策逐步向常规性决策转移，通过收集回馈信息，调整危机政策的适用性与有效性。因此危机后的决策工作是一个由非常态决策、常态决策进行交汇的过程，它可以借鉴与运用的决策方法也是介于两种形态之间，即可以借用危机前与危机中的决策思路与方法，因此本文在此不再做专门的介绍，下面对危机前与危机中的决策过程作个分析。

一、危机前的决策

（一）危机事前决策的主要任务

事前决策是汇集各类危机的信息，选择应对预案、制定实施计划的过程。它主要是通过收集、汇总可能性的危机信号，研究可能出现的危机性质，监测危机事态的趋势，紧急咨询专家意见，并结合实际情况做出决策并随时准备启动相应的应急预案。

危机前的决策过程主要是对危机信息进行识别与评估的过程。危是根据已有的数据、情报和资料，运用逻辑推理和科学预测的方法、技术，对某些危机出现的约束性条件、未来发展趋势和演变规律作出的估计和推断，进而指导人们有计划、有步骤地进行危机预防的一系列活

① 罗伯特·希斯著：《危机管理》，王成译，中信出版社2001年版，第259页。

动。对信息的识别与评估的过程就是选择方法并作出判断的决策过程。需要确定管理者的目标与任务,设计信息识别和评估的方法,以帮助员工和管理者确定哪些具体信息一定要实时监控。采用某种“识别模型”来确定哪些信息流量有价值,然后判断是否实时获取这些信息就;接着通过“评估模型”来帮助管理者确定实时信息的正面效应是否大于获取和监控它的成本,对比组织的愿景和使命、当前首要任务、信息本身的“重要性”和影响力再作出决定。

在信息的识别与验证中无论信息量多少,最关键的是管理者要具备辨别与判断的能力。如果一旦警告信息有可能变成危机,那么放任问题向不好的方向发展是不可原谅的。但是如果管理者总是关注一些不好的小问题也是不现实的,因为事情变化太快,很难完全控制得住。

(二)危机事前决策的基本要求

在危机识别与评估工作中一般需要遵循以下几个原则或原理。

1. 相关性原理(因果推理)

即对突发事件前兆与突发事件发生、蔓延之间的相关性进行分析和研究,必须设定与各类突发事件发生相关的若干个前兆变量,通过考察、评价前兆变量、预测危机发生的概念率,评估危机事件的性质以及可能造成的后果。

2. 相似性原理

在危机的生成阶段,同一性质的危机尽管在发生的时间、地点和规模上会有区别,但是,其发生的规律、性质是极为相似的甚至是一致,因此,我们可以通过未来可能出现的征兆及发展的趋势采取有针对性的措施来预防、控制或者制止危机事件。如企业在成长的每个阶段都会出现较相似的危机事件,如青年期的企业最容易犯的错误就是年少气盛,盲目扩张。太阳神因其投资失误导致毁灭性的危机发生:1993 年,太阳神的营业额高达 13 亿元,市场份额最高时达 63%。当年,太阳神接连上马了房地产、石油、边贸、酒店业、化妆品、电脑等项目在内的 20 多个项目,在全国各地进行大规模的收购和投资活动,短短两年时间,太阳神转移到这些项目中的资金高达 3.4 个多亿,但不幸的是这些投资全部打了水漂。1995 年底,太阳神在香港上市后,股份直跌,1997 年亏损 1.59 亿元,股份一度跌至港币 9 分左右。

3. 统计原理

尽管有些危机事件在什么时候发生常常带有强烈的随意性和不确定性,但是如果从一个较长的历史时期来考察,不同类型的危机还是有一定的规律的,可以通过概率论和数理统计的理论和方法,找出规律,从而为危机的识别和监控提供依据。

4. 跟踪研究

危机虽然有一定的规律可循,便于长期的、宏观性的预测,但是每一项具体的危机发生更多地还是表现为不确定性。在开展长期的、宏观的预测研究的同时,必须高度重视中、短期的跟踪研究工作,即不断追踪社会生活、工作中所出现的矛盾,获取可能导致冲突的各种新的信息、资料,密切关注事态的发展。如物价上涨、紧缩财政可能带来的影响等。

(三)危机事前决策的具体方法

危机识别与判断过程同样需要运用定性处理和定量处理两种具体方法。

信息识别与评估的定性处理是指对信息进行去伪存真、去粗存精的分析、加工、整理、存储、检索和传输的过程。即

①对已经收集的资料进行原始分类;

②对种类资料进行归类、总结但不作取舍，只把意见相近的条目归到一起；

③拟订向决策层或有关部门提出处理的要求与目的；

④聘请有一定实践经验和理论水平的人员参与者资料的处理工作；

⑤分送原始资料、处理要求和目的任务书，聘请指导；

⑥根据危机管理专家的处理意见，进行汇总与协调，最后得出倾向性的结论。

信息识别与评估定性处理其操作方式主要有以下几种：

1. 定性预测法

定性预测是一种由一个或多个知识经验丰富的专家进行预测的方法。这种预测是主观的，并对未来的行为进行判断，定性法没有定量法那样发展和被普遍使用，它通常适用于在拥有历史数据的前提下进行。它可以采取专家小组法、德尔菲法、电子会议法，等等。

专家小组法是经过专家进行讨论以求达成共识。这种方法的假设前提是通过公开沟通和信息共享从而进行更有效的预测。小组中的专家可以在内部产生，也可以从外部邀请，可以来自内部的不同职能部门，也可以来自一个组织的合作伙伴。德尔菲法是采用背靠背的通信方式征询专家小组成员的预测意见，通过几轮征询，使专家小组的征询意见趋于集中，最后做出符合发展趋势的预测结论。此方法的目的是避免一个或少数顽固的小组成员控制决策过程。在德尔菲法中，通常是收集每个专家小组成员的书面意见。该方法认为每个专家都可以编制和归纳自己的观点，并可以在看到最终结果前改变自己的观点。这个过程需要重复进行直到达成共识。德尔菲法的假设前提是专家小组在预测之前为决策者提供相关信息。电子会议法是将名义群体法与计算机技术相结合的方法，参与者通过计算机接收要评估的危机信息，然后将自己预测的看法输入计算机进行汇总。汇总后各成员通过计算机对各个看法进行讨论、投票统计，最后得出结论。具有快速、匿名、诚实的优点。

2. 定量预测

危机信息识别与评估的定量处理是指将收集到的、可以通过数据或者转换成数据来表达的资料进行数码处理，并以此给出定量分析结果的资料分类、分析、加工、贮存和传输的过程。定量处理的目的是为了对资料作出准确的评价，为决策者和有关部门提供可靠的依据。定量预测是基于数学建模，因此，预测的结果往往是客观且可重复的(即每一次输入的数据都会产生同样的结果)。定量预测使用历史数据建立可以预测未来的关系或趋势。这种数据并非总是可用或可靠的。

定量预测又可以分为以下几种有代表性的操作方式。

(1)时间序列法。这种方法是指观察或记录下来的一组按时间序列排列起来的数字序列，如某种产品几年来的年产量、月销售量等。时间序列法就是把在一定条件下出现的事件，按时间顺序排列起来，通过趋势外推的数学模型去预测未来。这也是简便易行的预测法，但它只考虑了时间的因素，没有考虑因果关系，预测的精确度并不高，多用于短期和中期的预测。此方法的前提是事件存在一个可以被预测的趋势，而且这个趋势独立于外部因素，并朝着相同的方向发展。即时间序列依赖于预测未来值的历史量化数据，在特定时期，固定时间跨度内采用一系列的观察值。在这引起技术中，从时间序列(历史数据)开始，经过一系列的观察，尝试预测未来某个时期的事件；

(2)因果类比推理评估法。是在两个不同事件间的相互联系规律已知的情况下，利用先导事件的发展规律来预测后发事件的发展趋势。此间必须将对象(后发事件)与被类比对象(先导事件)进行全面评估，找出异同点。相似性的结果出现的频率越高，进行类推评估的可靠性就越大;同时还应该把各种内外部因素对事件的影响都考虑进去,并据此对评估结果作出修正,以提高类比推理的可靠程度。这种方法只是短暂地注意了两种事物之间存在的某种相似性,而不可能认真地去揭示其他方面的相似,那么,这种类推不足以预测出事件的未来,而按这种类推做出来的预测结果往往也是经不起检验的。这种预测试图找到连接两个或多个变量的共同解释因素,并寻求解答这样的问题:"如果出现 B,A 会发生什么?"这两种方法普遍适用于自然科学中,同时它也对管理者具有某种借鉴力,关键是对管理者对各种因素的关系及其相互之间影响情况的理解。

(3)模拟实验评估法。是根据危机发生、发展的条件与结果的内在联系,模拟危机的发展过程,从中取得第一手实验数据,通过对实验数据的统计分析把握危机发展的规律,并以此预测同类危机在相同条件下的发展趋势和状态的预测方法。如采用的沙盘模型、危机演练等模拟手段来预测可能发生的危机。

(4)危机晴雨表评估法。这是美国学者史蒂文·芬克分别以危机发生概率和危机影响值为横坐标和纵坐标,创建了危机晴雨表,这是一种定量分析方法。就危机概率而言,处于 0～100%之间。当发生概率为 0 时,表示危机不会发生;当发生概率为 100%时,表示危机必然发生。对于危机发生的概率,应尽可能用具体的数字量化。根据发生概率的高低,危机可以分为低度发生(0～50%)、高度发生(50%～100%)两种类型。在危机影响值相似的情况下,不同发生危机的概率的严重程度是不同的,所引起的重视和谐必然也不同。所谓危机影响值是指危机一旦发生后不对它进行预防所产生的危害大小。如图所示,通过对其主观评价,可以用 0～10 表示危机影响的大小,数值越大,表明危机的危害越大(见图 6.1)。

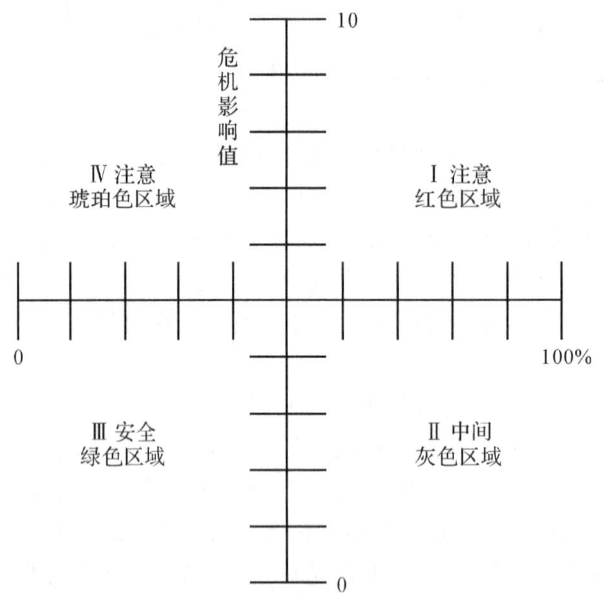

图 6.1 史蒂文·芬克的危机晴雨表[①]

如果发现潜在的危机处于第Ⅰ象限,进入红色区域,表明危机发生的概率和影响值都较高,危险程度较大,需要立即进行危机预报,并采取危机预控措施;如果发现潜在危机处于第 II 象限,进入灰色区域,表明危机发生的概率较大,但影响值小,危机程度处于中度状态,要小心

① 转引自肖鹏英编著:《危机管理》,华南理工大学出版社 2008 年版,第 40 页。

提防，以免引起不必要的麻烦；如果发现潜在的危机处于第 III 象限，进入危机红色区域，表明危机的发生概率和影响值都较小，相对比较安全；如果发现潜在的危机处于第 IV 象限，进入琥珀色区域，表明虽然危机的发生概率较小，但一旦发生却影响较大，需要提请密切注意。

定量评估法一般通过统计分析、数学计算和计算机的应用把所获得的现实资料定量化，建立和预测目的相适应的、反映事件联系的数学模型，经过运算去预测危机的未来。其基本假设前提是按照过去的历史资料可以预测将来的行为或结果，这就要求事态基本上还是按照过去的发展模式发展下去，没有太大的变化，而且历史资料不能太少，否则就无法进行统计学的处理。

进行危机的预测及评估需要特别关注危机的动态性、心理承受力及注意定性与定量分析的结合。

二、危机中的决策

危机中的决策是指危机的潜伏期间问题聚集已经突破临界点，在时间有限、信息不对称、前景不可预测和资源短缺的情况下，选择应急方案、制定实施计划的过程。危机中决策的主要任务是制定和选择合适的决策方案并加以实施。当我们面对大量的危机预案，或经过危机管理的讨论与研究形成了各种应对危机的方案时，如何能够当机立断地作出选择，这是把握危机管理黄金时间的基本要求，因此，危机决策中无论是单一目标决策和多目标决策都需要简化、归并或缩减。

危机中决策的基本要求是构建简捷决策模式，通过快速初步分析，对危机管理目标做出选择，确定备选预案，整合现有资源，制定“满意”和“次优”决策方案。

危机中决策中最容易产生三个错误：一是对决策的目标不定；二是以点带面，以牺牲其他目标为代价，集中于一个目标；三是出现思维和决策的盲点，拒绝现实，不做出决策等。因此，危机中的决策者需要具备一种反常规的跳跃性思维，在无法经过事先验证、缺失严密的推理演绎中不能苛求所谓的完美，关键时候只能是以快取胜，抢占有利时机，控制事态扩散和升级，谁赢得了先机就赢得了胜利，拒绝陷入“布里丹选择”①的泥潭。

下面介绍四种简单可操作的决策方案选择的方法供参考。②

（一）交互领域分析法（AIDA）

AIDA 是由拉克曼在 1967 年提出的一种决策分析工具。当遇到若干相互关联的问题，对于一个问题的解决方案会影响到其他问题的解决时，就可以采取交互决策领域分析法。交互决策领域分析法将那些不可共存的方案组合加以排除，从而显著降低了所需要比较的方案组合的数量。具体使用方法是：

首先，明确任何不可发生相互作用的问题（见图 6.2）。先画一个矩阵，将问题的名称写在矩阵的每个轴上（如 4 个问题就需要 4×4 的矩阵）；将对角线和边框组成的三角形内的单元格

① 布里丹选择理论来自于一个寓言故事，有一个人叫做布里丹，他的驴子饿得咕咕叫，就牵着它到野外找草吃。左边的草根茂盛且很好吃，他带它到了左边，又觉得右边的草更绿，布里丹带着他的驴子跑到右边，但又觉得远处的草品种更好，他便牵它到了更远处……布里丹带着它一会儿左一会儿右、一会儿近一会儿远，始终拿不定主意。结果布里丹的驴子饿死在路途中。避免“布里丹选择”其实并不难，关键是要排好顺序。如果把颜色排在第一位，他应该吃右边的草；如果把品种排在第一位应该吃远处的草；如果把数量排在第一位就应该吃左边的草……布里丹的毛驴因为没有排序，才造成决策的彻底失败。

② 摘录自桂维民著：《危机决策论》，中央党校出版社 2007 年版。

删除，使得每个单元格代表每对不同的问题组合。如果一个单元格所代表的问题组合中的任何解决方案不可以共存就用“×”加以表示。将矩阵中具有空白列的问题拿掉，这些是不会有任何相互作用的，你可以独立地分析它们。

其次，明确相互抵触的解决方案组合。对每一个现存的问题，在一张大尺寸的便条贴纸上写下它的所有解决方案(如果是4个问题就需要4张贴纸)。将它们粘在一个大的工作区域上(如一张白板)。仔细检查每张贴纸上的各种解决方案，分别与别的贴纸上的各个解决方案进行比较，判断无法共存的解决方案组合。将这些相互抵触的解决方案组合用粗线条连接起来，这样没有连接的问题之间是可以自由组合而不会有什么不良后果的。

最后，绘制解决方案的树状图。

	问题一	问题二	问题三	问题四	问题五
问题一		×		×	
问题二					
问题三					
问题四					
问题五					

图6.2 交互决策领域分析图

(二)因果鱼果图(主因图)

主因图是日本东京大学的石川教授最早发现的，也称为“石川法”。因果鱼果图(主因图)是一种帮助决策者掌握事件因果关系的诊断工具，即以此可以分析和识别产生问题的可能原因，然后对这些的原因进行细致分析，直至确定根本原因所在(见图6.3)。

这种方法的优点是：非常形象，尤其是在分析复杂问题的时候，因果鱼果图可以把人们头脑中与问题或结果相关的可能原因实现图形化、条理化。其优点是可以让使用者集中全力于问题的实质，重心在问题的原因上，而不是在症状上，充分发挥集体的智慧，即把不同的意见加以综合整理，使大家对问题或结果的看法趋于一致。

具体使用方法是：

首先，准备一张大的活动挂图纸，确定业已产生的问题或结果，写在挂图右边的框形图内。因果鱼果图的应用最好由2～10人组成的小组来进行。

其次，找出最主要的几个原因绘制一幅鱼果图的轮廓：脊椎骨(主因骨)和鱼头。可以小组展开讨论，当场提出主要原因；也可以在开会前先收集方方面面的意见，根据拟订的原因列表，找出主要原因。按照一般规律，一个问题的原因主要由物资、信息、人力、技术和环境方面的问题组成。因此，绘制主因果时可以重点考虑这些因素。(见图6.3)

最后，确定每一个主因方面产生问题可能原因。反复针对“主因果”上的每个原因提问，即“为何会出现这种情况?”或“有何情况会因此而出现?”对每一个原因的解释可以遵循以下三个内容：寻找每一个方面(即主因范畴)之中或者之间反复出现的原因；通过归类或投票等来征求意见；确定各种原因出现的频率。其次，注意将可能的原因归入合适的方面或范畴。一般来说，最好是将一个原因归入一个范畴；然而，有些原因放入两范畴内看上去也完全合适，那么可将它们放入这两个范畴，看看会有什么结果。最后可使用一些方块纸板来替代在活动挂图上

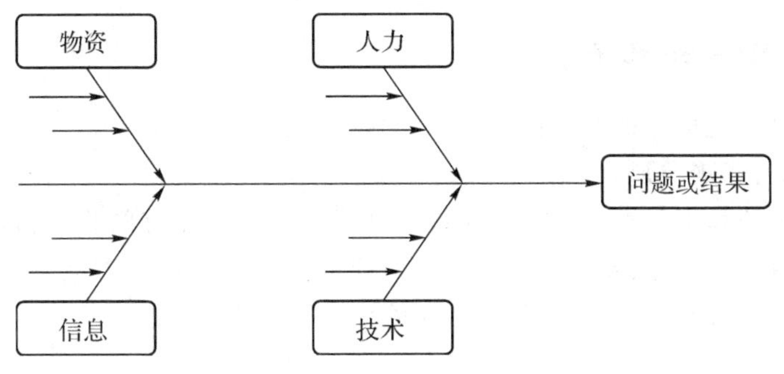

图 6.3　因果鱼骨图

画方框，以便于移动，方便揣摩。

（三）力场分析法

这是心理学家库尔特·卢因创造的。力场分析法遵循了物理学中的一个原理，即每一个运动物体都受到在小相等地、方向相反的两个力的作用。应急决策中使用这种工具的预算是：清晰地呈现某种危机状况的"正""反"两面；尤其适用于为组织变革准确地界定推动力和阻力，促使决策者系统思考变革的左右方面；实质上在运用这个工具的同时，决策者已经在朝变革的目标推进；使组织在处置推动力和阻力的行动中更有针对性；决策者的决策动机随决策者自身活动的时间和环境而变化，力场分析有助于于了解决策时的相关人员的情况及环境。其使用方法是：

①明确分析的问题以及要达到的某种预期目标，并对此进行解释。在提出一个预期目标之前最好事先与相关人讨论一下；目标要被设计为既可以达成的又是具有挑战性的；既是现实的又是带有前瞻色彩的；

②在活动挂图上绘制力场分析图框架。先写一个大大的字母 T；在 T 的左臂上写上"推动力"，右臂上写"阻力"；在 T 的正上方写上要分析的问题，在右上方写上要达到的目标；

③集中讨论出争取预期目标的内在或外在的推动力，将它们依次写在 T 的左下方；

④集中讨论出争取预期目标的内在或外在阻力，将它们依次写在 T 的右下方；

⑤发掘解决问题的办法，即是否能采取措施来强化推动力，削弱或者消除阻力。一般来说，单从推动力方面来争取目标会适得其反，往往从排除阻力方面去考虑才会有真正的突破；六是从客观定性分析的基础上，还可以采取简单的量化分析。参考分值情况作出最后决策。

针对不同情况，可以为列出的每个原因打分，分数的等级可根据危机情景具体设定，也可以参考下列标准，见表 6.2：

表 6.2

特别重要	8 分	很重要	7 分
重要	6 分	很有意义和影响	5 分
有意义和影响	4 分	有些意义和影响	3 分
值得考虑	2 分	值得稍加考虑	1 分
不值得考虑	0 分		

在计算赞成反对两边的平均分数和差值后，决策的偏向就明朗化了。这就可以根据最后的推动力和阻力的强度等级大小来作出决策。

（四）非确定性决策法

非确定性决策法包括三种方法：

1. 小中取大法，悲观准则

该方法是指先计算出各种行动方案在各种自然状态下可能有的收益值，然后找出各个方案的最小收益值，把与最小收益值中的最大值对应的方案作为决策方案。因为这种方案的选择是最不利条件下的最好方案，因此是不冒风险而稳当的决策方法；

2. 大中取大法

大中取大法，也叫乐观原则或最大收益值法。它是先找出各种行动方案在各种自然状态下的最大收益值，把与最大收益值相对应的方案作为决策方案。因此这种方案是最有利条件下的最好方案，风险较大，应该谨慎使用。

3. 最小最大后悔值法

该方法是指按照各个方案在各个自然状态上的后悔值来决策的。后悔值是指某个方案的收益值与最大收益之间的差额，是指同于未采取最大收益的方案而可能产生后悔的收益上的损失的数值。其操作程序是先算出各个自然状态下的最大收益值，算出不同自然状态下方案的后悔值，再算出各个自然状态下的最大收益值，取最大后悔值的最小值对应的方案为决策方案。这三种非确定性决策方法都带有很大的随意性，对于同一个例题，决策方法不同，决策所选用的方案也各不相同，所以决策方法的选择、决策的成败与决策者的知识、观念、综合分析判断能力和魄力有很大关系。

无论是事前、事中或事后的决策，只要是时间允许、信息充分的情况下，我们都希望通过集体决策、评估以做出最优的决策。

第三节　危机决策方案的注意事项

危机决策是在一定时间内、在有限的资源与信息的条件下做出的。由于危机管理的不确定性，导致这种在特殊条件下的决策的价值取向、约束条件、决策程序及其效果都有别于一般的决策，使得我们很难准确地明晰危机管理过程中非程序化的随机变量。如果只是简单地分析与设计流程，等同于将这些随机变量排除在外，无法真正解决危机管理决策问题。因此，在危机决策时还需要额外强调以下几个方面的问题。

一、时机的把握与控制

危机处置时机稍纵即逝，这就要求在一线指挥的领导者敢于担当、敢于负责，敢于处置。危机中的情况多变，不确定的因素很多，必须独立思考、应变自如，正如孙子所说“将在外，君命有所不受”就是这个道理。孙子还说，“故将有五危：必死，可杀也；必生，可虏也；忿速，可侮也；廉洁，可辱也；爱民，可烦也。凡此五者，将之过也，用兵之灾也。”意即：危急关头，做将帅的有五个弱点是致命的：只知硬拼，就有被杀的危险；贪生怕死，就有被掳的危险；刚愤急躁，就有被轻侮的危险；为图清廉之名而洁身自好就有被污辱的危险；过于宽仁慈爱地迁就，就有被烦扰的危险。凡此五点，是将帅的危险，也是用兵的灾难。危机决策中这五点也应该是决策者的危险所在。很多管理者在危机决策时经常容易陷入“危机迷情”及“不适应症”，即迟疑及犹豫不决，如果领导力的本质就是决断力，那么在危机管理的全过程对于管理者的决断力要求即是其基本领导能力的要求，或是否具备成为管理者的基本条件之一就是在管理危机时是否具备决断力。

如苏联1986年4月24日至5月9日发生的切尔诺贝利核电站泄漏事件，就因决策迟缓，处置不力，造成大约50吨放射性物质进入大气，2.5万平方公里的1750万人受到辐射，从而酿成人类历史上和平时期最大的核灾难，充分反映了当时苏联官僚决策机构的僵化与失败。决策失误的代价巨大，1988年9月初步估计，直接经济损失为20亿卢布，到1996年3月这个数字修改为1800亿卢布。

二、追求满意的，但不是完美的结果

在时间压力、信息缺乏和理性有限的危机情境下，只能追求满意的方案效果。如果奢求追求完美往往就会贻误处理危机的时机，最终连满意的效果都达不到。

依据西蒙关于理性与有限理性的分析可以得出一个结论，人在危机状态比平时将会表现得更加地非理性。所谓理性人假设有三个基本特征：知识是完备的、预见、价值和偏好是一致的；行动上是择优的。一般的常规决策就属于理性人假设；而有限理性人假设，即西蒙所谓的“管理人”来代替“经济人”概念。“经济人”追求的是最高值而管理人追求的是满意值，即在决策中寻求满意的或“足够好”的行动方案。因为人的决策行为不仅受到外部因素（如时间、技术、信息）的限制，同时也受到作为信息收集者和问题解决者的人的本身条件的限制。西蒙主张用“满意”代替“最佳”，即进行有限理性决策。有限理性人有三个特征：由于生理条件限制，知识不可能完备、由于预期体验和真实体验总是不一致，表现为价值与偏好的非一致性。面对一个决策问题不可能作出最佳选择而只能做出满意的选择。[①] 只有目标选择上接受了非完美，才有可能出现危机状态的灵活性，才能够做到随遇而安。

2000年8月发生的“库尔斯克号”核潜艇失事事件，上任不久的普京总统决策果断，及时向国际社会公布真相并且向挪威和英国专门机构发出求援，俄罗斯政府对这场危机处置得就比较成功，于14年前苏联领导人处理切尔诺贝利核事故相比，应急决策机制发挥了重要作用。当时面对核泄漏，决策需要具有灵活性的变通能力，往往只能在“次优”或“满意”中作出选择，而无法追求“完美”，即对原方案有一个随机调适的过程，对使用沙土覆盖、人员撤离、核泄漏区进出人员隔离等问题上，决策者之间是争吵不休，迟疑不决。危机决策过程需要快速、简便，靠管理者的经验、智慧和直觉去权衡利弊，实时作出情境决断。

当然，危机管理中的“有限理性原则”和“满意原则”使得人们也有可能会急于求成，以个人主观价值代替了危机事件本身的价值判断，从而使自己陷入没有选择余地的“霍布森选择”。托马斯·霍布森是16世纪英国剑桥地区的驿站老板，当年的驿站都向顾客出租马匹。这位老板非常爱自己的马，还有个怪脾气，坚持要按自己固定的顺序轮流出租他的马。主顾们虽然不能由自己挑选满意的马，但也只能将就了，否则就一天没马骑。因此所谓“霍布森选择”就是只有一个方案、没有选择余地的“假决策”，这是经营决策的大忌。因此，不能把“有限理性”和“满意”原则当成是管理者在处理危机的关头拍脑袋、灵机一动的决策就是满意的，这其实是一种

① 参阅西蒙著：《管理行为》，北京经济学院出版社1988年版。

领导艺术不高或没有领导艺术的表现。管理者还是应当在已有知识、经验基础上，动用直觉、想象力、创新思维，以“有限理性”求得“满意”结果。找出尽可能多的方案进行抉择。

三、不断培养和提高决策者的非常态思维方式

危机状态的决策者心理压力大、目标取向不同、容易受到非理性因素的影响。在培养和提高决策者的决策能力方面我们可以借助学习、记忆、习惯等心理的训练方法。学习即能够概括过去的绝对值，通过知识的传递和理论的判断能力，或采用试验的方法对特定抉择可能产生的后果进行估计；记忆是人能够将为解决某一问题所收集的信息及由此导出的结论储存起来，以便在以后发生同类问题时作出新的决策；习惯是指当人们需要采取适当行动时，不必再有意识地进行决策而能对同样的刺激和同样的情况产生相同的反应，这就是习惯，它能帮助依据习惯延续人的行为。只要这种习惯对实现目的来说是合理的，它就能对合乎目的的行动起重要的促进作用的。学习、记忆、习惯是危机决策的心理基础，对危机管理起着推动或阻碍作用。如果管理者以知识、经验为基础，善于打破习惯，创新思维，那么，管理者就能凭以直觉、想象力和创造力为主的领导艺术和决策能力处理好突发事件。

管理者不仅分析危机产生的原因和可能出现的问题，而且还面临着组织文化扭曲决策者的思考等方面的问题，使得危机决策者往往不清楚问题的症结，以至于出现认识上的盲点，有时甚至会钻牛角尖而不是另寻出路。

萨马兰奇从 1980 年到 1993 年，连续三次当选国际奥委会主席。1997 年，他接受国际奥委会的请求，继续连任一届。就在这时，1998 年美国一家媒体披露，国际奥委会有大约 20 名委员接受了盐湖城冬奥会申办委员会的贿赂。消息一出外界一片哗然。萨马兰奇立刻被推到了舆论的风口浪尖上，他承受了来自奥委会内部和外界的巨大压力。舆论甚至要求萨马兰奇辞职。在这突如其来的困境和危机面前，萨马兰奇面临两个选择：一是辞职；二是迅速应对挑战。他后来说：我从未想过辞职。他认为越是在这种情况下他越有责任应对好信任危机。萨马兰奇果断地依据奥委会章程严格惩罚了奥委会的 16 名委员，包括开除了其中的 6 名成员。尽管这是一个痛苦的抉择，但是他没有迟疑，并且化危为机，从源头上进行了治理。也正是这次危机的出现，使萨马兰奇原本打算进行的奥委会内部改革很快提上了议事日程，并以更加迅捷的速度出色地得到了圆满完成。萨马兰奇也因此而被外界称为“奥林匹克历史上最有智慧和决断力的领导人”。

四、防范危机决策中的陷阱

我们不能预先创设人们作出的决策都是正确的，因为决策并非是在基于理性、对方案充分了解和权衡基础上作出的，相反，很多时候，是被决策者的情感、欲望或压力推动的。行为科学家罗列了一份长长清单来阐述“决策的陷阱”，没有人可以说哪个陷阱的危害最大，但是避免决策陷阱却是要时刻记住的事情。

下面就是专家们罗列的较常见的决策陷阱：[①]

---

① [希腊]格雷戈里·P·普拉斯塔克斯著，李辉译，清华大学出版社 2011 年版，第 20～22 页。

1. 先入为主陷阱(沉锚陷阱)

最初的估计、观点和数据对后续的思想和决策具有重大影响。人们往往会根据初始的给定条件,轻易得到的数值和修正后的数值进行形式上的判断。这些主观的数值使决策者陷入了陷阱。如果人们不能对信息进行处理,那么整个决策过程就不是在无偏见的情况下进行的,所作出的决策很可能是一个有害的决策。

2. 维持现状陷阱

任何变化都会带来一定程度的危险和不安,当外部环境发生变化时,应该对决策进行一定程度的调整。因此,很自然的,当人们处在熟悉的环境中时,他们会感到安全。当制定一此土法上马决策时,为了能够省劲,避免风险和不发生损失,他们宁愿用没有进行验证的候选方案来维持现状,为了避免陷阱人们应该认识到改变需要更多的努力,应该做好被考验的准备。

3. 框架陷阱

在某种情况下的选择会受到已有框架的影响。如果一个框架结构不佳,管理者就可能在无意中作出错误的决定。大多数人都愿意接受事物的最初框架,而不愿意思考他们的观点可能会发生变化而重新构建框架。当事物的框架不佳或不充分时,问题扣心往往把人们引入歧途。

4. 沉没成本陷阱

另一种心理倾向被称为厌恶确定损失,结合框架陷阱产生"沉没成本陷阱"。有研究表明,人们很少愿意接受一个确定的损失,因此都喜欢在希望破灭之前赌一把。决策者往往坚持执行过去的决策,尤其是当某些人在某项决策中获得利益的时候,他们不愿承认这项决策是错误的或改变政策。总之,这也可能是一个避免导致错误方向的简单方法。

5. 确认证据陷阱

人们倾向于用符合他们偏好的方式去看问题。决策者正有意无意地被支持他们现有观点的或正在某种程度上与他们观点不相冲突的解释数据的信息所吸引着。这种倾向推动着决策者得到他们喜欢的结论,却忽略了有用的信息。

6. 评估与预测陷阱

这又可以表现出多种具体形式,如过度自信、过度谨慎、求败的认知陷阱、因惊喜而出人意料陷阱。它指的是人们受其经验和性格的影响而作出错误的估计和预测的情况。乐观和过于自信的领导者很容易过高估计他们所掌握的信息或他们的预测能力,而那些缺乏自信的管理者基于他们的预测所作出的决策反而可靠一些。管理者倾向于把重点放在过去发生的重大事件上,高估了这些事件再次发生的概率。

7. 基本量陷阱

在制定决策时,信息的质量和数量都非常重要,忽略了相关的信息可能会导致错误的结论,而另一方面,保存太多的信息(对评估和选择无用的信息)可能会掩盖真相,延迟决策过程,并导致决策者忽视了重点。

8. 利己陷阱

与偏见陷阱可能导致人们违背自己的利益不同,利已促使人们得出结论有利于自己的决策。利已促使人们以他们想要的方式来获取数据,这促使他们预支成功,谴责失败。这种偏见可以指一个人为了迎合自己的偏好而进行有倾向性的选择或扭曲事实,会使团队工作产生问题,人们会认为其他人没有做他们工作的公平份额。

五、准确地运用决策的技巧[①]

克服陷阱的方法就是培养决策的技巧，即决策陷阱的"对面"就是决策的技巧。决策技巧经过学习、记忆会成为经验习惯，可以帮助决策者采取一些积极的步骤，提高决策的质量。

1. 采用帕累托方法

当你尝试找出最重要的问题的解决方法时，按照帕累托的原则：大约75%的问题是由只有25%的客户产生的，或同样，75%的服务投诉只波及25%的产品。使用帕累托方法：列出你可能面对或选择的问题；同类问题只是一个大问题的各个方面；对每类问题赋以适当的分数；解决同类问题中得分最高的问题。

2. 记住六顶思考帽

这种作用强大的技术可以帮助你制定重大决策，或从许多不同的角度提出创新和刺激性的观点。观察可得数据（白帽子），但同时使用你的直觉（红帽子）、悲观（黑帽子），但也积极（黄帽子）地看事物，同时要提出创造性的解决方案（绿色的帽子），并控制过程（蓝帽子）。不同的视角可以帮助你作出更明智的选择。

3. 时机很重要

在错误的时间作出正确的选择可能比在合适的时间作同错误的选择好不到哪里去，所以，你应该在合适的时间作出你的决策。许多正确的决策都是因为时机不对而失败，因此，时机是一个决策最重要的组成部分。

4. 减少思维定势的影响

花时间收集资料，并形成自己对这个问题的意见。在你所信任的渠道里寻找信息和观点，避免过高估计这些信息。在与别人进行讨论之前，记下自己的意见，然后再进行讨论，以免受别人的观点和意见的影响。

5. 不要抵制变化和风险

在做出决策之前，首先确定你的目标，考虑如何更好地实现这些目标的同时，还要考虑能够更好实现目标的候选方案。如果你害怕变化所带来的风险，那么就要一步一个脚印地制定决策，从低风险决策开始实践，从而获得自信和肯定。

6. 诚实对待可能出现的错误

一旦你做出决策，就把它放到一边，继续向前迈进。不要后悔，也不要害怕承担接受这一决策后产生的责任和结果。如果方向的变化是必需的，就不要考虑时间和所付出的努力（沉没成本）。那些参加过之前决策的人可能会帮助你找到候选方案。

7. 诚实对待自己的动机

在你决策要怎么做之前，要仔细想想你这么做的原因。在收集数据时，问问自己，是不是因为这些数据迎合了你的偏好。根据预期和学识来筛选数据，但是为了寻找别人的意见，就应该不带个人偏好地反映事实情况。

8. 重新构建问题

当一个问题的初步框架被证明是误导时，要重新构建它。如果你想改变问题的框架，尝试一下新的选择，询问一下别人的意见，同时不要告诉他们这个问题的当前框架，以免对他们提

① ［希腊］格雷戈里·P·普拉斯塔克斯著，李辉译，清华大学出版社2011年版，第20～22页。

出的建议产生影响。

9. 控制你的自信心和忧虑

当你进行评估和预测时，要相信你的直觉，但不要过于自信。过度自信会导致你作出草率的决策。列出你所作估计的优点和缺点，并想象一下如果你的估计出现错误所导致的潜在危险是什么。另一方面，缺少自信和忧虑经常导致避免决策。仔细搜集所有的相关信息并进行检验，然后找出如果发生某些变化，能够灵活做出调整的解决方案。

10. 学习如何管理小组决策

很多时候需要在小组内制定决策。因此，为了有效地利用时间，达成一致的意见，学习怎样管理会议是十分重要的。但是，要认识“会议陷阱”：议事日程不明确、延迟开始、跑题、个人争斗等。鼓励自由发言，但要避免议程不明确，不要过多搜集数据，就这个意义而言，过多的数据可能会混淆相关数据中的重要数据。准确定义问题，以便能够对问题达成共识。相关问题达成共识是会议成功与否的关键。

11. 尝试在你的决策中保持平衡

尝试在发生下列问题之间保持平衡：信息的数量和质量，提出正确的问题以便搜集所有相关信息，并避免忽略问题的重要方面。对信息进行评估，去掉那些片面的、误导性的信息；收集数据和取得结果。数据采集是推迟决策的一种方式，设定数据悼念的截止日期，利用现有的数据得出结果，如果你认为有必要作进一步的研究，可以继续寻找更多的信息；分析、审议、行动，有时分析的绝对数量超过了分析所带来的预期效益，因为分析超过了其自身的决策过程，这使得简单的事情变得复杂无效。行动是有目标的，做错了要比什么都不做要好；候选目标，当试图达成一项决策地，要考虑所有的候选方案。避免决策只关注某个特定目标，尝试制定的某项决策，可以同时满足多个目标。

第四节　危机决策方案的执行

天才的决策没有正确的执行也是无效的，因此，如何保证一个正确的、有用的决策方案能够得到准确的贯彻与落实并真正在危机管理的全过程及时发挥作用，还需要建构一个完善的执行机制，并确立有效的责任与监督的机制。

执行是实现危机管理的重要途径，任何一项决策都不能离开准确有效的执行，如果决策不能转变为实际行动，付诸实施，那再完善的决策也只能是空谈。同时任何一项决策最终还得通过执行来检验，可以这样说，危机管理的决策最终还得要有强有力的执行机制来做证明。

建立危机管理的执行机制一般需要先建立纵向指挥层面，每一级指挥层都应该设立相应的功能性小组。每一级指挥听从上一级指挥层的领导并向上一级负责，确保决策顺利执行；其次，建立分级执行机制，根据危机的轻重程度由此决策危机执行的级别。

一般常规的管理中，执行过程可以分为准备阶段、实施阶段和总结阶段。准备阶段主要是先进行思想动员、物资准备和组织落实；实施阶段主要是制订计划、统一指挥、沟通与协调、控制与监督、检查与反馈等环节；最后是总结评估工作。而危机决策的执行过程同样也需要经过决策执行的计划、指挥与协调等环节来具体操作。

一、决策执行的计划

决策执行的计划是指根据实际情况，科学、及时地制定出达到决策目标的行动方案。计划的主要内容包括对决策总目标的分解，分清目标结构主次，明确行动方向；分析决策执行的主客观条件，编制决策执行的方案，人力、物力、财力的统筹安排，合理配置资源；确定时间界限，制定出较为周密、具体的行动措施；确定实施程度、方法及有关的具体制度，规定人员的职责要求等。这是危机决策在执行阶段的运用与体现。

二、执行计划的指挥

决策执行指挥是具体执行危机决策的领导者按照既定决策目标和计划，对下层管理活动进行指示、引导、监督和控制的过程。决策执行指挥是保证危机决策执行协调有序进行的重要手段。在复杂的、涉及面广的危机管理中，管理工作往往层次多人、分工细，各项管理措施环环相扣、相互制约，一环脱节就会影响全局。如果没有强有力的指挥，整个决策执行过程就无法有序地进行。

三、决策执行的协调

决策执行的协调工作是指在管理过程中，不同的管理主体为了达到共同的目标，在决策执行过程中建立相互信任的关系，互相合作、配合默契的良好关系。决策执行中的协调可以避免不同管理部门和管理人员之间发生互相扯皮、互相推诿的现象，避免内耗，提高工作的效率。

决策执行的过程也是责任到位的过程，如果没有事先的培训与演练，要保证危机决策执行的顺利进行也是很难的，它毕竟是要将组织内外的资源整合使用的过程，这是一个需要不断训练的过程。

第7章

危机信息管理

学习提要

学习本章要求掌握危机信息管理是现代信息社会危机管理的基本特征,也是危机管理的重要组成部分,保证为危机管理的全过程提供技术支持是危机信息管理机制的基本要求。

本章将回答以下问题

(1)如何构建危机信息系统?

(2)现代技术手段在信息管理中有什么作用?

(3)危机不同管理阶段信息系统运用的方法是什么?

(4)危机前信息管理的方法是什么?

(5)危机中信息管理的方法是什么?

(6)危机后信息管理的方法是什么?

(7)危机信息管理存在的问题及改进的方法?

第一节 危机信息管理系统

自1946年第一台计算机问世以来,管理界的有识之士就普遍预言:计算机将广泛应用于管理领域。今天计算机的应用已经成为管理学的重要组成部分。现今信息量爆炸、社会科学进步迅速、经济急剧发展,信息成为任何一个组织管理的重要组成部分,成了管理中人、财、物之外的第四大资源。危机原因复杂、种类繁多,是一种带有大量不确定性因素的半结构化问题或非结构化问题,仅仅依靠传统的手段和方法很难做出及时而有效的处理,借助于高度发达的信息技术,将计算机应用作为危机管理的一个重要手段,才能提升危机管理的信息化水平。社会管理活动对资源的需求每时每刻都在发生变化,计算机技术、网络技术、通讯技术和Internet技术的迅速发展和国际经济政治一体化进程的加剧,如为了有效地防范及预测、处理危机,需要借助于已有的技术,对危机管理全过程的信息资源进行及时及准确的处理与利用,这就需要构建一个完整的信息管理系统,因此应用计算机成了我们战胜计算机挑战的唯一出路。

从系统观点上来看,危机管理信息系统分为危机前兆信息(监测监控的传感数据、危机源头数据等)、危机处置过程的信息(举报、报送、事件状态演进、处置、跟踪等)、事后分析总结信息(评估、恢复重建、救济、案例等)和基础信息(组织管理、社会、经济、自然等)四大类。危机管理信息系统就是提供这些信息的报送、采集、传输、交换、存储、组织以及知识和模型的管理,提供危机管理中信息的高效获取、综合共享、快速反应以及辅助决策分析的服务。危机信息管理机制的构建需要借用于现有的一切高科技手段及技术设备,一切的现代信息交流及共享的设备和技术都将成为现代组织危机管理的支撑的物资保障。

危机管理信息系统是面向危机管理的信息服务平台,是实现业务体系的手段和载体,是危机管理的信息技术基础。危机管理信息系统应该强化其危机管理的信息服务的基础性作用,突出其服务的可灵活、快速重构和搭建等特征。同时在技术层面体现组件化、面向服务的开放性、可集成性和分布式部署等特征。危机管理信息系统与危机管理的决策系统是不同的,信息系统主要是从信息层面,强调平时的信息收集与战时的迅速信息服务,而决策系统强调的是以战时的处置决策与指挥调度业务为主体,技术上要大量集成通信监控等技术。

在构建一个组织危机管理的信息系统时需要特别注意三个方面的问题:

一、充分利用已有的信息交流的技术或条件

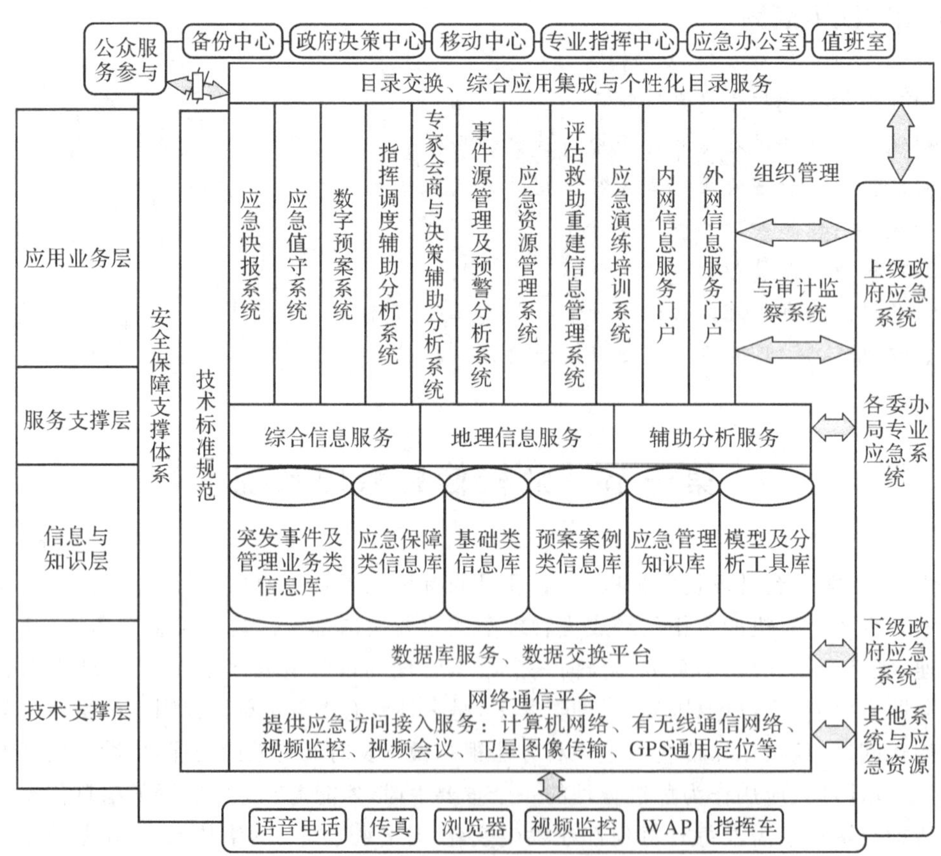

图 7.1 危机信息系统平台体系架构①(以政府为例)

① 王延章等著:《应急管理信息系统:基本原理、关键技术、案例》,科学出版社 2010 年版,第 119 页。

以政府为例，政府危机管理信息系统应该是构筑于社会公用信息设施（如通信网络和计算机网络）之上的、联系各个相关行业（公安、气象、疾控、军队）等业务信息系统的大集成系统，最好是以已有的电子政务的基础设施平台为依托。如果脱离现有的电子政务设施平台，单独建立应急管理信息系统将会浪费大量的资金。而且危机管理系统本身就是电子政务的深度应用，离开电子政务平台应急管理信息系统的作用将会受到限制，危机管理信息系统的建设应当以网络设备、无线通信设备为中心，而不是以业务需求为中心，即原有的电子政务平台是构建政府危机管理信息系统的重要条件。所以危机管理信息系统必须以当下电子政务的基础设施平台为依托来打造危机管理系统，系统建设重点围绕如何使用设备而不是从需求出发。（图 7.1）

二、扩展信息技术应用，引进现代科技成果

充分扩展信息技术应用，引进现代科技成果运用到危机的预测、控制及恢复的全过程。

如运用地理信息系统（Geographic Information System 或 Geo-Information System，GIS）[①]来应对自然灾害；又如充分利用现在发达的网络资源，建立面向公众的公开网站，日常可用于咨询、宣传、教育，危机状况下可以形成虚拟专用网，有效支撑危机指挥、调度、协调等各项工作。国外大的跨国集团（如汽车公司）一般都会以互联网物理介质为基础，发挥信息路由自动化原理的优势，通过网络认证协议等技术，克服软件、系统等差异，整合分散的局域网信息资源，形成全球性的专用信息交换平台。这种虚拟专用网基本技术已经成熟，国外技术已有成功案例，国内主要是管理流程上存在差距，尚未形成实用模式。自从“9·11”后，美国联邦紧急事务管理局要求国会拨款几千万。他们要为全国范围内的手机信号发射塔配备长效紧急备用发电机，以确保一系列恐怖行为发生以后整个国家的通讯系统不至于瘫痪。

三、注重信息技术的实用性

一种行使有效的信息交流方式远远比技术的求新更重要，正所谓“最合适的才是最好的”。信息管理系统无法脱离现有的条件，既要保证技术的先进性更要考虑应用的实际效果。如果你搭建了一套最现代化的信息交流平台，但是充满了大量复杂的晦涩的难以运作的程度与条件，那么危机信息系统的真正价值将难以体现，毕竟危机信息系统是为整个危机管理提供信息上的帮助的。密西西比电力公司飓风应急手册有四英寸厚，但高层主管承认灾难发生时他们根本没有时间阅读手册，他们当时最需要的也是最有用的是印有员工姓名与重要电话号码的电话簿。他们利用 Nextel 手机通信系统联络 1256 名员工，密西西比电力公司运用情境规划、企业恢复策略与团队合作在 12 天内恢复电力供应，让每位顾客在家中不再受暴风雨的摧残。如果所有方式都失效时就请发个短信吧。一般在危机发生时一些重要的通信系统都有可能失效，无法使用手机或用家用电话与家人联络，通信专家告诉我们，在这种严重灾难中，虽然有些电池可以维持好几天，但基本电信系统包括无线网络通常会陷入瘫痪。根据《纽约时报》指出，

① 地理信息系统（Geographic Information System 或 Geo-Information system，GIS）有时又称为“地学信息系统”或“资源与环境信息系统”。它是一种特定的十分重要的空间信息系统。它是在计算机硬、软件系统支持下，对整个或部分地球表层（包括大气层）空间中的有关地理分布数据进行采集、储存、管理、运算、分析、显示和描述的技术系统。

有一项在96%的时间都有效，并在2004年海啸席卷斯里兰卡、印度尼西亚时正常运作，这项技术就是"短信"(Short Message Service, SMS)现在许多政府打算追随短信服务领导者荷兰与中国香港特别行政区的脚步发展这项科技，短信服务是一种靠着卫星系统发送方案信息至任何兼容装置的服务。中国香港特别行政区现在正通过发送短信给700万用户使用者的方式，告知他们香港爆发SARS病毒是谣言。2003年相同的事情也曾发生。他们将文字信息发送至市民的手机与个人数字助理(Personal Digital Assistants，PDA)，告诉他们不要听信谣言，这是防止城市陷入恐慌的最佳方法。

第二节 现代信息技术在危机管理中的意义

危机信息管理的关键在于利用信息技术建立完善的危机管理系统，尽管危机管理系统包括了预警、决策、处理、恢复等诸多方面的功能，但是，从管理的常态与非常态的区分来看，平时与常态管理相互交叉应用的信息技术体现在危机的预警系统的功能，另外就是在非常态管理中由信息技术支撑的危机控制与处理系统。因此，一个组织的信息技术对于危机管理的价值与意义就在于两个方面，一是通过平时各种信息技术的运用为危机预警提供技术帮助。二是在危机状态下，即非常态时能够及时地将危机预案翻译成实战的危机处理方法，让危机管理者能够进行直接的、连续的战术控制，指挥现场处理工作，及时监控危机局势的变化，协调各种资源的配置，将危机的损失控制在最低的程度。

现代信息技术在危机管理的中的作用具体可以体现在以下几个方面：

一、现代信息技术在客户或公众关系管理中的作用

尽量让自己做到最好就是对危机的最好防范，但是到底是好或不好并不是自己对自己做的一个判断，它是由社会公众来决定的。因此，通过现代信息技术加强企业与客户之间或政府与社会公众之间的联系与管理是我们对危机管理的最低成本及最高效率的要求。

企业一般可以利用营销中心、新闻组、BBS及呼叫中心等收集、存储和加工客户数据，并运用数据挖掘技术对这些客户数据进行分析和处理，以确定特定消费群体或个体的兴趣、消费习惯、消费倾向和消费需求，改善客户关系管理。同时也可以利用数据挖掘技术从企业的商务网站或Internet上获取客户的投诉和意见，并对这些投诉和意见进行分析，以发现客户关系管理中存在的问题，为企业及时捕捉到可能发生营销危机的一切事件和先兆，改善客户关系管理，避免各种营销危机的发生。如很多企业都建立了自己的投诉网站，专门用来收集客户对公司、产品、服务的投诉和意见。利用企业的Web站点来接收客户反馈意见的电子邮件；利用基于Web的数据挖掘技术和Cookies技术来获取客户对产品质量、品种和服务方面的数据；利用Internet呼叫中心来及时处理和解决客户的投诉和意见，维护公司的信誉和形象；利用Internet各种搜索引擎工具收集各种可能影响或危害企业信誉和形象的信息，监督网上舆论，维护企业信誉和形象。同样的政府也可以通过现有的政务信息管理的平台进行社会各界信息的搜集并进行反馈，通过及时信息交流的方式尽量地将潜在的问题及时解决，这是危机管理重在平时的技术基础。

二、现代信息技术在危机信息收集、危机诊断中的作用

除了注重平时与各类公众、客户的频繁交流与沟通以及时化解矛盾与纠纷以尽量将危机控制在萌芽状态外，作为任何社会组织都需要为了危机的可能到来而进行专门的针对危机而做的信息收集工作。

可以利用先进的数据挖掘技术、数据仓库技术、联机分析技术对内部数据仓库的海量数据进行分析，以发现经营过程中出现的各种问题和可能引起危机的先兆，如企业经营不善、观念滞后、产品失败、战略决策失误、财务危机等内部因素引起企业人、财、物、产、供、销的相对平衡体遭到重大破坏，对企业的生存、发展构成严重威胁的信息，及时做出正确的决策，调整经营战略，以避免危机的发生；同时也可以利用先进的 Internet、Web 挖掘技术、搜索引擎、E-mail 自动处理工具、基于人工智能的信息内容的自动分类、聚类和文摘以及基于深层次自然语言理解的知识检索、问答式知识检索系统等技术，对组织外部环境信息进行收集、整理和分析，尽可能地收集政治、经济、政策、科技、金融、各种市场、竞争对手、供求信息、消费者等与组织发展有关的信息，集中精力分析处理那些对组织经营和发展有重大或潜在重大影响的外部环境信息，以获得组织危机的先兆信息，列出所有可能的风险、威胁和危险，制订风险目录清单，召集管理人员利用 Intranet、Web 站点、新闻组、BBS 以及视频会议等综合头脑风暴法、统计审查法、现场调查法等方法，共同分析和挖掘可能的风险源；其次对风险目录中列出的所有风险进行分类，估计出每一种风险发生的概率及危害程度，并对危机损失程度进行评价；然后决定每一种危机的管理方法和管理的先后次序。如企业可以利用数据挖掘技术对数据仓库中的海量数据进行加工和处理，分析出企业发生欺诈行为的原因、动机、机会、方式方法和手段，分析和评价欺诈危机的严重性、发生的可能性及控制危机的成本，以便对客户的信用风险进行分析和可能发生的欺诈危机进行预测，准确、及时地对各种信用风险和欺诈危机进行监视、评价、预警和管理，在发生之前对其进行预警控制，做好信用风险和各种欺诈危机的防范工作。

三、现代信息技术在危机控制中的作用

当危机发生时，如果我们受制危机信息技术的制约而无法控制和处理危机是一件很令人遗憾的事情。只有建立了基于组织内部的信息沟通渠道，加强内部网络的建设，并保证组织决策者与市场或社会公众建立直接的联系，同时将信息化建设建立在科学管理的基础上，即建立信息技术的组织制度，那么危机管理就不可能受制于信息技术的局限性，恰恰相反现代信息技术能够帮助组织有效地控制事态并逐步地恢复正常的工作环境。因此，危机信息管理既是一个技术问题，也是一个认识问题，同时更是一个管理问题。只有在合理的管理体制、科学的管理方法、完善的规章制度基础上，才能充分发挥信息系统的效率和作用。如英特尔公司的目标是设计和部署全球范围的电子商务解决方案，通过与现有业务程序兼容，并且无需进行大范围的基础设施，增强其当前的业务模式，建立竞争优势。基于电脑的通讯工具取代电话和传真机，并通过发送个性化信息改进客户服务，继而完成信息发布和常规销售任务的自动化。将未上网改成了“上网”，改进了与世界各地客户的联系，通过减少电话和传真传送的订单，加快了确认响应时间，客户拥有了网上订单的能力，需要在同一时间拥有相同的信息，现在通过互联网向客户发送的信息是一致的，1998 年 7 月 1 日，英特尔公司正式开始启用新的个性化网站

接收订单，使分布在30多个国家和地区的大约200余家英特尔客户在互联网上下产品订单、检查产品功能及库存情况，接收市场与销售信息，并获得客户的支持，所有的事务都在实时完成。

同样是在2003年，当时的耐克有90%的鞋在亚洲生产，其中38%在中国制造。随着"非典"疫情的加重，到中国的旅客受阻后，耐克的生产工厂基本上并没有受影响，因为耐克通过现代化的通信设备进行遥控式管理。总部的设计师采用计算机辅助设计软件开发新鞋样，通过网络传给亚洲的加工厂，或通过快递公司把鞋样发给生产商，耐克总部的设计师、检测师与大洋彼岸的加工商可以通过可视电话进行直接的交流，以保证生产出的产品式样和质量满足设计要求。尽管"非典"导致商务旅行受到限制，但是很多具备良好信息系统的政府和企业可以通过因特网、管理信息系统和可视电话等实现远程办公，远程客户服务和客户访问，从而将"非典"带来的负面影响降低到最低限度。可以这样说，也正是"非典"让人们多了一种关注，即如何推动一个政府或企业信息化、电子商务和电子政务的发展。

如在日本2011年"3.11"地震中，如果是预想以外的危机如何进行对应，预想不到的突发事件越来越多，如何对应呢？比如说是建筑物无法使用，人无法进入到公司，总会发生这样的事情，这个时候代替一个系统，代替办公室，要进行切换，切换到这样的地方进行工作，因为是地震或者是禽流感都可能会发生，或者是恐怖事件，那个时候核心的要分清楚什么是对自己的公司最核心的业务，这个要进行一个优先的顺序的排列。全球BCM[①]职员，包括受客户端服务，可以提供大量的应急服务，比如说MC、海事卫星，以及GPS的手机服务，具体对于自己是否平安的确认，包括当时固定电话，手机当时也没有办法通话，这个时候海事电话以及GPS手机这方面能够进行。如果有这样的设备董事会的会议照样可以开，地震时在大阪那边也是有其他的分店，跟分公司、客户照样可以进行及时的信息流通。地震中对于那些在日本的外资企业，有些外资企业马上把总公司移到大阪那边，但是新干线当时停运了，他们到了香港，他们有很多公司有这样的计划，所以说通过这样的做法，一些欧美企业能够顺利进行事业的继续。各个公司觉得制定BCP[②]，事先进行BCP的制定，然后进行了训练。正是因为受过训练，地震发生后马上知道怎样去行动，在紧急对应，包括评价以及恢复三个阶段都得到很好的评价。另外还有紧急的联络手段也是有效的，比如说无线对讲机，包括黑莓手机，他们得到一个有效的利用。另外，从IT部门的角度来看，也提前了解全公司的行动后，在实际运作中减少了很多麻烦。所以BCP的本质就是能够应对无法预料的情况下发生的问题，对于事业恢复有很多很好的功能上的优势，通过训练手段提高BCP的对应能力，这是在公司内部危机管理对应的一个环节。

第三节　危机信息管理技术的具体应用

在危机的预警、防范与控制中如何应用现代技术手段是一个全社会普遍关注的问题。危机管理包含对危机事前、事中和事后的管理，它是一个动态循环过程。在信息管理工具和技术

---

① 业务连续性管理(Business Continuity Management，简称BCM)，是一项综合管理流程，它使企业认识到潜在的危机和相关影响，制订响应、业务和连续性的恢复计划，其总体目标是为了提高企业的风险防范能力，以有效地响应非计划的业务破坏并降低不良影响。BCM规划与实施包括企业信息系统的基础数据、应用系统与业务的灾难备份与恢复计划。

② BCP的常见意思有三个，第一个是SYBASE公司提供专门用于数据库表一级数据备份的工具。第二个是Basic-CallProcessing，即基本呼叫处理。呼叫处理是指呼叫操作或连接，并包括呼叫建立和撤消，呼叫传送，增加或减少呼叫终端(多方电话会议)，呼叫转发等.媒体处理是指通用的PC机和重要的应用业务增长时，这种网络同步特征便显示出它的重要性。第三个是Business Continuity Plan，即业务持续性计划的缩写。此处指的是业务持续性计划。

的运用过程中，必须做到两点：一是危机信息数据处理的信息化，把搜集到的与危机有关的信息以数字的形式保存起来，可以随时地查询；二是必须将危机管理流程信息化，把已经规范的危机管理流程以软件程序的方式固化下来。因此，一套完善的危机信息运作系统与危机管理的每个时间都应该吻合并发挥着不可替代的作用。

一、国际公司信息化管理

20 世纪 50 年代，世界通信技术，特别是计算机技术的发展极大地推动了信息技术的发展，而现代信息技术革命对于形成国际公司信息化管理具有根本性的贡献，同时也为危机管理提供一个新的支撑杠杆。在信息管理的背景下，危机管理人员传递信息，不仅意味着向他们提供正式的报告或图表，还应向他们传递和解释使用这些报告和图表的信息。也就是说，危机管理人员不但能够随时随地获得公司经营管理方面包括信息管理的信息，而且还必须掌握这些信息的“上下文意思”。这样他们才有可能对潜在的危机作出客观的分析，对危机管理方案作出准确且经济的选择。

在美国纽约大学 2000 年 12 月召开的关于“信息化与公司”学术年会上，日本的田中教授提出了“Ba”的概念(即日文中的“场”，与中文“场”对应)，他认为“场”提供了信息危机防范的操作平台。田中的“场”指的是一种共享的空间，这种空间既可以是物理的(如办公室、车间)，又可以是心理的(如共享的经验、观点、意识形态或者是兼而有之。信息在“场”中产生，因此，信息管理也在“场”中进行。田中提出了三种“场“对应于上述的信息三个模式：

1. 源发“场”(originating ba)对应于信息转化的社会化阶段，是信息创新与转化的起点

源发场是这样一种空间：在那里，个体的自我与他人之间的障碍被消除，国际公司员工共享有关感觉、情绪、经验和心智的内隐知识；社会化鼓励员工共享和探索各自独有的信息，通过面对面的接触，实现内隐信息到内隐信息的转化；

2. 互动“场”(interaeting ba)对应于信息转化的外部化阶段

它是这样一种场，在这儿内隐信息变种逐渐外明，个体之间通过相互探讨与分析，达到对事物的共同理解。相对于源发“场”而言，互动“场”是组织可以有意识、较为直接地管理的“场”，这种管理主要体现在对团队和项目小组的管理上。组织通过选择适当的具体特定信息和能力的人组成项目团队、任务小组、交叉功能团队(cross-functional team)，由这样一群个体提供一个信息交流的场所。通过交流与对话，个体的心智模式和技能转化为团队共有的术语和概念，个体享有了他人的心智模式，同时也促发了个体对自己所持心智模式的反思和分析。

3. 网络“场”(cyber ba)对应于信息转化的联合化阶段

它是一种由虚拟世界代替真实时空的“场”。在这里，新的外明信息与已有的外明信息连接，并被组合、储存，由全组织中的成员共享，这是信息技术——管理信息系统、决策支持系统、因特网的领域。外明信息的联合化能够最有效地支持人们在合作的环境下对信息技术的运用。①

国际公司一般通过联系化和内在化进行初步危机防范。所谓联合化(combination)，这是一种将外部信息转化为更为复杂的系统的外部信息过程。在这个阶段，关键的问题是信息的沟通和扩散以及信息的系统化过程。

---

① 《危机管理》，哈佛大学 MBA 核心课程，九州出版社 2002 年版，第 364～367 页。

在实践中，联合化阶段依赖三个过程：首先是捕捉和整合新的外部信息，包括从组织的内部和外部搜集已经外部化的信息（如公共数据等）。其次，直接（通过诸如演讲、会议等）传播外部信息，使新信息在组织成员中传递；三是编辑和加工外部信息（如计划、报告、市场数据等），使其变得更为可用。经过这三个过程之后，外部信息变成了一种运作型信息。

所谓内在化（internalization）是一种将新信息（外明信息）转化为内部的内隐信息的过程。个体的内隐信息成为组织内隐信息的整体之部分。个体可以通过学习、培训或练习来获得团体乃至组织的内隐信息。

在实践中，内部化依赖两个方面：一是外明信息必须具体化到行动和实践中，通过这种实践和行动的反复进行，外明信息（如战略、技巧、创新等概念和方法逐渐变得内在化；二是实现其内在化。内在化了的组织的内隐信息整合了组织中各成员的信息，成为浑然一体的系统型信息。

二、危机前的信息管理

系统科学方法论认为，信息是分析和处理问题的基础。危机前的信息管理首先是构建危机预警信息系统，充分地发挥对危机的预测、预报、预防和预控的作用，因其功能决定了危机预警信息系统一般由信息搜集、信息整合、危机预测和危机预报等四个子系统构成，它们有序地按照危机预警计划完成着危机前的作用。

1. 信息搜索

在信息收集工作中最重要的工具是搜索引擎，它是信息查找的发动机。搜索引擎能够在Internet这个浩瀚的信息海洋中及时地帮助你获得你所需要的相关信息，搜索引擎由搜索器、索引器、检索器和用户接口四个方面构成；信息收集不可能是简单的数据罗列，任何虚假、失真的信息都会给危机管理带来灾难性的影响，如何排除虚假信息，确保信息的真实性、可靠性是信息整合的重要方面。

2. 信息整合

对收集来的海量信息整理分类，去伪存真需要对信息进行技术处理，即利用信息整合技术方便系统调用和查询，从而消除信息孤岛，使组织信息系统形成互通互联的整体、形成各个应用系统的统一访问入口、提供满足信息安全的统一数据发布平台、为建立组织决策系统提供了数据准备、规范信息模型，解决数据不规范、编码不一致等问题。数据挖掘作为一种信息处理技术，能够针对大量信息进行抽取、转换、分析和模型化处理，是信息处理的有效工具。经整合后的信息包括危机处理方案信息和与此危机事件相关联的信息，这些信息经标准化后存入案例数据库，可供模拟演示时调用。如把Oracle Syblse Solserve和DB2 Informix系统行的关系数据库以及其他可用的数据源联系起来形成一个统一的数据库，用SDL语言（标准的关系数据库语言）、XML、Web、Service，甚至类似于"google"的形式搜索数据。即将搜索到的信息进行整理提炼，让信息变得有序化、明朗化，从信息中得到新信息，从而为危机预测支持；危机预测不仅要对风险、威胁和危险进行识别和分析，还要对每一种风险进行分类，并决定如何进行管理种类风险，从而准确地预测各种风险和机遇；最后对已确认的每一种危险的大小及概率进行评价，建立各类风险管理的优先次序以有限的资源、时间和资金来预测更多的危机。

3. 危机预测

科学的预测是危机管理的前提。危机预测子系统的功能是确定危机的种类和严重程度，以及危机发生的概率，以便建立各种危机管理的优先次序。可以通过阀值判断机制确定不同危险等级的阈值(包括危机临界值)和发生概率,进而采取相应的措施进行控制。当危机程度达到危机临界值时,应该立即调动系统资源对危机进行处理,当危机程度未达到危机临界值但已达到相应危机等级的阈值时,可以采取相应的措施使组织正常运行。只有根据预测指标(即阈值)评价危机的严重程度,确定危机的等级,才能准确的进行危机预测。如果指标定义过低,本来并不是危机,而错误地发出了警报,就会造成社会动乱;指标定义过高,实际上危机已经发生了,但系统却还未报警,则失去了危机信息管理系统的意义。为了对危机等级及其影响程度做出准确的估计,阈值判断机制必须使用量化的方法进行,例如,在企业财务危机预警系统中使用较多的Z计分模型,其阈值判别函数为:

$$Z=0.012X_1+0.014X_2+0.033X_3+0.006X_4+0.999X_5$$

X_1=(期末流动资产-期末流动负债)/期末总资产

X_2=期末留存收益/期末总资产

X_3=息税前利润/期末总资产

X_4=期末股东权益的市场价值

X_5=本期销售收入/总资产

根据Z值的大小可将企业财务危机分为三个等级:

①当$Z<1.81$时,企业破产的可能性较大,达到企业财务危机临界值;

②当$1.81<Z<2.675$时,应当采取相应的措施,调整五个变量的值,使Z值尽可能的大;

③当$Z>2.675$时,表明企业财务不会出现危机。

4. 危机预报

危机预报工作中的信息技术,主要是判断各种指标和因素是否突破了危机警戒线,根据判断结果决定是否发出警报,发出何种程度的警报以及用什么方式发出警报。首先是确定每一个指标的可接受值与不可接受值,以可接受值为上限,以不可接受值为下限,计算其现实危机程度.并转化为相应的评价值;其次将各个指标的评价值加权平均得到企业危机的综合评估值;最后与企业危机临界值相比,即可进行危机警报。一旦危机等级达到危机临界值,立即发出危机警报。判断危机是否达到警戒线,是否报警,并决定以何种方式报警,当内、外状况超出警戒线时可向组织发出警报,显示组织状况正处于接近危机或已经在危机的状态,应该马上采取措施以确保组织状态回到警戒线以内。如在Z计分模型中,Z值减小到1.81时,应立即发出警报。

危机警报子系统是一种对危机进行超前管理的系统,它致力于从根本上防止危机的形成和爆发,其重要意义在于在危机发生之前就及时把产生危机的根源消除,节约大量人力、物力和财力,可以促进企业决策者预先采取相应措施,制定新的发展战略,寻求新的发展机遇,以确保企业持续向前发展。

三、危机中的信息技术运用

组织如何运用信息技术,这正是国际公司管理的一个方兴未艾的课题。决策支持系统(Decision Support System, DSS)、专家系统(Expert System,ES)、和媒体工具(Media tools)等先进的信息技术工具正是满足危机管理的这种需要。这些信息技术不仅要完成向危机管理人员随时随地传输信息的功能,它们本身还凝聚了危机管理的经验和知识,因此可以被用来解释信息,甚至还可以担负起教育和培训危机管理新人的责任。当然,这些信息系统的设计,不但需要信息和计算机专家参与，还必须有经验丰富的危机管理专家提供指导，将他们的危机管理经验——将隐信息转化成外显信息，融合在信息系统中，让所有的危机管理人员共享。如公司的内部网，电子邮件系统都为危机管理人员提供了信息交流的平台。许多传统的危机管理工具将会被淘汰，新的工具会应运而生。所有这些变化都会越来越有效、越经济。[①]我们介绍两个方面的运用实务：

（一）信息技术在危机决策与处理中的运用

危机决策是一种快速的决策方法，需要在很短的时间内依靠已有的信息进行推断、分析、决定并作出相应的方案，其中需要体现大量的技术层面的准备工作，危机管理中不仅要发挥信息系统的信息传递的作用，更需要发挥信息的价值，需要建立科学的决策辅助模型和信息分析技术手段，以提高决策的准确性和有效性。在具体的预案决策方面则需要对预案的生成、实施、演习、修订与完善等进行更细致的研究与设计。危机信息管理系统提供危机发生时将危机应急预案转变成处理危机的切实方法，制定危机处理的策略和方案，拟定危机应急计划并组织危机管理队伍，让危机管理者能够进行直接的、连续的战术控制，指挥现场处理工作并及时监控危机局势的变化，协调各种资源的配置，将危机的损失控制在最小的程度。但是，危机管理决策信息系统的启动需要大量解决危机的管理方案的数据支持。因为没有哪两次危机是完全相同的，也不存在一套对任何组织危机都适用的处理方案。危机处理不仅要根据实际情况，还要充分借鉴以往成功的经验，吸取失败的教训，这就要求危机处理子系统能够调用案例数据库资源，再协调各种组织资源消除危机所造成的消极后果，统一协调组织行为，尽可能减小危机影响范围，如案例推理(case-based-reasoning，CBR)的具体运用。

案例推理是目前人工智能中一种新兴的推理方法，最早源自于美国耶鲁大学 Roger Schank 教授在其 1982 年的著作 Dynamic Memory 中所作的描述。它是一种能够模仿人类推理和思考过程的方法论，也是一种构建智能计算机系统的方法论。CBR 来源于人的认知心理活动：人们在面临一个新问题时，往往把以前使用过的与该问题类似的事例联想起来，运用过去解决该事例的经验和方法来解决当前问题。因此，将 CBR 引入到应急辅助决策中，辅助处于复杂环境、面临很大心理压力的决策者进行应急决策具有重要意义。

通常 CBR 的工作过程被解释为 R4 循环模式，即检索（rctrieve）、重用（reuse）、修正（revise）和保存（retain）。而 Gavin Finnie 和 Zhaohao Sun 提出了一种新的 CBR 工作模式，即 R5 模式，表现为：表示（repartition）、检索（retrieve）重用（reuse）、修正（revise）和保存（retain）。[②]

危机案例一是种类繁多，涉及很多的专业领域，而且每个专业领域的知识体系具有很大的差别；二是具有典型的非结构化特点，即不同的危机事件所包含的特征属性多种多样，不尽相同，且案例往往是用文本的形式进行描述，没有统一的表示有形式，结构化程度低；三是每一类危机事件中包含有若干个状态，即危机事件上一个动态的过程，从其产生、发展到结束的不同时期会有不同的情况，并且一个状态可以表述突发事件在某一特定时期相对稳定的状况。四是由一个危机事件往往可以引发其他的危机事件，即具有衍生性。

应急案例的检索机制：

(1)单级检索策略：较简单的方法，适用于案例库中案例不太多的情况。当危机发生时检

---

① 《危机管理》，哈佛大学 MBA 核心课程，九州出版社 2002 年版，第 364～367 页。

② 王延章等著：《应急管理信息系统》，科学出版社 2010 年版，第 80～85 页。

索当前问题与历史案例库中每一个案例的相似度，从历史案例中选择出一个或若干个与当前问题相似的案例，供决策者参考，从而得到当前问题的解决方案。

(2)基于聚类分析的两极检索策略。随着案例库中案例的数量的增加，案例库的问题覆盖率将得到提高。如果不采取一定的措施，仍然采取单级检索策略的检索，那么检索的效率将会非常低，而且检索时消耗的时间将越来越长。此外，随着案例的增加，可能会产生噪声案例或者数据不一致的情况，在一定的程度上也会影响检索的效率。这可以通过基于聚类分析的两级检索方法来解决。

两级检索方法即先采用聚类分析的方法对案例库中的案例进行分类，使得同一类内的案例具有较高的相似度，不同类别中的案例差别较大，每一个聚类用同一个典型安全来代表，这样就得到一个抽象案例库，每一个抽象案例库又对应着多个具体案例。

当进行案例检索时，首先计算当前问题与每一个抽象案例库的相似度，从中选择相似度最高的抽象案例，然后再在该案例所对应的具体案例中进行检索，从而找到与当前问题最相近的一个或若干个具体案例。当用户对检索到的具体案例所提供的解决方案不满意时，可以综合此具体案例所属的抽象案例组中的其他具体案例的解决方案形成一个比较完善的解决方案以供参考。

危机管理的应急性决定了人们很难在如此短的时间内搜索到最优化的案例以保证本次危机管理的借鉴意义，但是危机管理本身的不完美性也决定了我们只能尽我们所能而不可能搜索全部的案例进行类比的。

(二)运用现代信息技术建立信息通报网络

当今社会的信息传递主要是通过信息通报网络来进行的，社会组织应该从战略的高度重视信息通报网络管理，通过信息技术建立内外的沟通渠道。在危机沟通计划中，必须结合危机的种类和目标对象，明确哪些是信息沟通渠道与环节用来承载危机沟通时的巨大信息流量的。在危机沟通实践中，危机沟通的实质是指危机信息在发送者和接受者之间流动的途径，危机沟通渠道建设的最基本要求是危机沟通渠道越短、越直接则效果就会越好。一个组织内部常见、常用的直接沟通渠道主要有各种通讯系统、内部电视频道和广播、内部文件、定期会议、面对面交谈和内部公共关系活动等。

危机管理小组中负责对外信息传递人员一般包括三种：一是新闻发言人，二是接线员，三是 CEO。前两种是危机管理过程中专门负责对外进行信息传递的人，他们的一言一行都可能被传播出去，一些情节或言语中的不慎都会被媒体加工夸大，进而对组织形象造成不良影响。要谨慎地选择好沟通的人员。外部的沟通主要有记者招待会、演讲和各种行业论坛和外部各种公共关系活动。除了直接的短渠道的信息沟通外，一个社会组织还要适当地运用较长渠道的沟通系统来进行危机信息的沟通，最常用的就是大众传播媒体。注重平时要在力所能及的情况下积极参与社会的公益事业，与当地的社区和公众建立畅通的沟通渠道，力求获得社会及公众的认可，积极构建良好的公众形象，这样较易赢得公众及社会的信任，便于更快地澄清事实获得理解与支持。

危机沟通的细节：由谁来负责通知员工？负责人不在，由谁来替代？谁负责通知媒体？谁是新闻发言人？需要向地方政府机关或中央政府部门汇报，谁来负责这一工作？各类相关的咨询信息由谁来负责处理？要向谁报告咨询修订咨询信息？当新闻媒体记者和社会公众打电话咨询时，危机处理小组人员的电话值班人员应该如何回答他们的问题？组织有辟谣的专线电话吗？接听顾客抱怨专线或辟谣专线的人员，是否能精通多种语言，有没有能力与公众沟通？在许多大型组织中，电子邮件已经用作组织内部快速沟通的工具，那么一个组织是否已经掌握相关人员的电子邮件信箱？谁来负责此类邮件？收音机和电视中与本组织相关的信息内容由谁来负责录制？对报纸等印刷媒体由谁来负责撰写对公众的信息沟通稿件？尽可能使用不同的沟通方式来传递危机状态组织的信息，一是信息内容的全面性、真实性，二是传播范围的全面，即传递到内、外的相关人员。它可以是口头的、书面的、非语言的、当然更可以是电子的。

为了保证在危机中通过信息网络系统可以向员工、客户、社区、新闻界发布有关危机的最新信息，管理者需要从战略的高度把握信息通报网络管理就使得网络管理成为一个主动的过程。组织只有从战略的高度全面做好各类信息发布的管理工作，确定危机信息沟通的目标，即确定沟通的对象，充分掌握沟通对象的立场、思想、实力、条件、优劣势以及目标对象的信息解码层次和经验的基础上，才能把握目标对象的心理与需求，进而有效地把要传递的信息转变为目标对象容易理解的符号系统，从而降低对方的敌意，提高相互信任度，顺利实现信息的沟通。如果不了解沟通的对象，即使沟通的形式再好也是无法完成沟通的工作的。

危机沟通工作的基本行动准则：率先进行危机暴发时的相关信息的披露；对危机暴发的严重性表达关注；保证在政府有关部门监督和其他社会权威机构监督下解决危机；必须承担责任，树立诚恳解决危机的形象；必须对社会公众、社会组织和政府有关部门说明处理危机的主要措施；就危机发生的大环境架构提出自己对危机管理的准备情况和以往对社会的贡献，以获得公众的理解和支持；如果有错误就需要勇敢地承认。

三、危机后的信息技术管理

危机就是危险和机遇，组织的每一次危机既包含了导致失败的根源，又蕴藏着成功的种子。合理有效地处理危机，可以变危机为机遇，增强企业抗风险能力。系统思维方法要求我们动态地研究事物发展的全过程。危机消除后，组织的危机管理工作还没有结束，管理者还要对危机进行追踪，及时进行危机总结。建立完备的组织危机管理信息反馈和修正系统对于组织危机管理信息系统的构建尤为重要。如果说信息搜集是一种扩散性行为，信息整合是一种收敛性的行为，那么信息反馈和修正则是一种扩散性和收敛性的综合整理行为。组织危机信息具有可传播性，危机过后应对组织的内外信息环境进行分析，重新搜集相关信息，标准化后存入案例数据库，同时，通过模拟演示形成新的标准案例，以防止类似危机再次发生时有数可依，有计可施。

第四节　危机信息管理系统构建的基本要求

危机信息管理系统的构建是一项复杂的综合工程，它的特点就是为危机管理的全过程提供技术上的帮助，如果危机中能否打通电话是一个技术层面的问题，那么，作为信息管理系统的构建还有一个重要的问题就是，电话应该打给谁的问题才是最关键的，即将哪些人纳入到打、接电话的信息网络中来则是一个战略管理的问题。所以，构建危机管理信息既是技术上的要求，更是管理者的认识要求。危机管理的信息化只有融入先进的管理思想，并且在高效的组织结构中运行，才能够真正发挥出信息技术系统对预防和消除危机的重要作用。从这个意义上说，危机管理信息化应该是高效的组织结构、先进的管理思想与现代信息网络和通讯技术相结合的应用过程。

1. 危机管理信息化过程需要具备三个方面的条件

(1)需要已经具备一个快速响应的危机管理组织结构。快速响应的危机管理组织结构要求一个组织能够快速的收集和传递信息，组织中不存在任何信息障碍，在该组织结构中，管理者能够根据环境变化及时判断决策，调整战略方向。但是在传统的金字塔组织结构中，众多的中间层使得信息只能逐层地缓慢传递，有时甚至难以达到高层，管理者很难对环境的变化做出快速响应。

(2)具有高水平的信息管理工具和技术。危机管理信息系统就是以现代化的信息处理技术和信息设备、网络技术和网络设备以及自动控制技术和现代化的通讯系统等手段对企业进行全方位、多角度、高效和安全的改造。

(3)需要高素质的危机信息管理人才。知识经济时代，人才永远是第一位的。危机信息管理人才的主要工作包括以下几个方面：提供危机处理程序、危机处理效果、危机处理法律政策等方面的信息咨询；搜集、评估和总结企业危机的影响信息和处理危机中的经验信息；分类、认定组织危机的管理责任。危机信息管理人才应该是一种复合交叉型的人才，信息管理人才不仅要具备较强的危机处理能力，还应该具备危机情境中的领导沟通能力。

2. 我国危机管理信息系统存在的问题

目前，我国危机管理信息系统建设远远没有达到相关要求，存在大量问题。

(1)没有构建一个完善的信息互动平台，使得危机管理的各个子系统的职能互动功能受到限制，甚至出现应急管理信息系统的"信息孤岛"现象，使应急管理信息系统建设脱离了其他的协作群体。有些危机管理信息系统虽然能够对某一性质的危机事件进行处理，但在处理过程中还是无法保证不同系统的协调性。

(2)技术上的滞后。我国由于受到技术等诸因素的制约，危机管理信息系统的建设还没有体现出发展的眼光，如政府很多的应急还停留在常规电子政务的层面上。

(3)缺乏统一的技术标准。由于我国信息化建设的时间不长，各项技术和相关设施还不是很配套。

(4)组织信息化空大多危机管理信息系统没有或缺乏有效的组织人事管理信息系统支撑，导致在网络虚拟世界的职责界定、审计问责、业务流转等紊乱，组织力低下。

(5)应急信息缺乏。即缺乏信息运用的原材料，目前多数应急信息管理系统提供的信息有限，而且很机械化，缺乏决策运行信息，在智能化方面还有待加强。

(6)平战分离。我国目前大多数信息系统都是服务于日常管理工作，为应急而建设的信息系统大多强调应急指挥高度、辅助决策支持等战时功能，造成平战分离。

(7)系统安全隐患。有不少应急信息管理系统是在特定的突发事件背景下仓促建设的，事后没有进一步完善，从而无法适应突发事件影响面广、变化快的特点。

因此，我国目前在危机信息管理建设方面需要建立高效的动态危机管理信息网络。基于网络计划的方法和对事件发展的动态评估，采用不完全信息动态博弈的数学模型，通过对网络结构进行动态调整，实现资源的优化配置和事件造成灾难的消减。总之，危机管理信息系统的建设是一项系统工程，它需要一定的管理基础和功底。我们只能在危机管理的实践中不断探索，使危机管理信息系统不断完善和发展。

第 8 章

危机心理管理

学习提要

学习本章要求掌握当今社会危机心理管理的特殊地位与作用，由心理问题引发的危机需要直接使用心理管理的手段，且注重平时心理上的防范，而由危机引发的新的心理问题，在危机控制与处理的过程中都渗透在危机管理者、参与人员的心理素质及心理管理的重视，同时危机后的心理安抚机制或心理干预则则专业的管理过程。

本章将回答以下问题

(1)危机管理全过程心理问题的特殊地位是什么？
(2)如何构建一个较为完善的心理干预机制？
(3)危机心理干预的注意事项是什么？
(4)群体性事件与个体、群体心理的关系是什么？
(5)如何群体性事件中运用心理管理的方法？

第一节　危机心理管理的特殊地位

一、危机心理管理在危机管理中的特殊地位

危机心理干预是危机管理中频繁出现的一个术语，它指向的是危机发生后由于受到危机干扰而引发的大量心理问题需要专业人士进行专业的引导与疏理的工作，但是，危机的心理问题并非只有在危机后才存在，事实上我们使用危机心理管理而不是使用危机心理干预恰恰想证明危机的心理管理同样是贯穿于危机管理全过程的不可缺少的内容。

危机与心理问题的关系可以体现在两个方面：

(一)对于心理问题引发的危机，需要平时就关注心理方面管理

由于压力会产生大量危机事件，根据“纽约州居民压力协会”的报告：平均每个工作日，估

计有100万人因为与压力有关的疾病而缺勤；将近一半的美国工人感到筋疲力尽，或者因为严重的压力而工作；工作压力给美国工业界带来的损失高达3000亿美元。主要问题是缺勤、生产力耗损、员工离职、直接的医疗、法律和保险费用；60％～80％的工伤事故与压力有关；曾经罕见的工人压力赔偿金已经很普遍了。仅仅加利福尼亚州一个州的员工就支付了10美元的与工人压力赔偿金有关的医疗和法律费用；九成的工作压力诉讼能够获胜，其平均费用是伤害诉讼费用的4倍多。[①]

慢性压力对人的伤害更是无形中积累的危险信号。慢性压力是长期持续的对身体、情绪和精神的压力。比如：某人常年生活贫苦，这就是慢性压力；患有关节炎、偏头痛等慢性疾病的人也是慢性压力的影响对象；不健全的家庭生活以及让你憎恨的工作环境均是慢性压力的引发因素；根深蒂固的自我仇恨和较低的自尊也是慢性工作压力的来源。有些人的慢性压力很明显，如他们生活在可怕的环境中，必须忍受恐怖的虐待，或者在监狱中，在战火纷飞的国家，或者是生活在种族歧视严重的国家或地区的少数民族，而有些人慢性压力却不是那么地明显。轻视工作，觉得永远无法达成梦想的人处于慢性压力状态，被破裂的感情纠缠不休的人也是如此……。

有时，慢性压力是急性压力或阶段性压力的结果，慢性压力的问题在于人们逐渐适应了压力，往往无法识别和摆脱这种状况，他们认为生活本来就是痛苦和压力重重的。任何形式的压力都会引起生理、情绪、情感以及精神上的螺旋式损伤，包括疾病、抑郁、焦虑、崩溃等症状。压力过大是很危险的，不仅会磨灭生活中的乐趣，还可置人于死地，比如心脏病突发、暴力攻击、自杀、中风，还有癌症，等等。

案例思考

某县城乡结合点，傍晚正值下班时间有个老人被汽车碰到后倒在地上，当地常住居民3000左右，但是却有近1万的外来打工的人，人们纷纷围了上来，奇怪的是，大家对倒在地上的老人并不关心，而是对前来处理交通事故的警车更感兴趣，结果这个交通警察忽视了一件事情，即在一个敏感的时间、敏感的地点正在发生一件敏感的事情，他并没有第一时间将老人转移或将现场控制住，结果打工的人纷纷采取了一种过激的行为，似乎是毫无根据的行为，即砸警车，而且对于前来增援的警车也不放过，制造了一个很大的群体性的打砸群体事件。

如果从心理学的角度来分析，我们根据当下中国的社会背景以及对于城乡结合点的特定理解，可以将这个现象描述为：大量的处于慢性压力状态的人经常容易产生集体无意识的报复社会的行为。这可以从心理学上得到解读，也为干预活动提供了有效的帮助与提示。因为即使将人群冲散了，但是聚众的原因还是没有真正地化解，也就是说危机的根源并没有真正地消除。

（二）建立一个相对独立，又渗入所有管理实务的心理干预机制

因为危机引发的大量心理问题决定了危机管理的系统中需要有一个相对独立的但又渗入

① 伊夫·阿达姆松著：《压力管理》，方蕾译，黑龙江科学技术出版社2008年版，第7～8页。

所有管理实务中的心理干预的机制。所谓相对独立是指它需要专业的知识与技能,特别在一些较大的心理危机面前需要配置专业的心理干预专业对口人士,而所谓渗透主要是指任何管理者从危机的前期预防、危机的控制与处理以及危机的善后总结都需要具备基本的心理知识,由此可见,危机管理的全过程都是一个在累积心理问题或化解心理问题的过程。

第二节　危机状态下人的心理特征

每个人在人生的不同阶段都会经历危机,在面对危机时一个人的所有反应中,有一种反应是很普遍的但也是很特殊的即心理上的反应。所谓心理危机是一种正常的生活经历,并非疾病或病理过程。一般来说,个体的个性特点、对事件的认知和解释、社会支持状况、以前的危机经历、个人的健康状况、干预危机的信息获得渠道和可信程度、个人适应能力、所处环境等都会影响危机反应。个体危机反应的严重程度,并不一定与事件的强度成正比。也就是说个体对危机的反应有很大差异,即相同的刺激引起的反应是不同的。

心理学研究发现,人们对危机的心理反应通常经历四个不同的阶段。

①冲击期。发生在危机事件发生后不久或当时,感到震惊、恐慌、不知所措。

②防御期。表现为想恢复心理上的平衡,控制焦虑和情绪紊乱,恢复受到损害的认识功能。但不知如何做,会出现否认、合理化等。

③解决期。积极采取各种方法接受现实,寻求各种资源努力设法解决问题。焦虑减轻,自信增加,社会功能恢复。

④成长期。经历了危机变得更成熟,获得应对危机的技巧。但也有人消极应对而出现种种心理不健康的行为。

在灾难发生之后,许多人会经历亲人的伤亡,或是自己身体也受到伤害。在这种情况下,受难者会因灾难而产生一些身心反应。

作为一个帮助者,了解这些反应除了能适时鼓励他们表达自己的情绪,也能避免他们压抑自己的想法,造成身心的不适而延长复原的时间。

灾后的身心反应:如洪灾、地震、飞机失事等严重的灾难事件,人们历经了一般生活中不会遭遇的危机状况,我们均会产生一些日常生活中罕见的“正常”反应,有些人会变为冷漠、麻木,对环境与他人少有反应;有些人则会产生许多的情绪反应;还有些人会出现不舒服的身体症状。这些情绪反应与身体症状包括:

1. 情绪上的反应

①害怕:很担心灾难会再发生、害怕自己或亲人会受到伤害、害怕只剩下自己一个人、害怕自己崩溃或无法控制自己。

②无助感:觉得人们是多么脆弱,不堪一击、不知道将来该怎么办,感觉前途茫茫。

③悲伤、罪恶感:为亲人或其他人的死伤感到很难过、很悲痛、觉得没有人可以帮助我、恨自己没有能力救出家人、希望死的人是自己而不是亲人、因为比别人幸运而感觉罪恶。

④愤怒:觉得上天怎么可以对我这么不公平、救灾的动作怎么那么慢、别人根本不知道我的需要。

⑤重复回忆:一直想到逝去的亲人,心里觉得很空虚,无法想别的事。

⑥失望:不断地期待奇迹出现,却一次一次地失望。

⑦希望：期待重建家园，希望更好的生活将会到来。

2. 身体上的症状

身体症状包括：疲倦、发抖或抽筋、失眠、呼吸困难、做恶梦、喉咙及胸部感觉梗塞、心神不宁、恶心、记忆力减退、肌肉疼痛（包括头、颈、背痛）、注意力不集中、子宫痉挛、晕眩、头昏、眼花、月经失调、心跳突然加快、反胃、拉肚子等症状。

3. 心理上的影响

较普遍的表现是以下四个方面：一是恐慌，人们会普遍地担心危机可能对自己造成不良的影响，这种担忧的心理往往要持续到危机平息之后；二是后怕。即使在危机过后人们往往也会存在一定程度的害怕，担心危机会再次到来；三是埋怨。面对危机，一些人会抱怨生不逢时，责怪自己倒霉、命不好，而另一些人则会将责任推卸给他人；四是内疚。在危机发生后，管理者可能会悔恨不已，对自己的疏忽和遗漏的事情深感内疚，直到危机过后，这种内疚感仍然没有消除。

4. 形成重大创伤后压力症候群①

重大创伤后的压力症候群具体表现为：

①灾难的再次经验：指创伤事件不断地被一再经历，例如：灾难痛苦的回忆反复地侵入，包括影像、想法、或知觉到的事物。事件反复痛苦地在梦中出现。行为表现出像是灾难又再度发生，或是感觉到回到事情发生的当时。从当事人的表现、谈话等线索中显示出心中强烈的痛苦，或出现生理上的反应，与此次灾难有关。

②逃避反应：指持续逃避和此次灾害有关的刺激或情境，例如：努力逃避与创伤有关的思想、感觉或谈话。努力逃避会勾起创伤回忆的活动、地方或人们。在回忆灾害的重要部分时有困难。对于重要活动明显地降低兴趣或减少参与。产生疏离感或与他人疏远。情感、情绪减少（如没有爱的感受）。对前途悲观（不期待未来的生活、婚姻、小孩、正常的寿命等）。

③高度的警觉性：指个体对环境的反应持续的处在高度警戒的状态，例如：难以入睡或保持睡眠、易怒或爆发愤怒、注意力集中困难、过度警觉、过度的惊吓反应。

对于大部分的人来说，危机反应无论在程度上或者是时间方面，都不会带来生活上永久或者是极端的影响。他们需要的只是时间，去恢复对现状和生活的信心。加上亲友间的体谅和支持，能逐步恢复。但是，如果心理危机过强，持续时间过长，会降低人体的免疫力，出现非常时期的非理性行为。对个人而言，轻则危害个人健康，增加患病的可能，重则出现攻击性和精神损害，其结果不仅增加了有效防御和控制灾害的困难，还在无形之中给自己和别人制造新的恐慌源。但对社会而言，会引发更大范围的社会秩序混乱，冲击和妨碍正常的社会生活，如出现犯罪事件增加等。

第三节　危机心理管理的过程

中国当下社会问题复杂，矛盾突出，社会利益重新分配，有人曾预言：19 世纪导致人类死

① 面临重大的灾难，压力使人们产生一些短期的症状。但有时因为创伤过于强烈，例如一个人经历或目击到死亡，或受到死亡的威胁及严重的伤害，这些可能会使人们产生更为强烈的反应，如极度的害怕、无助或恐惧感。这种持续的状态（尤其是超过灾难事件发生后一个月），被称为“重大创伤后压力症候群”。

亡的主要疾病是肺结核、20世纪导致人类死亡的主要疾病是癌症，而21世纪导致人类死亡的主要疾病会是抑郁症(因为心理问题引发的危机案例也较常见)。因此，当下危机管理中心理问题的地位尤其重要，而作为管理者应该从心理问题入手，从了解开始进入危机的心理防范及干预工作。同样的危机管理的心理管理也应该从防范先开始。

危机心理管理并非危机心理干预这么简单，它是贯穿于危机始终的一个不可或缺的内容，从危机心理的防范到危机中的心理干预到危机后的心理安抚，都体现了当今社会危机管理以人为本的原则，危机管理最终管的不是危机，最终管的肯定是人，而危机前后的人需要得到心理上的重视与关爱。因此，危机心理管理的过程同样可以从危机前开始。

一、危机预防阶段的心理自我教育及心理危机防范

在危机前的心理防范工作从宏观上来说是社会的政治、经济、文化、法制等各方面建设的要求，它能够提供一个公平、公正的工作、生活环境，从而尽量地控制或减少因心理问题而引发的危机事件的发生；但是这是一个理想化的思路，从微观上来说要注重具体工作环境对人的心理上的影响，尽管化解矛盾与纠纷，注重人的心理健康，建立一个常设的机构专门进行心理上的咨询与帮助等等。心理危机及危机中的心理干预的教育及培训应该成为整个危机预警系统的基本组成部分。很多突发事件(如恐怖袭击、沉船、撞车等)和自然灾害(如地震、洪水、火灾等)，都会对生活在和平日子、没有危机意识的人产生巨大的冲击力，从而使其心理上遭受重大的创伤，尤其对老人和孩子的影响最大。可以进行心理创伤自我治疗缓解的教育，掌握灾难或危机状态自我心理援助的基本常识及方法。这种教育的过程不仅是人的自救的功能，对于所有介入危机管理的人员，甚至包括媒体从业人员都应该具备危机状态对人的心理的关爱能力。如在汶川灾区，当一个灾民经过几十个小时终于被解救出来时，有位一直苦守在边上的记者却拿着话筒希望灾民谈谈获救后的感受，这是心理常识的缺失，也是一种由危机派生的新的危机。

另外，制订各类相关的心理危机的自救手册，如《震后心理干预自助手册》，作好相关的教育、培训的工作。面对危机冲击，如何尽快地让我们回复日常的生活状态是最重要的，学会一些最简便的方式可能保证自己在心理管理上的自救与互救。如：及时交流：受害者应多和亲友、同事交流自己的看法和感受，多与那些关心你的人待在一起，他们能为你提供良好的心理支持；承认现实：建议受灾群众多和人交流，不幸已经发生，所有的创伤已经形成，既然已经无法挽回，就该宽慰自己、承认现实，其结果会比垂头丧气、痛不欲生好得多；升华痛苦：创伤和挫折常给人带来心理上的压抑和焦虑。如果一味地憋气愁闷，颓唐绝望，其实是用已发生的不幸在心理上惩罚自己。

善于心理自救者，能学会将消极情绪转化为积极情绪，努力化创伤为动力，将不良情绪升华为一种力量，投入到对己对人对社会都有利的事情中去，在获得成功的满足时，也消除了压抑和焦虑情绪，达到积极的心理平衡；转换视角。有时候，同一现实或情境，如果从这个角度来看，可能引起消极的情绪体验，陷入心理困境，而从另一个角度来看，就可能发现积极意义，从而使消极情绪转化为积极情绪。在审视、思考、评价某一客观现实情境时，学会转换视角，换个角度看问题，常会淡化消极情绪；适度宣泄。当一个人受到创伤时，用意志力量压抑情绪，谈笑自若，这样只能缓解表面紧张，不能解决根本问题，还会陷入更深的心理困境，带来更大的心理危害。善于心理自救者总是选择合适的方式来宣泄心中的苦痛，如对自己的至亲好友诉说心

中的委屈和痛苦；或者诉诸文字，让心中的苦水流泻出来；或是干脆在适当场合，大哭一场，大叫一番，这也是陷入极度心理困境的最佳自救策略。

二、危机中的心理干预

危机状态的心理干预满足的是危机状态人的心理上的需要。为了进行有效的危机心理干预，必须了解人们在危机状态下有哪些心理需要。在海啸期间，人们会更关心个人基本的生存问题，如环境是否安全、健康是否有保障等；会担心自己及所关心的人（如父母、亲戚、子女、朋友、老师）；会表现惊慌、无助、逃避、退化、恐惧等行为；想吐露自己对海啸突发事件的内心感受；渴望生活能够尽快安定，恢复到正常状态；希望得到他人情感的理解与支持等。这些心理需要为危机心理干预提供了依据。由于处理危机的方法不同，后果也不同，一般有四种结局：第一种是顺利度过危机，并学会了处理危机的方法策略，提高了心理健康水平；第二种是度过了危机但留下心理创伤，影响今后的社会适应；第三种是经不住强烈的刺激而自伤自毁；第四种是未能度过危机而出现严重心理障碍。

心理学领域中，危机干预指对处在心理危机状态下的个人采取明确有效措施，使之最终战胜危机，重新适应生活。危机造成的损失分为两种，一种是物质上的，一种是心理上的。在灾难发生后的现场，最先出现的除了部队、政府工作人员和医务人员之外，还应该有大量的心理医生。灾后心理干预又被称为心理重建，顾名思义就是心理状态重新恢复的过程。与经济损失相比，灾难对人的心理冲击是内在的，所以不为人注意。实际上，受害者和受害者家属承受的心理压力是巨大的。大灾后往往是心理疾病的高发期。心理重建和心理干预工作会越来越普遍地开展，随着我国对灾难应对策略的完善，救灾与灾后的心理干预被摆到同等重要的位置上。

（一）心理干预的目的

心理危机干预的目的主要是两个方面：

(1)避免自伤或伤及他人。主要是防止过激行为，如自杀、自伤、或攻击行为等；促进交流与沟通，鼓励当事者充分表达自己的思想和情感，鼓励其自信心和正确的自我评价，提供适当建议，促使问题解决；提供适当医疗帮助，处理昏厥、休克等状态。

(2)恢复心理平衡与动力。如在海啸期间，有效的危机干预就是帮助人们获得生理心理上的安全感，缓解乃至稳定由危机引发的强烈的恐惧、震惊或悲伤的情绪，恢复心理的平衡状态，对自己近期的生活有所调整，并学习到应对危机有效的策略与健康的行为，增进心理健康。

（二）危机心理干预的实际操作方法

危机心理干预的时间一般在危机发生后的数个小时、数天，或是数星期。危机干预工作者一般必须是经过专门训练的心理学家、社会工作者、精神科医生等。灾害期间，需要心理干预的人群范围很广泛，既包括身体有创伤的人，又包括与患者有密切接触的一线医护人员、应急服务人员、志愿人员，他们容易出现心理问题。另外，不愿公开就医的人和有担心恐惧的普通大众也需要心理上的援助。危机干预的方法有多种形式。危机心理咨询与传统心理咨询不同，危机心理发展有特殊的规律，需要使用立即性、灵活性、方便性、短期性的咨询策略来协助人们适应与度过危机，尽快恢复正常功能。

1. 危机心理干预的基本要求

• 迅速确定要干预的问题，强调以目前的问题为主，并立即采取相应措施；

• 必须有其家人或朋友参加危机干预；

• 鼓励自信，不要让当事者产生依赖心；

• 把心理危机作为心理问题处理，而不要作为疾病进行处理。

2. 危机心理干预的步骤

危机心理干预一般遵循六个工作步骤，即心理干预的六步法：

• 确定问题；

• 保证求助者安全；

• 给予支持，主要是倾听而非采取行动；

• 提出并验证可变通的应对方式；

• 制订计划；

• 得到承诺并采取积极的应对方式。

首先，进行快速的心理调查，掌握灾区群里心理健康状况，是提高心理干预针对性的必要保证。各级心理干预机构在震后都能针对不同干预对象进行必要的心理调查。

3. 启动心理干预的相关预案，有序地推进整个心理干预过程

(1)自我疏解情绪与缓和身体症状的方法

• 不要隐藏感觉，试着把情绪说出来，并且让家人与孩子一同分担悲痛；

• 不要因为不好意思或忌讳，而逃避和别人谈论的机会，要让别人有机会了解自己；

• 不要勉强自己去遗忘，伤痛会停留一段时间，是正常的现象；

• 别忘记家人和孩子都有相同的经历和感受，试着与他们谈谈；

• 一定要有充足的睡眠与休息，与家人和朋友聚在一起；如果有任何的需要，一定要向亲友及相关单位表达；

• 在伤痛及伤害过去之后，要尽力使自己的生活作息恢复正常；

• 工作及开车要特别小心，因为在重大的压力下，意外(如车祸)更容易发生。

(2)协助亲友面对伤痛，帮助他们走出伤痛的方法

• 允许她说出对整个事件的描述

• 对亡者的各种感觉

• 支持与接受他表达情绪，允许他哭泣，甚至可以帮她说出她的心情，“你一定很难接受”“你很遗憾来不及…”

• 肢体的抚触与拥抱

• 协助他找到支持团体或有关的社会资源，必要时请心理咨询机构或精神科协助，认识创伤后压力征候反应，若你亲身经历这次的恐怖经历。

自我缓解：一定要保证基本饮食，食物和营养是我们战胜疾病创伤康复的保证；别忘记家人和孩子都有相同的经历和感受，试着与他们谈谈；与家人和朋友聚在一起，有任何的需要，一定要向亲友及相关人员表达；在伤痛及伤害过去之后，要尽力使自己的生活作息恢复正常；工作及开车要特别小心，因为在重大的压力下，意外(如车祸)更容易发生。

要学会鼓励家人或亲友不要隐藏感觉，试着把情绪说出来，并且让家人一同分担悲痛；不要因为不好意思或忌讳，而逃避和别人谈论自己的痛苦，要让别人有机会了解自己；不要阻止亲友对伤痛的诉说，让他们说出自己的痛苦，是帮助他们减轻痛苦的重要途径之一；不要勉强

自己和他人去遗忘痛苦，伤痛会停留一段时间，是正常的现象，更好的方式是与我们的朋友和家人一起去分担痛苦。

(3)学会寻找帮助。要从政府，救援人员以及公安人员等正规渠道了解救助的最新动态与信息，避免传言带来更多的心理不安，影响判断能力，造成次级伤害，形成连带损失；选择救援人员安排的避难场所，尽管不很舒服也不要盲目躲避在危险区域的房屋里；尽量理解在这样的困境下，每个人都会有一些不愉快，只有多一些理解，多一些克制，才能避免冲突，有效保护自己和大家的利益；尽可能定时就餐，适量饮用清洁水，不要以自己平素的好恶挑拣食物；注意保暖，特别是夜间；如果您有慢性病，请不要忘记按时服药；尽量注意卫生，尤其是在暴雨过后，一定要保证食物、饮用水和手的清洁。在这样的自然灾害后，要特别注意预防疾病和瘟疫的传播；在可能的情况下和家里人通话，让他们知道您很安全，同时感受他们的关心；在集中场所安置的群众不要总是坐、躺、站在同一个位置，争取就近活动身体，一天坚持 6 次以上最好，不要担心活动时别人会笑话；管好自己的钱物，避免因钱物丢失引起连带损失使心情更为恶劣；尝试着对周围和您一起避难的人微笑一下，简单沟通会使身边的环境稳定，避免发生冲突；尝试着对身边的同样遭灾的人们说一句温暖或者鼓励的话；如果您发现自己出现一些明显异常的感觉，或者发现他人有异常的行为，请尽快到医疗站咨询或寻求相关人员的帮助。①

我国目前心理危机管理的水平正处于一种上升的状态，这一方面是因为心理学自身的发展为危机管理提供了帮助，同时中国频繁地经历着危机的考验，正是危机本身在催促着心理危机管理的成长 ，特别是汶川地震后的灾后心理干预是我国心理危机干预的里程碑，为危机的解决作出了卓越的贡献。但由于心理学总体水平还不高，危机心理干预的经验缺乏，仍然影响到了危机中的心理干预的效果，甚至在某些灾区出现了“防火、防盗、防心理咨询师”的顺口溜。

4. 危机心理管理存在的问题

根据灾区心理管理专家的分析与总结，目前我国在危机心理管理上还普遍存在以下几个方面的问题：

(1)心理干预者的资质与水平参差不齐，灾后心理干预工作者水平不一，资质问题成为影响灾后心理干预实效的重要问题。心理咨询师的专业水平良莠不齐，使得灾后心理干预一度出现混乱局面。有些灾民甚至会接受到六次心理问卷的调查，用复旦大学教授申荷永的话讲，这就像裹着纱布的伤口，一遍遍被人打开。而一大批没有接受过危机干预培训的普通心理学工作者，在干预工作中如果处理不当，引发受灾群众更大的心理创伤。

(2)重复性咨询导致受灾群众产生“二次心理伤害”。正如日本专家富良永喜所担心那样：“仅仅实施心理创伤的评估，也会给灾民造成二次心理创伤……”。重复性、低效的咨询直接导致灾区群众对心理咨询的厌恶，同时也否定了心理援助，即使有心理需求也不会接受心理咨询师的干预，更不会主动去寻求帮助。

(3)短期心理干预较多，而持续、长期的心理干预较少。危机后的心理重建是一个长期的系统工程，它的恢复远比房屋、道路等硬件设施的重建工作艰巨得多。在唐山地震二三十年之后，幸存者仍存在有大量的精神障碍问题。所以中国心理学会会长张侃提出，这次汶川大地震的心理干预要坚持 20 年。

① 以上相关资料是根据卫生部发布的《心理自救互救宣传手册》整理。

第四节 危机心理管理的实务分析

当人们更多地关注由危机引发的心理问题时，人们正在忽视心理问题所引发的危机也是客观及普遍的现象。

因危机而引发的心理问题主要是指在正常状态下人们都保持着一种心理上的平衡状态，但是一旦遭遇突发事件或灾害时，这种心理上的平衡就会被打破，人由此进入应激的状态，即一种身心紧张的状态，如果该种状态持续时间过长就会发生心理上的危机。心理危机也就是一种心理上的失衡现象。危机事件的突发性、不确定性、危害性及紧迫性会让处于有规律的生活与工作状态的人有一个适应的过程及需要，但是并不是每个个体都能够很快地调整及适应，由此引发了人们的焦虑、恐惧等负面的情绪反应，甚至会导致人的免疫有，而且为了宣泄心理上的紧张，人们会不由自主地轻信谣言及流言，甚至会产生一些过激的非理性行为或反社会的行为。

下面列举两种普遍的社会现象来进行探讨，以说明危机心理管理不仅仅是一个技术与技巧，而应该成为整个危机管理的战略性的地位。

一、越轨行为与危机管理

越轨行为又称“偏离行为”，指偏离或违反一些社会行为规范的行为，或违反某一群体的共同共同规范的行为。不同群体一般都有不同的规范，因此，确定对于违反规范的越轨行为的标准的确定也就不可能相同。在全世界有着各种不同的文化，应该说由此也就有了各种不同的越轨观念。也就是说，一种文化中的越轨行为在另一种文化可能不能被标定为越轨。如果客观地评价，越轨行为也有其积极的作用。如引起社会变革、促进社会进步。当然我们此处探讨的越轨行为是从其消极层面来分析。如果越轨广泛流传，就可能弱化人们遵从规范的动机。越轨的危害还表现在越轨会使人类生活变得不可预知而且充满危险。

不同专业背景的学者对于越轨行为的分析有着不同的侧重点。但是无论是何种学科都只是从一般的原因进行分析而无法介入特殊的原因分析。社会学认为不同性质的越轨行为对社会的作用迥然不同。那些敢于向落后的、保守的、反动的行为挑战的革命者、革新者的行为，为社会发展起推动和促进作用；那些危害人民群众利益、破坏人民的正常生活秩序以及有损于人的健康的行为，则对社会发展起阻碍和破坏作用。为什么有些人会采取破坏群体的或社会的规则？由于越轨行为的形式包括了从不向邻居打招呼到终生职业等很宽的范围，没有单一的理论观点能解释所有形式的越轨，社会学家往往会强调社会因素的作用。但是，心理学家、多数公众以及大多数在刑事系统工作的人都将越轨主要归因于心理学的问题，当然也有学者将越轨归因于生物学的特征。

（一）越轨行为产生的原因

我们可以既从社会学、心理学，当然也可以从生物学等诸多方面对越轨行为产生的原因作分析。

1. 社会的原因

即越轨行为往往与社会环境相关。社会上存在的不同种族、民族、集团、阶级、阶层等等，有着不同的、有些甚至是对立的行为规范、价值观念，那么违反规范的行为就不可避免了；同时，当社会急剧变迁时，旧的规范已经不适应而新的规范尚未形成时，人们也会因为失去了社会的规则而产生越轨的行为；最后，社会变化也会导致社会文化的各个部分发展不平衡并出现了差距，这也会导致越轨的产生。当然，阻碍人们遵守社会规范的社会因素也会越轨行为提供了机会：如社会控制力下降、遵从行为未受到鼓励、越轨行为未受到惩罚、制度不健全等。

2. 个人生物与心理原因

即任何个人行为都是个人的需求与自我控制力相互作用的结果。一方面，人有各种需求并试图得到满足；另一方面，生活于社会中的个人又应实现自我控制，使个人实现需求的方式符合社会规范的要求。但是，当一个人需求的欲望过于强大，而个人自我控制的力量过于弱小时，就很容易出现越轨行为。个人自我控制力弱小取决于多种因素，如没有经过良好的社会化、个人的人格具有严重缺陷、以及心理失调，等等。人的攻击行为常常会由挫折引起。当某一需要未能满足时，人们可能遭受挫折。正如“挫折——攻击”假说所解释的，遭受挫折的总量取决于需要、冲动和欲望所受到妨碍的程度。反过来，攻击的程度与人们如何受挫有关。个人的挫折可能是由于缺乏金钱、爱情和其他东西而产生的。

英国心理学家汉斯·艾森克则将生物学与心理学视角结合起来。他认为，没有人生来就是越轨者，但是有些人可能比其他人更容易越轨。如性格外向的人，其行为很可能逾越人们可接受的范围，因为这些人具有对刺激和冒险的生理需要。他们是否会成为越轨者主要取决于他们是怎样被社会化的。因此可以肯定地说，暴力和越轨都是社会习得的。社会心理学家阿尔伯特·班拉杜的研究表明，即使并没有真正从事过攻击行为的人也会通过观察和模仿来学习攻击行为。如孩子在电视上看到暴力场面就会可能在游戏中加以模仿。通过这种方式他们就学会了怎样使用暴力，即使在实际生活中他们并没有采取过暴力行为，但是如果他们在后来发现暴力行为可以带来报酬且不会受到惩罚时，他们很可能就会采取暴力行为。

（二）越轨行为的特点

专家们对于越轨行为的分析都集中在以下五个方面的特点：

(1)越轨行为是具体的而且是相对的，也就是说它总是在特定的时间、地点和条件下才可能成为越轨行为。某一社会或群体中的越轨行为，在另一社会或群体中可能是正常或正当行为；

(2)越轨行为肯定是指违反了重要的社会规范的行为。在日常生活中，个别人或少数人具有的特殊爱好、行为特点，只要不与社会规范发生冲突就不属于越轨行为；

(3)越轨行为一般是指社会大多数人不赞成的行为。任何社会或群体的大多数成员在其一生中都会或多或少地发生某种越轨行为。但是，只要人们不一再重复此种行为，就不会被视为越轨行为者；

(4)越轨行为并不能简单地等同于社会问题，只有当某种越轨行为频繁发生且对社会造成危害，使相当数量的人受到威胁时，越轨行为就转化成为社会问题；

(5)行为越轨的程度以及此种行为受到惩罚的程度取决于该种行为所触犯的规范的重要性，即取决于该规范在维系社会与群体上所处的地位。当越轨行为触犯到与社会及其统治者生死攸关的规范时，其越轨程度与所受惩罚必然严重，反之则较轻。

（三）越轨行为的表现形式

关于越轨行为的具体表现形式，根据美国社会学家R.K.默顿的划分可以有四种类型：

(1)变换手法者：企图以不不当的或非法的手段来达到社会认可的目标，如靠盗窃、欺骗等非法手段致富；

(2)形式主义者：通过呆板地遵守社会制度的要求，宁可达不到社会认可的目标，，也不愿丝毫地违反条款的规定，如死守教条的官僚主义者；

(3)退缩者：即社会的寄生虫，既不关心社会赞许的目标，也不遵守社会的行为规范，他们已脱离社会的正常生活，如酗酒者、吸毒者、精神病人、自杀者等；

(4)反叛者：反对现存的社会目标和手段，试图发动革命，建立一套新的行为标准。

（四）越轨行为的类型

现实生活中，越轨行为一般会较多地表现有以下几种类型：

(1)不适当行为指违反特定场合的特定管理规则，但对社会并无重要损害的行为，此种行为虽会引起众人的不满但通常不会受到正式惩罚；

(2)异常行为：多指因精神疾病、心理变态导致的违反社会规范的行为；

(3)自毁行为：即违反社会规范的自我毁坏或自我毁灭的行为，诸如吸毒、酗酒、自杀等；

(4)不道德行为：指违反人们共同生活及行为准则的行为，此种行为通常会受到舆论的谴责。

(5)反社会行为：指对他人与社会造成损害以至造成严重破坏的行为。反社会行为是非理性行为的特殊表现。如暴乱、骚乱、围攻政府等活动。人们处于危机事件下，深受伤害却又无可奈何，就会产生极度抱怨、愤恨心理，进而选择一定的社会对象进行报复，把自己受到的伤害转移到他们不满意、不欢迎甚至是愤恨的组织、群体，多数情况下他们会选择政府部门、政界要员作为宣泄的对象，出现反政府行为。参加的个人往往易于受他人的暗示。非理性行为是人们危机心理的宣泄，难以避免；

(6)犯罪行为：指违反刑事法规而应该受刑事处罚的行为，它与反社会行为同属最严重的越轨行为，但并不是所有的反社会行为都构成犯罪行为，只有那些触犯刑法的反社会行为才是犯罪。

对越轨行为的社会控制有广义与狭义之分，狭义的社会控制是指对对越轨行为的预防、限制、调整、矫正的措施及过程。广义的则包括了道德控制、法律控制、政权控制、舆论控制和教育控制等等。而这种对越轨行为的控制理论正是我们从心理学角度介入危机管理的基本轨迹，它对于我们如何改变自己来提高对危机以及危机管理的认识提供了一个广阔的视角和空间。

二、群体心理与群体性事件的管理

（一）群体心理与群体性事件的产生

危机管理中的群体心理是危机管理面对的另一个重要问题。群体在心理学上来讲就是指聚集成群的人，他们的感情和思想因受外界刺激，全都转向同一个方向，他们自觉的个性消失了，形成了一个集体心理。心理群体产生往往是因为突发性事件，使得成千上万个个体进入了同一种心理状态，从而成为一群被组织化了的群体。因此作为危机的管理者及媒体面对的是一个有着共同心理特质的心理群体。勒庞认为“心理群体是一个由异质成分组成的暂时现象，当他们结合在一起时，就像因为结合成一种新的存在而构成一个生命体的细胞一样，会表现出一些特点，它们与单个细胞所具有的特点大不相同。”由此可见，在群体心理中，个人的才智与个性被削弱，无意识的品质占了上风。这一群体由于受到外界突发事件的刺激，内部受到无意识的控制，表现出“易受暗示、情绪传染、促发行动”等特征。

在危机过程中群体通常会表现出如下心理特征：

(1)免责鼓励下的“集体无意识”。由于群体是许多个体的集合，因而处于难以追究责任的状态，使得总是约束着个人的责任感彻底消失了，进而导致个人敢于发泄本能的欲望。正是个人受到免责的鼓励，个人本能的欲望便得以全面释放，很多平时存在于个体潜意识里的“臆想、夸张、偏激、丑恶”欲望，在心理群体中都有了释放的可能，有了浮出水面的机会。

(2)易于接受暗示的“心理传染”现象。心理学发现“通过不同的过程，个人可以被带入一种完全失去人格意识的状态，他会对自己失去人格意识的暗示者唯命是从……暗示对群体中的所有人有着同样的作用，相互影响使其力量大增。[①] 身处群体中，心理传染如同病毒一样，迅速且感染力强。群体很容易接受暗示，最初的提示通过相互传染的过程就会人群体中所有人的头脑，群体感情的一致倾向会变成一个既定的事实。

(3)群体心理意向的前倾，在外界刺激下，很容易促发“行动”。由于群体处在一个“集体无意识”的状态，在免责心理的鼓励下与传染心理的影响下，个体容易将自己内心的动机表达出来，从而直接导致“行动”；四是群体倾向“形象思维”，拒绝“逻辑推理”。在危机管理过程中绝对不要指望群体能“理智”思考群体更像是一个“感性动物”，它用形象来思维，常常将扭曲性的想象力所引起的幻觉和真实事件混为一谈。这种集体幻觉似乎具备了一切公认的真实性特点，因为它是被成千上万人观察到的现象。也就是说，如果在暗示和相互传染的推动下，一个人编造的奇迹马上就会被所有人接受。

现实生活中当我们不知道该如何思考或如何反应时，我们拥有一个强大且有用的知识资源——其他人的行为。询问其他人的想法或者观察他们的行为能够帮助我们对情景有更清晰的认识。当我们随即像其他人一样行动时，我们就是在从众，但不是因为我们软弱没有勇气，不能依靠自己，相反，是其他人的影响在引导我们的行为。我们从众是因为我们相信其他人对一个模糊情景的解释比我们自己的解释更正确，而且可以帮助我们选择一个适当的行为方式。也就是说是因为人们真诚地相信其他人广告的正确性因而顺应他人的行为。这就是所谓的信息性社会影响(informational social influence)。即当我们把他人视为指导行为的信息来源从而顺应其行为时，这种影响被称为信息性社会影响。我们从众是因为我们相信他人对某种模糊情景的解释比自己的解释更正确，从而可以帮助我们选择一个适当的行为方式。[②]

那么什么时候最容易关系到信息性社会的影响力呢？当一个人处于恐慌或潜在危机状态时，信息性社会影响会以戏剧性的方式发挥它的作用，当个人的安危受到威胁时，人们急切地需要获得信息——而他人的行为提供了这种信息。危机是另一个促使人们以别人作为信息来

① 勒庞：《乌合之众——大众心理学研究》，中央编译出版社 1998 年版，第 18～20 页。

② Elliot Aronson、Timothy D. Wilson、Robin M. Akert 等著，《社会心理学》，侯玉波译，中国轻工业出版社 2005 年版，第 215 页。

源的变量，而且常常与模糊情景同时发生。在危急时刻，我们往往没有时间可以停下来思考应该采取什么行动，我们需要立即行动，如果我们感到害怕、恐慌和不知所措时，很自然地就会观察别人的反应，然后照着做。不幸的是，我们模仿的人可能和我们一样感到害怕和恐慌，行为也不不一定具有合理性。而当别人是专家时在模糊情景中他的指导就越有价值。[①]

根据这种分析，我们可以得出结论，突发性事件往往就是一个危机的情景，在很多方面，它也是一个模糊情景，有时会有“专家”在场，但有时没有。在一个突发事件中，旁观者在想：发生了什么事？需要帮助吗？我该做什么？其他人又在做什么？判断一个突发事件是否发生了，是否需要你的帮助是很困难的。旁观者往往依赖信息性社会的影响来帮助他们弄清该做什么，但是，如果旁人表现得若无其事，你可能会被他们的行为误导而错误地也将情景理解为没有发生突发事件。在此情景下，信息性社会影响就造成了负面的效果。

探讨旁观者对于突发事件的反应往往更能了解信息性社会影响的存在。[②] 在危机管理中影响公众想象力的并不是事实本身，而且它们发生和引起注意的方式。群体在智力上总是低于孤立的个人，但从感情及其激起行动这个角度看，群体可以比个体表现得更好或更差，群体心理几乎完全受着无意识动机的支配，群体心理极易受人暗示。一些可以轻易在群体中流传的神话所以能够产生，不仅是因为他们极端轻信，也是因为事件本身在人群的想象中经过了奇妙曲解后造成的后果。在群体众目睽睽下发生的最简单的事情不久就会变得面目全非。群体是用形象来思维的，而形象本身又会立刻引起与它毫无逻辑关系的一系列形象。群体不受推理影响，它们只能理解那些拼凑起来的观念。因而此时此刻逻辑定律对群体是不起作用的。因为影响群体更多的是借助“感性”，而不是“理性”。所以在危机管理中让群众相信什么，首先要搞清楚让他们兴奋或恐惧的感情，对于大众媒体而言，首先就要尝试着体会这种情绪，然后用暗示性的概念去改变群体原有的看法，这样才能最终回到媒体起初提出的影响群体的观念上来。在这一过程中，还要不断地根据传播效果来改变“报道措辞”。因此，必须引起危机管理者的高度关注，并采取顺序而为的措施进行适当的疏导，这样才能产生事半功倍的效果。

（二）群体性事件的预防与控制

关于群体性事件理论界尚无统一的定义，一般来说广义的群体性事件应该是指利益相同或相近的社会群体，由于正当性的利益之间出现严重分歧且不能通过司法的途径予以解决而产生的违反国家法律法规等扰乱社会秩序、危害公共安全的群体性冲突行为。狭义的应该是指，某些利益相近或相同的群体，当其正当利益的诉求缺乏协商机制和维护机制时，而聚众实施扰乱社会秩序、危害公共安全的群体性行为。[③] 非理性的行为一般是指违反常理，不利于事件解决或自我保护的非科学性行为。

1. 非理性行为发生的原因

非理性行为发生的原因可以从多方面分析，但是较为集中的是以下几个方面：

(1)在外界的强烈刺激所造成的人们的心理严重失衡，即会失去理智并且无法做出正常行为反应；

---

① Elliot Aronson、Timothy D. Wilson、Robin M. Akert 等著，《社会心理学》，侯玉波译，中国轻工业出版社 2005 年版，第 221～222 页。

② Elliot Aronson、Timothy D. Wilson、Robin M. Akert 等著，《社会心理学》，侯玉波译，中国轻工业出版社 2005 年版，第 221 页。

③ 肖汉仕著：《应用社会心理学》，湖南师范大学出版社 2008 年版，第 265 页。

(2)由于信息传达的不对称或者信息的不透明，人们无法知道事实真相或受谣言、流言误导面作出的非理性的行为；

(3)由于个体自身能力和智力的限制，或者没有突发事件的应对经验，人们往往并不知道应该如何应对突发事件，从而使其行为带有盲目性和非科学性。

对于群体性事件的分析必须增加心理学的探讨才能更科学地强化对于群体性事件的管理与控制。

2. 群体性事件的特点

在危机管理中，我们可以从以下几个方面来探讨群体性事件的管理。首先，准确捕捉群体性事件的特点。群体性事件的特点有以下四个方面。

(1)行为主体的群众性。这就在某种程度上反映了一部分群众的共同思想感情。他们在思想、语言上容易沟通，感情了比较接近，容易达成共识并产生共同的意愿和要求；

(2)行为形式的公开性。群体性事件往往是公开进行，事件参与者更是情绪激动并且会愿意选择人群密集的公共场所、繁华街道或交通便利的地方以扩大其影响；

(3)群体事件处置工作较复杂。因为群体性事件既有策划者、主动参与者，但是还有很多的围观者、尾随者，参与者不仅参与的性质不一致，而且卷入程度也不同，特别是因为它的影响面广泛、规模较大，所以善后处置取证难、甄别难、定性也难，这就造成了处置工作的复杂；

(4)事件危害常常比较严重。有些群体性事件不仅危及人身安全，如群体性械斗，常常双方都有伤亡，一旦处置不当会严重影响人们对政府及其他组织管理者的满意度和信任度。

目前，群体性事件已经成为困扰各国政府的难题，而在中国因为社会整体的转型，群体性事件表现得尤为突出。近几年来我国群体事件呈不断上升趋势，如打砸乡政府、封锁公路、铁路，破坏公共设施、殴打公安民警，成为影响社会稳定的不可忽视的因素。既然是一个经常形成的危机事件，那么从管理的角度来分析就不仅要掌握其特征，更要探寻其产生的各种原因，以对症下药保证在不同的阶段有效地控制群体性事件的发生及漫延，或者产生严重的后果。

3. 群体性事件产生的原因

如果从社会心理学角度分析，中国目前诸多群体性事件产生的原因主要有以下几个方面：

(1)权力异化引起民众心理失衡。有些政府官员在运用权力时，权力扩张，损害了公民、法人及其他社会组织的合法权益。如不政治占用公共资源，以权谋私、钱权交易、专权行为、垄断行为，城市的野蛮拆迁、乱收费、乱罚款、乱占耕地、安置补偿不合理等引起群众不满、心理失去平衡。

(2)挫折导致不满情绪。当遭受挫折时产生了挫折感，从而引起不满情绪，一旦有一定数量的人存在不满情绪时，就可以成为可能燎原的星星之火。如弱势群体缺少应有的发展机遇与客观条件，维持生计困难，自身权益难以保障，加上教育、医疗等社会资源的分配不公。如因经济地位低下而遭受歧视、侮辱时，在一定程度上对心理失衡的产生起到催化作用，强化对部分群众乃至对整个社会的不满情绪。当他们不能够采取合法的手段达到所追求的目标时，其中法制观念淡漠、自制力差，或好逸恶劳的人就容易逐渐产生报复社会的心理，一旦遇到某些事件作为导火索，就可能采取过激行为，酿成群体性事件。但是，作为参与群体事件的人来说其动机往往又是复杂的，既有打抱不平者。如有人觉得有关人的处境值得同情，出于一种义愤和打抱不平的心态而参与的，以显示自己的正义感、责任感，以维护法律或人的尊严。因而理直气壮，即使可能受到处罚也无怨无悔。也有法不责众者，即社会心理学上所说的“去个性化”认为当一个人在群体中时会产生群体为个人提供保护的错觉。个体误认为人多势众，觉得自己是个匿名者，觉得追查不到自己而助长了冒险心理，丧失了所有社会责任感，失去理性，不考虑法律的约束力而做出违反社会准则的过激行为。当然也有报复社会的心理。在群体事件中，具有报复心理的人一般是出谋划策者，为了满足某种政治或物质要求，或个人遭遇了挫折，企图通过群体活动，扰乱社会秩序，对抗政府，乘机对社会和他人进行报复。

(3)有隔岸观火或浑水摸鱼的心理在产生作用。即有些人并不想从中获得利益，而是在不平衡的心理驱使下参与群体事件，以制造混乱为乐事，从人们的慌张和秩序的混乱中获得乐趣，宣泄情绪，从破坏中获得心理满足。也有些人并不参与群体事件的谋划和酝酿，而是随机参加到群体事件中，趁火打劫，竭力把事情搅浑便于实现利己之目的。一旦捞到好处会"全身而退"，如果发现无利可图就会中途退出。当群体事件乱得不够，不足以让其乘机捞一把时，他们可能会进一步煽动、鼓噪，以扩大事态，制造混乱以达到浑水摸鱼的目的。当然也有一部分人只是为了表现自我。这些人往往渴望在别人面前显露自己，以满足强烈的自我表现欲望，从众人的追随、关注中得到心理满足。常常利用群体事件展示自己的才能，一有机会，就迫不及待地跳出来出面组织策划，在激烈的气氛下情绪高度激动，其目光局限于狭窄的范围内，缺乏理性的思考。丧失判断能力和自我控制能力，以爆发性的行为方式发泄自己的情绪和欲望。其中最多的应该是从众者。在群体压力下、个人放弃自己的意见而采取与大多数人一样的行为。为了获得群体的认同、接纳、好感或者避免嘲笑、冷漠、轻蔑、嘲讽、打击甚至体罚等群体压力，而被迫参与群体性事件，一旦参与进去往往身不由己。主动或被动地模仿、服从。失去自己的独立判断意志，出现去个体化行为。觉得自己从众不会没有面子，既然人人都参与了，出事了也是大家一起承担。当然，我们也并不排除有一部分的追求刺激心理。这类人心理一般不够成熟，在群体性事件发生时，对群体事件感到刺激，常常在事件发生后才被吸引过来，他们多与事件目的无利害关系。其中少数由于产生与事件其他人共同的兴趣、需要而发生态度转变，并积极参与，而有的在了解事情真相后会认识到这是违法行为不应参与或感觉没有意思而退出。

总之，群体性事件的参与者都有一事实上的心理动机，有的是在多种动机的驱使下参与的，但其中有一种对参与行为起主导作用的主要动机，加上暗示或模仿的作用，从他人身上感染上反社会的行为。如果社会现实中某一群体共同关心的问题长期得不到解决，其成员的利益受到损害，就容易使成员在思想上取得共识，形成类似的思想感情或某种共同的愿望，爱憎一致，一旦外化，就会造成强大的洪流。在强烈的内聚力和排外性心理影响下，有的触景生情，心生怜悯，或产生共鸣；有的本身受到不公正的待遇，轻信谣言，触发了思想感情；有的思想单纯、缺乏经验的人出现盲从或被人利用。因此，当群体利益再次受到伤害，荣誉受到贬损、生命财产受到侵犯时，有关成员就会觉得忍无可忍，群体心理作用立即会引发群体成员及有关人员的强烈反应，引发群体性事件。

针对上述围绕群体性事件的特征、原因，特别是心理倾向的分析，如何强化群体性事件的管理，我们认为可以借助于危机管理程序来进行分析，即从预防到处理要全方位地重视。

4. 群体性事件的预防

(1)从群体性事件的预防及准备来看可以包括以下四个方面：

①建立预警机制，及时收集反映群众社会心态的资料。政府有关方面应该聘请社会心理学、社会学方面的专家，制定科学的、切实可行的情绪量表，通过抽样调查，准确、及时地掌握群众心态，使下一步的工作做到有的放矢。

②建立处理群体性突发事件的长效机制，及时疏导群众的不满情绪。不满情绪如果长时

间得不到疏导，越积越深就会一触即发。因而，在通过预警机制掌握不了情绪产生的原因后，相关部门应该对这些产生源及时进行排除；当问题短时间之内无法解决时，就应该派出相关的专业人士做心理疏导工作，求得群众的谅解，使他们的心态复归平静。

③建立信息公开制度：及时澄清事实，减少劣质性刺激源。群体性突发事件一般都是由激烈的劣性刺激源引发，而很多情况下，这种劣质刺激源都只是一种传言并非事实真相。因而，有关部门非常有必要建立信息公开制度，当谣言在社会上传播时，应及时聘请专家等权威人士用事实和专业知识澄清谣言得以最大限度地避免因谣言而引发的群体性事件。

④培养公民独立、自主、完善的人格，尽量减少去个性化现象的发生。独立、自主、完善的人格有利于个体抵御群体非理性的影响。

(2)从群体性事件的控制与处置来看，可以包括以下几个方面：

①及时疏散人群，以减少群体成员间的激烈互动，切断情绪感染的链条。相关人员可以将工作人员分成几组，分头做群众的说服和解释工作，各小组交涉的地点尽量离得远一点以减少群众成员间的互动以及情绪的感染。只要这种感染的链条被切断，爆发群体性事件的几率就大大减小。

②权威部门及专业人士应及时出面澄清事实，尽量减弱和消除劣性刺激源。群体的愤怒情绪呈现出一拨拨高涨的趋势，若在事件爆发的前期，权威部门和专业人士能用雄辩的事实攻破谣言，消除劣质刺激源，群体性事件一般都能得到及时的控制。

③要明辨事件的性质，对恶意制造事端者及相关责任人予以严厉惩罚；对不明真相的参与者则以批评教育为主。事件平息后，对于事件的善后处理非常重要，若处理不当，则会引起新的不满情绪，甚至引发新的群体性事件。因此，处理时要谨慎对待，不能随意扩大打击面。但对于恶意制造事端者需严厉打击，以儆效尤。

④向事件参与者群体派驻专业人士，开展心理疏导，使其心态归于和谐。责任的追究并不意味着事件的圆满处理，此时，有的参与者可能心中还耿耿于怀，而有的则背上思想包袱。因此，相关部门应该向这一群体派驻心理学专业人士，对其进行心理疏导。帮助他们尽快走出事件的阴影，重建和谐的心态。

总之，无论是政府或企业管理者，面对任何危机的处置工作都需要具备对当下社会背景的具体了解，在一个社会利益关系重新调整，人们在社会动荡时期容易出现盲从的时候，如何能够保证将危机的影响控制在一定的范围内，任何管理不仅自身要具备一定的心理认知的水平，同时更为重要的要学会心理管理手段与方法的运用，当然也需要在危机管理全过程中配置专业的心理资源。

第9章

危机传播管理

学习提要

学习本意是要求掌握危机管理"说"比"做"还要重要的特定时代背景及相关依据，危机传播管理的媒体原则，应该如何把握舆论的特殊规律，危机传播的事件策划、新闻发布会的举办及新闻资料的提供与发布。

本章将回答以下问题

(1)危机传播的基本依据？

(2)媒体关系的基本准则是什么？

(3)舆论有什么特殊规律？

(4)不同媒体资源应该如何区别运用？

(5)网络时代危机管理中的传播特殊性？

(6)如何策划危机新闻事件？

(7)危机管理中如何举办新闻发布会？如何选择合适的新闻发言人？

第一节　危机传播的相关模型

危机传播(Crisis dissemination)指企业、组织或政府面对危机事件所采取的旨在减少危机损坏程度的沟通信息、树立形象的公关策略，它应该属于公共关系学在危机管理中的具体运用。目前一批危机传播研究领域的学者分别从不同的角度提出了各自的模型，较有代表性的有以下几种。

一、班尼特的危机状态形象改变的传播理论

威廉·班尼特(William Benoit)的危机处理中的五大战略，这是应用于危机处理中的舆论应对及公众观念的引导。

(1)第一个战略防——不论战略：可以分为简单地否认和转移视线两种。所谓简单地否认

是就可以直接表示没有或不存在，不应该承担责任；所谓视线是指转移利益相关者的视线。即只代表个人的行为并不能代表一个组织的行为。

(2)第二个战略——逃避责任：有四种方式可以操作，即被激惹下的行为(Provocation)、不可能的任务(Defeasibility)、事出意外(Accident)、纯属意外(Good Intentions)。

被激惹下的行为：行为是对外在挑衅的防御和正当防卫，是可以谅解，希望将责任归于对方的挑衅。

不可能的任务：不是不愿意处理而是力所不能及，希望将风险与责任分给其他相关部门。

事出意外：承认是自己的行为但是并非有意为之，希望得到一定的理解并愿意承担一部分的责任。

纯属意外：行为完全是出于公益或善意的基础，只是没有想到后果会是这样，但是还是愿意承担一部分的责任。

(3)第三个战略——减少敌意：如果真的是自己的错误导致的危机则可以采取六种策略来降低外界对自己的指责，可以减少减少负面舆论，以保护自身的声誉和形象。即支援与强化(Bolstering)；趋小化(Minimization)；差异化(Differentiation)；超越(Transcendence)；攻击原告(Attact Accuser)；补偿(Compensation)。即从各个方面减少错误行为传播的范围和程度。

- 支援与强化是指答应承担必要的责任，同时运用自己的业绩和社会贡献来吹出利益相关者昔日的情感和支持，并借此抵销负面情绪；
- 趋小化是指尽量将事态和舆论控制在最小范围内，防止事态进一步扩大；
- 差异化是指以竞争对手为基点作参考，表明自己处理危机的能力和方式比对手优越得多，希望利益相关者可以知足；
- 超越是指在危机时期让利益相关者明白自己对社会的贡献、对利益相关者利益的维护远远超出自己所犯下的错误，希望大家能够谅解；
- 攻击原告是指以攻击作为最好的防御，对原告进行攻击可以因其的不实指责作出道歉；
- 补偿是指承担勇于承担责任，对受害者进行补偿，这是最好的沟通策略，当然会由此承担很大的代价需要进行资金的核算。

(4)第四个策略——亡羊补牢。制定相关的法律、规定来减少以后类似事件的发生，如果补偿是面对当下，那么亡羊补牢一般都是针对未来的。

(5)第五个策略——自责。包括道歉、忏悔和寻求公众的宽恕，班尼特认为这项战略可以单独操作。

班尼特认为个人或组织是追求声誉最大化的，它们总是不断提高声誉、减少负责影响，而公众可能会包括各种不同的利益主体，需要对他们实施不同的战略措施。媒体作为沟通一个组织和公众的中间因素，在危机管理中发挥着重要作用。

班尼特的理论是建立在个人或组织最重要的资产是它的声誉的假设基础之上的。就像其他有价值的资金一样，声誉或公众形象应该从战略高度去维护。因此，任何组织必须最大限度地提高其声誉和形象。同时一个组织对于危机来说天生是脆弱的，因为危机事件总是在非控制状态下发生，或者是因为人们的失误，或者存在于两个相互冲突但是同等重要的目标选择中。

班尼特危机传播模式分为五个大的战略方法，其中很多又可细分为不同的战术差异。第一个战略——否定。班尼特将否定分为简单否定和转移视线两种。转移视线的好处在于它可以把个人或组织描述成不公正环境的牺牲品，以引起人们对替罪羊的直接责问；第二个战略是逃避责任。这是最复杂的策略。有四个方面的战术差异。一是不可能性:在危机状态发生,由于信息不对称,并不是由组织内部自身的原因而导致危机的发生;二是刺激,行为自有害因素产生的起始而发生,这样,这种行为天生具有防御性;三是偶发性,危机发生时往往不被人注意,总存在缓和敌对行为的可能;四是良好意图,坏的事情发生,但它总是预示着好的真挚的解决意图。班尼特第三个解决战略——减少敌意。他提出了六个战术方法,以使组织减少其责任,保护其声誉和形象。即援助、最小化、区分、超脱、反击、补偿等。援助是指为了补偿受害者的损失而采取的救助措施。最小化包括减少或者淡化错误行为,以使负面影响降到最低;区分是指把人为错误与社会大环境的深层次矛盾区别开来;超脱是指向人们描绘一种美好前景或新的发展机会,而不是局限于危机事件本身。反击法就是进行申辩和分散公众注意力;补偿包括直接向受害者提供帮助,以减轻其痛苦。第三个战略就是从各个方面减少错误行为传播的范围和程度。第四个战略是亡羊补牢。这种战略是通过制定相关法律、规定来减少以后类似事件的发生。这种做法与上面提到的补偿的区别在于它是针对未来的,而补偿则主要是针对以前的损失。塞农认为亡羊补牢法应该和其他改善形象的战略共同使用,如否认、援助等,以促进组织重建、维护其合法性。第五个战略是自责。这项战略包括道歉、忏悔和寻求公众的宽恕。班尼特认为,其他战略必须相互信赖,而这项战略却可以单独发挥作用。前两项强调责任,后两项与敌意有关,最后一项则是表达自责。个人或组织虽追求声誉最大化的利益群体,需要对他们实施不同的战略措施。媒体作为沟通一个组织和公众的中间因素,在危机中发挥着重要的作用。班尼特和他的助手在运用其模式来分析一系列危机方面取得了显著的效果,包括飞机坠毁、产品损害等等。

二、伊恩·I·米特诺夫的危机处理策略

著名的危机管理专家伊恩·I·米特诺夫根据“约哈里窗口政府”提出自己的危机处理策略。约哈里窗口是由约斯非·勒弗特和哈里·莫格汉根据人际关系交往和人际传播过程中常见的自我信息管理的一些情况而总结出来的。有些事情自己知道,而有些事情自己是不知道的,有些事情他人知道而自己并不知道且其他有也不知道,由此可以将自己划分为开放的自我、隐蔽的自我、盲目的自我和未知的自我。

在开放区域的自我,可以自己知道自己,而对方也了解自己,所以并没有调限,完全呈现开放的状态,这样的人际关系是不会冲突的;

在隐蔽的自我状态,因为内心深处有着不想被外界知道的事情,所以自己了解自己,但对方却不了解自己。在这种状态下,自己将某些想法与感情隐藏起来,可能会由此产生人际上的冲突;

在盲目的自我情境下,自己并不了解自己,但是别人却了解自己,这样的情境是另一种潜在的人际冲突。(见图 9.1)[①]

---

① 转引自余明阳等编著:《危机管理战略》,清华大学出版社 2007 年版,第 50 页。

公共区域 （自己已知、他人已知）	隐私区域 （自己已知、他人未知）
未知区域 （自己未知、他人已知）	神秘区域 （自己未知、他人未知）

图 9.1　约哈里的窗口理论

公共区域 （自己已知、他人已知） 被迫告知真相	隐私区域 （自己已知、他人未知） 先发制人策略
未知区域 （自己未知、他人已知） 阻碍信息传播	神秘区域 （自己未知、他人未知） 隐藏信息

图 9.2　基于约哈里窗口理论的危机处理策略

在危机的情境下，如果抱有侥幸的心理认为大家不可能知道发生了什么事情这是否一生中 冒险的行为，因此如何进行信息的披露需要作出详细的规划，米特诺夫的危机处理理论有利于一个组织根据自身已掌握的信息，根据利益相关者对于信息的需求采取不同的对策，见图 9.2 所示。①

所谓的被迫告知真相是指：他人对你的某些情况有所了解，你最后迫于压力“被迫告知真相”，这种行为会导致自己非常被动，与危机传播的主动与公开的理念是有悖的，如果最初不论最终再承认往往就是犯了双重的错误，其要承受的舆论压力会更大。

先发制人策略是指他人对你的某些情况并不是很了解，但仍然希望了解，你如果主动地出击并告知真相，坦诚和真诚的态度会赢得对方的肯定。

隐藏信息是指在别人不知道的情况下，自己一直隐瞒应该说暂时不会有什么问题，但是从长远来考虑并不能保证以后别人也不知道，一旦最终让别人知道真相，特别在一个网络或微博的时代，人人都是新闻发言人，人人都是记者的情况下一旦事后被人得知，那么结果将是毁灭性的。

阻碍信息传递是指在别人已经知道某些信息的情况下，但是你却不愿意让他们知道，你会采取各种方法阻断信息传递，这是各有利弊，但商品化上来说，即使一时阻碍成功但是却无永远阻碍，如果一旦阻碍失利则会酿成更大的危机。

三、伯克兰的焦点事件理论

伯克兰的理论受到思通和艾得曼的影响。思通认为在做出决定过程中，标志性事件、戏剧性新闻事件更具有说服力，公众会在很大程度上依靠这些标志性的事件来解释复杂的思想或原因。伯克兰的焦点事件理论的基础，是建立在议程设置功能和对危机传播事件的公共政策运用上的。他认为那些突然发生的、不可预知的事件，在促进公共政策讨论方面起着重要作用。伯克兰相信，鉴于社会变革往往是衰退的结果，而且是有着广泛的社会和经济原因，所以社会变革和冲突往往产生突发事件。伯克兰称这些事件为“焦点事件”。一个焦点事件有极大的冲击力，能够引起公众的注意力，并且在制定公共政策方面可以被人们接受。如 1989 年埃克森石油泄漏事件，导致 1990 年美国《石油污染行动》的出台；1999 年科罗拉多州校园枪击事件，把公众的注意力吸引到家庭和校园暴力方面。伯克兰相信焦点事件在设置公众议题方面具有扮演主要角色的能力，因为媒体对焦点事件的采访能够引起广泛关注并促使采取改善行为。伯克兰认为议题设置就是一个问题及其解决方案得到或失去公众和政府注意的过程。一

① 转引自余明阳等编著：《危机管理战略》，清华大学出版社 2007 年版，第 51 页。

个焦点事件不能自然地改变政策，但是它可以促使媒体长时间地关注某件事情，这样就为新的法律政策的制定提供了机会。焦点事件不同于普通事件和常规新闻之处在于它可以在最大程度上促使政策制定者和公众对不可预测性事件立刻做出反映。这种反映不像常规事件那样已经经过某种程度的过滤。

伯克兰认为焦点事件具有两种主要类型：

(1)第一种类型是常规性的焦点事件，如飓风、龙卷风、地震等。这种类型属于自然灾害，其实它也具有一定的可预测性，因为它们尽管并不完全相同但还是具有很大的相似之处。这类事件大多是孤立的，对人们话题日程的影响有一定程式可循。第二种类型是新型的事件，以前从未发生过或者发生时间已经很长已被人们忘记，这种新型焦点事件往往是因为技术和社会的变化所引起的。如1993年世贸中心爆炸案等。

(2)第二种类型往往出乎人们的意料、违反常规、产生不确定性或不可预测性。这种事件对日常媒体传播的常规的、可预知活动来说，是一种冲击。那些事先设定的事件，总是由新闻制造源制造，媒体被这些定期的新闻发布会、招待会所制约，集束性地向人们传播信息垃圾。与此相对照，新型焦点事件因其违反常规和非预设性，而成为各方人士发表意见的焦点。

可见，新型事件具有更大的创新性，它逼迫人们以新的态度、新的引导标准来对待，甚至制定新的法令。如1999年小城校园枪击案使人们在控制校园枪支和校园暴力问题上进行了广泛的讨论，该校也制定了一系列规定，如在学校门口增加金属探测器等。第二种类型的新型焦点事件表明了危机事件对公共政策的影响。会克兰还指出第二类型的焦点事件与第一类型事件的另一个区别是，如果全社会都一致认为这事是因为非人力所抗拒的力量所产生，如自然灾害，人们的注意力往往集中在我们能够为受害者做点什么这样的焦点上，而在第二类新型事件上，人们更关心的是事故的责任人上面。自然灾害与人为灾害都具有极大的破坏性，但是自然灾害造成破坏的程度与范围是非预知的，同样人们对其反应的速度和技能也不是完全可知的。对此公众会允许政府拥有特殊的权力来保护人民的生命财产安全。相反，第二类的焦点事件可能会引起立法行为，并会影响公众议程，焦点事件不仅能吸引公众，而且是一种人们立法和进行公众讨论的中介工具，舆论可以在多维对焦点事件进行讨论。

四、G·奥尔波特流言和谣言理论

在西方社会学和社会心理学中，有关流言和谣言的经典研究当推G·奥尔波特和L·波特斯曼对1942年美国“珍珠港事件”中对战时谣言的分析。这一谣言的传播是以美国公众对官方的“战时损失报告”的不信任为基础的，而G·奥尔波特和L·波斯特曼的分析不仅指出了形成谣言的两个条件——事件的重要性和事件的模糊性，而且提出了谣言传播过程的三种基本机制：削平(Leveling)、磨尖(Sharpening)和同化(Assimilation)。这三大机制不仅为我们研究流言和谣言的传播提供了有效的分析工具，而且表明流言和谣言在大多数情况下不是一个人的创造，而是一系列传播者行为累加或“群体贡献”的结果。有人认为流言也是危机的制造者之一，因此消除流言也是解决危机必不可少的一环。流言是提不出任何信得过的确切的依据而人们却在相互传播的一种特定的消息。流言与谣言的区别在于，谣言是恶意的攻击，是谣言制造者故意捏造散布的假消息，两者动机不同。流言一般发生在和人们有重大关系的问题上，一般需要三个条件：一是在缺乏可靠的信息的情况下最容易产生与传播流言；二是传播不安与忧虑的情况下，会促使流言的产生和传播；三是在社会处于危机状态下，如战争、地震、灾荒时，人们容易产生恐怖感和紧张感，流言容易传播。

五、里杰斯特的危机沟通“3T”原则

1. 以我为主提供情况(Tell your own take)

以我为主提供情况就是必须由管理者自身提供的情况成为危机信息传播的主要信息来源，社会公众和利益相关者就会将一个组织提供的信息作为危机管理过程中的主要信息源，进而使得其他的声音变得不再重要；

2. 提供全部情况(Tell it all)

提供全部情况即一个组织能够及时而有效地提供有关危机进程的全部情况，从而使谣言不攻自破；

3. 尽快提供情况(Tell it fast)

如果一个社会组织能够在第一时间内迅速提供危机管理进程的情况，就能占据信息的强音，进而压制其他对组织不利的信息。

危机管理的核心就是危机沟通，即帮助社会公众理解影响他们的生命、感觉和价值观的事实，让他们更好地理解危机并做出理智的判断。为了保证正确地引导，我们要真诚地沟通建立信任关系，当纽约市长朱利安尼向公众承认面对9·11事件时他其实也是害怕，也并不知道接下来会发生什么时，他的痛苦是诚实的，也是真实的，这反而使得人们更愿意相信他。因此一个擅长于在危机管理中进行有效沟通的管理者不仅要表达自己的感受且也要尊重他人的感受。面对危机任何公众的恐惧都是真实的，怀疑也是有理由的，且愤怒也是客观的，如果仅仅认为这种感受是非理性的从而漠视公众的真实感受不仅无法让他们得到安静甚至会推动他们的信任，一旦在危机管理中强化了不信任的关系，那么危机管理的多重成本就会产生，甚至会发生比原来的危机更为难以管理的不信任危机。

第二节　媒体关系的基本准则

英国前首相布莱尔说：我们今天的大部分工作量，不管是按重要程度计，按时间计，按精力计，除了最核心的决策之外，其他几乎都是在和媒体打交道。美国班尼特教授说：在当今时代，处理媒体关系，已经从原来的通过个人的聪明才智就能驾驭的一门艺术，变成需要训练有素的专业人员来把握的一门科学。

一、培养与媒体交往的能力

事实上，与其说要培养与媒体交往的能力，不如说先从内部进行教育，只有保证做到两个方面才能保证在媒体面前真正地安全。

1. 培养一荣俱荣、一损俱损的理念，学会同一个声音说话

所谓“同一个声音说话”是指同一个渠道、同一个内容，以保证信息的集中而不至于太混乱，从而导致人们对于信息解读上的混淆。

任何组织在员工的培训上必须符合当下媒体与舆论环境的生存特点，一是在机构设置与

人员的配备上有一个合理的分工，即专门有人具体分管与媒体交往，专业对专业也是对媒体的一种尊重。一般来说组织内部可以设置一个新闻中心、新闻办或在办公室专门设置一个新闻秘书，名称是什么都不重要，重要的是所有员工在上班的第一天都很清楚地了解，只要是与媒体打交道，组织内部是有详细的分工的，如果没有得到授权，则只需要面对所有媒体坦然地、有礼貌地告知：非常报欠，我没有得到授权，不能对外发表有关该问题的任何评论，但是我可以把你带到我们的某办公室，或者给你们他们的电话号码，我们会有专业人士对你们作出详细的解答。应该说，这就是所谓的"家教"。在这个教育中门口的保安或门卫恰恰是最重要的，因为它能够保证在第一时间将媒体引导到正确的位置，其他部门或工作人员甚至都没能机会与媒体相见；二是如果门卫或保安在与媒体或记者见面的第一时间就多多少少透露信息的话，那会产生"先入为主"，甚至由于内部专业人士延迟到位而导致有些媒体会采取"据说"、"据内部知情人士透露"的方式传播一些对组织不利的或者晃是很全面的信息。因此，理论上来说，学会与媒体交往是全员培训的要求，但是真正和媒体应对的却是专业人士。那么，是不是每次都是专业人士体表组织发言呢？并不是。所谓同一个声音说话还有一具要求就是保持内容一致就可以，谁适合说就让谁去说，因为说话的这个人本身就是一个信息源也能够直到准确、有效传递信息的作用。

2011 年 7 月 23 日温州动车脱轨追尾事故发生后，如果新闻发布会的现场能够出现一位直接负责搜救工作的领导，那么很多的质疑就会得到澄清。当然无论是派谁去说都要保证事先应该有人教他怎么说话。因此，一个组织专业的负责与媒体交往的人员还得承担选派人员及教会说话的责任。

2. 无论是谁与媒体交谈，都要守住底线即保护组织核心定位的信息

因为你产什么并不重要，重要的是人们会如何来理解你所说的话，你认为你的话是对的并不重要，重要的必须保证让别人也觉得你的话是对的。因此，你急于表达的内容并不一定是你最终想看到的结果。一个组织的核心定位即一个组织希望在社会公众舆论中体现的认知，即你希望别人如何来看待你。假如一个医院的院长把自己与医院缺钱的信息一起传播时，那么人们会如何来解读呢？

从伦理层面解读一个院长将医院与钱纠缠在一起说明医院想关心的原来是钱；从技术层面解读，技术设备不是太好。因此无论是从伦理及从技术方面对医院都不是有利的，很明显，院长是说了他想说的而忘记了说什么并不重要，人们的理解才是最重要的；而院长在描述事实时也并不了解，其实事实并不重要，人们对事实的理解才是最重要的。因此决定了说该说的不要说想说的，说有权利说的不要说知道的全部。如果站在职业的角度来解读，一个院长面对缺钱与病人的关系时，合适的表达方式可以是：不管医院有没有钱，我们只想做成一件事情，就是用尺医院的一切资源将病人的病治好。如果由第三方来传达医院缺钱的信息往往是更好的。这并不是虚伪而是一种职业的规范。政府的公告中有两句习惯性的用语，即"少数别有用心的人"、"大量的不明真相的人"，现在已经有人明确提出，少用"不明真相的人"。这就是换了一个角度来审视信息传播的问题。"不明真相"解读的结果是两个，一是为什么他们没有权利得到真相？二是你是否没有能力让得到真相？很明显的确种解读的结果对于政府是不利的。

二、对外掌握媒体关系的基本法则[1]

（一）不争不吵：千万不要和大桶大桶消耗油墨的人发生争吵

所谓不争不吵是基于对媒体的理解，原因是两个方面，一是媒体需要的是关注度，而争吵确实是能够引起人们关注的最好手段，所以争吵也许对于媒体更有利；二是媒体拥有说“但是”的权利，无论如何争吵，如果是通过媒体传播信息，那么最后总结性发言的还是媒体。与媒体交往前最好掌握一定的媒体对话模式，即不用简单地回答“是”或者“不是”；二是充满自信地告诉自己，面对记者的提问你才是专业的，既然是你熟悉的问题就要学会主动地“说”而不仅仅是被动地“答”，把你该说的及有权利说的整理后有条理地慢慢地说，我们从来没有听说过，记者问完问题，你不回答记者把你打了一顿，我们只是频繁地听说，因为记者提了一个你很难堪的无法回答的问题，你生气如地把记者打了一顿，也就是说，你甚至可以想办法先不回答问题。如“恳请媒体朋友能否给我一点时间，允许我把这个问题整理出书面的资料，过一会给你。”或者“能否请媒体朋友给我一点时间，允许我向领导请求汇报后，有了领导的批示，我到时再与你联系。”等等。三是激活媒体记者的社会责任。

（二）永远感谢

无论是正面报道或者是负面报道，即使是扭曲的报道都应该记住，千万不要认为它与你有私人恩怨，或者就是想和你过不去，不要怪别人不理解你，不要怪别人误解你，要怪就是怪你没有足够多的信息保证别人全面、客观、公正地评价你，正是因为媒体的关注也给了你一个给出了一个给出更全面的信息的机会，所以为了通过媒体给出更全面的信息我们仍然持以感谢的心理。当肯德基被认为其豆浆并不是现磨时，肯德基的态度很简单：我从来没有说过我的豆浆是现磨的，没有想到让大家误以为是现磨的，责任在于我们的告知不够到位，因此现在准确地告知，我们的豆浆真的不是现磨的。当“达芬奇”家俱因“产地门”遭受舆论的谴责时，我们并没有看到如此干脆、清楚的解释。当重庆沃尔玛因为标签问题而遭受停业整顿时，当西方媒体利用这件事情认为中国政府在有些问题方面有点“抓小放大”，因为中国食品安全问题如此突出，而政府却抓住标签问题做文章似乎对沃尔玛有点不公平时，沃尔玛面对媒体的态度非常简单：我们就是错了，我们接受政府的惩罚，什么时候允许开业我们再开业。这就是媒体需要的。当然沃尔玛的全球总裁到了重庆与市长见面那是给了媒体一个更丰富的背景信息。在媒体面前的失态是不无法赢得舆论的同情的。

（三）区别运用

不同的媒体其运用及效果是不一样的，根据目前人们获取信息的特点，即不再是接受综合的信息，而是综合地接受信息。我们希望可以综合地运用不同的媒体传递综合的信息保证将公众对象进行360度的包围，为了保证发挥各类媒体的优势，我们必须针对不同媒体资源有区别地加以运用才能真正达到综合运用的效果。

---

① 参阅《媒体公关12法则》、《强势公关》等多部著作。

1. 报纸强调的是深度

报纸主要以刊载新闻和时速为主、评论现实生活、引导社会舆论，作为印刷类媒体的主要代表，报纸的发行量大、种类繁多，读者选择余地大、信息量大、储存性好，最关键的是信息可以详细深入。可以从不同的角度提供大篇幅、大版面的详细情节和背景材料，甚至可以进行连续刊载、追踪报道等形式扩大信息的详细度，从而使报道的内容更深入，给读者留下深刻的印象，同时还可以使读者从不同的侧面判断是非曲折。因此，如果使用印刷类媒体可以考虑尽量往深处挖掘信息的背景及根源，多方面地解读问题的原因并引导读者的思路。如果在危机状态安排组织的高层管理人员接受某个专访则可以更好地传递准确、详细的信息，并真实地表达管理者的责任意识及组织的价值观。

2. 电视强调的是画面

电视第一时间传播的是画面，因此如何精心地设计电视画面以保证传播的效果是我们面对电视媒体首先要考虑的问题。

在电视上接受采访，人们不仅看着你，而且也在听你发言。因此，你必须保证看起来和听起来都很正常。正如麦克纳马拉所说的：当有一只苍蝇或蚊子落在你的鼻子上时，观众将听不进你的任何一句话，因为他们正全神贯注地看着这只虫子如何刺痛你。在电视上，你的表现不仅体现在你的评议应对，同时更表现在服装及面部表情等。因此，面对摄像镜头时，不要过于关注现场的某个监视设施，一旦进入状态就把所有这些机器设备都忘记掉。如果是现场直播有个最大的好处就是不用担心事后被剪辑，但是最大的坏处就是没有重新再来一次的机会。观众们不需要你有着主持人一样的镜头感觉，他们要的是真诚的态度和表情，即使采访者咄咄逼人，只要你是真诚的那么反而会赢得大家的同情与支持。

当铁道部的新闻发言人因为2011年温州动车追尾脱轨事故而出现在新闻发布会现场时，我们希望看到的是一个因为灾难而焦虑、痛心但又是充满责任、决心的形象，但是我们却看到他是穿着T恤衫，如此休闲、放松的着装方式令人不得其解，特别是当他面对镜头表现一个职业微笑时，更让人为此痛心。三是危机新闻发布会的现场布置也会通过大量的画面传播一种危机的背景信息，因此，当几位领导按照常态的特别是管理机构会议的新闻发布的再起设置时，基本上已经注定了接下来他与记者之间在问答上的不合拍。当菲律宾总统因为香港游客被绑架一事而面对媒体的镜头时，他当时也有一个瞬间的职业微笑，这一笑让媒体做足了文章，最后舆论的定义是笑得“诡异”，而总统的解释是“苦笑”。一个表情就是一个最好的信息传播，因为这是通过画面来传播信息的方式。

案例思考

有这样一位顾客，他在某银行办了一张卡，卡在自己的身上，但是卡里的钱却丢了，当他因为与银行前期沟通不顺利而带着记者、记者扛着摄像机来到银行行长办公室时，如果通过镜头你看到以下画面，请问你会如何分析？

首先充满整个镜头画面的主要是银行行长、行长身边还专门站立了一位银行的法律顾问、镜头里的顾客却是坐在墙边的凳子上并且低着头、行长对着镜头不断地表达银行的各项安全系数都达到了国家银监会的要求，你认为这些画面是不是在哪里出了点问题？面对镜头，银行、行长肯定是强势，我们反复地强调，舆论同情的是弱者，而你现在要通过镜头传达的却是强势的信息，如果真的需要找到法律的理解，也没有必要将行长与顾问捆绑一起传播更强势的信息，最好是分成两个不同的空间单独接受采访，对头镜头你给出的应该是态度而不是你自己为事件下的对与错或责任与否的界定，因为大家都没有权利，这是法律的权利，而媒体要的往往是说法。如何设计画面呢？行长立即坐到顾客身边，如果能够并排坐那么传播效果更好，因为这是一个友好的位置。面对镜头：看来这位先生（女士）对银行还是有误解，这种误解是银行前期沟通不到位导致的，责任在银行。今天这位先生（女士）来了，媒体也来了，刚好利用这个机会，代表银行表个态，我们银行的态度是永远不变的，努力配合公安部门展开调查，启动银行内部的自查机制，看看到底哪个环节 了问题，如果调查结果是银行必须承担的责任，那么银行将坚决承担，请大家相信我们，请这位先生（女士）相信我们，我们会一起努力来解决问题的。

3. 网络追求的是快

一般来说面对网络媒体资源我们可以采取三种方案。

（1）一是主动给，即以最快的速度每天都在网上主动地给出和组织有关的信息，不管是好的还是不好的；网络强调的就是一个“快”字。人民网舆情监测室提出的突破事件中的媒体“黄金 4 小时”概念刷新了以往处理突发事件的“媒体 24 小时”法则。即第一时间的准则，所谓第一时间考虑到政府厘清事实真相、各部门协调工作和完成信息披露文书所花费的最短时间，而产生快速舆论传播的网络媒体，以微博客、QQ 群、人气高的 BBS 论坛等为代表，每一个网络信息的接受者又可能成为信息发布者，在数小时之内，“黄金 4 小时媒体”就有可能将突发事件传播、发酵为重大舆论影响的事件。

（2）二是每时每刻都要跟。重视舆情民意，加强互动交流。应对危机引发的网络信息传播的基本方法在于信息交流的互动，通过平等对话的方式来化解矛盾与误解，如以适当的方式与网络的“民意领袖”沟通，作为组织的网站不仅要发布信息还要开设诉求通道，及时回应化解隔阂与敌意情绪，积极介入一些重大知名网站和论坛，了解网络舆情动态，征求网民意见和监督议题，疏通网民诉求渠道和网络监督通道，加强网络工作人员的培养与建设，正确引导网络舆情，如实行网络新闻发言人制度，举办在线新闻发布会，等等。目前我国民众知情权、表达权、参与权和监督权在互联网上的落实，以及《人民日报》、中央电视台等主流媒体和人民网等重点新闻网站对网络舆情的积极呼应，中国网民进行“公民报道”和意见表达的渠道进一步拓宽，政府与民众良性互动的局面日益显现，新疆建设兵团克服网络困难迅速处置网民举报的诚意、温州乐清的包括网民在内的各界参与的“第三方调查”在危机事件调查中发挥的独特作用。当然也会产生一些利用网络的自由来散播谣言而引发舆论暴力的现象。

（3）删。网络的安全是一个非传统的安全问题同时更是一个技术问题，如何保证网络的安全，保证网民们有一个健康的、公开的交流、沟通的平台，需要有关部门进行监控与管理的工作。但是只是靠删肯定是思维上的误区，源头不在网上而在网下。从政府角度来看，加强互联网平台建设，强化法律和技术的监督管理。加强官方媒体网站建设，使其在网络舆论中发挥主导作用，特别是加快本地政府网站和重点新闻网站建设，扶持和培育属于本地的网络论坛、网络贴吧，用当地主流网络媒体规范和引导当地网民行为。对于一些恶意传播明显超越宪法和法律，危害整个国家整体利益和社会公众利益甚至侵害个人权利的违法行为和事件，要通过技术手段和法律规范坚决地遏制，严厉打击网络犯罪行为。

4. 要突出微博的独特作用

在网络时代衍生出了大量的新型的传播方式，微博的应用应该是目前最流行且影响到整个危机传播管理的重要因素。

(1)“微博”是微型博客微博(Micro Blog)的简称,是一个基于用户关系的信息分享、传播以及获取平台,用户可以通过 Web、Wap 以及各种客户终端组件个人社区,以 140 字左右的文字更新信息,并实现即时分享。最早及最著名的微博是美国的 twitter,截至 2010 年 1 月,该产品在全球已经拥有 7500 万注册用户。2009 年 8 月中国最大的门户网站新浪网推出“新浪微博”,成为门户网站中第一家提供微博服务的网站,微博正式进入中文上网主流人群视野。微博的主要功能是将生活中所看到的、听到的、想到的内容,微缩成 140 字以内的几句话或一张图片,发到微博网页上,与朋友即时分享。根本原因,是它即时互动地张扬其信息的新闻性。在 2009 年 1 月美国奥巴马就职和同年 6 月的伊朗选举危机事件中,Twitter 的风头甚至盖过了美国的 CNN 频道。截至 2010 年 1 月份,全球已经有 7500 万注册用户,在 Alexa 全球网站排行榜上位居 12 名,其用户包括美国现任总统奥巴马、美国白宫、FBI、Google、Dell、福布斯、通用汽车等。新浪微博是国内首家提供微博服务的门户网站,名人政要为新浪微博的推广起到了很好的宣传作用,“关注”与“被关注”使得微博的人际圈子逐渐扩大,而即时发送与即时接收的传播特点,让微博的信息传播基本实现零时差,而一键转发的简单功能,使得信息能在极短时间内覆盖整个网络。

(2)微博的出现改变了人们的表述方式和生活,标志着个人互联网时代的到来。微博的 4A 元素(Anytime,Anywhere,Anyone,Anything)让人们随时随地实现信息共享,也逐渐改变了新闻的传播方式。如汶川发生大地震,Twitter 的用户在约 14 时 35 分 33 秒披露了这一震撼性的消息,其快速的信息传播方式超越了传统的新闻媒体。又如央视大楼着火、MJ 猝死、老虎伍兹车祸引发的出轨丑闻、印度孟买 2008 年 11 月恐怖袭击、美国客机坠落哈德逊河、石首事件、《财经》杂志变局,特别是 2011 年温州动车追尾事故等,几乎都是通过微博在第一时间告知了信息,这些热门新闻第一时间、第一手材料、第一信源都来自微博,为传统媒体进一步报道提供了很大的帮助。因此,在社会化媒体如此发达的当下,管理者不能只看重与主流媒体的关系和搜索引擎的屏蔽,以及网络水军的话题。有思想,有逻辑,有观点,有信仰,有坚持的网络达人无处不在,他们会利用微博等社交工具在第一时间把危机每个角落,试想删贴公司如何将微博中浩渺的评论删除?因此,危机传播真正追求的是找到正确的渠道,在正确的时机,正确地使用话权语。

(3)微博的海量信息为新闻记者提供了新的新闻报道,网友通过微博发布身边正在发生的新闻事件,直接向传统媒体提供了新闻点。微博的强时效性和现场感给新闻媒体及新闻工作者提供了一种新的新闻信源渠道和采访方式。目前,传统媒体除了从微博上寻找新闻线索外,基于微博的栏目也如雨后春笋般应时而生。如重庆都市广播就开设了一档《微博新鲜事》的节目,每日与听众分享有趣的微博;微博使信息发布门槛降低,极大地扩张了信息传播者的数量,多元化的传播渠道在微博出现之后实现高度融合;信息内容具有关联性大、连续性强,形式多样化等特点;传播速度比起专业传媒机构、博客以及其他一些新媒体更为迅速。微博所带来的,不仅仅是互联网的新形态,也是媒体传播的新格局。而且微博的更大潜力并不单单在于先于传统媒体发布新闻或转发传统媒体的新闻,而是微博直接引发了一些社会性的新闻事件。

微博拥有的特点也为管理者的管理工作提供了一种可行的方法或途径,如浙江省的政府官员曾经通过微博来办公。2011 年日本 3·11 地震后,从 3 月 14 日开始,因为“碘盐能预防治疗核辐射”的传言,我国从东部沿海的绍兴、上海开始,出现了“抢盐”风波。正是随着网络信息的扩展传播,数天之内,抢盐风潮席卷我国大江南北。14 日“抢盐”出现苗头时主要传播方式是口口相传或者电话通知。作为抢盐风波始发地的绍兴，当地人的初衷并不是纯粹因为核辐射去抢盐，而只是为了梅干菜需要很多的盐，也就是买得较多。到3月14日晚上12时，微博等网络交流平台上，尚无抢盐相关信息。但是，3月15日网上出现了最早描述抢盐的微博。马上的，在15日当天，抢盐的地域开始扩散。从16日起，浙江、广东、山东等地居民前往超市、便利店抢购食盐，导致这些地区当天食盐的销售量比平时猛增了十几倍。随后茂名、阳江、湛江、佛山、南海、东莞、清远等地均出现食盐抢购。从16日晚上8点左右，网络上亦检索到山东抢盐信息。“抢盐”风潮开始由东部沿海地区蔓延向全国。16日，微博上有抢盐相关信息25033条，其中浙江14247条，占半数以上，浙江相关信息中又以杭州最多，其次是宁波、绍兴。在微博上弥漫“抢盐”消息时，一名网友与浙江省领导的对话，成为当天“抢盐”佳话。16日19时18分，网友“方宇琦”在微博上向浙江省委常委、组织部长蔡奇说：“蔡部长，现在全省在哄抢食盐，请省领导关注”。19时20分，蔡奇回复：“请继伟省长关注。”很快，浙江省副省长郑继伟在微博上说：“已部署。”并告诉网友，“盐会有的，请参阅浙江在线。”21时12分，蔡奇再次发布微博：“据环保部门监测，目前浙江全省没有核辐射影响，食盐保证供应。望浙江同学转告。”当两位省领导发布权威消息后，网友纷纷通过微博转发。截至22时30分，蔡奇那条“食盐保证供应，请浙江同学相互转告”的微博已有近1000人转发或评论。到3月17日，抢盐潮从东部沿海开始向内陆和中西部地区蔓延，并席卷了包括北京等国内31个省市。“抢盐”、“出现抢盐”等字眼成为各大纸媒头版上的字眼。17日这一天，可以说是抢盐最为疯狂的一天。从东部沿海到中西部地区，再到港澳台，无不“见盐眼开”。甚至有浙系的资金涌入市场，像抢房一样抢购囤积盐。抢盐行为似乎已经开始浸透到金融系统。此时，地方的抢盐潮引起中央的重视。3月17日下午，国家发改委、工信部等部委紧急发文称，我国食用盐等日用消费品库存充裕，供应完全有保障，各地要打击扰乱市场行为。中国盐业总公司同时启动应急工作机制，加强生产组织和销区市场管理，确保食盐供给。随后，包括北京、江苏、浙江、广东、海南、上海等多地紧急部署稳定市场措施，并陆续召开新闻发布会，公布保障食盐供应措施及澄清谣言。随着抢盐事态严重，国家发改委等部门于17日下午发出紧急通知，要求各地“立即开展市场检查，坚决打击造谣惑众、恶意囤积、哄抬价格、扰乱市场等不法行为”。18日晚，各地的抢盐风波逐渐趋于平静。据商务部监测，截至3月19日17时，除个别省份的少数城市的小杂货店或小超市，因运输配送等方面的原因存在短时缺货现象外，其他地区都已恢复正常运行。

奇怪的是，正是通过此次“抢盐”风波，大家才终于知道中国并不缺盐。据商务部的数据，我国盐的产能达到8000多万吨，食盐一年销量只有800多万吨，目前全国食盐储备非常充足，盐业公司一般都会有3个月的库存量，食盐供应是完全有保障的。那么作为一个很普通的生活常识问题，民众为什么也容易被人误导，因为它在此事件出现了很多让它成为现实的因素；一是日本“3·11”地震的舆论背景；二是科普知识的贫乏；三是对于中国盐储存信息的不足；四是网络扩散的影响；五是政府前期介入力度还不够大。

第三节　舆论的一般规律

媒体是一个平台，正如“过河不能拆桥”，如果我们要过舆论这条河那么就绝对不能拆了媒体这座桥。与媒体交往的一切原则都是源自于我们对于舆论规律的掌握以及当时舆论的整体环境的判断与分析。即同样的一件事情、一句话在不同的舆论背景下产生的影响力是不一样的。关于舆论有人做出过很多的解读，如：

- 公众舆论是一种捉摸不定并且非常脆弱的事物；
- 舆论是激起现代人愤怒的看不见的上帝；
- 舆论是一个用来描述难以界定、变化无常和不断变化的团体或个人的判断的术语；
- 舆论不是某种事物的名称，而是对众多事物的排序。

无论我们是从哪个层面来分析舆论这个客观存在的资源，都可以发现舆论有它的特殊规律，在此可以从三个方面来分析，一是舆论要的是说法；二是舆论同情弱者；三是舆论是善变的。

一、舆论要"说法"

首先来看一下"说法"是怎么说的。

当美国前总统尼克松公开表示他的两次政治失败都是败在公关上时，即舆论上时，我们终于见识到了舆论的杀伤力。在法庭上你据理力争，法官会欣赏你，认为你尊重法庭的权威，法庭上你哭哭啼啼，法官会很伤感，你当我这里什么地方，菜市场吗？你在记者面前据理力争，记者会觉得很费劲，因为很多时候因为他的非专业性，他并不知道你到底在说什么，而在记者面前哭哭啼啼，记者就会出于职业特征而充满同情。正如，你闯了红灯被警察抓住时，你说：警察同志我爸爸住院，急诊病房，我太着急了我闯了红灯希望得到你的谅解。这句话对于警察来说太没有说服力了，这更像是借口。因为一个人在做错事被抓住时总是会为自己开脱而找理由，尽管你的理由是真实的但也会因为表达方式的不到位而无法让人们接受。但是"说法"却找到了舆论导向的一般规律，即先给态度再给事实要比先给出事实再给态度效果更好，因为这符合舆论审判的先是态度的原因所在。警察同志，我真的不应该闯红灯，闯红灯绝对是错的，尽管我爸爸住院，在急诊病房我刚才是太着急了所以闯了红灯，真诚地希望得到谅解。也许同样是一个意思但是只要在表达的顺序及方式上稍作调整，作为接受方来说就会感觉更可以接受。其实，在很多的时候舆论对态度的需要远远大于对于事实本身的需要。因此，当你发现你自己需要面对舆论时，你必须先将说话放在最开始，然后再考虑什么时候给事实。

二、舆论同情弱者

舆论同情弱者是我们面对舆论时很容易产生偏差的原因所在。因为人们在危机状态往往会先找个理由自己的行为是可以理解的，包括合理性或合法性，但是危机状态的舆论它往往超越了合理性或合法性，它首先进入的是对弱者的一种同情及怜悯，因此，危机状态你的行为再合理、再合法，只要你的行为是相对强势，那么面对舆论就要考虑不能逞强而是要学会适当地示弱。

那么，在危机状态的管理者如何能够引导舆论也能够理解你的相对强势的行为呢？唯一的办法就是给出更多的信息来让人们更全面地、客观地、公正地评价你的强势行为。现在人们对于中国城管的评论几乎都是一边倒的趋势，尽管这与城管在公共场所的执法手段简单、强硬等有关，但是几乎没有人愿意从另外角度再去分析一下，为什么城管就如此不受待见，因为城管的管理对象是社会上的最弱势群体，如小商小贩。当你处于如此相对强势地位时，在舆论面前你的行为已经有了额外的压力。

有什么办法可以尽量地减少舆论的偏见，能够保证城管的行为得到更大意义上的理解与认可，我们可以通过给出行为本身以外的信息的方式来提供更全面的信息保证人们对行为本身的理解与认可。如：一是将告示贴到居民的身边去，而不是仅仅贴在小商小贩出现的地方，即我们现在要影响的是社会而并非只是当事人，上面写着“告小商小贩书”，将不准随便摆摊的要求说清楚，这也体现了城管部门的苦口婆心；二是颠覆城管留给人们的第一个舆论形象，即在马路上追赶的形象，一般来说冲刷画面的最好的方法是用新的画面，我们可以跟进城管人员坐在小摊边上的画面来展示，城管领导与小贩的谈心，或者邀请全社会的各界人士共同探讨文明执法的理念，体现一种良好沟通的非对抗性关系；三是安排城管领导多次接受媒体的采访，不仅要阐述城管的执法理念，更要穿插给出一些城管作为城市的管理者目的是为了社会的安宁与秩序，说上一些老子、孔子、孟子或庄子说的话，或者背景里给出一些城管个人家庭背景的信息等等，让大家觉得城管并不仅仅是一个简单的符号，它也有着丰富的内容可以帮助舆论更为全面地解读他的执法行为。

三、舆论是善变的

关于舆论的善变是我们危机管理全过程充满自信的一个方面，事实是不能改变的但是我们可以改变的是人们对于事实的看法，正如危机作为事实已经无法改变，但是我们可以引导大家如何来看待这个危机及如何公正客观地评价管理者对于危机的态度遥望承担责任的勇气及解决危机的能力等等。

舆论的善变给了我们两个选择，一是保持低调，静静地等待着舆论本身的降温或倦怠，因为一切都会过去，但是这种等待会造成大量的时间成本而且后续的认识会产生不可预测的结果。二是在被关注的情况下只要去做些什么或说些什么就会保证现有的信息构造被打破，其未来的发展趋势是好是坏完全可以取决于你所说的或所做的事情，因此，舆论肯定会变，但是往好的方向发展还是往坏的方向发展，其责任在你并不在别人。

第四节　危机中的传播管理

我们只有掌握了与媒体交往的原则及舆论的特殊规律后，才有了保证我们在危机状态能够更好地运用媒体资源来引导社会的舆论，以保证危机管理顺利进行的依据。

一、危机传播的原则

危机状态的传播除了常态的对媒体准则及舆论规律的把握外，还需要特别强调两个准则。一是说得越快越好，而且还要频繁地说。因为说不说在危机状态是一个态度的问题。帕金森认为，危机中传播失误所造成的真空会很快被颠倒黑白、胡说八道的流言和谣言所占据，即使是无可奉告的答复也会产生这一类的问题。过时和不准确的消息会引起人们猜疑进而产生不正确的传播，使社会公众怀疑有人对某些信息采取了掩盖手段，因此，有效的危机传播管理是有效的危机管理的基础。

危机状态表现出的一般会是以下现象：震惊、信息不足、事态扩大、失去控制、外部压力的增加（如歪曲或谣言）、内部压力的困扰、恐慌。也就是说，人们在震惊过后最想要的就是信息：到底发生了什么？跟我有关系吗？我应该作出什么样的反应？我是否安全？无论平时组织的声誉如何，一旦危机发生，公众的态度除了质疑还是质疑，此时民众更关心的是危机对我有没有影响？对我有什么样的影响？这种影响是短暂的还是持续的？组织管理者是否有能力控制危机的蔓延？组织是否具有社会责任感来维护和保护我们的安全？公众最害怕的是危机中仍然潜藏着“隐瞒”和各种“不确定性”。既然人们需要信息，你如果不给，他只能从别的渠道去获取，那么小道消息就有了生存的机会，如果小道消息也不能满足，那么他就只能靠自己去编。因此，与其让别人说还不如自己先来说，与其让人们在编的过程中添加太多的虚设情景，还不如第一时间还原事实的真相，那么后续的传播成本会减少。否则你就要做双重的工作，一是先把别人的信息刮掉再把你的信息填进去，这还不如第一时间由你来填满大脑的空白更安全、更低成本。因此管理者在危机状态的第一时间要做的未必是道歉，而是消除疑虑，树立形象。危机传播的失败往往就在于无视人们对于危机的本能反应，不接受恐惧的感情基础，只注重了事实而不注重人们的感受。

马上说或者频繁地说，针对的是一个组织的全部相关的公众对象，对内要告知真相，统一口径，造成不要让我们的工作人员从外面得知本组织遇到危机的事实，否则你就失去了他的真诚与帮助，一般要求由最高领导出面对内部公众发表一个声明，告知危机的事实并真诚地希望得到大家的帮助一起度难关，这可以通过内部信息平台，如邮件的方式立即传达至每个员工的邮箱里；二是对外，如果是企业首先要想到政府的帮助，因此对政府要汇报再汇报，对媒体要公开再公开，对合作方要通报再通报(最好是书面的以求正式)，对社区要解释再解释。总之，就是一句话，危机状态的组织及管理者绝对不能沉默，用什么方式以及对谁说是你的选择，但是选择沉默是不允许的。

对内告知真相是危机状态任何管理者都需要重视的问题。2000 年中美史克爆发了“康泰克”危机，工厂被迫停工停产，在此时刻，公司召开了全员大会，公开宣布不辞退任何一名员工，不让一名员工下岗，当时现场甚至有员工情不自禁地上台表态，现在不是该问企业要为我们做什么了，而是要问我们自己能为企业做什么了？会场上一曲“团结就是力量”的豪迈歌声从众人内心发出，回落天空。同样的，当百度因“竞价排名存在虚假医药信息”被央视曝光而引发信任危机时，李彦宏立即给内部员工发了一封电子邮件。他写道：这是近一段时间以来，广大媒体、广大网民对百度搜索体验、商业运作和销售运营等问题重点关注和集中探讨的一次集中展现，将百度目前所有存在的问题全面地挖掘和呈现出来，对百度的品牌形象造成了伤害，也伤害了广大的百度用户和竞价排名客户的感情。……今天我们面对的质疑和批评，是挑战也机遇，让我们在快速成长的过程中冷静下来，深刻反思自己走过的道路，看清百度生存和发展的基石和未来前进的方向。公司的成长都会经过阵痛，互联网的大幕才刚刚拉开，百度不仅要对自己越来越要求严格，同时也会在引领互联网产业向更健康的方向发展起到关键作用。

2008 年 11 月 17 日国美“黄光裕事件”后的，据报道，25 日晚，国美电器发表了《告全体同仁书》以鼓励士气，要求员工在各种传言铺天盖地的非常时期保持前所未有的高昂斗志和乐观致胜的坚定信念。《告全体同仁书》中称，针对近日报刊、网站、短信等形式出现的关于公司董事局主席黄光裕的传言，公司管理层正在核实相关情况，目前，光美没有接到任何与传言相关的法律文书。“等事件有了结果，公司将在第一时间将事件结果向大家通报。”

社会心理学揭示了流言传播的三个条件：一是在缺乏可靠信息的情况下，也就是人们无法了解真实情况时，流言就容易产生和传播；二是在不安和忧虑的情况下，会促成流言的产生和传播；三是处于危机事件恐怖与紧张气氛下，流言也容易传播。而流言或谣言传播的条件是：社会大众有某种共同的价值倾向；人们普遍存在紧张和担心；人们对处理事务的组织缺乏了解和信任。2005年一篇新华社的稿件:新华社长春11月13日电,13日13时40分左右,地处吉林省吉林市的中石油吉林石化公司双苯厂连续发生爆炸。经调查后发现现场有6名失踪。同时受伤人数增至70人,他们已被送到当地两所医院进行治疗,其中两名重伤者正在接受手术。为避免中毒,处于工厂下风的两个居民小区和北华大学北校区、吉林化工学院部分学生共数万人已被警方疏散。

由于受到中国石油吉林石化公司"11.13"爆炸事故的影响,2005年11月松花江发生重大水污染事件,污染带长约80公里。由于信息滞后,一次安全生产事故最后演变成一次大规模的公共危机。

11月24日《中国经济时报》有文章指出:"目前,对于吉林石化爆炸污染松花江水源导致哈尔滨停水4天的说法,吉林有关方面口口声声予以否认。据《第一财经日报》报道,吉林省有关人士辩解说:'爆炸产生的是二氧化碳和水,绝对不会污染到水源,而吉林石化也有自己的污水处理厂,不合格的污水是不会排放到松花江的。'吉林省委宣传部表示目前还没有听说这个情况。吉林省委宣传处一位人士更是表示,由于哈尔滨处于松花江下游,哈尔滨市多年来一直抓住水指标的问题,作水污染的文章。他告诉记者,自11月14日下午开始,吉林市松花江北在恢复供水后一直保持正常。并且吉林省环保部门截止11月22日的监测数据显示:吉林省境内的第二松花江干流所有监测断面苯污染物全部低于国家《地表水环境环境质量标准》GB3838—2002限值。瞧,面对一条松花江是否污染问题,不同的省市发出的声音完全不同。哈尔滨市政府称,松花江可能被污染,并已接到'上游污染物接近黑龙江省流域'的报告,全城已进入4天的应急预案;而吉林省有关方面认为中石油吉化公司双苯厂车间爆炸污染物不会污染松花江,如果吉林省作为化工厂爆炸地,作为松花江的上游,水体都没有被污染,供水一直保持正常,作为松花江下游的黑龙江省,水体能不能够被污染呢?一边是黑龙江省尤其是哈尔滨市为防被污染的松花江而火烧眉毛,一边是吉林省矢口否认。哈尔滨市的一名宣传员称,当初停水是因为"维修管道"并非有意隐瞒事实,"维修管道也是为了看有毒物质是否超标"。据海外媒体报道,由于维修管道的公告缺乏可信性,市民半信半疑,从而令恐慌增加,引发抢购饮用水。哈尔滨市政府21日晚间再次召开紧急会议,终于在凌晨达成共识,对外公开停水的真正原因是松花江水污染。

松花江是否被污染,其后果事关广大人民群众的生命财产与安全,事关社会的稳定与经济发展,事关政府的公信力。个别领导的不负责任的撒谎,不管出于什么目的与,都是一种对社会的极为恐怖的犯罪,因为任何一方的谎言都可能引发一场社会灾难!如哈尔滨市撒谎,虽然是虚惊一场,但给整个城市造成了巨大的精神压力,以及给现实生活带来诸多的不便;如吉林省有关部门和领导撒谎,将会给松花江两岸的工农业生产、人民的生命安全与生活造成巨大的危害。哈尔滨停水事件已经给社会造成了强大的现实与潜在危害,甚至引起了海外的关注。

所以,危机状态管理者首先要端正的是对于舆论的态度及对于媒体资源的正确定位,即媒体只是一种资源,我们需要得到的是舆论的认可与帮助,因此借助于各类媒体来培养舆论环境才是我们的根本目的所在。当马云面对阿里巴巴存在供应商欺诈的事实时,他自报家丑,主动破局,高管下课。在危机引爆之前,如果有媒体敏感地先进行刺探,管理者恰恰可以利用这个机会来提前捕捉并发现问题,揪出隐患,找出正确的合理的解释理由。一旦危机爆发后,管理者将面临非常复杂的局面。首先要了解信息源,确认报道属实还是刻意夸大。为避免有些媒体为"抢新闻"而进一步歪曲事实,澄清事实是不二法门,不仅要保持"前后一致"的澄清口径,而且要凭借舆论精英的力量进一步佐证事实。既不能反应迟钝,也不能反应超速,更不能反应过度，重要的是给媒体一个相信你的理由，而不是让媒体认为你是在挑战他的公信和权威。一是不能在灾难发生时保持沉默，快速、频繁地发布信息；始终忠于事实，反复强调组织的立场与观点。危机传播的失败往往就在于无视人们对于危机的本能反应，不接受恐惧的感情基础，只注重了事实而不注重人们的感受。

说真相，在危机状态只能说真相。如果说不说是一个态度的问题，那么说什么就是一个管理危机的水平问题，也是对危机规律的掌握程度。在危机状态是不存在善意的谎言的。如果说在危机状态选择不说是一种灾难，那么危机状态说假话则是更大的灾难。甚至危机状态说假话的成本已经远远超出危机本身造成的伤害。所以危机状态说什么先不去管它，但必须永远守住事实的底线。危机管理中传播谎言，或承担双重危机的责任，或与社会对立无法赢得社会资源的帮助；而且危机管理中的谎言往往是传统观念产生的，如能控制信息源或以为危机发生后人们知道得越少对组织越有利，但是往往忽视了，危机状态别人知道得越少你就越不安全，因为人们会根据猜测来弥补信息的不足，而猜测引发的恐慌或不信任是危机管理中额外的成本甚至是很难控制的，一个管理者实在没有必要在原来危机的基础上再去管理一个不信任。

在现实生活中，有些管理者在危机状态不擅长于掌握底线原则，即或者不说，或者只能说真话，也许不能只是从首先层面来分析，可能还是一个观念的问题，即认识上的传统。一是以为别人不会知道，当铁道部的动车追尾事故发生，霎时微博上信息马上就传播开了，整个网络的网民理论上说全部都知道了，也许铁道部是同时知道，所以，对于信息传播的背景没有足够的把握而是按照自己的思路认为可以控制信息那是一种落伍的想法；第二种可能性是好心，认为危机总是会制造很多的慌乱，也许我不说了只要保证解决了危机，大家安心地过日子有什么不好，可惜在很多时候，这种好心恰恰没有好报。所以，在危机状态的管理者思路非常清晰，除非你有能力做到两条，否则你说没有任何资格说假话。一是别人永远不可能知道真相；二是别人知道真相也不能把你怎么样。如果做不到这两条，那么说真话的成本从长远来说永远是最低的，而在危机状态更是如此。

二、提供新闻资料和新闻稿或直接刊登声明

新闻稿是组织公关部门（人员）撰写的以目标公众为对象的文字作品，包括提供给媒体的消息、通讯和专访稿等。撰写新闻稿是一个组织公关人员利用大众传播媒介对公众施加影响的重要手段，也是一个组织与新闻界保持密切联系的纽带和桥梁。

新闻稿的内容就是新闻或消息，它以最直接、最简练的方式迅速告知读者发生了什么事情。尽管并非所有的新闻稿或新闻资料都会被采用，但是危机本身作为一种新闻事件已经让你的新闻稿具有新闻价值，因此要好好地准备。撰写新闻稿最好采取“开门见山”的方式，将全部要点浓缩在第一段里，让读者第一眼就知道内容是什么，然后按照其重要性依次交代，字数不用太多，编辑在挤稿时也可以只登新闻稿的前面两段重要部分而无须将全文改写或缩写。

如果要想借助于新闻媒体传达信息必须先了解和熟悉新闻报道的体裁（新闻、通讯、特写、评论）等，懂得新闻稿的结构（导语、主体、背景资料的运用），掌握新闻稿件的基本要素。一般人们都倾向于新闻稿的五个 W 和一个 H 的基本要求，即 when：事情发生于何时？Where：事情发生于何地？who：事情牵涉到谁？what：发生的是何事？why：何故会发生此事？how：事情的整个过程如何？

无论新闻稿中的要素如何，一般来说新闻稿的结构都会包括导语和主体两个部分。导语

是新闻稿的开头，它是提炼新闻精髓并揭示主题，以吸引读者阅读全文的第一句话或第一段话。导语可以理解为是以提炼的形式、简洁的文字表述新闻中心内容开头的一个单元或部分。起的是诱导、引导、前导的作用。突出的是最主要、最简单、最新鲜、最吸引人的事实。主体一方面是对新闻的主要事实、问题进行具体地阐述和回答；二是用附加的资料来补充导语中没有涉及的新闻内容，提供新闻背景并说明事情的来龙去脉，以保证新闻内容的充实饱满。

新闻背景资料指的是新闻事实的历史条件、环境条件及其他有关新闻事实的外部联系，它在新闻稿中会起到映衬、补充、说明、解释等辅助作用，可以增加新闻的可信度，常见的新闻资料包括人物背景、地理环境、历史背景、知识背景，等等。它可以导语、主体或结尾等新闻稿的各个地方表现出来。

因为人的大脑充满了联想性，所以当发生危机事件时，如何能够保证大家的认识能够从一件事情与另外的事情建立一种关联性，或提供更多的背景信息来冲淡因为信息不足而产生的对事件信息的不全面理解而造成的困惑，在新闻稿及新闻资料的准备及撰写中都可以巧妙地运用。

在危机中如果时间紧迫可以考虑直接买下媒体的时间或版面，或通过组织的官方微博给出声明或说明，这也是一种有效的信息传播方式。

三、举办新闻发布会

新闻发布会是组织利用媒体与公众进行沟通的方式，作为一种两级传播方式，它是先由组织将信息告知记者，再由记者所属的新闻机构将信息告知公众，它是一种引导舆论的基本方法。新闻发布会即发布新闻的会议。在危机发生后，很多的记者都会出现在你的面前，单独接受采访可能会与其他的媒体产生矛盾对以后的交往产生不利的影响，所以危机状态如果有必要可以启动群体媒体应对的方式，即举办新闻发布会。

1.新闻发布会的事先安排

(1)时机的选择。危机刚发生时的新闻发布与危机进行中的新闻发布，在新闻发布的具体要求上是有很大的差异性的；

(2)具体时间的安排。如果危机刚不准备举办新闻发布，那么最好与危机同步举行，如果是危机进行中举办新闻发布那么可以考虑选在上午 10 点和下午 3 点为佳，这样有利于记者到位。一般的新闻发布会正式发言的时间不超过一个小时，如果只是通报危机的事态也许只要十几分钟就行，甚至可以不设置提问环节；

(3)确定记者名单。有句话是“平时常来往有事好商量”，新闻发布会能够请到哪些媒体的记者也是有多种考虑。一是记者代表的媒体与事件的相关性如何，二是该记者能否从不同的角度来报道危机事件，多点角度对于提供更多的思考空间对于危机的客观评价会更有利；

(4)举办地点及会场的安排布置。新闻发布会选择合适的地点主要是考虑记者交通及新闻发布的硬件要求，如电话、传真、打安、照明设施等。选择在宾馆或新闻中心可以具备相关的条件，但是，如果时间仓促在组织内部的会议室甚至办公地点也可以作为发布会的场所，只是要作好事先的准备工作。但是，在危机事故的现场举办新闻发布会往往是危机新闻发布的最佳选择，这能够体现危机管理的紧迫性、过程性，也能够表现现场管理者的参与性及责任心。

(5)新闻资料的准备。根据危机事件的性质及危害程度，准备专业人士组成专门的发言起草小组，收集有关资料，写出清楚生动的发言稿提纲供发言人参考，还可以写出报道提纲，在会后作为记者采访报道的参考。会前将会议主题、发言稿和报道提纲的内容在组织内部通报一下，统一口径，防止在会上出现自相矛盾的现象，避免引起记者的猜测和混乱。在材料的准备上还要根据危机事件的核心信息准备辅助材料，如包括背景资料、新闻稿、有关的图片等，材料不宜过多以方便记者携带，最好是放在新闻资料袋里，而对于电视台的记者最好能够提供用录像制作的资料。

(6)选择好参与人员，确定一个合适的主持人和新闻发言人。主持人的作用在于把握主题范围，掌握新闻发布会的顺利进行，一般都会由一个组织内部的公关人员来担任。而新闻发言人的选择是一个非常关键的工作，一般会由组织主要负责人或部门负责人来担任，主要还是根据危机事件的性质及涉及的程度来决定，当然更要考虑新闻发言人本身的素质及应对水平。必要时可以安排一位或几位专业技术人员作主要发言人的现场助手。其他还要确定具体的材料准备人员、发布会现场的服务人员(准备签到、引导入座及准备必要的视听资料等)，同时还要安排一名摄影师专门拍摄发布会现场的情况，以备将来作为资料保存或使用。

在此特别强调关于新闻发言人选择的问题。一般来说，新闻发言人会由企业高层或政府部门有一定级别的领导来担任来，或直接由危机管理小组的负责人担当。因为他们对危机管理各个方面的情况都非常了解，但如果涉及太专业的技术问题或法律问题，那就应该由分管技术或法律的负责人来回答。

2. 新闻发言人需要具备的条件

(1)要有足够的危机管理方面的知识，既要知识面广，懂得组织内各种技术知识和基本的法律知识，完全能够应付新闻记者的问答(一些专业人员提问除外)；

(2)必须知悉组织的情况，对组织危机管理事态非常了解，在组织中有相当的权威，能站在组织的立场来回答问题，为组织保密，抗辩一些歪曲事实的言辞报道，维护组织的形象；

(3)必须头脑清醒，思维敏捷，灵活善变，有较强的口头表达能力；

(4)较好的心理素质，能较好地控制自己的情绪波动，沉着冷静地应付各种场面；

(5)具有丰富的演讲经验和口语传播能力；

(6)具有危机管理和事件营销的理念，掌握议题的管理；

(7)具有丰富而又精彩的人生经历；

(8)具有危机管理的观念和实务方面的知识和经验；

(9)具有良好的社会关系和人际关系；

(10)具有相当的亲和力与知名度。

在较大的危机中，一般会强调由最高的决策人员充当对外的发言人，这也是一个态度的问题。如1999年6月9日，比利时120人(其中有40人是学生)在饮用可口可乐之后发生中毒，呕吐、头昏眼花及头痛，法国也有80人出现同样症状。已经拥有113年历史的可口可乐公司遭遇了历史上罕见的重大危机。可口可乐公司立即着手调查中毒原因、中毒人数，同时部分收回某些品牌的可口可乐产品，包括可口可乐、芬达和雪碧。一周后中毒原因基本查清，比利时的中毒事件是在安特卫普的工厂发现包装瓶内有二氧化碳，法国的中毒事件是因为敦克尔克工厂的杀真菌剂洒在了储藏室的木托盘上而造成的污染。但问题是，从一开始，这一事件就由美国亚特兰大的公司总部来负责对外沟通。近一个星期，亚特兰大公司总部得到的消息都是因为气味不好而引起的呕吐及其他不良反应，公司认为这对公众健康没有任何危险，因而并没有启动危机管理方案，只是在公司网站上粘贴了一份相关报道，报道中充斥着没人看得懂的专业词汇，也没有任何一个公司高层管理人员出面表示对此事及中毒者的关切。此举触怒了公众，结果，消费者认为可口可乐公司没有人情味。很快消费者不再购买可口可乐软饮料，而且比利时和法国政府还坚持要求可口可乐公司收回所有产品。公司这才意识到问题的严重性，事发之后10天，可口可乐公司董事会主席和首席执行官道格拉斯·伊维斯特从美国赶到比利时首都布鲁塞尔举行记者招待会，并随后展开了强大的宣传攻势。然而遗憾的是，可口可乐公司只同意收回部分产品，拒绝收回全部产品。当时最大的失误是没有使比利时和法国的分公司管理层充分参与该事件的沟通并且及时做出反应。公司总部的负责人员根本不知道就在事发前几天，比利时发生了一系列肉类、蛋类及其他日常生活产品中发现了致癌物质的事件，比利时政府因此受到公众批评，正在诚惶诚恐地急于向全体选民表明政府对食品安全问题非常重视，可口可乐事件正好撞在枪口上，迫使其收回全部产品正是政府表现的好机会。

可口可乐公司首席执行官依维斯特专程从美国赶到比利时首都布鲁塞尔，在这里举行记者招待会。当日，会场上的每个座位上都摆放着一瓶可口可乐。在回答记者的提问时，依维斯特这位两年前上任的首席执行官反复强调，可口可乐公司尽管出现了眼下的事件，但仍然是世界上一流的公司，它还要继续为消费者生产一流的饮料。有趣的是，绝大多数记者没有饮用那瓶赠送与会人员的可乐。后来的可口可乐公司的宣传攻势表明，记者招待会只是他们危机公关工作的一个序幕。记者招待会的第二天，也就是6月18日，依维斯特便在比利时的各家报纸上出现——由他签名的致消费者的公开信中，仔细解释了事故的原因，信中还作出种种保证，并提出要向比利时每户家庭赠送一瓶可乐，以表示可口可乐公司的歉意。与此同时，可口可乐公司宣布，将比利时国内同期上市的可乐全部收回，尽快宣布调查化验结果，说明事故的影响范围，并向消费者退赔。可口可乐公司还表示要为所有中毒的顾客报销医疗费用。可口可乐其他地区的主管，如中国公司也宣布其产品与比利时事件无关，市场销售正常，从而稳定了事故地区外的人心，控制了危机的蔓延。

此外，可口可乐公司还设立了专线电话，并在因特网上为比利时的消费者开设了专门网页，回答消费者提出的各种问题。比如，事故影响的范围有多大，如何鉴别新出厂的可乐和受污染的可乐，如何获得退赔等。整个事件的过程中，可口可乐公司都牢牢地把握住信息的发布源，防止危机信息的错误扩散，将企业品牌的损失降低到最小的限度。

在此需要作个说明，危机状态新闻发布会或新闻发言人并不是一个组织对外传递信息的唯一渠道，要求与组织内外的一切相关人员都有着紧密的信息交往，目标是保持利益相关者对组织的现状及其与未来充满信心。由于对外信息传递人员的具有高度面向公众的性质，高层管理人员始终介入沟通小组的工作，经常进行坦诚的沟通是至关重要的。因此，危机状态的一切对外信息传达人员都应该进行专门的培训，在应对社会公众、新闻媒体和利益相关者的电话询问时，因为这是组织对外信息沟通的第一道防线，因此，甚至要特别慎重地选择好电话接线员，条件包括：一是对组织状况、危机管理事态非常了解；二是思维敏捷，灵活善变，口头表达能力强；三是积极性高、责任心强、执行能力好；四是能控制自己的情绪，维护组织的形象；五是必要时还应该考虑外语的应用能力。

3. 新闻发布会的一般进程

新闻发布会讲究的是议题紧凑、节奏明快，即使发言人与记者的态度或意见明显不一致，发言人只能力争用肯定的语调公布事实。主持人则需要审时度势地将记者的提问引导到符合主题的正确轨道。如果出现发言人不能回答或无法避免的问题时，应该果断而得体地申明本次新闻发布会不会探讨某个特殊的问题并请记者们谅解。如果时间还来得及的话最好可以先作一次预演，特别是邀请记者较多，问题较复杂时，事先可以安排内部工作人员模拟记者进行问题的设置，并做出应对的准备。

新闻发布会的议程一般包括宣布开始、发布新闻、回答提问、宣布结束、会后活动安排等。当发布会结束时一定要提示"请提最后一个问题"或相关的表述。

4. 善待记者并巧妙应对提问

(1)称呼规范。在新闻发布会上对记者的称呼要求是规范,见面打招呼时不论男女,均称"刘记者"、"王记者"等。在新闻发布会上,面对全体记者的主要称呼语是"各位记者"或"尊称的记者朋友们",为了烘托气氛,可附加"女士们、先生们、朋友们"等称呼语。和记者的交往必须体现新闻的简洁性、时效性,因此,新闻发布会的礼节最大的特点就是简单,不需要房间铺陈和曲意逢迎。

(2)理解记者。记者的职业决定了他们在某些方面与众不同,有人曾经说过与记者交往和与医生交往有些相似,主要是三个方面。一是无论是医生还是记者都喜欢喋喋不休地提问,医生喜欢问到隐私,而记者喜欢追问内幕,一般我们面对医生的提问都愿意回答,但对于记者我们却不是很乐意;二是无论是医生或记者看问题的角度会与众不同,医生看每个人都是有病的,而记者看每件事情都想看到月亮背后还有什么阴影;三是无论是医生或记者记你感觉很痛苦时,你可能无法从他们的脸上看到希望看到的同情,因为他们每天都在经历,已经见怪不惯了。那么,为什么在现实生活中我们普遍地接受了医生,但是还是有人不愿意接受记者,甚至还要"防火、防盗、防记者"呢?因为我们认为医生在帮助我们,而记者可能会害了我们。这是个很大的思维上的障碍或误区。只要有危机发生,一般记者都会出现,因为媒体要的是眼球,而危机恰恰是最吸引眼球的,这就是所谓的大家各有各的活法。

(3)与记者交往需要掌握的10个方面

①记者在通常情况下都是大忙人,没有时间从草丛中寻找猎物。即平时常来往,有事好商量,要经常与记者保持联系,平时多多提供一些资料。媒体对新闻的需求是永远没有满足的时候的;

②记者是聪明的、有个性的人,沉迷于工作,需要表现出礼貌及机智。也就是说承认记者的见识广博是我们尊重他的前提,不要在记者面前卖弄小聪明;

③记者不是下级也不是上级,不可能得到他的忠顺或命令。即不要让记者听命于你,或者用强权来约束他。你是无法约束所有的媒体记者的;

④记者的好奇心是无限制的,从不羞怯或讲究衣着。也就是说记者就会沉迷于提问,如果你觉得记者提问都是一件不能接受的事情,那么你还是别与记者打交道了,因为记者的职业决定了他就是要提问;

⑤记者很少被人愚弄,记者不会嘲弄自己的。因为记者拥有说"但是"的权利;

⑥记者写稿子就是为了挣钱。但是"红包"、"封口费"是很不安全的;

⑦记者不会在意你的职衔,不会特别地尊重别人,这不合适但不是无礼,因为他在工作;

⑧记者的出现就是为了工作,他的冷漠仅仅是因为他在工作,同样的还是因为他在工作;

⑨与记者交往不能要求保密,因为你越是保密越是泄露得更多,你不能要求记者不能报道,你可以不说,但是你不能要求不写,真正让他不写的唯一办法就是你可以不说;

⑩记者发布信息与进行调查的任务与士兵保卫国家是一样的,在自由世界里记者与士兵是平等的伙伴。

在社会分工不断发达的今天,记者的存在已经不可缺失而且还会不断地壮大,如果你接受危机状态任何组织都有可能与记者交往的话,那么你的唯一选择就是学会与媒体共同生存且要成长得更快,即提高你的专业应对水平。

(4)诚恳应对提问。面对记者的提问，诚恳是最大的法宝，无论是面对记者的提问或质疑，最基本的策略还是诚恳的态度。新闻是用事实说话的，相对于事实本身的逻辑力量和记者的广识博闻，多数的修辞手段不仅苍白无力，而且还会变成一种卖弄以及对记者的不尊重。即一般选择肯定的措辞，最好用事实来说话。不要随意打断记者的提问，也不要以各种表情、动作或语言对记者表示不满，即使某位记者的提问带有很强的偏见或挑衅性，也不能冲动发怒，应当据理或事实加以纠正和反驳。在讲话时，时时注意，你说的话可能被引用，你的举止也会引人注目。当然有些记者可能会采取敌对的态度，而这可能只是职业上的需求而不是记者个人的反应。因为人们付钱给记者就是让他去做某件事情，这其中就包括了批评(发难)、分析和解释。记者在社会中起着重要的作用，对他们的尊重或对他们这种职业的尊重就是与他们的坦诚相待，这样反过来也会得到记者的帮助。在绝大多数情况下，你会发现，你越是直率而真诚地回答记者的提问，他们就不会做尖刻的报道，并且会感谢你的帮助由此达到了合作的目的。

如果有个宾馆发生了坠楼死亡的事件，记者纷纷来打听情况，此时的专业人员应该如何作答呢？如果放任媒体将大楼名字与坠楼死亡的信息捆绑传播，那就是危机管理的失败，因此，最好的方式就是找到合适的措辞：各位媒体朋友，非常感谢你们的关注，你们有什么需要了解的尽管告诉我们，毕竟我们是在现场而你们是后到的，如果需要当时的目击评价我们也会安排相关的员工与你们见面。需要物质上的帮助也尽管说，我们可以腾出办公室，电脑、传真都可以使用。但是能否恳请媒体朋友邦个忙，在新闻稿中不要出现本大楼的名字。因为你们这些媒体的发行量较大，根据我们的资料大约占了本地人口的10%，如果本地人口有200万，说明可能会有两万个人会看到这份报道。我们还有一个资料是本地人口中的约有万分之一的人有抑郁症倾向，即200人，即有近20个有抑郁症倾向的人可能会看到这份报道。一旦他们产生心理暗示，根据你们提供的信息找到我们大楼的话，那么这个责任我们是承受不起的。所以一定要请你们也帮我们这个忙。与记者交往的过程如果能够激活记者的社会责任那是最好的方法，而所谓的“红包”或“封口费”本身就是一个可以制造轰动的新闻事件。

记者在设计问题时会有一些“陷阱”，如果涉及一些尖锐的和深刻的问题甚至让人下不了台时，这对于主持人与发言人都提出了很高的要求。面对提问思维敏捷，且要有较高的文化修养和较好的风度。如果有的事项确实无法向记者发表，应该说明原因。比如发生火灾之后，记者往往会问到起火原因，对此，发言人应该可以作出请他们到消防部门去问，组织暂时无法做出说明的回答；火灾后，新闻界人士会要求做出就火灾造成的物质损失做出估算，发言人可以这样告诉记者，相关人员已将火灾通知了财产保险公司，将由他们派员来确定损失金额，对于有关人员伤亡的询问，一般也应该让记者去消防部门、急救站和当地医院去核实。如有个学校学生食物中毒，当记者问到中毒有原因时，校长就必须谨慎，因为这并不是你能够回答的问题。你可以说：我们学校在第一时间启动了学校学生中毒预案，将食堂的食物进行了封存并提交给了食品药品监管部门，我相信他们会在最短的时间给出中毒的鉴定结果。如果问到学校与校长是否要承担责任时，只要回答，关于责任的认定我们将完全配合有关部门的调查，如果调查结果是学校的或是我校长的责任，我们学校包括我个个将全力承担，现在我们最关心的是学生的安全问题。类似于这样的回答既成熟又巧妙且守住了职业的规范，甚至能够赢得新闻界的同情从而避免了渲染夸张的消极报道。

5. 会后的安排

所谓会后的安排，一是发布会结束后对记者的安排，二是自己对发布会做的总结工作。总结工作就是在发布会结束后尽快地整理出新闻发布会的记录资料，对新闻发布会的组织、主持和发言等方面的工作进行总结，收集与会记者及其他来宾的反应，检查发布会在接待、安排等方面的工作是否有欠妥之处并从中吸取经验或教训，并将总结好的资料保存好以备以后的工作参考。就长期的会后监控而言，还要注意与会记者在各种媒体上的报道，检查是否达到了发布会的预定目标，同时，注意与会记者是否都发了稿，并对已发稿件的内容及倾向性作分析，以此作为以后举办新闻发布会的参考依据。如果出现了不利的报道，则应该及时做出正确的应对策略，对于不正确的或歪曲事实的报道，应该采取措施加以说明并向相关报道机构提出更正的要求，必要的话可以采取法律措施。

三、危机传播的注意事项

危机传播全过程还需要特别注意两个方面的问题：

1. 做好准备

为了保证传播的有准备、有价值，在危机状态尽管时间紧张，压力也很大，但是通过学习、记忆及培养一种应急性的传播习惯有助于帮助管理者在危机传播中取得有利的结果，因此，时间再紧迫也需要习惯性地问自己几个问题：

①接受媒体采访能获得什么？

②接受采访会有什么风险？

③政府希望传达的信息能否传达出去？

④该媒体的目标公众值得组织如此关注吗？

⑤政府的高级管理层对接受采访会有何反应？

⑥政府需要更多地考虑可能引发的法律责任，还是更需要公众对事件的兴趣？

⑦有没有比接受采访更好的办法？

2. 掌握几个不要

不要推测危机的后果、不要使用行话、不要推卸责任、不要对记者说“无可奉告”、不要发布不准确的消息、不要抱怨同事或领导以前的做法、不要指责临阵脱逃的同事、如果组织没有什么可隐瞒的，不要采取低姿态，等等。最后，学会善待媒体“剪辑”的权利。如果我们掌握的“不要”越多，那么我们离“要”也就越近了，那么在媒体面前我们就安全了，危机本身就会变得相对更简单和易控制。

危机管理的基本入门准则告诉我们“危机管理说比做还要重要”，它强调的不仅仅是一个说不说的问题，更是一个说什么的问题，因此这也是一个专业的问题。危机管理的专业性不仅在于其决策、控制、信息管理、心理管理，同样的也在于其传播的管理。这就是综合了所有管理的研究成果，并应用了社会的一切已经存在的资源进行管理的必然性。

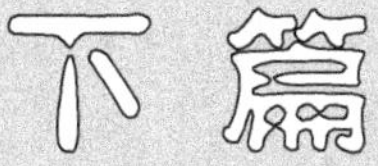

危机管理案例

案例在现代汉语中也被称为个案、案例、事例、个例等，尽管表述形式不同，但其实际内涵是一致的，都是对某一具体事件及其过程的客观描述或介绍。案例(case)一词最早源于医学，意指个别病例或医案。医疗部门对病情诊断结果和处理方法都会进行记录，这种用于治疗且有一定典型性的病历资料，即是一种案例。后来，案例被广泛地用于法学、社会学、教育学、管理学等不同的领域，成为这些学科研究的一种重要方法。

危机管理案例是指对某一特定的危机管理活动内容和过程所作出的客观描述或介绍。案例的内容应该是客观的、真实的且富有典型性，并且具有危机管理的实务性。无论是单一的案例还是综合性的案例，一般都会包括四个要素，一是主体要素，即案例中提供的危机管理的主体是谁，它可以是一个组织的危机管理的指挥中心或危机管理小组也有可能是一个组织外聘请的危机管理的相关团队；二是客体因素，即危机管理活动指向的对象是明确的，这种危机管理对象的指向同样既可以是单一的也可以是众多；三是危机管理有着明确的目标指向，好危机管理的方案是具体的，即危机决策及控制、处理的过程是有意识的、有组织的、有目的性的；四是危机管理的相关环境要素的分析，这既是一种宏观形势的介绍，如一定时期的经济、政治、文化以及其他社会条件的影响，同时也是立足于一个社会组织自身的已有的各类条件的综合分析与运用。

面对危机管理的案例分析，我们可以按照三个步骤进行分析。

(1)熟读案例，就案例本身进行分析

对案例中提供的危机管理的各项要素要进行分析。本案例的结果是成功还是失败的？如果是成功的主要归因于哪几个方面？如果是失败的，那么主要是危机信息的不全面、识别判断的失误、决策的误差或处理的不及时等等。

(2)作为案例的旁观者进入案例的情境作进一步的分析

如果你是本案例中的危机管理小组的成员或相关的咨询成员，你能否就本案例作出进一步的完善，毕竟案例中并不能同时进行其他方案的实践，正如我们经常说的，如果不是这样那又会如何，我们有理由相信即使是成功的案例也并非表示案例中提供的解决方案就是最好的一种方式。如果案例提供是失败的结果，那么我们就更有必要作出我们的判断与选择，即你会作出什么样的补救。

(3)从案例提供的竞争对手角度进行分析，无论案例提供的是多么的成功，请进行颠覆

正所谓：别人犯的小错误就是你的小机会，别人犯的大错误就是你的大机会，而别人不犯错误则别人的优点就已经隐藏了缺陷。当我们认为危机是机会时，它不仅指向作为危机的当事人，同时也指向的是危机当事人的相关人员。

危机管理案例分析的结果是形成危机管理案例分析的方案，任何危机管理案例分析的最后都要给出你的意见。

目前，案例分析已经不仅仅作为一般的教学辅助材料，而是当作一门相对独立的重要课程。案例的点评在危机管理的学科体系中占据着重要地位。分析案例可以将一个理性的危机管理的理论进行具体展现，同时也可以将危机管理的实务进行划阶段地分析。分析案例最关键的是找出其中的普遍本质及规律，不断地论证危机管理的理论成果，同时也可以借此来完善我们自身的危机管理的活动。通过不断地总结经验教训，为危机管理的理论及实践活动的发展带来直接的推动作用。

当我们面对案例分析时有一点需要作两个说明，其一，无论是多么成功的案例我们都是无法照搬照抄的。因为作为一种管理的过程及方法并不存在某种固定的模式，因为每一个管理的过程都充满了太多的不确定性，特别是危机的发展过程更是充满了未知性及风险性，它甚至是一种个人的特性在某个特殊的环境及条件下的充分展示，而这种条件往往具有不可再现性。但是有些东西还是可以继承的，即无论什么时代、什么环境条件，任何管理都需要为了危机做好事先的准备，而且一切的危机的解决与否最终都要取决于人的因素，毕竟事在人为，所以如何通过不同的案例的评析让我们找到管理中折射的人的力量才是我们学习的基本目的与基本的归宿。而对于人的培养才是应对所有危机的关键所在。其二，面对当今复杂的生存、竞争的环境，特别是面向全球化、信息化的背景，当我们引进、吸收、消化西方几十年来的危机管理的理论与理念时，如何能够超越危机案例的表面进入危机管理的实质，并由此探索符合中国文化背景的管理的理念，这才是我们分析案例的真正价值所在。

在下面进行的案例评析中，我们特意进行了调整，即进行对比式的分析，即在案例分析的同时提供另外相似的案例作为补充说明，希望能够从比较中探究更多的规律性的结论。

案例一

汶川特大地震应急救助[1]

案情介绍

2008年5月12日14时28分，四川省汶川县发生里氏8.0级特大地震，造成四川、甘肃、陕西、云南等10个省(市)、417个县(市、区)、4667个乡(镇)、4625.7万人受灾。一瞬间，数千万房屋倒塌损坏，数万人遇难或失踪，数十万人受伤，数千万群众失去了家园。迅速提供灾区群众急需的食品、饮用水、衣被、临时住所以及医疗救治，是灾区生活救助工作面临的前所未有的挑战。在党中央、国务院和中央军委的坚强领导下，在国务院抗震救灾总指挥部的直接指挥下，各地、各部门紧急动员，迅速开展受灾群众生活救助工作。

(一)应急响应

5月12日下午，民政部正在召开部务会议。获知四川省汶川县发生7.8级地震(5月18日重新修正为8.0级)特大地震的通报后，部务会议当即终止其他研究事项，紧急转入部署救灾工作。根据中国地震局提供的震级、震源和时间，结合1976年河北唐山7.8级特大地震造成的危害，部务会议立即进行了分析评估，认为这次汶川特大地震将会造成大量民房倒损、大量人员伤亡、大量人员需要救助，形势十分紧急，应该马上采取措施应对！15时40分，国家减灾委、民政部先期启动国家自然灾害救助II级应急响应。民政部紧急向所属的10个中央救灾物资储备库发出调令，要求将库存的14.96万顶帐篷通过铁路、公路尽快运往地震灾区。

16时40分，国务院总理温家宝乘专机飞赴四川灾区。在专机上，成立了国务院抗震救灾总指挥部，明确民政部作为群众生活组牵头部门。群众生活组迅速制定了工作方案，明确工作重点和责任分工。22时15分，根据国务院副总理、国家减灾委主优先权回良玉指示，国家减灾委将响应等级提升为I级，这是国家减灾委成立以来首次I级响应。

5月12日夜，中央救灾物资储备库首批2000顶帐篷从西安库启运。23时，财政部、民政部紧急下拨四川省第一批救灾资金7亿元，其中中央救灾应急资金2亿元，综合财力补助资金5亿元。到13日，中央财政累计向四川省下拨各类救灾资金12亿元，向甘肃、陕西两省各下拨5000万元救灾应急资金。

汶川地震发生后，灾区各级政府全力以赴抗震救灾，灾区各级政府认真履责，全力做好受灾群众的生活救助和临时安置工作。5月12日14时58分，震后30分钟内，四川省启动省级自然灾害救助I级响应，省民政厅干部职工全部进入应急状态，成立了救灾应急安置、接收捐

---

① 摘录整理自，全国干部培训教材编审指导委员会组织编写:《突发事件应急管理》，人民出版社2011年版，第27～38页。

赠、综合宣传、物资调动、遇难遗体处理、后勤保障6个工作组。地震当晚，四川省"5.12"抗震救灾指挥部成立，按照应急预案，全省21个市(州)均成立了抗震救灾指挥部。

(二)临时安置

汶川地震共造成4625.7万人受灾，因灾紧急转移群众1510.6万人，大量群众成为无房可住、无生产资料、和无收入来源的"三无"困难人员。初期运送灾区的帐篷远远满足不了实际需求，一顶救灾帐篷里最多时曾挤满10多个人，加上灾后多日阴雨连绵，天气十分潮湿炎热，受灾群众生活十分不便。根据灾区政府初步统计，对临时住所的需求超过350万户。按一户一间的标准计算，临时依据缺口高达350万套。另外，地震灾区多为高山峡谷地带，地形地貌复杂，次生灾害频发，风险隐患点多面广，安置点选址十分困难。受灾群众的临时安置工作面临前所未有的巨大压力。

地震发生初期，为了使失去住所的群众免于风吹雨淋之苦，各级政府把尽可能多地筹集救灾帐篷、为群众搭建临时住所作为救灾工作的重要任务之一。5月13日，民政部会同财政部召开紧急会议，决定将年初安排的2008年中央级救灾储备物资采购资金全部用于灾区急需的帐篷采购，同时，向各地民政厅(局)发出紧急通知，要求迅速筹集生活类救灾物资援助地震灾区。自5月13日起，各地筹集的43.98万顶帐篷和能够搭建4.53万间简易房的篷布快速运往地震灾区，一定程度上缓解了地震发生初期受灾群众的临时安置困难，但帐篷数量仍然远远不够。5月17日，民政部、财政部决定增加采购帐篷70万大檐帽，紧急采购总量达到83.9万顶。5月20日下午，国务院抗震救灾总指挥部根据灾区的实际情况，最终决定紧急采购帐篷总数为90万顶12平方米单帐篷和9000顶36平方米单帐篷。

各地库存的救灾帐篷十分有限，且在地震刚刚发生后就已经按照指令被紧急调往灾区，数量巨大的救灾帐篷需要各地企业在最短的时间进行生产与调运。5月22日，胡锦涛总书记前往浙江省湖州市的帐篷生产企业，实地考察救灾帐篷的生产情况；3天后，总书记又前往河北省廊坊市，考察活动板房生产情况，中央领导同志的考察指导极大地鼓舞了全国各地企业的生产积极性。有的企业迅速转产，暂停其他生产线，把有限的设备、人力资源都用于生产救灾物资。

在帐篷、彩条布、篷布生产和调运过程中，国家发改委及时出台价格干预措施，确保生产帐篷所需原材料、配件价格基本稳定，商务部协助提供部分生产企业信息，交通运输、铁道等部门全力支持配合救灾帐篷生产发运工作，为帐篷生产和成品的运输提供了强有力的保障，确保了救灾帐篷及时运抵灾区。民政部向每家帐篷生产企业派遣驻厂监督员，现场监控生产进度和质量，同时，积极协调生产企业在原料配件供应、银行贷款和运输过程中遇到的问题，派员赴河北帮助帐篷钢架生产企业解决电力、劳力不足的问题，解除了帐篷生产的瓶颈。

5月30日，民政部、住房和城乡建设部联合下发了《关于四川汶川大地震灾民临时信所安排工作指导意见》，要求受灾地区在抢建帐篷、活动板房和篷布房的同时，发动群众投亲靠友，鼓励动员群众自建简单易过渡住房。

据统计，在地震发生后的较短时间内，共向四川、甘肃、陕西等灾区调运帐篷157.97万顶、安装活动板房67.71万套，组织搭建简易房184.3万户，并利用集中安置、投亲靠友的方式，妥善解决了受灾群众临时住所问题。

(三)生活保障

地震发生后转移聃为的受灾群众，急需食品、饮用水、衣服棉被、医疗等方面的生活求助。通过灾区各级政府紧急筹措，非灾区省份对口扶持和社会广泛捐赠，大量的方便食品、饮用水、衣服棉被、照明灯以及粮油、蔬菜等物资如何规范、快速地分配发放到受灾群众手中，成为考验政府救灾能力的又一个难题。

面对救灾物资难以及时运抵灾区的严峻形势，交通部门、铁路、民航等部门优先安排公路、铁路、航空运力，紧急调运救灾物资。民政部及时会商总参谋部，向汶川等地空投空运大量棉衣被、食品、饮用水等救灾物资。全国各地的救灾物资源源不断地运抵灾区，四川省民政厅将救灾物资的接收、分配、发放作为各项工作的重中之重，抽调省民政厅直属机关和市（州）民政部门近100人、向社会招募了500多名志愿者，在省民政厅办公楼、成都火车东站、龙源寺仓库和双流、太平寺、凤凰山等六个机场设立救灾物资接收组，负责救灾物资接收、保管、分配和转运的工作。

对于生活物资的分配发放工作。灾区各级政府根据受灾区域大小，人口密度、群众需求进行分配，确保及时、快捷、高效、公开、公平、公正发放。从接收到发放要经过"登记接收、清点入库、计划发放、出库、反馈"等琴上步骤。对于社会捐赠资金，则要在审计、财政部门的监管下，存入银行特设的账户。纪检、监察、审计等部门对捐赠物资的管理和分配进行了全程监察。

汶川地震后，灾区广大干部将瞪国各地的食品、饮用水、帐篷、衣被等捐赠物资公发到受灾群众手里，全力解决受灾群众的临时生活和住所问题。震后一个多有里，四川省民政部共接收、调运和发放帐篷126.1万顶、彩条布和篷布3594.9万平方米、食品3.4吨、棉被228万床、衣物132万件以及其他物资，包括来自57个国家和地区援助的420批次帐篷、篷布、棉被以及医疗器械、生命探测仪、卫星电话、DNA检测仪、工程机械等。

（四）救灾新政

在应急期，中央首次出台了临时生活救助政策。5月20日，民政部、财政部、国家粮食局下发了《关于对汶川地震灾区困难群众实施临时生活救助有关问题的通知》，明确对"三无"人员（因灾无房可住、无生产资料和无收入来源的困难群众）每人每天补助10元钱1斤成品粮，对因灾造成的"三孤"人员（孤儿、孤老、孤残）每人每月补助600元（受灾的原"三孤"人员补足到每人每月600元），补助期为三个月（6月至8月）。

临时生活救助政策到期后，灾区仍有约400万受灾群众面临生活困难，救助任务仍然艰巨。为此，中央决定在3个月临时活救助政策到期后，对汶川地震重灾区四川、甘肃、陕西三省困难群众继续给予后续生活救助。7月18日，民政部、财政部下发《关于汶川地震灾区困难群众实施后续生活救助有关问题的通知》，后续生活救助为现金补助，每人每月平均200元，补助期限3个月（9月至11月）。对于此后仍然存在生活困难的受灾群众，按照有关程序和规定，纳入城乡低保或冬春生活救助体系。

针对国内外各界对于孤儿问题表现出的极大关注和热情，各级民政部门指派熟悉收养业务的同志，严格依照收养法律法规耐心做好解释说明工作。6月2日，民政部制定下发了《关于汶川大地震四川"三孤"人员救助安置的意见》，就"三孤"人员的安置方法、安置费用以及心理抚慰和疏导等工作，提出了支持政策和措施要求，为"三孤"人员的救助安排工作提供了制度保障。同时，民政部与四川省按照"政府主导、多方参与，就近为主、异地为辅"的总体原则，坚持临时安置与长期安置相结合、集中安置与分散安置相结合的办法和措施，开展"三孤"人员的救助安置工作。汶川地震灾区的"三孤"人员均得到妥善安置。

（五）爱心汇聚

5月13日，民政部紧急下发《关于组织开展向地震灾区捐赠工作的通知》，迅速开展全国性救灾捐赠活动。民政、红十发会、慈善总会等部门和机构及时设立救灾捐赠热线，公布接受捐赠账号,制定相关政策和保障措施。中组部下发紧急通告动员全国赏干部发挥模范带头作用,积极为灾区捐赠物资。

5月14日,四川省民政厅通过新闻媒体,向社会公布接收捐赠的单位、开户银行、账户和捐赠热线电话,为灾区人民送去温暖。全社会的爱心源源不断,至2009年9月30日统计,汶川地震全国累计接收国内外社会各界捐赠款物797.03亿元,创我国救灾史之最。

震后在中国出现了新中国成立以来最大规模的社会志愿服务行动,成千上万的志愿者、社会工作者奔赴灾区,从事现场搜救、医疗救护、卫生防疫、物资配送、心理抚慰等志愿服务,为争取救灾斗争的胜利作出了巨大贡献。5月12日地震当晚,千余名成都出租车司机自发前往都江堰抢运伤员,一路上开灯疾驶,以一种特殊的方式传递着爱的暖流。据不完全统计,汶川地震后,深入灾区的国内外志愿者超过300万人,在后方参与抗震救灾的志愿者超过1000万人。

(六)款物监管

汶川地震救灾物资数额,社会各界关注度高。5月20日,中央纪委、监察部、民政部、财政部、审计署五部门联合发出《关于加强抗震救灾资金物资监管的通知》,24日,五部门又联合召开会议,决定成立抗震救灾资金物资监督检查领导小组,形成监管合力。四川、甘肃、陕西三省及其市(地、州)、县(市、区)和乡(镇),层层建立监督机制,形成抗震救灾资金物资监管体系,确保监管工作不留死角。震后,四川省立即派出16个监督工作组,加强对抗震救灾资金物资管理使用情况的监督检查。25日,为进一步加强对抗震救灾资金物资管理发放工作的监督,增强公开性和透明度,四川省"5.12"抗震救灾指挥部决定面向社会公开招募一批救灾社会监督员。置之脑后审计署震后组织了300人的力量,在北京、四川、陕西、甘肃等地对救灾物资进行审计。为进一步加强抗震救灾物资管理,民政部迅速出台了一系列工作规程:为规范救灾物资的分配、发放和使用,制定了抗震救灾生活类物资分配方法;为保障信息公开,制定了抗震救灾资金物资管理使用信息公开办法;为提高救灾物资的回收水平和使用效率,制定了救灾物资回收管理暂行办法。此外,民政部及时公开救灾款物接收、使用信息,说明分配原则和依据,定期向媒体介绍救灾物资使用情况,在网上公开款物接收发放情况,主动接受社会各界监督。

(七)经验和教训

一是从受灾群众最急迫的需求出发,是救助工作的出发点和落脚点。有效地解决了受灾群众最直接、最现实、最紧迫的问题,最大限度地维护了受灾群众的根本利益,确保应急救助工作有力有序有效地推进;

二是规范发放程序,是救灾物资公开公平发放的重要保证。灾区政府严格遵循调查摸底、分类排队、登记造册、民主评议、公开发放的程序,公示物资来源、数量和发放原则、对象,接受群众监督,得到了广大人民支持和理解,树立了政府的良好形象。

三是完善救灾物资储备体系,是保障应急救助需求的基础。

在汶川地震救灾应急阶段,帐篷等救灾物资极度贫乏,远远满足不了灾区的应急需求,加之我国现有的救灾物资储备库布点还不尽合理,救灾储备物资的品种和数量比较有限,在一定程度上暴露出我国救灾物资储备体系建设的不足。因此,各级政府要结合救灾工作的需求,加快编制救灾物资储备的品种和数量,建立救灾物资协同保障机制,完善救灾物资紧急调拨和配送体系,积极探索市场经济条件下的能力储备新形式,实现社会储备和专业储备的有机结合,全面提高应急储备救助保障能力。

四是及时准确发布信息是赢得社会理解和支持的前提条件。全社会关注灾情、支援灾区、帮助受灾群众的同时,也在关注着政府的救灾措施,发挥着社会监督的作用。各级政府在救灾工作的同时，也要做好工作措施的信息公开，密切关注社会舆论，有效回应社会舆情，接受群众监督，树立党与政府的威信。

案例评析

汶川大地震是新中国成立以来破坏性最强、涉及范围最广、救灾难度最大的一次地震。然而，我国政府在这次救灾中的表现受到了世人的充分肯定，具体体现在以下几个方面：一是快速反应。震后当天，温家宝总理就亲临灾区现场组织指挥救灾，当晚胡锦涛总书记组织召开政治局会议，全面布置抢险救灾工作；二是全民行动。解放军、武警、公安、消防、医务、交通、通信、水电各部门及当地干群在第一时间"有序、有力、有效"投入救灾。各项资金、设备及时到位；三是信息公开。各类媒体第一时间及时地将灾情告知公众，制止了谣言和恐慌，同时真实的灾情报道和救灾新闻大大激发了全民的团结之心和援助之力，同时也影响了国外舆论，获得了好评；四是争取外援。地震发生后，由于信息公开透明，很多国家有的主动、有的应邀派出救援人员带着先进的救援设备赶赴受灾现场，对抢险救灾起到了很大的作用；五是以人为本。在这场大灾中充分体现了政府以人为本、执政为民的思想，体现了对每个个体生命的尊重。首次为死亡的民众举行了降半旗、哀悼三天的庄重仪式；六是科学应对。在抢险救灾中采取有效措施来防次生危机的发生，同时心理干预等现代科学方法及时应用；七是快速恢复。伤员救治、灾民救济、学校复课、灾后重建都以最快速度加以落实。这次危机管理我们看到了政府的力量、民众的力量、生命的力量、媒体的力量。

中国政府在此次危机管理中也充分地运用了"灾难外交"。在各国的合作与交流中衍生出许多种新的外交形式，灾难外交就是其中一种。灾难外交实际上是国家与非国家行为体在灾难治理过程中以灾难为契机处理彼此交往，从而促使国家间关系正常化或深化国家间关系，以此建立或增强国家互信和认同的过程。也可理解为国家在灾难管理过程中对外的一种选择方式。[①] 主动与国际合作，展开救援活动；国内媒体报道透明、及时，为政府科学决策、稳定民心发挥了很大的作用，立法机构及时立法，为救灾工作及灾后重建提供法律与保障；人民军队发挥了救灾主力军的作用，生动体现了军民的鱼水深情；许多非政府组织、企业以及普通民众主动以各种形式加入到救灾行列，表明了中国公民意识的觉醒，促进了公民社会的建设。中国在抗震救灾过程中的表现向世界展现了一个开放、自信的中国，受到了各国政府和媒体的好评。

尤其值得一提的是，在此次危机应对中，中国领导人充分表现了其亲民的形象，快速反应，决策及时准确，立即赶赴第一线亲自指挥，慰问群众、伤员，看望抗震救灾第一线的部队官兵和医护人员，展现了中国领导人的良好形象。地震发生后仅两个小时，国务院总理温家宝就已经在飞往灾区的途中。国外的反危机策略专家将领导亲临第一线指挥的任务归纳为3C策略，即命令(Command)、控制(Control)和沟通(Communication)。温总理到达灾区现场后立即投入到指挥救援的工作中。国家主席胡锦涛也于5月16日期乘飞机抵达四川绵阳慰问灾区干部群众。在救灾现场胡主席用心安慰每一名受难者，甚至盘腿坐下与群众进行交流，生动诠释了中国领导人的亲民形象。这才是一个崛起的中国形象。与此形成鲜明对比的是，布什总统在2005年8月31日，即美国新奥尔良遭遇"卡特丽娜"飓风袭击2天以后，才乘"空军一号"鸟

① 阙天舒：《灾难外交的解析、评估及路径》，《国际观察》2007年第3期，第29页。

瞰灾情。中国国务院副总理王岐山在"非典"后期临危受命，掌管"非典"重灾区北京市。他铿锵有力地说出了八个字：我不自信，谁人信之?！一句话展现了政府领导人对自己控制局面能力的自信心。毛泽东所说的，要相信群众。一个政府面临危机应该对自己的百姓有信心，相信他们得知事实真相后，更能够团结在政府周围，同舟共济，共渡难关。有了控制局面的自信心，有了对老百姓的信心，才有勇气做到信息的公开与透明。

此次大地震虽然波及面甚广，损失极为惨重，但引人注目的是社会上基本没有多少谣言传播，民心相对稳定，社会秩序安定。没出现连超级大国美国当年新奥尔良暴风袭击期间也曾有过的抢劫商店等社会动乱现象。

案例思考

①中国国家主席胡锦涛在日本早稻田大学的演讲中坦言中国人口多、底子薄、发展很不平衡，在发展中遇到的矛盾和问题，无论是规模还是复杂性，都是世所罕见的。中国目前多灾多难，其实也是个社会发展过程中的一个自然现象。当一个国家人均 GDP 达到 1000 美元至 3000 美元之间，由于经济开始起步，基于社会资源、体制等方面的制约，会进入一个矛盾凸现的事故频发阶段。这正如一个发育中的少年，由于身体发育过快，身体养分一时跟不上，会出现"成长痛"一样。在这个阶段往往对应着人口、资源、环境、效率、公平等社会矛盾的瓶颈约束最严重的时期，也是极易出现社会经济容易失调、社会容易失序、国民心理容易失衡、社会伦理容易失范等社会"成长痛"现象的关键时期。中国目前人均 GDP 不及 2000 美元，正处于这个矛盾凸现阶段。所以各类危机事件的发生几率日渐增大。而面对这些危机事件时，是手足无措还是镇定自若，最能考验中国政府的执政能力和信心。英国当年大致用了 70 年度过这个事故频发阶段，美国用了 60 年，日本用了 26 年。而根据前任中国国家安全监督局局长李毅中的预测，中国政府将用 10 年到 15 年走过这个阶段。这些都说明中国政府已经做好了应对各种危机的准备，危机管理的不完善性也决定了中国政府可能会在危机中遭遇新的问题及新的挑战，那么对付一切危机的最终至胜法宝只能是赢得社会各界的支持与帮助。你认为中国政府作为危机管理的主体在社会资源的配置上具有什么样独特的优势？发挥这种优势需要运用什么样的管理机制？

②汶川救灾的全过程中国政府领导人都表现出了极大的信心，特别是信息的公开透明大大加强了老百姓对政府的信任，也为中国政府赢得了良好国际声誉。新加坡外长杨荣文认为中国政府地震信息处理手法，"令人赞叹"。连习惯于对中国政府挑刺的西方媒体，也不得不佩服中国政府此次的突出表现，作出了一些正面的报道。这些前所未有的现象，都体现了中国政府执政能力的进步，有利于中国政府树立国际形象。因此，危机管理中领导者扮演的是最关键的角色，我们应该从哪几个方面来确定领导者在危机管理中的地位与作用？危机领导者应该如何保证将危机转化为机会？

案例二

美国“卡特利娜”飓风的危机管理[1]

案情介绍

2005年8月底，“卡特利娜”飓风重创美国墨西哥湾沿岸的路易斯安那州和密西西比州，造成了巨大损失，尤其是防洪堤崩溃，新奥尔良市转眼之间变成水乡泽国，80%的面积被水淹没，城市几乎被摧毁。

作为美国历史上损失是为惨重的自然灾害之一，“卡特利娜”飓风在应急处置上不仅有许多值得美国总结的经验教训，对于面临着极端气候事件威胁的其他国家，同样存在着诸多启示。

（一）“卡特利娜”飓风的“生命”轨迹——5级飓风是怎样形成的

2005年平8月23日，“卡特利娜”飓风在美国佛罗里达东南方约500公里洋面上生成，两天后的晚间，以1级飓风在佛罗里达州南部地区登陆，短暂减弱后，“卡特利娜”飓风逐渐西行，从墨西哥湾的温暖水域中聚集能量，飓风逐步升级——这成为“卡特利娜”飓风威力如此巨大的主要原因。28日，“卡特利娜”达到最高强度级别的5级飓风，并逐步转为正北方向移动，正面袭击墨西哥湾北部沿岸。29日早晨，“卡特利娜”袭击路易斯安那州沿岸时强度稍有减弱，但仍维持4级飓风强度，并最终在新奥尔良市东部正面登陆，其后向北横扫密西西比州。飓风伴随着强烈的风暴席卷了登陆地区，密西西比州港口城市比洛西海岸曾出现9米高的风浪。登陆后的“卡行利娜”迅速减弱为热带风暴，并沿东北偏北方向逐步转东北方向继续影响着美国东部地区。此时降水量成为主要影响因素，沿飓风移动路径的大部分地区累计降水量达为200～240毫米。30日，“卡特利娜”飓风在田纳西州减弱为低气压。

历时7天的“卡特利娜”飓风有风力强、气压低、风暴潮高等特点。而风、雨、潮三者的共同影响，是导致防洪堤溃决、严重内涝、建筑物损坏等主要原因。

（二）飓风来袭的应急处置——意料之中还是意料之外

应该说，“卡特利娜”飓风的预报还是相当准确的。然而，当新奥尔良遭受“卡特利娜”飓风袭击而陷于一片汪洋时，包括众多专家和政府官员在内的美国人都没有料到后果如此严重。

---

① 摘录整理自，全国干部培训教材编审指导委员会组织编写：《突发事件应急管理》，人民出版社2011年版，第119～126页。

(1)准确预报与灾难性后果

早在2005年5月16日，美国国家海洋和大气管理署下属的国家天气中心发布飓风预测，预计该年度大西洋的飓风活动明显活跃。8月2日，美国国家海洋和大气管理署进一步指出，当年的大西洋飓风异常活跃可能性已经为95%～100%，并且接下去3个月将是飓风活动的极盛期。国家飓中心明确警告沿海地区的居民和各级政府应该在热带风暴或飓风可能影响美国之前做好充分的准备。

8月23日，国家天气中心发现巴哈马地区有热带低压活动。8月24日，热带低压加强为热带风暴，并且命名为"卡特利娜"。

在"卡特利娜"登陆前60小时左右，美国国家飓风中心就发出警报说"卡特利娜"在密西西比州或路易斯安那州登陆前将达到危险的4级飓风强度。随后发布的飓风警报划定的警报范围从路易斯安那州摩托根市至亚拉巴马——佛罗里达两州边界，其中就包括了新奥尔良。警报同时说，由此带来的风暴潮可达7.68米。事后证明，飓风预警预报在时间、地点、移动路径等方面基本上都是准确的，唯一不足是对飓风强度预测偏弱。

然而，"卡特利娜"飓风带来的损失之在仍令人瞠目结舌。8月25日下午6时30分，"卡特利娜"登陆佛罗里达州，造成佛州12人死亡，直接经济损失达20亿美元。29日美国中部时间早上6时10分，"卡特利娜"飓风在新奥尔良市登陆，与其相随的风暴潮高达8米。"卡特利娜"彻底摧毁了新奥尔良市沿海地带大部分居民区，海水冲垮了新奥尔良市防护堤，淹没了大部分地区。整个灾难中，千余人丧生，数百万人流离失所。"卡特利娜"飓风还摧毁了墨西哥湾的1/3钻井平台，1/6的炼油厂和美国输入进口原油的中心港口，导致成品油短缺，油价大幅上涨，并且使路易斯安那、密西西比和亚拉巴马3个州的250多万户居民长达数周断电断气。一些专家甚至将此次灾难同广岛原子弹爆炸、"9·11"事件和印度洋大海啸相提并论。

(2)事态发展与政府应对

8月26日下午，美国国家飓风中心将预测结果发布给了墨西哥湾沿岸各州、市的政府、企业和居民，因而相关地区有近56小时的准备时间。就在同一天，路易斯安那州和密西西比州宣布进入紧急状态，国民警卫队投入救灾准备。其中，路易斯安那州部署近2000名警卫队员在新奥尔良，而密西西比州亦调动了750名国民警卫队员。从应对上来看，联邦紧急事务管理署和相关各州都启动了应对飓风的预案，但与灾害的强度相比仍远远不足。

8月27日，"卡特利娜"飓风加强为3级飓风。面积扩大了一倍。国家飓风中心继续发布监测和预测报告，预测飓风有可能加强到5级，并且强烈警告飓风可能引起风暴潮等危险。当晚，置之脑后飓风中心主任直接给路易斯安那州政府和新奥尔良市政府打电话，报告这次飓风将会引起极其严重的灾害。联邦紧急事务管理署也向布什总统报告。

"卡特利那"登陆的前一天，也就是28日期早上，在布什总统打电话给路易斯安那州州长，要求其发布疏散命令后，路易斯安那州谈笑自若和新奥尔良市市长举行联合招待会，发布了疏散命令。在严峻事态下，新奥尔良市市长还授权给新奥尔良市警察和政府官员可征用私人财产用于疏散和帮助避难人员。

但是，在飓风登陆前的几天，州政府和市政府一直没有使用紧急通知系统发布警报和有关命令。国家飓风中心和地方气象局只能通过美国国家海洋和大气管理署电台、互联网发布预报和警报，获知预警的民众数量有限。当飓风登陆后，地方气象局才可以通过紧急通知系统实时更新预测和监测。地方气象局甚至在因灾无法在原地工作后，仍将工作面转移到移动平台，继续坚守岗位。正是由于连续不断的警报，使得绝大多数居民自发撤离或者转移到避难所。

（三）应急计划和救援行动

早在2004年冬天，美国国土安全部就将一场5级飓风作为可能出现的15个重大紧急情况列入应急预案。但是直到飓风袭击美国墨西哥湾沿岸的前一天，新奥尔市才下达人员撤离的命令，政府也因为联邦应急机制中没有相关规定而没有为民众的撤离提供有效帮助。此时，飓风外围已经严重影响到新奥尔良地区，大部分居民只好在强风暴雨的天气里仓促撤离。由于撤离的民众太多，道路极度拥挤和混乱，一些民众甚至被困在路上，缺衣少食。更让政府始料不及的是，社会治安工作没有跟上，不少人趁火打劫，抢商店、砸汽车、强奸案等恶性事件频繁发生，甚至有人向直升机和救援人员开枪，还抢夺救生艇。灾后的新奥尔良到处充满了暴力事件。为此，进行救援的国民警卫队和警察不得不兵分两路，一路救人，一路维持社会治安。

灾难发生后，美国政府立即投入专业搜救队伍，消防官员和成千上万的国民警卫队进行搜救和人员转移安置工作。但面对严重的灾情、泛滥的大水以及过多的灾民，救援人员仍严重不足，特别是初期灾情不明、通讯不畅以及组织协调不力等情况下，救援工作在数日期内进展缓慢。加上地方政府因灾无法有效施政，受灾地区的治安形势和灾情相当严峻。一周后，美国武装力量大规模进驻，达到5万人，新奥尔良市的局面逐步改观。"卡特利娜"飓风登陆后的5天，军队开始在搜救、人员转移安置、分发食品和药品、防疫、后勤运输以及震慑犯罪等方面发挥决定作用，新奥尔市市长于8月31日晚发布命令，命令全城武装力量由营救转而维护社会治安，形势迅速稳定，救援工作进入平衡轨道。

（四）应急处置经验教训——飓风击中了什么

"卡特利娜"飓风不仅在物质层面上重创了美国南部四州，而且在精神层面上刺激了美国人的神经。飓风击中了美国应急体系的哪些软肋？

我们不能忽视美国政府在飓风灾难发生后采取多项紧急措施、逐步展开应急救援工作和重建工作的一些宝贵经验，包括成立内阁救灾小组，派遣联邦应急管理署组织现场救灾，调动军事力量参与救灾应急行动，在一周内把滞留在灾区的居民转移到了安全地带。联邦政府在对灾情进行评估后酌情发布总结公告，宣布实施联邦应急计划，同时成立特大灾害应急小组，任命联邦协调官，负责协调各部门的救灾工作。此外，在联邦紧急事务管理署的统一指挥下，其他部门密切协商抢险救灾，联邦政府还动员全社会为灾区提供帮助，增强国家凝聚力，等等。然而，美国政府在应对"卡特利娜"飓风过程中的一些教训也非常值得我们重视。

(1)预言成真的遗憾：早期警报不被重视

早在2000年，美军工程部队的工程师们通过模型计算出一个正面袭击新奥尔良市的4级或5级飓风将冲破防护堤淹没该城市。最恶劣情况下，城市大部分地区将被淹没在6米深的水下。2001年8月，在美国具有影响力的科学杂志《科学美国人》也刊登了一篇名为"淹没新奥尔良"的长文。该文发出强烈警告，新奥尔良地区的防洪体系将无法应对任何一个在新奥尔良正面登陆的3级或3级以上的飓风，类似的飓风引发的风暴将把该地区变成一片汪洋，从而造成重大灾害。此外，发出警告的还有许多环境专家，他们表示，由于人口扩张，新奥尔良地区的湿地急剧减少，3级或者3级以上的飓风所产生的风暴潮将会直接进入沿海地带。摧毁该地区的居民区。美国政府在2003年和2004年，曾分别举行了代号为"紫色新月"和"紫色新月2"的应急演习。这两个演习都假定新奥尔良地区遭受了重大自然灾害。其中，"紫色新月2"演习甚至假设飓风摧毁了新奥尔良地区。令人中遗憾的是，这些警告却没有引起有关方面的足够重视。结果,可怕的预言一语成谶。

(2)水利设施维护与监测:未能及时堵住的漏洞

虽受"卡特利娜"飓风摧残,但给新奥尔良带来更大损失并一度迫使救灾工作停顿的是市内运河堤决口引起的水灾和治安失控等二次灾害。由于该市及有关应急机构未能及时发现堤坝决口,及早报警并迅速采取措施,致使该市80%被淹没,严重迟滞了救援工作,并迫使全市二次疏散。

新奥尔良堤坝决口淹城原因有三:一是城市规划不周,新奥尔良市大部分地区脾海平面3米以下,其生存依赖于560多公里长的防护堤。该市侥幸躲过1969年的"卡尔拉"飓风后,加固了防护堤,但也只能抗住3级飓风,且堤坝过窄,一旦出现险情,难以迅速抢修;二是发现过晚,报警过迟。8月29日晚,当国土安全部发出破堤和洪水的报告时,离第一次准确报告已过了宝贵的12个小时;三是抢险迟缓,从8月31日军方动用直升机空投沙袋等重物,试图堵住决口失败后,到采用新的方案修补,堤坝决口直到9月5日才被成功地堵住。

(3)灾害防范教育的缺失:民众对预警的忽视

对于新奥尔良人而言,飓风并不陌生。这座平均浩气在海平面下的城市南临密西西比河,北接庞恰特雷恩湖,再加上靠近墨西哥湾,飓风就成为新奥尔良的"老客人"。在"卡特利娜"登陆前的两天,美国国家海洋和大气管理署全天不断发布飓风可能登陆新奥尔良的警报,但是当地居民大多要么没有注意,要么不关心,有些人甚至以为飓风将转向佛罗里达,丝毫未察觉到灾难即将来临。甚至当疏散命令下达时,部分新奥尔良人仍没有引起足够重视。因此。"卡特利娜"飓风在一定程度上也与民众对灾难预警的普遍麻痹有关。美国政府在事后总结教训,提出要在民众、社区和私人组织(如社团、企业等)三个层面加强灾害防范教育。

(4)灾害应急机制的隐患:应对新情况力有未逮

虽然美国的救灾应急机制相对完善,但在飓风袭击的最初几天,仍然显得慌乱无序,力不从心。飓风过后两天,美国卫生和人类服务部才给海军舰队发去电子邮件,询问他们是否愿意为灾区提供救援服务。工业部门的官员甚至不知道他们的船可以停靠在哪里,灾民们如何上船,船可以在哪儿得到食物和饮用水。对于美国应急救灾机制,"卡特利娜"无疑是一次考验。

2001年"9·11"事件后,虽然美国不断强调大规模杀伤性武器袭击的可能性,但是各级应急计划基本都是针对中小型灾害设计的,实施的基础主要依赖于本地政府及其应急力量,即使辅之以联邦和外州援助,也以当地提出要求为前提,实际上未能充分考虑出现大规模毁灭性灾害时当地政府和应急力量失去功能时或功能严重受损时,会大大降低应急系统的可靠性。

美国虽然已经建立了相当完整的全国性应急反应体系,并配套制定了国家应急反应计划,但在联邦体制下,联邦与州、地方法律关系复杂,缺乏协调配合,影响了救灾决策、协调和部署速度。同时,此次救灾的应急装备并不适应要求。尽管美国联邦应急系统已经建立20多年,但令人惊讶的是,该系统竟然没有储备一定数量并经常保持完好待用状态的通讯设备,也没能重建灾区通讯指挥系统的应急计划。而且对于生活必需品紧急救助和灾民控制、安抚工作的忽视,则引起数万灾民的绝望无助心理,导致局面失控,陷入混乱的无政府状态。

案例评析

当我们以美国“卡特利娜”飓风危机应对作为参照案例时并不是要表白中国政府应对灾害的水平比美国政府高，而是想探讨一个既传统但又很现实的问题，即危机管理与常态管理的差异性。对比中国汶川地震应急中中国政府的表现那么美国卡特利娜飓风中美国政府的迟疑及后续的大量社会骚乱确实令人遗憾。

这两次危机中，不同的政府在社会资源的配置，在物资保障上的表现是完全不同，这既是一个传统的问题也是一个深刻的现实问题，即一个较集中的行政权力在社会资源的配置支配的政府与一个自由的政府相比在危机状态哪种体制更能有效地应对突发事件或人类所面临的各种灾难。

劳伦斯·巴顿作为危机管理的专家，针对卡特里娜飓风危机特别提出几点要求：[①]

①有三项基本要素可以协助你远离自然灾害：领导者、进行决策的战略平台以及沟通方式。在卡特里娜飓风灾难中，新奥尔良缺乏第一线救援小组、错失第二次救援时机，更完全低估了后续的混乱。

②确定你有足够的补给。如便携式计算机与手机专用的高容量电池，可让信息设备正常运作的发电机。

③思考员工、旅客、顾客等受害者在灾难重创后会被安置于何处，确认组织外部的紧急救援中心有足够的食物、水与生活必需品，让这些人能够安危度过几天。

如果你负担不起这个方案，与当地大专院校签署互惠协议，一旦发生紧急事件可以利用对方的资源。在这种时机，大学资源特别有用，因为他们拥有最先进的信息设备、住宿、食物、饮料、冷冻设备以及安全的校区。四是请牢记，即使是安全小组或警察局也有可能在自然灾难发生时显现弱点。

根据美联社报道，新奥尔良至少有两名警察自杀，而在1600名警员中约有200人弃守岗位。许多警察无法与家人联络，也成为灾民的一员，他们身上的制服是那几天值勤时唯一的衣物。新奥尔良市警察局局长康帕斯告诉记者：我们的警察在赌场地下室上厕所、去仓库找东西吃，他们无家可归，他们一无所有。也就是说，在危机状态，当我们只是依赖于他人时，但也要先接受一个事实，即任何人在这种时候都是不可能万能的，包括政府在内，政府同样的需要得到社会资源的帮助与配合，那么什么样的政府能够保证在灾难面前如此快速、有效地调动社会各界的力量，充分地整合社会各界的资源，这里呈现的是一个常态与非常态对管理机构设置及职能安排上的特殊要求。

案例思考

①危机管理纳入法制轨道这是世界普遍的趋势，也是各国危机管理的经验总结，但是危机应对需要抓住黄金时间，特别是应对自然灾害时需要权力适当的集中，因此，不同的体制在应对特大自然灾害的危机时如何通过运用应急的机制适当地体现权力的作用会表现出差异性，这不再是简单的危机管理的问题。如何体现“战”、“平”的协调运用，保证常态与非常态的资源的互动，不仅是政府需要面对的难题，也是任何包括企业在内的相关社会组织共同需要自行解

① 劳伦斯·巴顿著：《危机管理》，许静予译，东方出版社2009年版，第79～81页。

决的问题。你认为相对集权的、带有计划体制传统的中国政府在应对特大自然灾害的危机方面的经验是否具有普遍的借鉴价值?

②通过美国"卡特利娜飓风"案例的分析,我们不得不承认美国在飓风危机预警方面的工作做得既前置又有效,但是,为什么好的预警并没有产生好的预报及预控的作用,为什么经过专业训练的警卫人员遭遇危机时他们选择了弃岗,甚至选择了自杀,这说明在危机面前即使是专业人员的心理承受力会大大地减弱。因此,危机管理还是需要重在平时,必须通过学习、记忆及培养习惯的方式来提升全社会的危机意识及应对的各方面的水平。你认为,学习、记忆及习惯的培养过程应该综合考虑哪些因素?

案例三

乌鲁木齐市“7·5”打砸抢烧事件[①]

案情介绍

2009年7月5日20时左右，新疆乌鲁木齐市发生打砸抢烧严重暴力犯罪事件。在此次事件中，死亡人数达到197人，受伤人员达1680人，被毁车辆达627部，其中190部公交车；受损门面房291间、民房29户、13769平方米，总过火面积达到56850平方米，全市共有220处纵火点，有两栋楼房被烧毁，直接经济损失达6895万元。事实表明，这是一起由境外遥控指挥和煽动、境内具体组织实施，有预谋、有组织的暴力犯罪。民族分裂分子热比亚为首的“世界维吾尔代表大会”借广东韶关事件直接煽动、策划和指挥境内制造了这起严重暴力犯罪事件。

7月5日乌鲁木齐市发生严重打砸抢烧犯罪事件后，当地政府在第一时间发布信息，第一时间开放境外媒体到现场采访。6日下午，自治区政府和乌鲁木齐市政府成立新闻中心，负责接待境内外媒体记者，并提供了50余条网线为境内外记者上网发稿提供便利，新闻中心24小时开放；7日中午，自治区和乌鲁木齐市共同举办新闻发布会，共有140家媒体参加，共中境外媒体60家。在发布会上，一批暴力犯罪发生时的现场图片同时公布；7日下午，中共中央政治局委员、新疆维吾尔自治区党委书记王乐泉发布电视讲话。

这些“第一时间”，让世界及时知晓了事件的严重后果。大量的犯罪现场和图片和录像资料揭露，暴徒的罪恶行径惨绝人寰、令人发指。这是新中国成立以来，新疆历次事件中造成人员伤亡和经济损最严重、在海内外影响最大的一次恶性事件。

这些“第一时间”，让公众及时明白了事件的内幕真相。用充分的事实表明，“7·5”事件是一起由境外“世维会”等“三股势力”直接煽动、策划下实施的有组织、有预谋的严重暴力犯罪事件，境外分裂分子通过网络等方式，煽动组织。它敲响了这样一个警钟——我们与“三股势力”的斗争既不是民族问题，也不是宗教问题，而是一场捍卫祖国统一，维护民族团结的你死我活、激烈的血与火的政治斗争。

这些“第一时间”使当地百姓更理解了政府的非常之举。由于境外分裂势力在事件发生时频频使用互联网和手机这种形式进行策划、煽动和串联，为防止事态蔓延，有关部门暂时切断了乌鲁木齐对外的网络联系，并进行通信管制和全面交通管制。在这些特殊情况下采

---

① 案例转摘自桂维民著：《应急管理十日谈》，中共中央学校出版社2010年7月第1版，第219～221页。

取的特殊措施，政府部门不是捂、压、瞒、拖，而是直言相告，是为了更好地处理事件，更好地维护当地的社会稳定。乌鲁木齐市市委书记栗智还特意就此向民众道歉，赢得了大家的理解与支持。这些“第一时间”，为外媒客观公正报道创造了条件。“7·5”事件发生后，各国媒体记者陆续赶到乌鲁木齐市。当地官员为这些外国记者采访提供了积极协助和便利。外国媒体深入现场，记录下所见所闻。在该市互联网一度无法正常访问的情况下，特在位于人民广场旁的海德酒店设立网络中心，专门供记者使用。6号，“乌鲁木齐发生打砸抢烧严重暴力事件”的消息迅速占据美国有线电视新闻网等多家西方媒体网站头条。值得注意的是，报道此事的西方媒体大多引用了新华社等中国媒体的消息。

《印度尼西亚商报》的总编辑邝耀章表示，中国政府此次对境外媒体开放透明的姿态值得称道。他说：国际社会通过媒体看到中国政府通过采取适当措施，有效平息了乌鲁木齐市“7·5”打砸抢烧暴力事件，世界通过媒体了解到乌鲁木齐市“7·5”事件的真相，这会让更多的人支持中国政府应对此次突发事件的做法。近年来，中国政府在处理很多突发事件的时候，都表现出了开放的姿态。美国全国广播公司的记者8号从乌鲁木齐发回现场报道说，中国对媒体的“处理方式显得熟练多了”。俄新网总编辑、俄新社原驻华记者叶菲莫夫表示，乌鲁木齐“7·5”事件发生后，中国政府及时组织外国记者前往事发地点采访，这对外国记者进行报道很有帮助。他认为，这显示出中国的进步和开放。俄罗斯科学院远东研究所副所长卢加宁在接受《人民日报》记者采访时说，乌鲁木齐市“7·5”事件发生后，当地政府开放中外媒体前往采访报道，并为中外记者的工作提供各种便利。外国记者在新疆的采访从未受到过任何限制，这显示了中国政府应对突发事件的成熟与高效。不过，卢加宁也指出，尽管中国政府为外国媒体客观报道乌鲁木齐市“7·5”事件提供了尽可能的帮助，但令人遗憾的是，仍有些西方媒体刻意歪曲事实、混淆视听，进行了失实报道。这种出于政治目的的做法，严重违背了新闻从业人员的职业道德。

案例评析

危机管理“说比做还要重要”，在应对类似于突发的社会安全事件时尤其如此，因为它立即会牵涉到每个社会成员的生命安全，会引发全社会及整个世界的关注。

危机发生后人们从恐慌开始会引发信息的空白状态，如果他无法从正常的渠道获得信息就只能从小道消息来获得信息，如果所有渠道信息都是封锁的，那么人们就只能采取猜的方式来满足自己对信息的欲望与要求。此时的流言甚至是谣言都会产生及漫延。因此，告知真相需要“说”、赢得理解也需要“说”、争取社会资源的支援更需要“说”，面对世界舆论的压力更需要“说”。不要责怪别人的不理解，只能怪自己给的信息太少或给得不准确。

与此同时，自信的管理者不仅敢于“说”，而且关键还善于“说”。所谓善于“说”指的是“说”的时间、方式及渠道都要有所考虑，特别是需要考虑“听”的人的接受程度及接受的背景，因为你说什么并不重要，重要的是别人会如何来解读你“说”的内容，你认为你“说”的是对的也并不重要，重要的必须保证让别人听完后也觉得你是“对”的。因此，中国政府在是否“说”的问题上有了一个很大的突破，但是在“说”什么以及如何“说”的问题上还可以进一步的提高自己的水平。

案例思考

①“自信的管理者是没有危机的”这句话在理解危机状态是否告知的问题上主要表现为你是否敢于告诉别人“发生了不好的事情”？这是自信与自卑的区别，因为所有政府都会遭遇一些突发的破坏社会公共安全的事件，这并不是很丢人的事情。那么你认为主动告知与被动告知在危机管理中可能会造成扩大或缩减舆论压力的区别，你认为管理者应该作出有区别的选择？

②如果参照“俄罗斯别斯兰人质事件”[①]我们可以自信地表示，我们面对这一次突发事件中对舆论的引导确实是可圈可点，但是还面临着共同的问题，即“说”什么及怎么“说”的问题，并非是“说”得越多越好，而是要“说”得有水平，而且哪些该“说”、哪些不应该“说”也是有原则底线的。你认为防止舆论失控应该注意什么问题？

人们在总结俄罗斯解救人质事件沉痛教训时，很快发现全球媒体在这一事件报道中，普遍存在以下“五个失控”：

• 报道现场失控。由于事发突然和准备不足，人质现场最初没有实行必要的新闻管制，许多媒体记者争抢新闻，各自大显神通，为争抢新闻甚至不择手段，不仅发生记者受伤现象，而且个别媒体报道活动甚至直接影响了解救人质的行动。

• 报道内容失控。一些媒体将特种部队指挥部位置、装甲车位置和有关人员位置的具体内容，随意向外界传播，匪徒的同伙轻松获取了第一手现场有价值的信息，使政府解救陷被动。

• 机密信息失控。一家媒体无意中透露了北奥塞梯议长马姆苏罗夫 11 岁儿子和 15 岁的女儿在人质当中的信息，当即被恐怖主义分子利用，由此向人质解救人员之一的马姆苏罗夫进行威胁和恐吓。有人在电视上透露了空袭的秘密通道，而恐怖主义分子通过收看电视轻松地获得了这一重要情报，及时在秘密通道中布了雷，俄特种部队不得不因此而改变了计划。

• 细节报道失实。在类似的解救人质事件中，一些细节非无限制地报道，一些媒体在报道中过于详细地展现了特种部队的作战过程、方式方法以及经验和教训。

• 血腥场面报道失控。对于众多舆论受众而言，一些血腥和恐怖的场面对于广大青少年的心理造成了难以弥合的伤害，类似报道无意扩大和扩散了极端恐怖活动对人心理的摧毁和毁伤。别斯兰恐怖事件后，一些当事的青少年寻求自杀，便是当时血腥场面对其心理伤害所造成的结果。

---

① 俄罗斯别斯兰人质事件：2004 年 9 月 1 日，20 名车臣武装恐怖分子突然闯入事先密谋准备好炸药和武器的别斯兰中学，将参加开学典礼的 1000 多名学生、家长和教师作为人质，其中一半为儿童。此后相持的 50 多小时里，为数众多的驻俄罗斯国际媒体人员，争先恐后地前往报道这一重大事件。9 月 3 日 13 时，俄特种部队在武装恐怖分子的同意下前往收拾被恐怖主义分子打死的人质尸体，恐怖主义分子当场引爆炸弹，双方发生激战，部分人质在混乱中逃离现场或被特种部队解救。13 名武装恐怖分子混入人质队伍逃离，被击毙或被抓。事后，俄罗斯通过媒体公布，在这场劫持事件中，有 326 人死亡。俄罗斯特种部队有十多人在解救人质的战斗中牺牲。对别斯兰事件，全球媒体给予了极大的关注，现场的一些媒体记者表现了奋不顾身的精神，克服种种困难，进行全方位和多手段的报道，从俄罗斯特种部队包围现场，一直到后来学校发生炸弹爆炸，以及与恐怖主义分子发生激战和最后解救人质的各个阶段，各国的舆论受众都通过媒体的报道，目睹了解救人质的激烈场面，一时形成了声讨恐怖分子和同情被害人质的强大舆论声浪，这是别斯兰人质事件报道的主流和可取之处。

案例四

崂山区成功应对网络舆情引发的公共危机[①]

案情介绍

当前，网络作为群众表达诉求、阐述观点的重要平台，已经越来越引起各级政府和领导关注，网络问政也已成为政府科学决策、民主施政的必然选择。胡锦涛总书记在视察人民日报时强调指出："以互联网为代表的新媒体不仅是人们获取信息的重要渠道，而且成为思想文化信息的集散地和社会舆论的放大器。"网络的发展是一把双刃剑，它一方面拓展了信息传播渠道，提高了信息传播速度，推进了传播内容的多样化；另一方面导致各种信息错综复杂、真伪难辨，信息便利与信息陷阱、积极思想与消极言论、正确观点与错误倾向并存，构成了特殊的网络舆论场，容易引发群体性事件和公共危机，对党委政府做好新形势下的网络舆情工作提出了严峻挑战和更高要求。青岛市崂山区积极处理并成功应对网络舆论引发的公共危机的经验，值得我们思考与学习。

1. 成功应对风景区新管理模式运行网络舆情引发的公共危机

崂山区位于青岛市东部，是1994年区划调整设立的新区。辖区内坐落着青岛市4A级著名旅游景区——崂山风景区。多年来，崂山风景区南线实行的是封闭式管理。该区域有11个社区，居民一万多人了免费乘座班车。在扶持景区内业户经营方面，印制通讯录，为景区南线89家宾馆饭店和530多家协议旅行社搭建沟通平台；制作展示牌、设置18个观光车停靠点，推介特色宾馆饭店。在完善景区新管理模式运行流程方面，采用每日调度会的形式，及时研究解决出现的问题，根据实际情况不断调整完善旅游观光车发车班次和运行线路。

崂山区在处置该突发事件过程中，始终将景区环境保护、社区经济发展和民生保障放在工作首位。通过采取一系列积极有效的应对措施，进入2009年9月份，青岛新闻网、青岛传媒网、百度贴吧等网站论坛对《公开函》一帖的回帖数和崂山风景区新管理模式的新发帖数均呈现大幅下降趋势，直至9月底发帖回帖数降至零条。

2. 崂山区做好网络舆情工作的几点经验

崂山区积极探索网络发展变化的特点和规律，健全工作机制，规范工作程序，加强舆情监测，认真分析研判，使全区网络舆情工作逐步走向制度化、规范化，为全区经济社会又好又

---

① 本案例由中共崂山区委办公室提供。

快发展提供了良好舆论支持。

(1)在研究分析公共危机问题上突出一个"深"字。面对网络舆情和公共危机，崂山区能够做到深度介入分析事件，透过各种矛盾纠纷的表面，抓住问题的根源，看清问题的实质。通过深入分析事件背后隐藏的本质问题，做到了早发现、早介入，从而能够采取正确有效的应对措施，将矛盾纠纷化解在基层、消除在萌芽状态，维护安全稳定和谐的社会环境。例如崂山风景区实行景区管理新模式引发公共危机的案例中，崂山区深入分析了事件背后的实质，即景区新管理模式的实行使一小部分人的利益受到损害，他们只是想守住眼前利益。通过深入分析事件本质，崂山区抓住了解决事件的关键点，通过采取一系列措施，合理补偿了各方面的利益，使矛盾最终消除在了萌芽状态。

(2)在建章立制建立队伍上突出一个"专"字。在机构上，及时成立了网络管理中心，配备了专门工作人员，建立了《网络舆情考核办法》等相关规章制度；在队伍上，成立了覆盖全区、涵盖60多个部门和单位的网络评论员队伍，并组织举办了两期网络评论员培训班；在机制上，建立了网络舆情预警、监测、研判、应对四大工作机制，完善了"预警防范—监测分流—会商研判—应急处置—发布信息—跟踪反馈"的信息处理及反馈联动流程，建立了网络舆情监控制度和"崂山关注网络QQ群"、网络办公系统信息互通平台，确保第一时间发现和处置舆情。

(3)在发挥网络媒体凝聚人心推动发展的作用上突出一个"用"字。善管、善用、善待网络媒体，为我所用，正面应对网络舆论，正确处理了多起问题。比如，石老人海水浴场"最牛"违章板房的问题，曾一直是媒体和网络关注的重点，就拆除事宜，崂山区将报道发布在青岛社区论坛上，组织网友进行广泛讨论，两篇主题帖点击率达7000余次，回复117个，形成了坚决支持政府拆违的主流声音。在拆除违章板房的当天上午，青岛新闻网就在首页挂出了新闻通稿，从网络舆论反映情况来看，得到了绝大多数网民的支持，形成了正面的舆论强势。

(4)在回应关切解疑释惑上突出一个"快"字。工作中，崂山区在全天候监控舆情的同时，更注重在工作全过程中贯穿政府与民意互动、真相与谣言赛跑的意识，以正视听。比如，由于网民不了解情况，网上出现了上实集团由于资金问题彻底放弃啤酒城改造的帖子，针对这一不实信息，崂山区与上实集团及时联系，就规划进展情况和下步打算及时给予答复；针对前海一线养殖问题，有网民反映了区水产局暗箱操作的虚假信息，对此，崂山区网管中心和海洋与渔业局一起回帖，明确回复事实不存在，并严正声明，任何单位任何个人在前海一线养殖都是非法的，并加大打击力度。这些速报事实、快速回复的做法，较好地回应了广大网民的关切，为大家及时进行了解疑释惑，避免了负面影响扩大化。

(5)在联络感情加强沟通上突出一个"情"字。2009年，以青岛新闻网崂山论坛成立5周年网友联欢为契机，崂山区参与筹备举办了网友自拍系列专题片《发现崂山》首映式暨《走进崂山》网络征文大赛颁奖式，区委书记慕建民主动走进网民中间，与网民零距离互动，之后崂山论坛发出的"崂山区区委书记慕建民竟然是我的网友"、"我的网友慕建民"两个主题帖点击率高达7567人次，引起强烈反响；针对区内公共交通问题引发的普遍关注，区主要领导暗访体验网民反映的公交乘车难状况，崂山论坛主题帖"我和区领导一起坐公交"点击率达2110人次，并及时开通了便民公交线；3月16日，"民生在线"特邀区长杨鹏鸣做客新闻网，就居民关心的热点难点问题进行了在线交流，当时网谈参与在线人数55025人次，网友发帖高达2133个，网谈气氛非常热烈，网谈结束后，对网谈现场没来得及回答的问题分三次进行了线下答复，点击率高达9万余人次。这些都说明，心系网民，情系群众，永远是党委政府做好工作的基本方法。

案例评析

中国科学院牛文元提出了社会燃烧理念。燃烧需要具备的三种基本条件即燃烧材料、助燃剂和点火温度，如果缺少其中的任何一种都无法产生燃烧的效果。媒体的误导、过分的夸大、无中生有的挑动、谣言的传播、小道消息的流行、敌对势力的恶意攻击、非理性的判断、版面利益的刻意追逐、社会心理的随意放大等，都是相当于社会动乱中的“助燃剂”，具有一定规模和影响的突发性事件通常可以作为社会动乱中的导火线或称“点火温度”。

网络等新兴媒体的出现使得传统的行政管理媒体的方式无法胜任，代理服务器的存在使得对境外网站无法进行完全屏蔽，要做到对信息的完全封堵已不可能，每个“网民”都是记者，他们不需要通过新闻职业资格审核，发布信息也不需要编辑把关，其即时性、全时性、生动性和有效性都前所未有，网民发布的信息得以迅速传递，网民也不会因为接到政府官员的打招呼而不作报道，往往是因为网络信息被境内外媒体广为转载后引导人们的高度关注甚至使问题报道失控，最后酿成群体性事件。如百万级点击率的事件有“南京天价烟局长事件”、“张家港官太太团出国事件”、“贫困县县委书记戴52万元名表事件”和“云南躲猫猫事件”。

所有这一切都体现了危机管理中的公关价值或地位。尽管中国的公关发展水平不高，但是中国政府的宣传部对于公关的运用却可以理解为是一种无公关标识的公关，即不叫公关的公关且也取得了很好的管理效果。

按照胡锦涛总书记在全国宣传思想工作会议上的要求：“各级领导干部要充分认识到新闻舆论的重要作用，善于通过新闻宣传推动实际工作，热情支持新闻媒体采访报道，正确对待舆论监督，提高同媒体打交道的能力。”中共中央政治局常委李长春在全国宣传部长会议上要求：“要适应时代发展需要，努力提高与媒体打交道的能力，切实做到善待媒体、善用媒体、善管媒体，充分发挥媒体凝聚力量、推动工作的积极作用”，“在提高舆论引导能力和国际传播能力、掌握话语权、赢得主动权上迈出新步伐。”

案例思考

(1)危机管理中公关的价值是无可替代的，危机小组组建中几乎都包括了公关的影子，因为这是一个舆论审判与司法审判的时代，如果危机管理的过程中媒体资源使用不当，或舆论引导得不够及时，那么任何事件都会引起一场新的危机，即舆论本身的危机。一方面随着媒体性质、地位和作用的演变，政府与媒体的关系发生了重大的变化，政府越来越多地受到来自于媒体的挑战。另一方面，也要重视舆论这一公共的资源，如何在危机中引导舆论只是问题的一个方面，而如何防范舆论本身的危机也应该是管理者必修课。你认为媒体与舆论的关系是什么？

(2)不同的媒体运用会有不同的规律，网络是目前舆论生成的巨大平台及推动力，与时俱进的管理者应该先掌握媒体的特点并因势力导地用好这份资源。“瓮安事件”后，贵阳组织部领导因贵阳市当时拿出几个区委书记的岗位进行社会公开竞聘而接受媒体采访时，被问到一个问题：如果以这样的方式产生区委书记，公开竞聘需要面对社会公众，通过媒体发表演讲，等等，那么对那些勤勤恳恳一辈子，只会埋头苦干，但不会在媒体面前说话的乡镇领导干部是不是很不公平。这位组织部的官员说了一句很有水平的话，他说：在一个大众传媒的时代，一个领导干部不擅长于利用大众媒体来影响大众，不擅长于利用大众媒体来表达个人的观点，那么他已经不适合在这个时代当领导了。时代的发展变化催生着领导者观念的转变及应变能力的提升，接受网络、了解网络并用好网络资源肯定是一个不可或缺的组成部分。你认为危机状态的管理者应如何巧妙地运用不同媒体资源？

案例五

三鹿奶粉事件始末[①]

案情介绍

2007年11月—2008年2月浙江温州泰顺县消费者王远萍因13岁女儿食用三鹿奶粉有异常，向三鹿投诉，三鹿要求王远萍寄送产品检验，让当地代理商处理，不愿公布检验结果，显然三鹿当时已经发现了问题，但可能还不清楚具体原因。3月27日，王远萍不满向当地消协投诉，调解未果。5月21日王远萍在网络天涯杂谈上发出揭露三鹿的帖子，5月31日，王远萍与三鹿浙江总代理签约私了签订“确认书”，收奶粉四箱（市场价2476.8元），后要求天涯删除该帖子，天涯将该帖作为“锁帖”处理。5月，三鹿开始召开会议，总经理、副总经理、部分董事以及两个顾问等参会。会议决定成立几个小组，专人负责质量排查、奶源监管、消费者和媒体沟通。董事长田文华要求各小组立即开展工作，每两周召开一次会议，听取各小组的汇报，有问题的要立即解决。并用广告削弱媒体影响等。同样的在2008年3月初，南京鼓楼医院泌尿外科医生孙西钊陆续接到南京儿童医院送来的10例泌尿结石样本。但是进入7月后，“结石宝宝”病例进入高发期，光是兰州一家医院上半年就收治了患肾结石婴儿16例，月龄大多为5～11个月，部分病儿甚至已经发展成为肾功能不全，江苏、陕西、山东、安徽、湖南、湖北、江西、宁夏、河北、上海等地也都有病例报告。

同时正在进行的是7月22日新西兰恒天然公司发现三鹿奶粉有问题并知会中方高层。7月24日被誉为中国最有良知的儿科医生冯东周在其博客上发表“是不是奶粉有问题”。鉴于各地出现婴幼儿因奶粉患病之事，三鹿将产品送河北出入境检验检疫技术中心检验，7月26日，经过初步检测发现含有三聚氰胺，8月1日三鹿拿到了检测报告。当晚三鹿召开了经营班子扩大会议，副总王玉良通报了检测报告，并将自己通过网上搜索到的资料告诉大家，三聚氰胺是一种什么样的物质，有怎样的危害。会议决定封存库存产品，对市场含三聚氰胺产品进行换货。同时，田文华还明确要求，这是大事，要保密。此事越少人知道越好，混过去就是对我们集团最好的保障方法，并用A物质代表三聚氰胺。8月2日三鹿董事会召开电话会议，并将决议通报给新西兰董事会成员，田文华要求不做会议记录以免泄密。集团向石家庄市政府提交了“关于消费者食用三鹿奶粉出现肾结石等病症的请示”，称“怀疑三聚氰胺来源可能是收购的原料奶粉中不法奶户非法添加所致，恳请政府帮助解决两个问题：一

① 本案例来自于众多媒体的报道资料，已经加工整理。

是请政府有关职能部门严查原料奶粉质量，对投放三聚氰胺等有害物质的犯罪分子采取法律措施；二是请政府加强对媒体的管理和协调，给企业召回存在的问题产品提供一个良好环境，避免炒作此事给社会造成一系列的负面影响。石家庄政府重视不够，9月8日才向河北省政府报告。8月2日恒天然公司召回三鹿奶粉中的问题产品；8月3日南京出现10例哺乳婴儿的肾结石病例，专家认为不排除与奶粉有关。8月13日，三鹿再次召开会议决定，库存产品三聚氰胺含量10mg/kg以上的暂时封存；调集三聚氰胺含量20mg/kg左右的产品换回三聚氰胺含量更大的产品，并逐步将含三聚氰胺的产品通过调换的方式撤出市场。换货的标准，参考的是三鹿的外资合资方新西兰恒天然公司提供的欧盟标准。到9月9日已计收回奶粉8210吨，封存2176吨，约占市场总量的90%，大约还有700吨在市场上。8月底，卫生部专家到甘肃解放军第一医院调查，9月1日卫生部回复甘肃省卫生厅的报告，经专家检验系奶粉致病。9月8日，甘肃《兰州晨报》等媒体以“某奶粉品牌”为名，爆料毒奶粉事件。9月10日东方早报记者简光洲看到甘肃报道后进行调查，经多方打听，才知某品牌是三鹿，并向三鹿集团传媒部求证，简光洲要求三鹿方面提供权威部门的检验报告，未果，留下联系手机。9月11日晨，《东方早报》记者简光周2000字《甘肃14名婴儿疑喝“三鹿”奶粉致肾病》一文发出，网站大量转载。9月11日下午，简光洲接受三鹿集团质问。晚上7点质检总局开始调查。9月11日晚，新华网曝光，卫生部发布消息：经调查高度怀疑石家庄三鹿集团股份有限公司生产的三鹿牌婴幼儿配方奶粉受到三聚氰胺污染，三聚氰胺可导致人体泌尿系统产生结石。

9月10日下午，三鹿声称：患病婴儿都是食用价格在18元左右的奶粉，三鹿产品最低零售价都在25～30元，我们的产品没有一样是不合格的，我们的态度是对消费者高度负责的。在回复《东方早报》记者简光洲采访时，传媒部工作人员杨小姐信誓旦旦地保证：“奶粉没有质量问题”，且声称近期甘肃的权威部门对其奶粉检验也证明完全合格。

9月11日有记者问湖北等地病例该如何解释，三鹿方面的回答是可能与水有关，而且说石家庄人天天喝这个也没有出现问题，这侵犯了知识产权，记者不解为什么不是名誉权而是知识产权。9月11日下午，公司传媒部开始与记者简光洲联系，下午传媒部联系上记者并希望记者从网站上撤稿。理由是：甘肃14名患肾病婴儿基本上是分布在同一片区，可能因为这些地方的水质有问题，与奶粉无关；其次，三鹿奶粉刚刚被质检合格，所以问题一定是出在患者自己身上。事后，三鹿集团向新浪网和人民网发了一个回答式的回应，声称自己的产品质量没有问题，没有证据证明患肾病婴儿与喝三鹿奶粉之间的必然联系。9月11日真相暴露后，受害消费者以及各路媒体齐聚石家庄。面对家长和记者的质疑，三鹿集团答应下午两点召开发布会，但是随后又推到了3点，4点，到下午4点20分左右，三鹿方面突然宣布取消发布会。其间并没有任何一个三鹿负责人出面澄清事件，让全场患病家长和记者苦苦等待了将近一天。当晚21点，迫于各方面的压力，三鹿宣布公司自检发现2008年8月6日前出厂的部分批次奶粉受到三聚氰胺污染，市场上大约还有700吨，公司决定全部召回。

9月11日晚，石家庄三鹿集团股份有限公司发布产品召回声明称，经公司自检发现2008年8月6日前出厂的部分批次三鹿牌婴幼儿奶粉受到三聚氰胺的污染，市场上大约有700吨。为对消费者负责，该公司决定立即对该批次奶粉全部召回。

9月12日，三鹿发布消息称，此事件是由不法奶农为获取更多的利润向鲜牛奶中掺入三聚氰胺所致。9月12日，甘肃省质检局声明称，从未接受过三鹿集团委托检验。9月12日一封“三鹿公关公司写给三鹿危机公关的信”在网上流传，此信据说是北京涛澜通略广告公司所为(8月11日向三鹿集团提出的提案)，信中说：安抚消费者，1—2年内不让他开口；与百度签订300万广告投放协议以享受负面新闻删除，拿到新闻话语权；以攻为守，搜集行业竞品(竞争企业产品)"肾结石"负面新闻的消费者资料，以备不时之需。9月12日，河北省政府做出决定对三鹿集团立即停产整顿。

9月13日，党中央、国务院对严肃处理三鹿牌婴幼儿奶粉事件作出部署，立即启动国家重大食品安全事故Ⅰ级响应，并成立应急处置领导小组。

9月13日，国务院新闻办召开新闻发布会：(1)国务院决定启动国家重大食品安全事故Ⅰ级响应，成立由卫生部牵头、质检总局等有关部门和地方参加的国家处理三鹿婴幼儿奶粉事件领导小组；(2)全力开展医疗救治，对患病婴幼儿实行免费救治，所需费用由财政承担(后有人批评不能用纳税人的钱来帮不良企业顶过，应该由企业埋单)；(3)全面开展奶粉市场治理整顿，由质检总局负责全国有关部门对市场上所有婴幼儿奶粉进行全面检验检查，对不合格奶粉立即下架；(4)尽快查明婴幼儿奶粉污染原因，组织地方政府和有关部门对婴幼儿奶粉生产和奶牛养殖、原料奶收购、乳品加工等环节开展检查；(5)在查明事实的基础上，严肃处理违法犯罪分子和相关责任人；(6)有关地方和部门要认真吸取教训，举一反三，建立完善的食品安全和质量监督机制，切实保证人民群众的食品消费安全。

9月13日，卫生部党组书记高强在"三鹿牌婴幼儿配方奶粉"重大安全事故情况发布会上指出，"三鹿牌婴幼儿配方奶粉"事故是一起重大的食品安全事故。三鹿牌部分批次奶粉中含有的三聚氰胺，是不法分子为增加原料奶或奶粉的蛋白含量而人为加入的。

9月14日，卫生部部长陈竺带领有关司局领导及专家飞抵兰州，针对我省有关三鹿奶粉事件应急处置工作展开专题调研。

9月15日，甘肃省政府新闻办召开了新闻发布会称，甘谷、临洮两名婴幼儿死亡，确认与三鹿奶粉有关。

9月15日下午河北省政府召开的新闻发布会上宣读了致三鹿社会各界人士和广大消费者的一封公开信，向因食用三鹿婴幼儿配方奶粉而导致的患儿及家属道歉。

9月16日起，国家质检总局局长李长江辞职，石家庄市委书记吴显国、市长冀纯堂等被免职。

伊利、蒙牛、光明等22家企业69批次婴幼儿奶粉被查出含三聚氰胺。行业危机全面爆发。

9月17日，董事长田文华等责任人被刑事拘捕。

9月18日国务院决定废止食品质量免检制度，出台一系列相关政策。

卫生部专家指出，三聚氰胺是一种化工原料，可导致人体泌尿系统产生结石。

10月27日，三元股份首次正式承认正与三鹿进行并购谈判。10月31日，经财务审计和资产评估，三鹿集团资产总额为15.61亿元，总负债17.62亿元，净资产−2.01亿元，已资不抵债。

12月2日，曾是三鹿集团最大液态奶生产基地的邢台三鹿乳业有限公司正式更名为河北贝兰德乳业有限公司。

12月8日，三元股份公告称，其董事会已经批准了《关于在河北石家庄成立子公司的议案》。三元股份以现金出资人民币500万元，在河北省石家庄市注册成立全资子公司。

12月13日前后，三鹿二厂开工复产，这是三元在"托管"模式下，启动生产的首个厂区。此后传出消息，三鹿集团的七家非核心企业已陆续开工生产，但全部更名。

12月19日，三鹿集团又借款9.02亿元付给全国奶协，用于支付患病婴幼儿的治疗和赔偿费用。

12月下旬，债权人石家庄商业银行和平西路支行向石家庄市中级人民法院提出了对债务人石家庄三鹿集团股份有限公司进行破产清算的申请。

12月23日，石家庄市中级人民法院宣布三鹿集团破产。12月24日，三鹿集团收到石家庄市中级人民法院受理破产清算申请民事裁定书，一切工作正在按法律程序进行。三鹿将由法院指定的管理人(三鹿商贸公司)来管理，管理人将对三鹿资产进行拍卖，然后偿还给债权人。这一过程将在六个月内完成。

12月24日，河北石家庄市政府、三鹿集团选取20多个代理商代表，到三鹿集团商谈，最终三鹿与代理商达成还款意向。

12月25日，三元回应三鹿破产：重组方案调整须董事会决定。

12月26—31日，法院将审查债权人申请。

12月26日，清算工作组进驻三鹿。

12月26日，石家庄市中级人民法院开庭公开审理张玉军、张彦章非法制售三聚氰胺案。无极县人民法院、赵县人民法院、行唐县人民法院分别开庭审理了张合社、张太珍以及杨京敏、谷国平生产、销售有毒食品三案。

12月31日，石家庄市中级人民法院开庭审理了三鹿集团股份有限公司及田文华等4名原三鹿集团高级管理人员被控生产、销售伪劣产品案，庭审持续14小时。

1月22日，三鹿系列刑事案件，分别在河北省石家庄市中级人民法院和无极县人民法院等4个基层法院一审宣判。田文华被判生产、销售伪劣产品罪，判处无期徒刑，剥夺政治权利终身，并处罚金人民币2468.7411万元。另悉，这批宣判的三鹿系列刑事案件中，生产、销售含有三聚氰胺的"蛋白粉"的被告人高俊杰犯以危险方法危害公共安全罪被判处死缓，被告人张彦章、薛建忠以同样罪名被判处无期徒刑。其他15名被告人各获二年至十五年不等的有期徒刑。2月1日提起上诉，田文华提出上诉，请求撤销一审判决，改判上诉人不构成指控所涉罪名。

案例评析

围绕着三鹿的危机大家公认的是，这已经不是一家企业的危机，也不是一个行业的危机，它已经引发了全社会的危机。因为它涉及政府机关(给政府带来麻烦和伤害，影响国家声誉和产品出口)、广大消费者(受害儿童29万多，入院救治5万多，2000多万家庭担忧)、企业职工(大量职工下岗，经济收入大减)、战略伙伴恒天然公司(资产减损59%，经济损失4000多万)、合作厂家(生产停工，经济损失)、奶农奶站(供奶困难，经济损失)、经销商(退货麻烦，经营变困，经济大损)、银行(贷款风险加大，面临经济损失)、同行竞争对手(行业声誉受损，市场销量大减，股票市值下跌，引发大小危机)、广告代言人(形象受损)、媒体(公信力挑战，监督效能质疑)、医院卫生部门(就诊困难，就医压力)、质检部门(权威性下降，可信度破坏，面临整改)等等。

三鹿认为它是一个有核心价值观的企业，如"诚信、创新、和谐、责任"，"质量第一、绿色兴企、诚实守信、用户至上"，等等。诚信也被当作三鹿经营理念的精髓，贯穿于企业管理的每一个环节。三鹿也自认为在多年的生产经营中，始终把"诚信"作为立身之基、兴业之本，致力于"生产名优乳品、奉献社会民众"，努力营造团结友爱、充满活力、共同进步、人与人和睦相处的和谐企业。但是，奇怪的是当事件发生时，整个处理过程却充满了一种无知与无良：管理不善、质量检控不严；不讲诚信，对消费者投诉不重视不敏感，处理简单；发现问题后，行动迟缓，拖饶幸心理;针对网络负面新闻只想到掩盖,而不是从根本上解决问题;长期隐瞒事实,直到事态扩大才向政府汇报;事件曝光后不是主动承认而是抵赖;针对媒体的质疑口径不一,应对混乱,欺骗公众;企业不仅缺乏社会责任,更不讲政治责任。正所谓,危机决策决定着危机的走势,一步错接下来可能就是步步错了。

食品安全问题不仅仅中国内地受困于众多的食品安全危机而招致世界病时,我们同样看到了美国的"疯牛病"、欧洲的"毒黄瓜"以及一直以来奉行欧美标准、曾因食品安全考虑而在牛肉进口问题上与美国"别苗头"的台湾地区,也深陷"毒饮料"事件所引发的塑化剂风波中。这种毒性据称20倍于三聚氰胺、可以从基因层面伤害人体生殖系统并引发多种其他疾病的毒素,据称已毒害了台湾民众30年。除台湾地区外,香港媒体的报道称,99%被抽查者血液中含有"塑化剂"。台湾地区认定,是台湾的不良业者掺了塑化剂到食品配方中,才造成这次塑化剂风暴。如何化解这类危机,看来是摆在世界各国面前的一道难题。食品安全问题成了世界性的需要共同治理的问题。

事实上,食品安全问题其实也不再仅是食品领域的问题。拿塑化剂来说,这种工业用剂从19世纪30年代以来,被世界各国广泛应用于塑料增塑剂、农药、化妆品等。而在欧、美、日本等发达国家,每人每年消耗的塑料达50到60公斤之多。在各种塑料制品中,特别是在聚氯乙烯塑料制品中,为了增加塑料的可塑性和提高塑料的强度,都需要添加学名为邻苯二甲酸酯的塑化剂,其含量有时可达产品的50%。随着使用时间的推移,目前塑化剂已普遍存在于大气飘尘、河流和土壤中,进而以各种途径进入人体。目前,这种学名为邻苯二甲酸酯的物质已成为地球上最为广泛的环境污染物。这也表明了危机管理是一个系统的工程,在当今社会由于人的生存环境的变化,环境的治理及政府的监管都将成为保障食品安全的重要组成部分,因此,危机管理的宏观因素的扩大也使得危机管理充满了更大的不确定性,甚至引发了国际社会治理的关注。

案例思考

(1)根据国际著名企业应对危机的思路,一般来说涉及本公司产品安全问题的事件发生时,需要经过五个步骤来应对,甚至是短、平、快,不存在任何的迟缓。一是立即表态,和弱者站在一起,对发生的事件深表遗憾;二是立即控制事态如全面收回,无论是什么原因,无论是有事或无事先招回,尽量控制事态的漫延;三是主动配合第三方的调查,结果属实则承担全部责任,结果如果不属实也尽量不说没有责任,因为毕竟有人遭遇了麻烦,在这个时候说些没有责任的话只会让人感觉你没有同情心或者只是一味地保护了自己,更多表达的是愿意帮助弱者度过难关;四是采取相关的措施;五是善后引导,总结性质宣传工作,等等。你认为这五个步骤中是否隐含了企业处理产品危机的一般的规律,为什么?

(2)一直以来我们认为东西方文化在应对危机问题上存在差异性,如锦湖轮胎、丰田踩踏门事件及双汇事件,当这些事件发生时管理者都存在一个观望期,那么他们到底在等待什么?主动地表态,无论是否有责任都先告知我愿意承担我必须承担的责任,这本身是处理危机的基本思路,危机肯定是不好的事情,那么拒绝它的最好办法不是否承认而是不要让它发生,或者已经发生时就不要再躲避,因为它已经是一个事实,你的迟疑不定并不能让它自动地消失,或者羞于面对,为了面子总要给自己找点理由,甚至责怪社会环境如此,别人都是这样的你又何必抓住我不放呢?事实证明,危机就是找到了你,它不找别人你也是别无选择的,还是回到危机管理的思路上来吧。你认为东西方文化在危机认识上存在差异性吗?

案例六

克莉丝丁：安心之链[①]

案情介绍

出生于中国台湾新竹市苗栗县的罗田安，家境贫寒，1982年，他23岁的时候到台北，从倒卖牛仔裤起家。之后，借中国台湾经济高涨东风，罗田安一口气开了十几家公司，涉及七八个行业，可谓“遍地开花，全面出击”。开服装、开餐饮、办学校、搞建筑、做证券、跑运输、做食品开煤矿等，罗田安一身兼任十几个企业的董事长，资产已迅速飙升到几个亿。然而“自信大胆”乃至疯狂的一项巨额地产投资恰遇亚洲金融危机而失败，罗田安遭受致命一击，陷入了破产境地。数十个企业相继倒闭，仅存的是摇摇欲坠的上海克莉丝丁投资项目。

从事业的高峰一下子跌入人生的谷底，罗田安闭门思过、痛定思痛，决心到上海寻求“复活”之路。

1999年之前，罗田安只来过上海克莉丝丁三四次，每次也只待几个小时，只作钦差大臣式的视察一番就走了。当时的克莉丝丁蹒跚前行，生产管理都很混乱，企业时常处于风雨飘摇之中。1999年春节后，罗田安再回上海的时候，虽说他是老板，但当时克莉丝丁的许多人都不大认识他，不少人眼光中甚至带着敌意。一天，当传出罗田安要卖工厂和设备的谣言时，顿时引起了很多员工身上久积的怨气，他们冲进罗田安的办公室，甚至听不进罗田安的解释，责问、拉扯，甚至撕破了他的西服。可是第二天一大早，罗田安照常来到公司，洗厕所、洗工区、擦工台、擦窗户，许多克莉丝丁的员工都看到了这一幕。他就是想让员工们看看，他罗田安不再是过去那个飘浮的老板，而是要安营扎寨，是与他们同甘共苦的兄弟和朋友。

“绝不能让克莉丝丁再垮掉！”罗田安从内心里一次又一次地对自己说，因为他看到上海正在高速发展，日新月异，而当时整个上海的食品行业还处在初级阶段，敏锐的商业直觉告诉他，在上海做烘焙食品肯定大有可为，克莉丝丁一定会有好前景。

经过将近一年的努力，克莉丝丁终于从亏本走向小有赢利，品质也一天天好起来，员工们的士气和信心也渐渐增强。

罗田安对门店的开发眼光独特。当时大家都认为门店应该主要选择在高档的商业街附近或热闹的街道开店，但是罗田安偏偏看到低档小区里的商机。他认为上海每个地段都有贫富，老人家居多的小区虽然消费力不高，但只要人口密度高就可以开店，因为他们有子有

① 《第一财经日报》，2008年11月25日。

女、有消费能力，他们的子女回家看父母会买礼物送老人的，而克莉丝丁的蛋糕等食品是他们不错的选择。

这个概念后来影响了克莉丝丁的发展，让克莉丝丁门店开发人员突破原来的思路。这个思路一直沿用今，而克莉丝丁七八成门店都是根据罗田安的思路所开发出来的“好邻居”门店，成为克莉丝丁网点主力军。

门店进军郊区城镇的思路，这是罗田安的又一新思路。而这正是克莉丝丁发展成庞大规模的重要一步。位于上海松江城区中山路的松江店，是在郊区城镇开的第一家门店。开业两个月后销售额猛增，甚至达到了8000元/天的佳绩。松江店的成功是罗田安创新思路的成功。两年后，克莉丝丁走进了上海周边的所有县城。

“进军地铁站”，罗田安再出新招。罗田安的战略部署是让克莉丝丁饼屋绕着轨道交通转。只是地铁门店不像郊区门店一开而红。由于商铺面积受限制，最小的商铺7平方米，最大的商铺12平方米，没有仓库和用水，4家门店销售业绩开始并不红火。但地铁效应带动了广告效应和销售效应，也带来了克莉丝丁的知名度。据说，上海10个人至少有8个人是通过地铁报站广告知道克莉丝丁的。

随着知名度的提高，克莉丝丁的门店开始进入高档百货公司。在徐家汇的汇联百货公司商场里，开了购物中心第一家“店中店”，从此一发不可收，效益非常好，17平方米的门店平均的销售额是8000元/天，克莉丝丁“店中店”的形态又成型了。

还有，与咖啡店等其他消费业态联动也是罗田安的主意。比如，东方明珠大厅一家咖啡店，与克莉丝丁合作，销售面包、蛋糕，营业额翻了好几倍。

今天，克莉丝丁已有600余家直营店，许多人都问为何不开加盟店？也有不少人打电话向克莉丝丁询问加盟的条件。但罗田安坚决不做加盟店，他认为加盟店质量很难控制，一不小心就会把辛辛苦苦建立起来的品牌给砸了。

在罗田安的“上海作风”(有别于台湾时的狂热)的引航下，经过近10年的辛勤经营，克莉丝丁已由昔日的小舢板变成了今天的大海轮。

今天的克莉丝丁，已集生产、配送、销售为一体，自产自销糕点、面包、蛋糕、月饼、巧克力糖果、饼干、胚芽乳、果冻等8类产品，上千种款式，每天可销售25万个各式花色面包、1万多只裱花蛋糕。在上海已经是家喻户晓，酒红色的招牌无处不在。根据欧睿国际(亚洲)股份有限公司《中国烘焙食品市场调研报告》的调查，2007年克莉丝丁销售额、直营门店数、产品利税均名列是烘焙连锁企业全国第一。

至2007年，克莉丝丁以平均5天开一家门店的速度发展，念珠上以来，随着经济环境的变化，公司依然逆风向上飞行，更以平均3天新开一家门店的速度扩张。公司销售额6年增长了38倍，人均营业额是5年前的3.8倍。目前，克莉丝丁拥有包括公司总部和5个GMP工厂(龙吴路工厂、外高桥吉元德厂、双红面包厂、一品轩食品厂、南京江宁基地)，建筑面积约16万平方米的生产、管理基地。

也许是经历了10年前的那场“劫难”，也许还是一种商业直觉和本能，罗田安并没有浅薄地陶醉于克莉丝丁现有的成功，危机意识反而更强了。他敏锐地感觉到，在长三角，特别是在上海，外资陆续进入烘焙业，传统烘焙食品已成为激烈竞争的“红海”。要想规避潜在的行业和企业的经营风险，必须寻找“蓝海”。

所以，几年前的一个偶然机会，当罗田安获悉一种具有多种健康功能的GABA胚芽食品时，他穷追不舍，花了4年多的时间，不惜重金(花了500万美元)从日本购买了这项具有生物科技含量的专利技术。另外，罗田安还引进了风靡日本上班族的胚芽餐包、不滴水零卡路里的蒟蒻果冻等生产制程，使克莉丝丁逐步把传统的烘焙制造业全面升级为包括运用生物技术、智能自动化等手段在内的高科技食品产业。这是克莉丝丁走进蓝海的第一步。

走进蓝海的另一步是将一般仅视为食品工厂的南京江宁基地规划为以文化创意为主业的"甜蜜产业剧场"，将集休闲娱乐、旅游购物、互动体验等多功能于一体的复合型观光产业基地。最为重要的是，罗田安说："做食品是做良心工程，我们必须十二万分地用心去做，因为食品行业是高风险行业，它要求我们的从业者必须具有强烈的社会责任感和危机意识。"

为此，早在一年前克莉丝丁就开始了"安心工程"。"安心供应"的足迹也清晰可见。

拿月饼来说，从1999年开始，克莉丝丁将月饼生产从简陋的工场迁入中央工厂集中生产，之后又安排在外高桥吉元德厂用进口的现代生产线取代手工生产，使生产安全得到根本的保障。

在原料上，2004年起，克莉丝丁采用新西兰黄油取代传统花生油，2005年又采用地中海橄榄油，2007年饼皮采用小麦胚芽，今年饼皮、内馅均采用小麦胚芽。

其他产品如面包和蛋糕、西点也是如此。尽量采用高纤、低糖、低脂、富含健康元素的食材。特别是GABA胚芽专利的引进和推广，从大豆原料产地、品质证明、原料加工、仓储、加工数据化、无菌包装，到产品说明等环节，牢牢地形成了一条供、产、销"安心"锁链。

为了让消费者安心、放心，克莉丝丁邀请顾客参观食品生产过程。百闻不如一见。2006年营业的"甜蜜恋人"的面包、蛋糕、西点制作全部采用大玻璃窗对外展示，技师既是西点制作员，又是"西点剧场"的"演员"，随时接受社会的监督。

2008年年初建成的江宁基地(第一期)更是公司的大型"产业剧场"，专辟了参观通道，生产完全透明化，让顾客和消费者观赏先进流水线，感受并体验克莉丝丁产品生产全过程。

为了不断地改进产品和服务质量，强化食品健康安全，克莉丝丁每年年终还邀请一些投诉克莉丝丁的消费者举行座谈会，让他们对克莉丝丁的产品和服务挑毛病、提意见。会上，克莉丝丁从董事长、总经理，到中层管理都是恭敬的"学生"，认真而不是走形式地听取这些特殊"老师"的批评和合理化建议。会后，还向这些特殊老师们颁发义务监督员证书。让他们做暗中调查、填表，把反馈意见交送克莉丝丁。几年下来，效果明显。

罗田安决意要建立完整的克莉丝丁食品"安心供应链"，一定程度上还是受到多种外部信息的"刺激"的结果。此前，媒体曾不断有"黑心"食品被曝光，什么"毒"粉丝、"毒"水饺、"毒"奶粉等，弄得大家人心惶惶。这让罗田安心里十分难受，也十分困惑。

关于奶粉和牛奶中的三聚氰胺过量的事情，罗田安事前并不太清楚，但对乳品中含有一些激素、抗生素等问题倒是早有耳闻，欧美日已有数据证明，少喝或不喝牛奶，改吃大豆玉米之类植物乳品饮料的消费者逐年增加。

常到日本考察，一些负面的案例着实让罗田安震动不小。日本一些食品百年老店，就因为食品安全问题而关门倒闭，尤其是日本北海道著名的"白色恋人"因食品安全出事，被勒令停业整顿，社长公开道歉，对企业造成的杀伤力相当可怕。

还有发生在国内同行的一些"沙门氏菌"中毒事件，因为生产环节的马虎，使蛋糕受到污染，造成消费者集体中毒，被媒体曝光后，企业被停业整顿，不久企业就几近倒闭了。这些案例无疑敲响了烘焙食品安全的警钟，前车之鉴给罗田安上了一堂深刻的食品安全危机警示课。特别有一次，一位欧洲朋友到上海与罗田安会面，却居然从欧洲带来了矿泉水和食物。这位朋友表示，他是担心中国的食品安全，才如此大费周折的。他的这种行为深深地刺痛了罗田安。

罗田安发誓，他一定要让自己的产品，从原料源头开始，建立一套安全供应链。要让全世界的人都看到中国人可以做出让人安心的食品，可以做得比世界其他国家都好。

所谓“安心供应链”，就是一个产业从上游的原料产地供应方、中游的制造加工者、下游的配送销售商，整个系统都必须符合安全安心原则。

见附录：克莉丝丁的安心供应链样本

①食材有出生证明。以克莉丝丁GABA胚芽乳为例，其食材取自黑龙江大兴安岭黑土地上黑龙江农业股份公司北大荒854农场，其出产的大豆是经欧盟认证机构严格认证的有机大豆，这些大豆原料栽种时的海拔高度、阳光照度、雨水、土壤含量、生长期等都有详细的数据记载。而且其种植地块对周边环境还有严格的要求，但凡涉及污染或有改变种性可能因素的都必须消除或回避。

②原辅料有品质保证。采购部对所有原辅料供应商都有严格的评定体系，每年根据原辅料的质量状况评定合格供应商。所有原辅料供应均在合格供应商范围内选择。所有原辅料均由供应商提供三证(即营业执照、生产许可证及卫生许可证)，除三证外，还应提供国家正规检验检测部门的各式检验报告。另外，每批原辅料均应提供批检报告。

质保部制定了高于国家标准的原辅料验收标准，各工厂品控部门将根据《进货验证规程》，严格按照原辅料验收标准对原有原辅料进行抽检。有不合格情况《按照不合格品控制程序》进行处理，每月对原辅料质量状况进行汇总、分析。

③品控严格验收。安心的科学方法就是数据化，以数据来连接“安心供应链”，即在每个加工、存储的环节都以数据载明，包括供应商、批次、到货日期、品质检验报告等都建立档案检索。通过年度供应商业绩评定建立每年度合格供应商目录，协同质保部专业人员定期或不定期对供应商进行实地考察，并做好考查记录，对有问题的供应商及时提出整改要求，并不定期再次抽查整改情况，采购部每月对质保部门提供的不合格供应商进行整改报告进行数据汇总并分析。

原辅料库内每种原辅料均有标示说明，生产等相关部门在领用时有领用记录，每一个环形有相应的记录可追溯。

④仓储管理严格有序。设置了与生产能力相适应的冷藏、冷冻库，确保原料的储存要求。原料进仓、出仓都要有检验，有数据，有记录，有档案。仓储温度、湿度、防虫害都有监控。库存物资均按用途、性能、规格、储存方法确定摆放位置并离地离墙储存。

所有货物都有物料长，来货时均登记造册，做到先进先出。

⑤先进流水线提升品质。采用先进的高速自动化生产线，不仅是追求高效率，同时极大地减少了与产品直接接触的机会，提供了生产过程中最大限度的产品品质与产品安全保障。

⑥工艺监测实时检查。使用国内外最先进的检测、监测手段，采用金属探测仪及食品生产许可证评审时所需的一切检测设备。

⑦品控管理：用制度保障食品安全。严格执行第三方质量检查，并且聘请品管专家外审。此外，还制订了各项规章制度来确保产品质量。如《原辅料验收标准》、《食品安全及产品质量管理方法》以及通过工作手册的形式来确定的各种流程及操作规范等。作为品质监控工作的基本要求，工作人员进入操作间必须洗手、消毒，高清洁区还要进入二次更衣室换工作服，另外进车间还需要通过风淋室，以期把所有潜在的食品安全隐患消灭在车间门外。

⑧出厂检验把关。产品出厂以前，必须认真检查产品质量、产品包装，核对出厂日期等，并在出厂前进行相应检测，测试合格后由品控部主管审核签字后方可出厂。

⑨商品标示:交换透彻,让人放心。比如,天然有机、GABA含量标示,有机蛋白含量标示,安心告示,食材血统标示,包装品质标示。再比如,日本专利号,营养成分标示,食用注意事项,产品安全,使用知识,QS生产许可。

⑩冷链配送,确保品质安全。产品运送车分常温及低温两种,所有产品按照储存要求分成常温和低温两种形式运送,两个半小时送完。所有冷藏冷冻车均配有温度计以及记录卡。送货人员按规定记录车厢内的温度,确保冷链不断。门店配有多种冷柜,当产品运送到门店,门店服务人员须按照规定储存裱花蛋糕、小西点、果冻杯等新鲜食品。公司有督导部时时巡店检查产品储存的合格。

⑪商品检验,反复把关。商品出厂进入成品库、进入零售门店,其品质还须经过销售门的反复检验。门店人员在产品上柜前对产品的品质进行检查,不合格的产品写质量单退回公司,合格产品上柜销售。

⑫销售期严格控制。商品上柜之后,必须时时确认每件商品的保持期在规定期限内,过期食品绝对不能对外出售。门店销售人员每天营业结束后所有产品的保持期,到期的产品写退货单退回公司,二人进行交叉复查,准确无误后在表单上签名确认。第二天早上营业前销售人员再把昨天留下的产品检查无误后记录签名再上柜销售,通过这样层层把关责任到人,有效地杜绝了过期产品上柜销售。

⑬售后服务:让顾客安心又动心。领导每年都要把部分曾经投诉过的顾客邀请到公司来座谈,进一步吸取他们的意见,并聘请他们为产品、服务质量监督员。经第三方机构对公司产品、服务进行暗访式测评,近4年顾客以地克莉丝丁的满意度均在80分以上。

案例评析

看完这个案例我们将对所谓的危机的"突发性"深表怀疑,如果一些自然灾害危机的爆发是防不胜防的,那么作为产品安全危机的爆发也是无法预见的则应该重新探讨。事实上危机管理也是对人的管理,根本上管理的是自己。如果平时尽量不去投机取巧,竭尽所能地管理好自己,即使有危机发生了人们也会因为平时累积的大量的信息而对你产生一份理解与同情,如果你努力去做了只是无法做到完美,那是一种说法,如果你平时挖空心思的只是为了赢利而置顾客的生命安危于不顾,甚至还明知故犯地添加一些东西,那么这种危机的发生肯定不具有"突发"的性质。对比"三鹿事件",克莉丝丁的做法才是真正意义上对危机的管理,它把这种尽量做到最好渗透进了日常的管理及产品生产的每一个环节。

尽管我们也相信依赖于管理者的伦理来规范产品的安全是一种美好的愿望,我们还得借助于法律及监控标准的外在约束力量来约束人的行为,但是,产品安全的最终保障还是来自于产品制造者本身,如果每个产品的生产者都能够从伦理的角度多一份责任心、多一份做人的良知,那么食品的安全问题才能够从根本上得到解决,尽管这种想法有点理想化,但也是不能放弃的努力。

案例思考

①20世纪初,美国的经济高速增长,GDP总量跃居世界第一,但同时暗藏着非常严重的食品安全危机。有一个故事是这样说的,1906年美国作者厄普顿·辛克莱撰写的记实小说

《屠场》出版，书中描述了当时美国肉食生产加工企业在经营管理中暴露出其十分丑恶、肮脏的一面："食品加工车间里垃圾遍地，污水横流，腐烂了的猪肉、发霉变质的鲜肉、和着被毒死的老鼠一通铲进香肠搅拌机……"

据说美国总统罗斯福读到此段时，开始恶心呕吐，将正在吃的香肠通通扔出窗外，并大叫着"我中毒了"。美国国内肉类食品的销售量急剧下降，欧洲也削减了一半从美国进口的肉制品。这最终促使罗斯福政府制定了《纯净食品和药品法》，直接导致美国食品与药品监督管理局(FDA)的诞生并催生了美国现代食品卫生监管体系。美国是一个擅长于学习的国家，20世纪70年代当日本成为全球经济增长最快的国家，一批批美国专家和企业界人士来到日本学习。美国人发现，日本人的成功之道在于"以质取胜"。1980年美国NBC电视台播放纪录片，介绍了日本全面质量控制(TQC)活动和约瑟夫·朱兰创立的全面质量管理理论(TQM)，第一次向美国介绍日本的爱德华·戴明质量奖及其在创造经济奇迹中发挥的作用。美国有4000万人观看了这部纪录片，纪录片录像带的发行创美国历史最高纪录。1983年9月，白宫生产力会议召开，美国总统、副总统、总统顾问、财政部长、商务部部长都在会议上发言，会议呼吁在全国公立和私营部门开展质量意识运动(quality awareness campaign)。在这一背景下，美国众议院科学技术委员会举行一系列听证会，并决定以国家法律的形式设立美国国家质量奖，时任美国商务部部长马尔科姆·波多里奇亲自主持了该法案的起草工作。为表彰他的贡献，1987年8月，美国总统里根签署了国会通过的以他名字命名的美国100—107号公共法案"马尔科姆·波多里奇国家质量改进法"。因此，在提高政府的重视、监控能力及法制的约束力方面能够多做些事情是我们保证食品安全的屏障，但是，如果从通俗的法律、制度、文化管理的成本来分析的话，那么人的自觉应该是最低成本、最高效益的，你认为这几个方面可以进行类比吗？在一个经济快速增长、社会转型期采取什么样的方式能产生直接的效果？

②如何通过提高全民质量意识、全民参与质量安全防范和质量提升活动，整合社会的法制、政策、道德、舆论等各种力量来保证食品的安全，从大家关注开始也不失为是一个很好的选择。毕竟关注意味着事情已经进入人们的视线，如何解决问题也会是一个群策群力的过程。你认为中国目前食品安全问题的全民参与机制应该如何构建起来？

案例七

上海"医闹"伤人真相[①]

案情介绍

"为什么这些家属会闹。是因为,新华医院单方停药停了两天。因为钱不够……所以你觉得,他们能不能这样做事?"

2011年1月31日,农历新年到来前两天,上海市新华医院发生一起突发事件。根据第二天上海市卫生局公开的新闻口径,这是一起"极为恶劣的严重伤害无辜医务人员的事件"。

新闻迅速见诸各大媒体,根据这些稿件的描述,当日早晨8点,死亡患者家属就在新华医院急诊楼及门口设灵堂、拉横幅,医院报警后,"110"劝说无果。而"更为严重和触目惊心的是":

"当天上午10:30,患者刘永华家属约20人,直接冲入该院心胸外科病区,踢开心胸外科主任办公室的门,发现室内无人,转而攻击隔壁办公室的心胸外科副主任,不容分说,凶手连续两刀捅向该医生的左前胸,致其当场重伤倒地,行凶后凶者还将其拖至八楼窗口,企图将他从窗口推下。与此同时,当天在该病区工作的医务人员也被患者家属围殴,有10名医护人员先后受伤,其中6位医生伤情严重住院治疗……"

然而,根据上海市公安局新闻办提供给《望东方周刊》的说法,卫生局对该案件的口径,包括里面涉及的案情、数据,都是在没有跟警方核实的情况下写出,与真实的情况成了"完全两回事"。这篇已经引起上海市主要领导重视和公众高度关注的新闻稿件,"无非就是新华医院跟卫生局说了一下,也没有经过核实就发出去了"。之后,公安局新闻办与卫生局相关部门沟通,卫生局已经承认他们的口径出错。

那么,事实的"真相"究竟又是怎样?

(一)医生的"医闹"说法

"闹事者"当日冲上8楼要找但没能找到的医生、心胸外科主任梅举是上海交通大学的教授、博导;上海交大附属新华医院的主任医师,享受国务院特殊津贴的专家。在他的名片背面,罗列着他所擅长的领域:心脏瓣膜手术、房颤治疗;冠状动脉搭桥术;先心病手术和介入治疗……

---

① 《望东方周刊》,2011年2月,记者:刘伊曼。

2月2日上午，在新华医院门诊大楼8楼的办公室里，梅举对《望东方周刊》讲述了他所知道的事情经过：

安徽阜阳籍的患者刘永华因心脏病在新华医院住院，已经住了一个多月，于1月28日晚抢救无效死亡，这是属于"很正常的医疗死亡"。就算被质疑是医疗事故，死者家属也没有走任何投诉、鉴定的程序，没有来跟医院谈赔偿什么的，第二天早上，"莫名其妙"地就开始闹事，设灵堂、拉横幅。

闹事的有二三十个人，绝大多数是职业的"医闹"，家属只有几个，并不是像新闻通稿里说的20个左右都是家属。1月29日、30日闹了两天，31日就出事。出事以后，那些很有经验的职业医闹就全部作鸟兽散跑掉了。

梅举告诉本刊记者："他们是几批人，一批人冲到行政楼，'哗'地把行政楼堵起来，然后另外一批人就到这边来了。他们不高兴就来每个办公室找人，先踢开我的门，我不在，后来又上来一批……"

他说，这些人里面有家属，有"后备军"，还有人在那里拍录像。早在第一天他们开始闹的时候，医院便报过警，但是前两天警察还有劝说，后面就在那里看着。因为他们人多，警察也被分散了，"行凶"的时候，警察都在楼下，一些在行政楼那边，一些在一楼大厅。

梅举告诉本刊记者，医院周围总有"医闹"，他们可以在太平间门口等着，一旦有死人，他们就会找上家属，说"这个事情我们帮你去搞"，搞到钱之后可以分。而这个行当都有花圈、挽联"一条龙"式的服务。

他个人猜测，持刀行凶的刘永华之子刘鹏可能"昏了头了"，因为不知道他怎么一下会变得这样，所以觉得刘鹏可能是受了职业医闹的"挑拨煽动"。

他告诉本刊记者，心胸外科副主任丁芳宝被凶手一刀刺中左胸受伤，还在监护室内治疗。另外还有五位医生受伤住院，视恢复情况会陆续出院。这五人里受伤最重的是一位鼻梁骨被打折的医生，其他几位不严重。

而当日现场一位"伤情严重住院"的医生在电话里告诉本刊记者："当时他们分成两批人上来，具体多少没数过，十几二十个应该是有的，年轻的男的居多，肯定是有组织的。如果是家属情绪激动比较悲痛的话，不会做出这么有组织的事情来。他们是外地人，也不会有这么多家属在上海……"

至于当日到底是哪些人打了他，这位年轻医生也说因"场面太混乱"想不起来。虽然行医时间并不长，但他已经在新华医院见识过好几次"医闹"事件，这一次最严重。他告诉本刊记者，对于医闹问题，现在是没有什么办法。这一次虽然没有出人命，但，"再这样闹下去，迟早是要出人命的"。

（二）"伤情严重"的医生没在病房内

与医生的说法有不同的是，据不愿透露姓名的其他患者家属介绍，当日心胸外科病区发生的并不是"一群人不容分说围殴医生"的状况，而是因医患纠纷先吵起来，后双方都动手的"打群架"事件。

刘永华家属也并不是"无缘无故"地闹——这家人为给老父亲治病，已经花光了所有积蓄，欠了医院的治疗费。刘永华之子已经向医生哀求宽限时日，一定还钱的情况下，医院单方面停止治疗，停药两天以后，刘永华不治而亡，因此家属才会怒向医院讨说法。因为医院态度冷漠，而当日出面的副主任医师丁芳宝也没说好听的话，双方才会吵架进而打起来。先是丁医生被围，有家属动刀，他被刺后怒喊“给我打”，旁边几位年轻的男医生才围上去打起来，也是“场面很混乱”。

他们说，在“群殴”之前，刘永华之子抱着受伤的丁芳宝冲到8楼窗台前，说：“你们这样对待我们，那我们就一起跳下去！”此情此景跟新闻里说的“行凶后凶者将其拖至8楼窗口，企图将他从窗口推下”有些出入。

同时，他们也对后来新闻里讲的“10位医护人员受伤，6位伤情严重住院”的情况表示了一定程度的怀疑。

2月2日从上午10点左右一直到下午5点，本刊记者一直等在新华医院外科楼特需一病区。而尚未办理出院手续的5位“伤情严重”的医生也一直外出没有在病房内。

这一病区的护士们先是告知，伤员医生们大概是去做检查了，都不在；到傍晚交班的时候，告诉本刊记者他们今天都“不会回来了”。

本刊记者于是联系新华医院宣传科长罗玲，协调采访受伤医生，被告知，昨天就有记者提出要采访受伤的医生，但医院考虑这些医生不仅身体上受了伤害，心理上也受到了伤害，所以出于保护医生的角度考虑，不方便让他们接受采访。

接着，特需病区的护士在联系值班院领导之后，向本刊记者转达副院长邵新华“不接待一切媒体”的要求。

特需病区的护士长则更明确地告诉本刊记者说：“你不用等了，他们也不会接受采访的。”

而接受本刊记者电话采访的其中一位受伤的医生称，院方再度打电话通知了，要求医生在未经宣传部许可的条件下不得接受采访。

2月3日，本刊记者来到上海市卫生局。卫生局负责大年初一值班的规财处干部翁泽文在请示该局领导后告诉本刊记者，卫生局这时候不方便接受采访。

他说：“这个是刑事案件，不是属于公共卫生案件。如果是集体中毒，我们是要处理的。这种事情我们值班不处理。”

他告诉本刊记者，这件事已经由警方接手，卫生局负责善后的同志也不过是处理些安抚工作。打人伤人，这属于治安问题，不是医疗上的问题，归公安管，因此建议本刊记者去公安部门采访。

（三）上海公安的三个“明确答复”

1月31日突发事件发生以后，对公安质疑的情绪不仅在新华医院许多医护人员之间，也在公众之间蔓延。几位医护人员和民众告诉本刊记者，他们“搞不懂”，为什么头两天医院就报警了，警察来了却没能把场面控制住，有警察就守在医院，可还是发生这样的伤人事件？另外，为什么事情会演变得这么大，会有这么多人受伤，是不是有“职业医闹”策划和参与？最后，为什么通报出来是有20名家属“围殴”无辜医生，但是最后只抓了6个人？

对于公众的质疑，上海市公安局新闻办给本刊记者的明确答复是：

• 没有医闹，那些人都是家属。

• 我们警方接到报警之后，是第一时间赶到了现场，我们在了解情况之后，并没有采取非常激烈的强制措施，是因为我们发现这里面是有原因的。一开始我们起到的作用也只能劝阻、调解。家属不是“无缘无故”地去闹，他们也是老百姓，我们得考虑双方的立场，人性化执法。

• 到底造成什么样的伤害结果，最简单的，可以去看我们的验伤记录。根本没有像他们说得那样严重。

公安局新闻办一位警官对本刊记者说："可能我这话说得不太客气：新华医院应该从自身找原因：为什么家属会做这么极端的事情，如果你真的是一个白衣天使的话，别人感谢你都来不及，为什么会这样做呢？家属有他极端的情绪在里面，做这个事情不太理性，但是，这背后的原因又是什么呢？"

他透露："平时，医院跟公安关系不错，有没有必要我们公安在这个事情上不作为，有意看你们新华医院的热闹？那是不可能的事情。我不知道新华医院有没跟你介绍过，为什么这些家属会闹。是因为，新华医院单方停药停了两天。因为钱不够……所以你觉得，他们能不能这样做事？"

而本刊记者从直接处理该案件的上海市公安局杨浦分局治安支队获悉，参与闹事的家属也"绝对没有那么多"。

根据杨浦分局治安支队内保科一直在现场进行调解工作的民警邱勇讲，从头到尾，出现过的家属，包括出面去跟院方谈判的，最多不超过十二三个。

而根据新华医院门口的监控录像，以及讯问笔录等证据，家属中参与闹事的，就只有 6 个人。这 6 个人，有两个是死者的儿子，一个女儿，一个弟弟，一个外甥，一个妹妹。其中儿子刘鹏被刑拘，余下 5 人，3 人被行政拘留，两人被警告。

（四）警方眼中的"弱势群体"

该案件的办案民警，杨浦分局治安支队治安管理行动中队的高俊在与本刊记者谈到案情时，三次用"弱势群体"来形容被他所审讯的刘永华家属。

他告诉本刊记者，死者的次子刘明是在阜阳开一家小餐馆的。老父亲有时候也在那里帮他们端端盘子洗洗碗。但这次为了给父亲看这个病，老家的房子该卖的都卖掉了，大概已经花进去 30 多万，一家人可谓是倾家荡产。

被刑拘的那个儿子刘鹏，从在安徽住院的时候，就天天陪着父亲，先是请新华医院的梅举医生到安徽去给他父亲做手术，没做好，又到新华医院来继续住院，继续动手术。刘鹏也是天天陪着，可是到最后，连病危通知书都没收到一张，最后一面也没见着，父亲就走了。

"作为我们来说，我们也能体谅他们当时的心情，父亲刚刚走，一时受不了。作为他们来说呢，不一定能理解这件事是可以通过其他渠道包括法律渠道来解决的。案件审理好以后，我们跟他们聊的时候，他们也说，他们什么都不懂，但只懂父亲没了。我们跟他们说：你们跟医院比起来，你们是弱势群体。你们要知道怎么来保护自己的权利，应该怎样走正常的程序去解决问题。他们就哭，就说不知道怎么保护，只知道出于'孝心'……"

据这些家属所说，他们只是想为父亲讨要一个说法，但是院方不接待，找主治医生，也找不着。

1 月 31 日上午 10 点半左右，他们先是上去 4 个人找医生，后来吵起来，这时候又有 2 个人上去，发生捅人事件后，他们也没有逃跑，而是跑到控江路上，把马路堵了。两个人拉横幅，两个人堵马路，一个儿子抱着遗像跪在马路上，另外一个女儿腿受伤了，跪也跪不下去。

"这些都有监控录像的。"高俊说，"在你最绝望的时候还没人理你的话，那心情是可以理解。但我们教育过他们，心情可以理解，但处事方式有问题。我们办案也是依据事实，该怎样处理就怎样处理，他成年人应该承担应负的责任。治安这块，也都处理完毕了。刑事那一块，必定也会有个说法。"

（五）"摄像头坏了"吗

治安支队治安管理行动中队的队长陈泓告诉本刊记者，当日在江浦路派出所开会的时候，警方要求院方提供事发医院内的监控录像资料，但是院方却说没有了，"摄像头坏了"，最终没能提供。他们说，如果当时的监控录像有的话，事情就简单了。没有的话，就只能凭嘴说，说也说不清楚。

"当时场面很混乱，谁打谁都搞不清楚。做笔录的时候，家属方也有受伤的。问他，谁打他，他也搞不清楚。"

陈泓对本刊记者说："一开始报警，我们警察去并不是抓人的，而是作为医患双方纠纷的调解方。"

他告诉本刊记者，这种事情很常见，就他所接触到的案例，医患纠纷，患者家属去闹是很常见的事，但发展到伤人的事件并不多。在他值班的时候，经手过新华医院的同类事件有好几次。但是，"都是家属，都不涉及医闹，人也不多"。

对于职业医闹，他相信可能有这样的群体，但是他自己没有碰到过。

一位处理过多次医患纠纷的派出所民警告诉本刊记者，现在缺乏独立的仲裁机构，医患纠纷是医院和患者的矛盾，但仲裁方是卫生局，鉴定专家都是一个系统的人，都是他们说了算。没有独立的第三方仲裁机构。这相当于爸爸管儿子，很难确保公正。

所以许多患者只有通过摆花圈、堵大门等手段来与医院抗争。职业的"医闹"也是在这样的背景下应运而生。

案例评析

有人说，有两个地方最好不要去，一个是医院，一个是法院。如果问患者：什么最闹心？他可能会回答：医患纠纷。如果问医生：什么最闹心？他也可能回答：医患纠纷。愈演愈烈的医患纠纷已经成为困扰患者和医院双方的一个难以打开的结。

事情一旦发生，作为当事人总是各有各的说法，但有一点是明确的，即大家在表达时总是会说上一些对自己有利的话，而不利的往往会有选择地回避。因此，我们在描述案例时定位在医院医生的角度及病人家属的角度可能都会有失公允，如果以其他病人家属的角度来介入或以第三方的公安的立场来分析那又会得出什么结果呢？大家认为医院说的可能不是全部的事实真相，而且真相也因为摄像机坏了没有办法完全公开。危机永远都已经是结果，医患纠纷也已经是果，而任何的果都有因，正所谓在这个世界上不存在无因之果，也不存在无果之因。那么医患纠纷这个果到底是如何产生的呢？医患关系处理的黄金时间到底是把握在病人家属的手里，还是在医院的手里。在医患纠纷的调节中，应该向哪一方进行利益上的倾斜，其实这都是可以事先进行谋划的问题。既然医患纠纷层出不穷，那么医院作为管理的主动方，且作为医疗资源的主要占有者，医院应该早就为了医患纠纷的发生而作好相关的应对措施，或有相关的预案。

浙江省宁波市也算是久病成医了，针对医患矛盾专门创设了"宁波解法"或"宁波疗法"。2008 年 3 月 1 日，宁波市以"政府令"形式正式颁布实施了《宁波市医疗纠纷预防与处置暂行办法》（以下简称《办法》）。根据《办法》，宁波市各级各类公立医疗机构全部参加医疗责任保险，承担医疗责任保险的保险公司被遴选组建"共保体"，由"共保体"设立医疗纠纷理赔处理中心（以下简称“理赔中心”），负责医疗纠纷理赔事宜；同时，设立各级医疗纠纷人民调解委员会（以下简称“调委会”），具体负责医疗纠纷的人民调解工作。由于医疗纠纷具有突发性强、不稳定因素多等特点，这就决定医患纠纷调解工作一定要及时快捷。市医调委和理赔中心一方面建立医疗纠纷24小时热线电话服务，密切保持和医患双方的联系与沟通，发现问题及时得到处理；另一方面，建立处理突发性医疗纠纷紧急预案，遇到重大纠纷，中午、夜间、双休日、节假日都不休息，第一时间赶到现场，避免矛盾进一步激化。同时，按照市政府令的要求，宁波市和各县（市）区共建立了9个专业的医疗纠纷调节委员会。截止2010年12月31日，宁波市医疗责任保险试点保险公司累计为221家医疗机构（其中民营医院4家）提供约8.31亿元的保险保障；保险理赔服务中心共受理2048起报案，调处终结案件1636起，其中市级医院调处终结386起，协议赔付金额1835万余元，平均每起赔付4.75万元；在已调处终结的1636起医疗纠纷中，通过理赔服务中心及调委会这一第三方平台签订协议解决的纠纷案件比例达到77.82％；理赔服务中心在保险责任以外，协助医疗机构处理纠纷案件170起，调处终结120起。在已经处理的1636起案件中，患方索赔金额达2.42亿元，协议赔付金额5142万余元，其中有74起医疗纠纷从几十万元的索赔额下降到几千元，甚至还有数起纠纷患方最终放弃了索赔，极大地扭转了以往“不吵不赔、小吵小赔、大吵多赔”的思想意识，避免了国有资产的流失。

我们来看一下美国医患矛盾的调节是如何进行倾斜的。[①] 在美国，病人有一项权利，叫做“情感平静权”（emotional tranquility）。以侵犯患者的情感平静权为控告理由的诉讼案，在美国尽管并不多见，但也并不罕见。如：某未足月孕妇来到医院分娩，早产儿生后不久夭折。产后6周，该早产儿母亲前来产科医师门诊行常规体检，发现自己的病例中有一份报告，说这个孩子已经发育了5个月，医院政策和州法律禁止舍弃可以作为外科标本的早产儿。这位母亲一直以为医院按照常规以尊重人类尊严的方式舍弃了这个孩子。她质问了产科医师，要求护士带她到医院去。在医院，一位工作人员把她带到一个用来展示的冰柜面前，打开冰柜门，递给她一个装有她孩子的罐子。这位母亲以“蓄意强加的情感痛苦”为由起诉了那位产科医师和医院。法庭裁决原告胜诉。被告不服，提起上诉。上诉法庭支持一审法庭陪审团的裁定：医院已经同意按照常规适当地处理早产儿的尸体，实际上却没有这样做；医院这种展示新生儿尸体的做法是令人无法容忍的；100000美元赔偿金的判决一点儿也不过分。

又如：某患者和他的妻子起诉了一位医师，理由是遭受到了“蓄意强加的情感痛苦”。该患者的主管医师休假，被告医师担当替班医师。原告住院数日，一直没有见到这位替班医师的影子。于是打电话给他的诊所，表达不满。后来，这位医师从自己的诊所来到医院，满脸怒气地进入了病人的房间。他当着病人妻子和一名护士的面说：“让我告诉你一件该死的事情，肯定是有人给我的诊所打电话，跟我的秘书大发雷霆……我不是必须天天来看，因为我可以查问物理治疗师……他妈的！我不是非要做你的医生”。当被告医师离开房间的时候：原告的妻子开始哭起来，原告也气得浑身颤抖，不能自已；不得不采取精神科的治疗措施。法庭裁决被告的虐待性语言故意造成了病人及其亲属的情感痛苦。

如果我们能够在调节医疗纠纷时本着尽量体现向弱者的倾斜，而且从一开始就做好各方力量第一时间介入的准备工作，那么不仅医院不用担心职业医闹的“闹”会伤及医护人员的人身安全，而病人家属也不用到处防范，处处不信任，因为一旦双方意见不一，多方力量的介入对于任何一方都是是更安全而不是更危险，因为各种意见被同时兼容的结果是大家都愿意看到

① http://blog.sina.com.cn/s/blog_6300c1520100lk4m.html

的一个新的平衡的产生，能够找到平衡点就找到了矛盾调节的关键点。

案例思考

(1)医患纠纷的源头到底在哪里？如果说一次医疗纠纷是偶然、两次是巧合，那么三次肯定是必然。作为医院无论是对内、对外都应该做到未雨绸缪，借鉴“宁波模式”，我们还可以从哪些方面来提高医患调节的水平？如果从病人或病人家属角度来考虑，事情如何得到更好的解决也需要提供一个解决的程序，要提高应对医患矛盾的认识，学会借助于多种社会力量按照合理、合法的渠道来解决问题，这应该得到社会哪些资源的帮助？

(2)我们再来看一下日本是如何调节医患纠纷的。日本近年来也不时发生重大医疗事故。长期以来，日本处理医患关系方面主要有以下五方面经验。一是建立医患信任关系。为了增加病人对医生的信任，日本1995年成立了医疗评估机构，监督医院向患者提供优质服务，对所有医院进行综合评分，评估合格者发给合格证书，并在网上公布结果；二是从失败中汲取教训。为了让人们在事故中总结经验，日本厚生劳动省建立了医疗事故数据库，成立了由医生、律师、民间组织代表参加的医疗事故信息研究会，研究如何预防事故、查明事故原因以及应对策略；三是利用完善的医疗保险制度化解矛盾。院方通常为医生购买保险，许多小的纠纷或事故可以通过保险公司得到解决，不至于酿成大的纠纷；四是通过法律手段协调双方关系，做到发生医疗事故有章可循。按规定，发生医疗事故后，日本的医院要向有关部门报告。有关部门要向病人家属作出解释，属于院方的错误，医院要真诚道歉，并在经济上给予赔偿。如果有医患双方对责任承担存在争议，可诉诸法律，不过大部分医疗诉讼案都以和解方式解决，这反映出医疗诉讼案对原告造成的巨大心理和经济压力，种种原因使很多患者家属最终选择通过和解结束官司，拿走一笔数额可观的赔偿金了事。

日本政府也加紧建立相关制度，帮助医疗诉讼中处于相对劣势的原告患者和家属。日本厚生劳动省计划建立一个新的补偿机制，对医疗事故中受害患者家属推行“无过失补偿制度”，即无论医院是否存在医疗过失，受害患者家属都可以获得一定的补偿，其额度将由第三方权衡决定。

对比“宁波模式”及日本、美国对医患矛盾的调节方式，我们得出的是矛盾调节的一般性规律，即无论是什么样的利益关系都需要重视三个方面的操作：一是制定游戏规则；二是适当地让一步；三是最终还是要同情弱者，或得到社会的理解与帮助。这也给了我们应对包括医患难矛盾在内的一切社会矛盾的信心，即只要掌握了规律那么任何危机都可以按照一定的程序而顺利地解决。根据中国目前社会矛盾多发的特定时代背景，我们应该如何来训练解决矛盾、协调关系的思路及运用方法？

案例八

诚信是危机管理的法宝[1]
——波音公司应对“AN-26事件”

案情介绍

在现代企业体系中，危机管理正在成为企业的必修课。近期，一些世界知名的企业纷纷在中国市场面对了各种类型的危机公关事件。不久前，波音公司刚刚有惊无险地解决了AN-26事件引起的风波。

AN-26事件。美国联邦航空局(FAA)2005年4月3日发出安全适航指令，要求民航客机更换或改装表层为AN-26的隔热毯(PET)。波音中国公司4月4日晚间也发出声明。此次的波音飞机为1981年—1988年间出厂的波音727型至波音767型之间的飞机。目前，中国共有27架这样的飞机。波音公司一位高管人员介绍，AN-26材料并非很特别，所有的绝缘膜都会老化，时间久了也会受到污染，从而不同程度地降低其防火性能。AN-26的问题，既不是质量问题也不是制造方面的问题。PET是行业内普遍使用的材料，其他飞机制造商也采用类似的PET隔热毯。4月8日民航总局表示，一些媒体有关“国内27架飞机存在安全隐患”的报道是没有依据的。到目前为止，民航总局并没有收到美国联邦航空局(FAA)的关于更换或改装波音AN-26隔热毯的适航指令。

AN-26隔热毯是在飞机的内壁与外壁之间安装的一种保温隔热棉。2002年，波音公司发现这种材料已达不到新的技术标准的要求，存在安全隐患，并将这一情况向联邦航空局做了报告。

事实上，刚刚上任不久的波音中国主管传播事务的副总裁刘江先生就是一名危机处理专家。为此，记者专门约访了这位曾经在美国乔治梅森大学攻读危机管理博士的专业人士。

记者：AN-26本身是很专业的一个东西。但是如果一旦被媒体炒做到公众的范围之内，就会产生一个很大的释放效应。一种关于业内的安全问题探讨最终演变成了一种关于飞机安全的公众话题。波音是如何处理这件事情的？

刘江：危机公关必须建立在有效的危机处理之上。波音公司发现了这一问题以后采取了三个动作：第一个动作是马上报告给美国政府部门，这一方面是美国法律有规定，制造商发现这个问题必须报，其次是公司的自律，因为这是安全问题。第二个就是我们通报了所有的运营商，我们的客户航空公司。第三个就是积极地寻找一种解决方法，波音公司已经开发了一种阻燃喷涂系统，也是一种涂料，喷在隔热毯上，这已经得到了美国安全评估委员会的认可。

---

① 《中华工商时报》，2005年6月7日。

我们这次危机管理成功的地方首先是准备很充分，其次在媒体一些不属实的报道之后我们采取了完全透明的方法，和媒体进行非常有力度的沟通。不是说发了声明就完了，媒体打来电话，每一个媒体我们都很耐心地从头到尾地解释这个事情。最后也是最关键的就是和航空公司、和民航总局的沟通。你可以注意到最后这个事情的平息，是民航总局出来表态的结果。

记者：你以前处理很多危机管理方面的问题，对一个企业来说，当危机来临的时候，什么样的态度是最重要的？

刘江：从危机管理这个角度来讲的话，我觉得公司的一种诚信的态度，一种绝对的透明是至关重要的。波音在处理这样问题的时候，新闻对于我们有利还是不利不重要，重要的是我们要把真实的情况告诉媒体。关于公司的消息肯定是有好的消息，有不好的消息，有正面的肯定也有负面的。公司就像一个人一样，人无完人，公司也是一样的。有媒体问我后不后悔出来说这个事情，我说我不后悔，我说诚实的话会让媒体相信我，让公众信任我。如果是我们错了，我们就承认我们错了，然后告诉公众我们怎样纠正这个错误，以后怎么样避免错误的发生。如果是我们没有错，这是个误解我们就要出来澄清、沟通、解释。所以，对于企业来说用不着去担心、害怕，关键是一个正常的心态，一个坦诚的心态。

记者：最近发生公关危机的公司很多。您刚才谈到，这次波音之所以处理的相对比较圆满，是基于波音公司是负责任的公司，有比较透明的政策。但是从危机管理的角度来说，并不是所有的公司都会做到像波音这样。以专家角度来看这个问题，如果有公司刻意去隐瞒一些问题，这也是危机管理一个正常的表现吗？

刘江：首先我感到很幸运在波音公司这么一家公司，对危机的态度是负责任的、透明的和积极的。相反，就是说面对危机很多公司采取非常不同的态度，一般来讲，企业面对危机时会有以下几种错误反应：第一是侥幸心理。对危机不重视，以为不会落到自己头上，舍不得把钱花在危机管理上，在这方面不做准备；第二是理直气壮。认为人正不怕影子斜，对于媒体的采访和公众的咨询一概否认，没有意识到应该给大家一个更加正确的印象和看法；第三是鸵鸟政策。不愿或不敢直接直面现实，遇到大的危机一下子被打昏了，就赶紧躲起来。第四是推卸责任。指责他人，使本来可能化解的危机不断地升温，加大损失。第五是用纸包火。极力遮掩，想通过各种运作，隐瞒媒体不要报道，结果大家肯定都知道了。第六是自我疗法。找律师、找媒体或者找政府。特别重要的一点是，在发生危机时候媒体和公众都是高度的情绪化，都想知道事实的真相，结果打电话你不在了，躲起来了，这样媒体和公众很自动地认为你是有问题的。还有一种就是不承认自己的错误，说是别人的错误，这样就很不坦诚，还有有些公司出来比较理直气壮，我没有问题，消费者是错的。许多时候，危机对于企业是毁灭性的，有时候甚至一个行业都毁灭掉。很多企业，危机其实早就知道，早就有苗头，因为很多危机不是突发性的，而是有一个长期的潜伏期的。我认为，如果你的公司有这样的能力，自己可以做危机管理；而如果没有这样的能力的话，最好的办法是找一家比较有经验的公关公司，一个第三方的顾问来帮你做这个事情，告诉你应该怎么样去处理。

记者：很多危机的缘起现在普遍存在的信息不对称这个问题。那么从危机管理的层面上，建立预警机制是否更加重要呢？

刘江：对危机管理来说，预警非常重要。从危机管理专业的角度来讲三点是最重要的：危机的预警、危机的处理与沟通，对于企业来讲还有一个危机的预防系统。危机到来是有两个阶段的，issue 是问题，Crisis 是危机。如果问题不解决就会发展为危机，那么中间的线在哪里呢？就是引起公众和媒体关注。所以很多问题不是危机，所以咱们国家应该有这种问题应急和管理的机制，在它成为危机以前，哪怕在国外是危机了，在国内有可能不是危机的时刻，应该有个机制怎么样不让它上升成危机。面对危机，首先是尽快处理，但更重要的是预防，它就是变成一个良性循环了，我们首先要有一个预防机制，有了预防就会尽快地处理问题，那就不会引起公众和媒体的过度关注，最终就不会成为危机了。

案例评析

正如案例中总结的，企业面对危机时会有以下几种错误反应：一是侥幸心理；二是理直气壮；三是鸵鸟政策；四是推卸责任；五是用纸包火；六是自我疗法。我们离开这些错误越远我们离成功也就越近。危机人人都会遭遇，企业与企业的区别不在于是否遭遇危机的考验，真正的区别在于面对危机的态度及应对危机的方法的区别，因此，别人的失败就是你成功的条件。危机这一庞大的管理系统如何来构建以及如何来启动，这需要建设一种制度。如果没有一个良好的制度支持，企业承包管理者也会在危机发生时产生迷失，尽管有很多的道理但是不知道到底自己有没有权力去做些事情，或者什么时候去做。所以危机管理是一件必须靠平时去做的事情，可以这样说，优秀的企业在危机管理方面也是优秀的，它的优秀就在于它愿意接受自己不完美的事实，错了就承认，没有必要找什么理由，诚意决定了解决问题的决心与能力，即使是因为信息的不对称或者彼此在技术层面上解读的水平不同，甚至因为一个专业的问题被舆论煽动成一个公众话语的问题，也不用去埋怨公众的不专业及不理解，而是仍然进行真诚的沟通，这种危机的预防不仅是预案上的更多的心态与观念上的。

案例思考

①案例中提到 AN-26 本身是很专业的一个东西。但是如果一旦被媒体炒作到公众的范围之内，就会产生一个很大的释放效应。一种关于业内的安全问题探讨最终演变成了一种关于飞机安全的公众话题。

如果由于舆论的介入，公众因为不专业而产生恐慌，那么新的危机就会产生，你认为运用舆论来澄清专业问题主要可以从哪些方面着手？谁来说明更有说服力？

②2005 年吉化爆炸引发“松花江水污染”事件时，哈啤作为美国 AB 公司下属的企业立即等待总公司的决策，这种有序推进的危机应对是与平时的规章制度分不开的，因此，一个在危机状态表现得从容的企业总是事先已经做好准备的企业，而这种准备是平时大量预警工作的结果。你认为一个企业的危机预警应该如何全方位进行渗透，如决策、执行、信息、咨询、舆论等各个方面应该如何协调并同步推进？

案例九

苏泊尔的一次超越
——“特富龙”危机管理[1]

案情介绍

面对危机事件中错综复杂的纠葛，如何审时度势，防微杜渐，关键时刻果断出击。在“特富龙”事件中有着出色表现的浙江省苏泊尔炊具股份有限公司提供了一个很好的案例。作为处理这次事件的核心人物之珠苏泊尔公司总裁助理胡滨先生在随信中写道：处理危机公关“贵在神速，胜在思想，重要执行”，本案例即充分地贯彻了这个思想，第一时间做出反应、第一时间坚定立场、第一时间组成危机管理团队，镇定应对，有力地控制住局势，在一场可能颠覆整个中国炊具行业的危机中上演了一出“翻盘大逆转”的好戏。

杜邦“特富龙”危机于2004年7月爆发，2005年1月结束，历经半年之久，危机波及全国各省、自治区、直辖市；整个危机演变，从杜邦“特富龙”危机演变到苏泊尔不粘锅危机，更进一步演变到消费者状告苏泊尔不粘锅危机。本次危机不仅是苏泊尔和杜邦的危机，也是中国不粘锅行业的危机、国家标准的危机。本案例试图对发生在2004年的这场危机进行整理和总结，希望能对中国本土企业及跨国公司在中国进行危机管理提供一些启示。

“苏泊尔”，中国炊具行业的领军者，是国内炊具行业首家上市公司(002032SZ)，主营炊具、电器的研发、生产和营销，中国驰名商标，“苏泊尔”牌不粘锅是“国家免检产品”、“中国名牌产品”，其销售量国内第一。苏泊尔不粘锅以及其他一些不粘锅企业都采用了美国杜邦提供的特富龙不粘涂料。

不粘锅行业在中国发展已有10余年历史。中国不粘锅生产企业所生产的不粘锅系列产品因其具有不粘、不糊、易洁、易洗等特点，深受广大消费者喜爱，在国内已经成为家庭锅具的新主力。据不完全统计，2002年其产量已经达到9000万口，其中大约15%在国内销售；在外销市场，不粘锅系列产品已经成为中国五金制品行业出口创汇的新秀。今年以来，国内炊具业著名企业在保持内销市场发展的同时，在外销市场取得飞跃式的发展，与美国、日本、东南来、香港、台湾等20多个国家和地区的客户建立了贸易关系，成为全球不粘锅重要的出口生产基地。

尽管不粘锅市场前景非常看好，预计近期每年的增长速度在30%左右，但和欧美市场

[1] http://www.hakka8.com/bbs/dispbbs.asp? boardid=22&replyid=5658&id=596&page=1&skin=0

相比差距还甚远。发达国家的普及率在95%以上,而中国目前只有5%。近年来美国市场的销售额都在10亿美元以上,而中国只有十几亿元人民币,相差8~9倍。

(一)飓风起于青萍之末

"巴西丛林里的一只蝴蝶偶然舞动翅膀,可能会在美国得克萨斯州掀起一场龙卷风"——《蝴蝶效应》

(1)美国环保署(EPA)对杜邦提起行政指控

2004年7月8日,周四,美国《华尔街日报》报道美国环保署(EPA)对杜邦公司提起行政指控,指控杜邦公司自1981年6月至2001年3月间,三次拒绝向该机构提供有关可能对人类健康和环境造成伤害的用于"特富龙"制造过程中的添加剂全氟辛酸铵(PFOA,又名C—8)的资料,违反了有关潜在健康风险的联邦报告要求,并拟对其处以高达3亿美元的重罚。杜邦公司否认了环保署的指控,并表示在30天内对这一指控提出正式否认。杜邦称其完全遵守联邦报告要求,并否认在上述化工品与人体健康或环境的任何有害影响之间存在任何联系。在美国这只是一场政府行政单位和企业间的行政诉讼,其主要诉讼标的在于杜邦违反了联邦报告的要求(注:所谓特氟隆,是美国杜邦公司对其研发的碳氢树脂的总称,市面上常见为杜邦公司注册的"特富龙",包括聚四氟乙烯、聚全氟乙丙烯及各种共聚物。由于其独特优异的耐热(180℃—260℃)、耐低温(—200℃)、自润滑性及化学稳定性能等,被称为"拒腐蚀、永不粘的特氟隆"。它带给我们的便利,最常见的就是不粘锅,其他如衣物、家居、医疗甚至宇航产品中也有广泛应用。全氟辛酸铵是生产特富龙涂料中的一种加工助剂,该助剂用量极少;这种加工助剂随着产品生产的完成,已从制造过程中除去,涂有特富龙涂层的不粘锅不含该加工助剂。)时隔一天,7月10日,周六,《参考消息》转发路透社消息《特氟隆材料可能有毒——杜邦遭美国环保署指控》。杜邦中国对此事没有任何反应。同一天,新浪网第一个报道《参考消息》关于特富龙内容,各大媒体纷纷报道杜邦遭行政指控的事实,并称使用杜邦公司特富龙涂料的不粘锅产品可能含有致癌物质。由于时间短,消费者并没有对这一消息有什么反应,不粘锅市场销售走势良好,没有任何负面的表现。7月11日,周日,中国中央电视台《新闻30分》报道"杜邦特富龙可能给人体健康带来危害"的消息。由于中央电视台特殊的媒体地位和其新闻影响力,经其报道的负面新闻往往被认为是一种重要信号,也很容易引发媒体和普通消费者的广泛关注和议论。于是,一个在美国以程序问题为标的的行政诉讼和一则关于"起诉杜邦公司违反联邦报告要求"的新闻,由于中国新闻媒体对美国法律情况的不了解和对美国新闻的一些内容的过于关注,到中国变成了一个健康问题的新闻。同样的新闻背景,在美国和中国却有两种不同侧重的新闻版本。7月12日,周一,杜邦公司向中国媒体发出正式公开声明。在这份声明中,杜邦公司法律顾问总监马伯乐表示:"过去50年所积累的经验和深入细致的科学研究表明,全氟辛酸铵对人体和环境无害。"杜邦中国公司公关部负责人称,全氟辛酸铵是生产特富龙过程中一个基本的加工助剂,它本身就没有危害,所以特富龙更谈不上什么有害了。

杜邦的这份声明,并没有得到中国媒体的支持和消费者的理解,相反,媒体在没有得到满意答复后开始怀疑事情的真相所在。消费者"宁可信其有,不可信其无"的消费心态伴随着媒体的报道,开始表现出来。很快新闻传播的一条消息在很短的时间里演变成一个涉及录像机、消费者、市场、生产厂家和政府部门的社会事件。

(2)媒体

7月13日,周二,国内媒体开始热炒杜邦特富龙事件,就特富龙是否有毒、不粘锅是不是毒锅等问题大做文章。

苏泊尔公司收集了16个重点城市73个报纸媒体、32个网络媒体，中央电视台、中国国际广播电台和上海人民广播电台，共202条新闻报道(含转载)，其中全国性媒体19家、区域性媒体57家；不包括各省会、地级城市电视媒体报道。

媒体报道特征如下：

①从报道价值取向而言，95%以上的报道为负面内容，多以"致癌、有害、毒、损害健康"词语组合而成，而且大多是缺乏依据性的猜测和质疑，而且立即立场惊人的一致，甚至难以从中找到较为有利的报道。整体上呈现出一边倒的大量报道，这在历年来针对企业行为的事件中是极其罕见的。大量此类报道造成的负面影响难以估量，在消费者心目中不粘锅几乎成了"有害健康"的代名词。

②从其爆发性而言，媒体危机来势凶猛，仅仅在一周的时间，便从单一的报道，转身多方位的立体报道，中间预热间隔仅仅2天。

③从报道影响范围而言，此次媒体报道涉及面广，几乎覆盖中国所有都市及大部分城市，50%以上的版面位置在头版和次黄金版，90%以上的报道篇幅在1000字以上。

(3)市场和消费者

伴随着新闻报道，特富龙事件的信息传播很快进入民间的非正式的传播渠道，诸多事情被添油加醋地讲述，在人们街头巷尾和茶余饭后的闲聊中，"致癌"、"毒锅"变成"好像真的一样"。

接着信息的传播开始影响人们的消费心理和消费行为，不粘锅的种种使用方面的优点在健康问题上显得不再重要。消费者接受大量负面报道之后，大约4天的时间，不粘锅的销售出现了急剧的下滑。消费者购买明显减少，部分不粘锅柜台出现撤柜，其范围涉及中国各省市、自治区、直辖市的商场、卖场等主要的不粘锅销售渠道。市场销售普遍大幅度下降，部分消费者提出退货要求。在杭州的某一个超市，曾出现了20多人排队退锅的场面。

(4)苏泊尔

受"特富龙"事件的影响。作为不粘锅市场占有率第一的苏泊尔，遭受了最大压力。苏泊尔人国不粘锅炊具产品的销售量与去年同期相比下滑77.33%，七、八月间至少造成直接经济损失人民币1000万元以上，其他不粘锅企业销售下滑比例也很大。同时，由于"特富龙"事件影响的延伸，苏泊尔的品牌形象因这一事件也受到了损伤，并对苏泊尔的股票发行带来强大的冲击，苏泊尔股票上市当天就跌破发行价，给苏泊尔公司及广大股民和苏泊尔的股东造成了很大经济损失。

(5)经销商

全国各地的炊具行业经销商和零售商，也因这一突发事件遭到了不同程度的直接和间接的经济损失，库存增加，销售不畅，前途黯淡，经销商人心惶惶，有些经销商有了退出的打算。不粘锅市场在"特富龙"事件的打击下，在很短的时间内遭遇了巨大的损失。此次危机，无论对于整个不粘锅市场还是全国的不粘锅用户，"不粘锅有毒论"可以摧毁一个产业。谣言可以越描越黑，辟谣也可能越辟越黑，到底如何才能将企业、行业托出危机？这对苏泊尔是一次重大的考验。

综上所述，不粘锅行业的生存还是灭亡，是个大问题。

(二)危机之中选择坚持——苏泊尔在行动

有人说，看一个企业的实力只需要知道他如何应对危机就可以了。企业的战略眼光、经营能力、组织效率乃至公关意识都在危机中得到集中、全面而又真实的体现。

(1)成功的危机公关基于对危机的正确判断和迅速有效的危机决策

苏泊尔作为国内最大的炊具企业和不粘锅市场份额最大的企业,在"特富龙"事件中首当其冲,承受了巨大的压力。如何处理"特富龙"事件,考验着这家中国最大的炊具企业。

7月10日,由《参考消息》获知杜邦特富龙事件,苏泊尔就敏锐意识到,报道虽然只是针对杜邦公司,但这个问题可能会被扩大,会威胁到国内不粘锅企业。苏泊尔作为国内不粘锅第一品牌,将会面临严重考验。获知消息的当天,公司立即召集高管及相关部门经理(市场部、销售部、采购部、生产部、质量检验部)召开紧急会议,讨论"特富龙材料被美国环保局指控可能有害的应急措施",对危机进行评估。这种在最短的时间进行危机决策的意识,让苏泊尔赢得了日后危机公关中能够采取有效和及时的行动,避免了损失的扩大,赢得了时间。在这次会议中产生了危机公关的几项决议:

①认清危机根源。消息得知后,公司立即和杜邦公司沟通,希望取得美国食品及药品管理局(FDA)的安全认证;同时调查并跟踪海外市场不粘锅市场的情况,掌握第一手的资料。

②制定了危机管理初步预案。建立了危机管理小组,明确危机管理小组的分工,协调公司各部门的计划,减少可能发生的损失。生产、采购、市场等方面都提出了相应的预防措施。

③保证对外的沟通有效。决定由公司总裁助理担任对外新闻发言人,利用各种新闻媒体公开讲解事情的真相,争取媒体的支持与合作。

④保证相关信息的顺畅。公司危机管理小组每天密切关注事件的发展,将各种信息、公司的各项决策通过各种途径发送至每个终端,让公司全体员工及时了解情况及发展趋势,以统一公司内部行动。

虽然做了充分准备,但中央电视台报道后,事件发展的速度和破坏力还是出乎了苏泊尔的意料之外。杜邦声明的收效甚至微,铺天盖地的负面报道,消费者、经销商连续不断的质疑电话,企业内外部的议论纷纷……压力如同潮水般,在很短的时间中压向苏泊尔。危机的等级从预警的橙色一下子变成了红色,危机考验着苏泊尔。

7月13日,公司召开了由总裁苏显泽亲自主持,包括炊、电两事业部营销中心部门副经理以上人员参加的针对"特富龙"事件的会议。会议中公司迅速形成了统一的认识和行动策略。

- 根据从杜邦公司获得的美国食品和药品管理局(FDA)对杜邦特富龙涂料安全认证资料,海外不粘锅市场未受"特富龙"事件的影响情况,以及杜邦200多年的历史和杜邦特富龙50年安全使用历史,苏泊尔得出了一个基本判断:使用杜邦特富龙涂料的不粘锅是一个好产品。这种认识,奠定了苏泊尔公关的基调,全力支持不粘锅,保证不粘锅的市场销售。苏泊尔对"特富龙"事件公关首先是对一个正确事件的公关。
- 确定公关活动的内容和策略。包括媒体、政府机关、市场、消费者和其他方面的公关。
- 决定由公司高管直接负责管理和协调相关的公关活动,派专人负责具体的公关活动。统一企业的声音,并约定危机公关的内部沟通机制,及时讨论和处理新发现的问题。

此次会议后,苏泊尔开始了全面的危机公关。从12日负面报道的爆发,到危机公关的指导原则形成,前后没有超过36小时。

(2)苏泊尔的危机公关

①正本清源,取得舆论制高点。在杜邦7月12日的公关活动失败后,苏泊尔意识到杜邦或其他个别公司和国外机构的证据,也许能起到辅佐的作用,但却不是媒体和消费者完全认同的权威,诚恳的态度也不能完全消除媒体和消费者的疑虑。那么什么样的说明会得到大家的

认同，不会遭到质疑和非议？苏泊尔做出了自己的基本判断。

在中国，国家机关和机构的发言人代表着中国市场权威，他们的发言对中国媒体的有效性要高于美国或者其他国际组织的发言。只有获得他们的支持和认证，不粘锅才可能在最大程度上获得中国消费者的认同，才能站稳市场。

于是，苏泊尔很快对国家的权威机构进行了一系列有效的沟通工作。配合并推动国家权威机构，迅速拿出相应的意见和建议，迅速取得了对苏泊尔有利的证据，加快了权威机构意见的发布，取得了舆论指导的制高点。相应的活动如下：

7月13日，服务部人员将公司所有的不粘锅制品送到国家日用品金属制品质量监督检验中心(沈阳)再次进行检测。

很快，公司收到国家日用金属质量监督检测中心出具的证明。证明苏泊尔生产的不粘锅系列产品近几年来在国家日用金属制品监督中心检验，其检验结果符合标准要求(性能，卫生指标)。

7月20日，苏泊尔走访了国家质检总局和行业协会，与相关负责人进行沟通。解释了事件的来龙去脉，争取了他们对特富龙及不粘锅安全性的认可。他们表示愿意站在企业的立场上消除不利的影响，建议企业要求中国五金协会以协会的名义向国家质量检验检疫总局写检测报告，并表示该检测报告可由企业协助整理。

②正面面对媒体

主动出击。在中国仅仅取得权威机关的支持是不够的，媒体在危机管理中至关重要。媒体的言论在很大程度上影响着舆论的走向，影响着消费者的观点。得不到媒体的支持，可能就会出现“赢得道理，输掉舆论，输掉市场”的结果。

在危机中，新闻媒体关注的是双方的争执过程、化解及内幕，是事件本身的新闻性人。企业如果没有积极有效的公关措施，仅仅上恳求媒体客观公正报道的话，正好适应了媒体深入报道的胃口。危机发生后，公众都是在等待企业的表态——是否低姿态地承认错误、是否愿意承担责任、是否愿意改进等。这些都是企业危机公关传播的核心内容。实际上，危机公关正是通过这些积极的努力来赢得消费者的谅解与信任的。

危机公关是良心的公关，是基于企业经营理念的公关。可以说，危机公关的很大成分是源于危机公关传播的内容是否成功。危机发生后，社会公众了解事件的主要渠道就是新闻媒体，而新闻媒体也都热衷于把各种危机事件当作自己的报道热点。通过媒体，企业可以以真诚的态度，迅速把事件的真相告诉公众。

特富龙事件本来只涉及对杜邦工作程序的问题，国内媒体却把事件扭曲成不粘锅的安全性问题，苏泊尔认为，在这次危机中如何使媒体了解真相，争取媒体支持至关重要。

在这次危机中，苏泊尔表现出极强的媒体沟通能力和意识。实际上，苏泊尔也并没有表现出什么花架子，而是自始至终保持开放的态度，与媒体和公众进行坦诚的沟通，自始至终从公司高层到公司执行层，都把消费者的利益放在首位。而这些恰恰就是危机管理的真谛所在。危机管理就如救火一般，必须迅速及时，必须措施得力，否则就会越演越烈，将所有的希望和梦想化于灰烬之中。

(3)坦诚面对媒体

危机发生时，对媒体、公众的态度很重要，苏泊尔在同媒体沟通时，始终坚持两个原则：一是表现出对媒体的尊重，第一时间主动与之进行直接的、面对面的沟通。媒体是舆论的传播者，要想影响受众，必先争取传播者的理解。所谓在第一时间，是指在危机发生后最好争分夺秒抢时间与媒体联络，等媒体报道后再做工作，为时已晚。真诚的姿态，更容易使媒体感觉到尊重，沟通也会更加有效；二是对公众的态度要坦诚，传达的信息必须准确、清晰，争取公众的理解。危机的发生，常常源于媒体、受众对事实的误解和企业的不透明。企业无论犯错与否，都需要一个正确的心态，增加透明度，向公众做坦诚的解释。人们会为“敢于认错，知错就改，勇于负责”叫好，却不能原谅不负责任的遮掩和逃避。

苏泊尔利用新闻媒体来化解危机，在保持与媒体的有效沟通外，与新闻媒体能力合作，开展高度透明的企业宣传活动，做到了一个企业所能做到的。

适应中国国情，双管齐下。中国的媒体在传播形态上有着自身的特殊情况。中国的媒体存在发布重要消息和权威消息的权威媒体和传播消息的大众媒体。国家机构和权威组织要发布重大消息，挑选中央电视台、《人民日报》、《工人日报》告示权威媒体来进行。消费者日常取得消息的途径更多是来自与自己生活更贴近的大众媒体，如地方报纸、网站和地方新闻节目。如北京消费者会去看《北京青年报》、《新京报》；南京消费者看的是《扬子晚报》，杭州消费者看的是《钱江晚报》、《1818 黄金眼》。苏泊尔根据中国媒体的这种特点，采取了相应的媒体公关策略。在公关传播中，不仅要有自己的声音、权威的声音，还要有舆论的声音。只有这样才能做到有理、有力。在这种思想指导下，苏泊尔进行了有层次、有步骤的媒体公关活动。一是表明态度和立场，稳住阵脚：7 月 12～18 日危机爆发后的第一个礼拜，在媒体面前苏泊尔采取了冷对策。针对媒体普遍关注的问题，公司统一了对外传播的口径，主要强调：苏泊尔的产品是通过国家五金制品质量检验中心检验的，而且特富龙本身并不含毒，消费者对高科技产品应该抱有一种客观和科学的态度，不应盲目恐慌。如果国家权威部门鉴定后认定不粘锅系列产品有问题，“苏泊尔肯定会对消费者负责”。二是权威媒体公关，获得权威声音的支持：7 月 21 日通过前一天对杜邦记者会和对媒体进行现场交流，苏显泽总裁感到杜邦的记者会并没有真正解决媒体对特富龙和不粘锅产品安全性的质疑，苏泊尔有必要与媒体进行进一步的沟通。于是，当天上午，苏泊尔邀请了一些权威媒体的记者进行座谈。座谈会上，苏泊尔再次详细介绍了事件的真相，争取到了记者对事实的认同，避免以后再有不符合事实的相关报道。三是主动接触地方媒体，推动并赢取舆论的支持：7 月 22 日，苏总在杭州和部分媒体座谈，让媒体了解真相，争取媒体支持。同时和全国各地地方媒体接触，说明事情的原委，并争取最大范围的支持。经过这种层层的公关推进，苏泊尔取得了权威媒体和大众媒体的理解和支持。

案例评析

第一时间做出反应、第一时间坚定立场、第一时间组成危机管理团队，镇定应对。按照案例中管理者自身的描述，他们对于这次危机的应对是有着充分的心理准备的，而且也已经预见了问题可能会派生的后果。一旦你确认已经进入危机状态，那么企业的巨轮就应该开始积极响应，无论是媒体的失实报道的危机或自身行为不当造成的危机，方方面面的关系都应该进入沟通的状态，本案例中很明显的，苏泊尔面对的不仅是媒体，而且也需要面对消费者、经销商以及政府部门，危机的结果如何直接取决于这些关系沟通与协调的结果，危机并不可怕，可怕的是已经接受危机的事实但并不知道该如何去面对。如果一个在美国以程序问题为标的的行政诉讼和一则关于“起诉杜邦公司违反联邦报告要求”的新闻，由于中国新闻媒体对美国法律情况的不了解和对美国新闻的一些内容的过于关注，到中国变成了一个健康问题的新闻。到底如何才能解释得清楚？苏泊尔的危机处理小组的快速启动、第一时间与媒体的沟通以保证使公众清楚地了解整个事件，尽量消除流言产生的空间，借助于官方的、权威的文件进行证明以消除公众的疑问，保证信息的透明化，没有任何的埋怨，一直保持与所有利益相关者进行充分的信息沟通，一个企业能够如此迅速、有效地化解危机，应该得益于其长期坚持不懈的危机预防管理措施。正所谓哪里跌倒就在哪里爬起来，当我们看到苏泊尔将媒体进行如此细分时我们就知道他们是知道媒体只是一个平台，他们真正要引导的是舆论。我们不仅看到了这家企业的预警管理的准备，同时也看到了其管理的水平及效果。

案例思考

①危机管理需要构建一套危机管理的反馈和处理机制，从危机的预警、反应、沟通、处理等经典的工作步骤来看，一个优秀的企业往往是在危机应对中有优秀的表现。如 2004 年 1 月禽流感在亚洲部分地区肆虐是地，以经营炸鸡和鸡肉汉堡为主的肯德基连锁店生意曾一落千丈。同样的，肯德基迅速启动危机管理小组，立即汇集了三份文件《肯德基有关禽流感问题的媒体Q&A》、《关于肯德基危机处理的对外答复》、《肯德基有信心有把握为消费者把关 》，并在第一时间提供给媒体。2 月 5 日中国肯德基在北京召开新闻发布会.邀请北京市商务局饮食管理部门领导、农业大学营养专家和 畜牧业专家至肯德基店做示范性品尝。2 月 20 日肯德基宣布将从 21 号在北京、上海、广州、深圳、杭州、苏州、无锡 7 个市场同时推出一款非鸡肉类产品“照烧猪排堡”。同时制定了一系列完善的应急计划，分别从产品、供应商、公众、危机预警等多方面进行危机处理，从而能够保证肯德基在非常时期的运营正常。由此可见，任何一家成熟企业在危机管理过程中的会有其相通之处，即相对完善的预警机制、快速的反应机制、及时进行各种关系的沟通并擅长于引导舆论来消除各种误解，并且学会向政府部门求援。如果成功的危机管理都有其相通之处也就说明了危机管理的规律性，你认为企业构建危机管理整个系统时应该注重哪些方面的要求？

②有专业人士认为，较好的危机管理方法是建立一种 ABC 的结构，A ：Away（远离），远离风险或危机的根源；B：Better（更好），比要求做得更好以抵制风险或危机的根源；C：Compatible（相容），与那些最能抵制风险或危机根源的制度相容。危机管理的最高境界是看不到危机或不让危机发生，因此，危机应对的水平再好也比不上预防危机的能力，你认为优秀的企业在预防危机能力的培养上是否也可以找到相通之处？或者应该从哪几个方面来提高预防的水平？

案例十

杜邦护身——安全为本[1]

案情介绍

一个没有经过培训的员工可能就是一个组织的危机所在。

1802年,法国人留特雷·伊雷内·杜邦移民到美国,在特拉华州威明顿市白兰地河畔建立了杜邦公司,开始从事“不安全”的职业——生产黑火药(到1880年为止,黑火药一直是其主要产品)。

为防意外,杜邦在厂房选址及车间设计上充分考虑了安全性,但尽管如此,火药爆炸重大伤亡事故仍然接二连三地发生。其中,最大的事故发生在1818年,100多名员工中,有40多人伤亡,这其中也有杜邦的家人,企业一度濒临破产。

残酷的现实让杜邦意识到,设备和厂房的安全并不能完全杜绝安全事故,真正的安全不仅要有安全意识,还必须有制度保证。于是,他做出了对杜邦影响深远的三大决策:

一是建立“以人为本”的安全管理理念,即通过各种形式的宣传教育,让员工真正认识到,安全生产并不是对他们生产行为的约束与纠正,而是对他们人身的真正关怀和体贴。

二是对立公积金制度,即从员工工资、企业利润中定期提取公积金,,为万一发生的事故提供经济补偿,并负责抚养在事故中受到伤害的员工家属,小孩抚养到工作为止,如果他们愿意到杜邦工作,杜邦将优先考虑。

三是建立管理层对安全的责任制度,即从总经理到厂长、部门经理、组长等,所有管理者均是安全生产的直接责任人。

与此同时,杜邦还规定,最高管理层在亲自操作之前,任何员工不得进入一个新的或重建的工厂去操作,目的是体现对安全的重视和承诺。

杜邦的安全管理是全员参与,设有安全问题的专业人员、工厂和办公到的专职安全管理人员,公司的管理层也参与其中,最重要的是公司内部还成立了一个安全委员会,是员工主动参与组织的,覆盖面横向到边、竖向到顶。目前,杜邦在全球有专门机构(CSO)来管理员工安全问题。

杜邦的管理人员会定期和负责安全的主管一起召开安全管理会议,即“高层领导人研讨会”,推广互动的学习经验。首先由部门领导者提出安全管理面临的难题,负责安全的主管协

① 郭明全著:《赢在危机——企业危机预控、化解之道》,中国经济出版社2009年版,第191~195页。

助领导阶层结合公司情况和经验提出安全计划，最后研讨改善方案，这些都需要部门高层经理人参与承诺，并设立有效的安全改善程序。

杜邦公司对安全业绩严格考核，首席执行官是公司安全的第一责任人，各个部门的负责人是其部门的安全负责人，而且整个公司和各个部门的安全表现与CEO和部门负责人的经济利益和升迁直接挂钩。如果发生损失工作日的安全事故，即员工由于创伤而不能上班，那个分支机构应付丧失获得年终安全奖的资格，当地负责人的年终考核和工资调整也会受到影响。

在杜邦看来：只有管理者重视安全，并且身体力行，所有的安全教育和措施才能发挥实质的功效，员工才能感受到企业是真正重视安全的。安全事故拥有惯性，保持纪录也有惯性，管理者需要做的就是让员工热爱在安全的惯性中生活。

安全管理的范畴不仅关注国内公司的员工，也包括海外派遣员工的安全和健康。由于杜邦的全球化运作，海外派遣员工也是由全球统一管理的。考虑到差旅安全、健康问题（原住国与目的地健康环境、特别是流行病状况是不一样的）以及当地治安问题是海外派遣员工最大的安全隐患，因此，从流程上来讲，会有专门团队对员工去往地国家的状况进行评估。用红灯、黄灯、绿灯分别代表不同的风险级别，特别危机的国家（如伊拉克）用红灯标示，坚决不让员工去，宁可撤离全部业务；有风险但还可以去的国家用黄灯表示。

海外派遣员工在出国之前还会有安全防范知识、医护常识和遇险求生技能等相应的培训。员工的心理咨询也是日常健康工作的一部分，如果对于前往的国家有担心，员工可以找公司聘请的心理专家沟通。当这些员工到达目的地国、加入对方公司或工厂后，就纳入当场杜邦的管理和培训体系，也要和当场员工一样参加对方所进行的所有培训项目。

杜邦的安全、健康和环境管理体系包括四部分：车间工艺安全、员工职业健康、安保方面管理及工外安全管理。

工外安全管理基本上又分为四部分：

①交通运输安全。比如在中国，如何防卫性驾驶，如何开车更安全等。

②运动安全。请专业人士讲解如何在运动中不受伤害，请医务人员一同参加公司组织的运动会。

③家里的安全。设置“滑倒、跌倒和摔倒”的专门课程，告诉员工如何尽量避免此类伤害。

④公共场所的安全。例如，在工外遇到火灾等如何逃生。工外安全知识的教育对于海外派遣员工尤其有用。

在杜邦，安全教育是新员工入职训练的一部分：任何会议的第一项议程就是介绍安全须知和紧急逃生路线；杜邦每个人身上都有一张卡片，卡片上有负责安全的联系人的通信方式，出现问题的第一时间需要向公司汇报；“危机管理手册”中有一部分是关于员工安全的，如生病、遇到突发事件等的处理方法。“员工安全委员会”每个月都有例会，每个员工都要参加。

培训的频率根据不同地方也不一样，在中国主要是三级培训：厂区、车间和班组培训。每过一段时间，公司还会进行安全的重新培训。对于时刻提醒安全的必要性，杜邦的解释是：人是健忘的，关心安全氛围建设很重要，习惯在于日常培养。据说，杜邦在200年来积累的电子版的安全指南如果要打印出来，可能会堆满半个房间。

尽管有完善的事前预防措施，但杜邦同样设置了快速的事故应急系统。其中最显著发挥作用的是，杜邦签约了国际救护组织中一个有关个人救护的SOS公司，杜邦拥有一个号码，员工出差前会将写有号码的这张绝顶打印下来带在身边，在外遇到情况时会打电话，即可得到对方提供的24小时服务。杜邦中国公司曾有一个外籍员工在中国生病，就用上了这项服务，结果被及时送回美国，对方将一切事宜安排得非常好。

同时，美国总部以及各地的杜邦公司都会保持信息沟通，世界各地公司每天发生的事故，会随时在网上报道出来，每一位CEO和每一位大区总裁都可以在非常短的时间内及时了解员工在工厂内外发生的事故。在杜邦，最为严格的事故汇报制度，任何一个国家、一个地区、一个工厂，对于损工时事件(受伤后不能在第二天准时回到工作岗位正常上班)，24小时之内必须通过事业部领导报告给杜邦全球CEO。此外，在紧急情况出现时，杜邦有一套"危机管理体系"，它是依托管理层的职责(从直接经理到该国的最高管理者都要负责)并配合一些预案形成的，员工遇到突发危机就会根据所受培训触发这一体系。

杜邦的每一位员工不仅自身获得了安全知识，同时还会主动纠正其他人的不安全行为。杜邦整体员工的薪酬福利也是具有竞争性的，且每年进行评估，这其中就考虑了员工安全是第一位的。而海外派遣员工的薪酬福利以及事故补偿等政策也发球公司整体相关政策的一个类别。

据说杜邦公司的安全纪录优于美国其他工业企业的10倍，超过60%的杜邦公司实现了"0"伤害，杜邦每年由此减少数百万美元的支出。

附　杜邦安全体系的构成

新员工的入职安全教育；

每月安全会议；

办公室安全规定；

报有会议的第一个议程必须是介绍安全通道或分享安全知识；

通过电子邮件、员工通信和其他形式发布安全常识；

访问者登记制度；公司内的被访问者负责访问者在访期间的安全；

严格的生产安全制度；

严格的安全议题、事故报告、通报制度；

一把手安全责任制。

200年间不断完善的杜邦安全规则：

1911年，成立世界上第一个企业安全委员会；

1912年，建立了安全数据统计制度，安全管理从定性管理发展到定量管理；

1923年，设立"无事故纪录总统奖"，逐步完善了杜邦安全制度，将工伤、疾病和事故降为零；

1940年，提出"所有事故都是可以防止的"的理念；

1950年，开始实施非工作时间(下班后)的安全计划，工作外的安全事故也计算在安全数据统计制度中，提出了8小时以外预案，对员工的教育就变成了7天24小时的要求；

1990年，设立"安全、健康与环境保护杰出奖"，面向企业内部和整个社会，获奖的个人或团体均能得到5000美元奖励，并以获奖者的名义捐助直的安全、健康和环保机构或有关项目。

案例评析

如果说一个企业危机管理的灵魂是决策者和领导者，那么一个企业危机防范的保护网的构建肯定是每个员工。杜邦的安全防范不仅是员工的责任，同时也是对员工的一种保障。将员工的安全纳入到整个安全保护的范畴，这不仅使杜邦的员工得到安全的保障，当然也就赢得了员工在危机中的全面配合与帮助。这种独特的对员工地位的认识可以说是杜邦公司两百年历史的总结。

按照案例九的资料我们继续分析，当时在2004年发生"特富龙"事件时，杜邦公司就毫无保留地把发生的事实传达给员工。2004年7月8日美国环境保护署向杜邦公司提出质疑的当天，杜邦公司全球董事长兼CEO贺得利先生就根据公司内部沟通的机制，下午向杜邦公司全球的员工发出电子邮件，通报了公司与美国环境保护署的分歧和环保署的质疑，并解释了公司的立场。杜邦认为，公司员工同时也是杜邦的消费者和客户，所以应该让他们知道发生了什么；同时，员工也是向外传递信息的良好途径，更是值得外界依赖的途径。平时杜邦公司与员工的沟通是一种常态，中国总裁布朗先生总是定期向中国员工发邮件，解释许多技术性的问题以及公司在中国所采取的解决问题的步骤。杜邦公司中国公共事务部又将大量的资料整理成一个模拟问答录，提供给全体员工，以便向他们各自的客户、经销商、合作伙伴、亲朋好友提供第一手的资料。如果遇到有什么不清楚的地方，请他们向公共事务部、相关产品部门或直接领导询问。另外中国的事件管理团队每天与设在美国总部的公共事件部门保持联系，及时通报情况。正是这种充分的沟通使杜邦中国的4000多名员工在复杂的舆论氛围中，不仅保持以对公司的充分信任，而且利用他们各自的渠道用同样的声音影响周围的人，对整个事件的平衡起到了积极的作用。

员工到底应该处于什么样的位置？危机中的员工到底有什么样的地位和作用？危机中的员工起着什么样的作用与平时对员工的定位有着必然的关系。当员工不仅成为公司财富的创造者同时也成为公司保护的对象，那么管理者正在防范的不仅是伤害到员工的危机，更是在防范伤害到公司的危机，危机管理的重在平时还表现在一个不重视员工的公司，员工可能就是最大的危机，而制造这种危机的永远是公司的管理者自己。

案例思考

(1)攘外必先安内，危机管理也是如此。危机的防范屏障最广泛的、最坚固的只能是一个企业的所有员工，如何通过员工拉起一张保护整个企业的安全网这是危机管理日常的重要工作，再好的危机制度最终还得靠人去执行，因此在危机管理全过程应该如何体现员工的价值？

(2)对员工的重视可以采取不同的方式，而沟通往往是最直接有效的方法。企业内部的沟通最终追求的目标是员工对公司的信任关系的培养。企业的信任关系一般可以分为三个层次，一是权力层面的威慑性信任；二是可预测层面的了解型信任；三是情感层面的认同型信任。情感层面的信任关系是企业文化浓厚的根基，企业的安全文化和责任文化本身就是企业文化的重要组成部分，只有将危机意识纳入企业文化的内容，通过员工安全意识、责任意识、产品意识、品牌意识体现出危机的防范那才是最成功的危机管理。你认为，从根本上打造一个包括危机意识的企业文化应该人哪几个方面着手？

附录一 《中华人民共和国突发事件应对法》

（2007年11月1日实施）

目 录

第一章 总 则

第一条 为了预防和减少突发事件的发生，控制、减轻和消除突发事件引起的严重社会危害，规范突发事件应对活动，保护人民生命财产安全，维护国家安全、公共安全、环境安全和社会秩序，制定本法。

第二条 突发事件的预防与应急准备、监测与预警、应急处置与救援、事后恢复与重建等应对活动，适用本法。

第三条 本法所称突发事件，是指突然发生，造成或者可能造成严重社会危害，需要采取应急处置措施予以应对的自然灾害、事故灾难、公共卫生事件和社会安全事件。

按照社会危害程度、影响范围等因素，自然灾害、事故灾难、公共卫生事件分为特别重大、重大、较大和一般四级。法律、行政法规或者国务院另有规定的，从其规定。

突发事件的分级标准由国务院或者国务院确定的部门制定。

第四条 国家建立统一领导、综合协调、分类管理、分级负责、属地管理为主的应急管理体制。

第五条 突发事件应对工作实行预防为主、预防与应急相结合的原则。国家建立重大突发事件风险评估体系，对可能发生的突发事件进行综合性评估，减少重大突发事件的发生，最大限度地减轻重大突发事件的影响。

第六条 国家建立有效的社会动员机制，增强全民的公共安全和防范风险的意识，提高全社会的避险救助能力。

第七条 县级人民政府对本行政区域内突发事件的应对工作负责；涉及两个以上行政区域的，由有关行政区域共同的上一级人民政府负责，或者由各有关行政区域的上一级人民政府共同负责。

突发事件发生后，发生地县级人民政府应当立即采取措施控制事态发展，组织开展应急救援和处置工作，并立即向上一级人民政府报告，必要时可以越级上报。

突发事件发生地县级人民政府不能消除或者不能有效控制突发事件引起的严重社会危害

的，应当及时向上级人民政府报告。上级人民政府应当及时采取措施，统一领导应急处置工作。

法律、行政法规规定由国务院有关部门对突发事件的应对工作负责的，从其规定；地方人民政府应当积极配合并提供必要的支持。

第八条 国务院在总理领导下研究、决定和部署特别重大突发事件的应对工作；根据实际需要，设立国家突发事件应急指挥机构，负责突发事件应对工作；必要时，国务院可以派出工作组指导有关工作。

县级以上地方各级人民政府设立由本级人民政府主要负责人、相关部门负责人、驻当地中国人民解放军和中国人民武装警察部队有关负责人组成的突发事件应急指挥机构，统一领导、协调本级人民政府各有关部门和下级人民政府开展突发事件应对工作；根据实际需要，设立相关类别突发事件应急指挥机构，组织、协调、指挥突发事件应对工作。

上级人民政府主管部门应当在各自职责范围内，指导、协助下级人民政府及其相应部门做好有关突发事件的应对工作。

第九条 国务院和县级以上地方各级人民政府是突发事件应对工作的行政领导机关，其办事机构及具体职责由国务院规定。

第十条 有关人民政府及其部门作出的应对突发事件的决定、命令，应当及时公布。

第十一条 有关人民政府及其部门采取的应对突发事件的措施，应当与突发事件可能造成的社会危害的性质、程度和范围相适应；有多种措施可供选择的，应当选择有利于最大程度地保护公民、法人和其他组织权益的措施。

公民、法人和其他组织有义务参与突发事件应对工作。

第十二条 有关人民政府及其部门为应对突发事件，可以征用单位和个人的财产。被征用的财产在使用完毕或者突发事件应急处置工作结束后，应当及时返还。财产被征用或者征用后毁损、灭失的，应当给予补偿。

第十三条 因采取突发事件应对措施，诉讼、行政复议、仲裁活动不能正常进行的，适用有关时效中止和程序中止的规定，但法律另有规定的除外。

第十四条 中国人民解放军、中国人民武装警察部队和民兵组织依照本法和其他有关法律、行政法规、军事法规的规定以及国务院、中央军事委员会的命令，参加突发事件的应急救援和处置工作。

第十五条 中华人民共和国政府在突发事件的预防、监测与预警、应急处置与救援、事后恢复与重建等方面，同外国政府和有关国际组织开展合作与交流。

第十六条 县级以上人民政府做出应对突发事件的决定、命令，应当报本级人民代表大会常务委员会备案；突发事件应急处置工作结束后，应当向本级人民代表大会常务委员会作出专项工作报告。

第二章 预防与应急准备

第十七条 国家建立健全突发事件应急预案体系。

国务院制定国家突发事件总体应急预案，组织制定国家突发事件专项应急预案；国务院有关部门根据各自的职责和国务院相关应急预案，制定国家突发事件部门应急预案。

地方各级人民政府和县级以上地方各级人民政府有关部门根据有关法律、法规、规章、上级人民政府及其有关部门的应急预案以及本地区的实际情况，制定相应的突发事件应急预案。

应急预案制定机关应当根据实际需要和情势变化，适时修订应急预案。应急预案的制定、修订程序由国务院规定。

第十八条 应急预案应当根据本法和其他有关法律、法规的规定，针对突发事件的性质、特点和可能造成的社会危害，具体规定突发事件应急管理工作的组织指挥体系与职责和突发事件的预防与预警机制、处置程序、应急保障措施以及事后恢复与重建措施等内容。

第十九条 城乡规划应当符合预防、处置突发事件的需要，统筹安排应对突发事件所必需的设备和基础设施建设，合理确定应急避难场所。

第二十条 县级人民政府应当对本行政区域内容易引发自然灾害、事故灾难和公共卫生事件的危险源、危险区域进行调查、登记、风险评估，定期进行检查、监控，并责令有关单位采取安全防范措施。

省级和设区的市级人民政府应当对本行政区域内容易引发特别重大、重大突发事件的危险源、危险区域进行调查、登记、风险评估，组织进行检查、监控，并责令有关单位采取安全防范措施。

县级以上地方各级人民政府按照本法规定登记的危险源、危险区域，应当按照国家规定及时向社会公布。

第二十一条 县级人民政府及其有关部门、乡级人民政府、街道办事处、居民委员会、村民委员会应当及时调解处理可能引发社会安全事件的矛盾纠纷。

第二十二条 所有单位应当建立健全安全管理制度，定期检查本单位各项安全防范措施的落实情况，及时消除事故隐患；掌握并及时处理本单位存在的可能引发社会安全事件的问题，防止矛盾激化和事态扩大；对本单位可能发生的突发事件和采取安全防范措施的情况，应当按照规定及时向所在地人民政府或者人民政府有关部门报告。

第二十三条 矿山、建筑施工单位和易燃易爆物品、危险化学品、放射性物品等危险物品的生产、经营、储运、使用单位，应当制定具体应急预案，并对生产经营场所、有危险物品的建筑物、构筑物及周边环境开展隐患排查，及时采取措施消除隐患，防止发生突发事件。

第二十四条 公共交通工具、公共场所和其他人员密集场所的经营单位或者管理单位应当制定具体应急预案，为交通工具和有关场所配备报警装置和必要的应急救援设备、设施，注明其使用方法，并显著标明安全撤离的通道、路线，保证安全通道、出口的畅通。

有关单位应当定期检测、维护其报警装置和应急救援设备、设施，使其处于良好状态，确保正常使用。

第二十五条 县级以上人民政府应当建立健全突发事件应急管理培训制度，对人民政府及其有关部门负有处置突发事件职责的工作人员定期进行培训。

第二十六条 县级以上人民政府应当整合应急资源，建立或者确定综合性应急救援队伍。人民政府有关部门可以根据实际需要设立专业应急救援队伍。

县级以上人民政府及其有关部门可以建立由成年志愿者组成的应急救援队伍。单位应当建立由本单位职工组成的专职或者兼职应急救援队伍。

县级以上人民政府应当加强专业应急救援队伍与非专业应急救援队伍的合作，联合培训、联合演练，提高合成应急、协同应急的能力。

第二十七条 国务院有关部门、县级以上地方各级人民政府及其有关部门、有关单位应当为专业应急救援人员购买人身意外伤害保险，配备必要的防护装备和器材，减少应急救援人员的人身风险。

第二十八条 中国人民解放军、中国人民武装警察部队和民兵组织应当有计划地组织开展应急救援的专门训练。

第二十九条 县级人民政府及其有关部门、乡级人民政府、街道办事处应当组织开展应急知识的宣传普及活动和必要的应急演练。

居民委员会、村民委员会、企业事业单位应当根据所在地人民政府的要求，结合各自的实际情况，开展有关突发事件应急知识的宣传普及活动和必要的应急演练。

新闻媒体应当无偿开展突发事件预防与应急、自救与互救知识的公益宣传。

第三十条 各级各类学校应当把应急知识教育纳入教学内容，对学生进行应急知识教育，培养学生的安全意识和自救与互救能力。

教育主管部门应当对学校开展应急知识教育进行指导和监督。

第三十一条 国务院和县级以上地方各级人民政府应当采取财政措施，保障突发事件应对工作所需经费。

第三十二条 国家建立健全应急物资储备保障制度，完善重要应急物资的监管、生产、储备、调拨和紧急配送体系。

设区的市级以上人民政府和突发事件易发、多发地区的县级人民政府应当建立应急救援物资、生活必需品和应急处置装备的储备制度。

县级以上地方各级人民政府应当根据本地区的实际情况，与有关企业签订协议，保障应急救援物资、生活必需品和应急处置装备的生产、供给。

第三十三条 国家建立健全应急通信保障体系，完善公用通信网，建立有线与无线相结合、基础电信网络与机动通信系统相配套的应急通信系统，确保突发事件应对工作的通信畅通。

第三十四条 国家鼓励公民、法人和其他组织为人民政府应对突发事件工作提供物资、资金、技术支持和捐赠。

第三十五条 国家发展保险事业，建立国家财政支持的巨灾风险保险体系，并鼓励单位和公民参加保险。

第三十六条 国家鼓励、扶持具备相应条件的教学科研机构培养应急管理专门人才，鼓励、扶持教学科研机构和有关企业研究开发用于突发事件预防、监测、预警、应急处置与救援的新技术、新设备和新工具。

第三章 监测与预警

第三十七条 国务院建立全国统一的突发事件信息系统。

县级以上地方各级人民政府应当建立或者确定本地区统一的突发事件信息系统，汇集、储存、分析、传输有关突发事件的信息，并与上级人民政府及其有关部门、下级人民政府及其有关部门、专业机构和监测网点的突发事件信息系统实现互联互通，加强跨部门、跨地区的信息交流与情报合作。

第三十八条 县级以上人民政府及其有关部门、专业机构应当通过多种途径收集突发事件信息。

县级人民政府应当在居民委员会、村民委员会和有关单位建立专职或者兼职信息报告员制度。

获悉突发事件信息的公民、法人或者其他组织，应当立即向所在地人民政府、有关主管部门或者指定的专业机构报告。

第三十九条 地方各级人民政府应当按照国家有关规定向上级人民政府报送突发事件信息。县级以上人民政府有关主管部门应当向本级人民政府相关部门通报突发事件信息。专业机构、监测网点和信息报告员应当及时向所在地人民政府及其有关主管部门报告突发事件信息。

有关单位和人员报送、报告突发事件信息，应当做到及时、客观、真实，不得迟报、谎报、瞒报、漏报。

第四十条 县级以上地方各级人民政府应当及时汇总分析突发事件隐患和预警信息，必要时组织相关部门、专业技术人员、专家学者进行会商，对发生突发事件的可能性及其可能造成的影响进行评估；认为可能发生重大或者特别重大突发事件的，应当立即向上级人民政府报告，并向上级人民政府有关部门、当地驻军和可能受到危害的毗邻或者相关地区的人民政府通报。

第四十一条 国家建立健全突发事件监测制度。

县级以上人民政府及其有关部门应当根据自然灾害、事故灾难和公共卫生事件的种类和特点，建立健全基础信息数据库，完善监测网络，划分监测区域，确定监测点，明确监测项目，提供必要的设备、设施，配备专职或者兼职人员，对可能发生的突发事件进行监测。

第四十二条 国家建立健全突发事件预警制度。

可以预警的自然灾害、事故灾难和公共卫生事件的预警级别，按照突发事件发生的紧急程度、发展势态和可能造成的危害程度分为一级、二级、三级和四级，分别用红色、橙色、黄色和蓝色标示，一级为最高级别。

预警级别的划分标准由国务院或者国务院确定的部门制定。

第四十三条 可以预警的自然灾害、事故灾难或者公共卫生事件即将发生或者发生的可能性增大时，县级以上地方各级人民政府应当根据有关法律、行政法规和国务院规定的权限和程序，发布相应级别的警报，决定并宣布有关地区进入预警期，同时向上一级人民政府报告，必要时可以越级上报，并向当地驻军和可能受到危害的毗邻或者相关地区的人民政府通报。

第四十四条 发布三级、四级警报，宣布进入预警期后，县级以上地方各级人民政府应当根据即将发生的突发事件的特点和可能造成的危害，采取下列措施：

（一）启动应急预案；

（二）责令有关部门、专业机构、监测网点和负有特定职责的人员及时收集、报告有关信息，向社会公布反映突发事件信息的渠道，加强对突发事件发生、发展情况的监测、预报和预警工作；

（三）组织有关部门和机构、专业技术人员、有关专家学者，随时对突发事件信息进行分析评估，预测发生突发事件可能性的大小、影响范围和强度以及可能发生的突发事件的级别；

（四）定时向社会发布与公众有关的突发事件预测信息和分析评估结果，并对相关信息的报道工作进行管理；

（五）及时按照有关规定向社会发布可能受到突发事件危害的警告，宣传避免、减轻危害的常识，公布咨询电话。

第四十五条 发布一级、二级警报，宣布进入预警期后，县级以上地方各级人民政府除采取本法第四十四条规定的措施外，还应当针对即将发生的突发事件的特点和可能造成的危害，采取下列一项或者多项措施：

(一)责令应急救援队伍、负有特定职责的人员进入待命状态,并动员后备人员做好参加应急救援和处置工作的准备;

(二)调集应急救援所需物资、设备、工具,准备应急设施和避难场所,并确保其处于良好状态、随时可以投入正常使用;

(三)加强对重点单位、重要部位和重要基础设施的安全保卫,维护社会治安秩序;

(四)采取必要措施,确保交通、通信、供水、排水、供电、供气、供热等公共设施的安全和正常运行;

(五)及时向社会发布有关采取特定措施避免或者减轻危害的建议、劝告;

(六)转移、疏散或者撤离易受突发事件危害的人员并予以妥善安置,转移重要财产;

(七)关闭或者限制使用易受突发事件危害的场所,控制或者限制容易导致危害扩大的公共场所的活动;

(八)法律、法规、规章规定的其他必要的防范性、保护性措施。

第四十六条 对即将发生或者已经发生的社会安全事件,县级以上地方各级人民政府及其有关主管部门应当按照规定向上一级人民政府及其有关主管部门报告,必要时可以越级上报。

第四十七条 发布突发事件警报的人民政府应当根据事态的发展,按照有关规定适时调整预警级别并重新发布。

有事实证明不可能发生突发事件或者危险已经解除的,发布警报的人民政府应当立即宣布解除警报,终止预警期,并解除已经采取的有关措施。

第四章 应急处置与救援

第四十八条 突发事件发生后,履行统一领导职责或者组织处置突发事件的人民政府应当针对其性质、特点和危害程度,立即组织有关部门,调动应急救援队伍和社会力量,依照本章的规定和有关法律、法规、规章的规定采取应急处置措施。

第四十九条 自然灾害、事故灾难或者公共卫生事件发生后,履行统一领导职责的人民政府可以采取下列一项或者多项应急处置措施:

(一)组织营救和救治受害人员,疏散、撤离并妥善安置受到威胁的人员以及采取其他救助措施;

(二)迅速控制危险源,标明危险区域,封锁危险场所,划定警戒区,实行交通管制以及其他控制措施;

(三)立即抢修被损坏的交通、通信、供水、排水、供电、供气、供热等公共设施,向受到危害的人员提供避难场所和生活必需品,实施医疗救护和卫生防疫以及其他保障措施;

(四)禁止或者限制使用有关设备、设施,关闭或者限制使用有关场所,中止人员密集的活动或者可能导致危害扩大的生产经营活动以及采取其他保护措施;

(五)启用本级人民政府设置的财政预备费和储备的应急救援物资,必要时调用其他急需物资、设备、设施、工具;

(六)组织公民参加应急救援和处置工作,要求具有特定专长的人员提供服务;

(七)保障食品、饮用水、燃料等基本生活必需品的供应;

(八)依法从严惩处囤积居奇、哄抬物价、制假售假等扰乱市场秩序的行为,稳定市场价格,维护市场秩序;

（九）依法从严惩处哄抢财物、干扰破坏应急处置工作等扰乱社会秩序的行为，维护社会治安；

（十）采取防止发生次生、衍生事件的必要措施。

第五十条 社会安全事件发生后，组织处置工作的人民政府应当立即组织有关部门并由公安机关针对事件的性质和特点，依照有关法律、行政法规和国家其他有关规定，采取下列一项或者多项应急处置措施：

（一）强制隔离使用器械相互对抗或者以暴力行为参与冲突的当事人，妥善解决现场纠纷和争端，控制事态发展；

（二）对特定区域内的建筑物、交通工具、设备、设施以及燃料、燃气、电力、水的供应进行控制；

（三）封锁有关场所、道路，查验现场人员的身份证件，限制有关公共场所内的活动；

（四）加强对易受冲击的核心机关和单位的警卫，在国家机关、军事机关、国家通讯社、广播电台、电视台、外国驻华使领馆等单位附近设置临时警戒线；

（五）法律、行政法规和国务院规定的其他必要措施。

严重危害社会治安秩序的事件发生时，公安机关应当立即依法出动警力，根据现场情况依法采取相应的强制性措施，尽快使社会秩序恢复正常。

第五十一条 发生突发事件，严重影响国民经济正常运行时，国务院或者国务院授权的有关主管部门可以采取保障、控制等必要的应急措施，保障人民群众的基本生活需要，最大限度地减轻突发事件的影响。

第五十二条 履行统一领导职责或者组织处置突发事件的人民政府，必要时可以向单位和个人征用应急救援所需设备、设施、场地、交通工具和其他物资，请求其他地方人民政府提供人力、物力、财力或者技术支援，要求生产、供应生活必需品和应急救援物资的企业组织生产、保证供给，要求提供医疗、交通等公共服务的组织提供相应的服务。

履行统一领导职责或者组织处置突发事件的人民政府，应当组织协调运输经营单位，优先运送处置突发事件所需物资、设备、工具、应急救援人员和受到突发事件危害的人员。

第五十三条 履行统一领导职责或者组织处置突发事件的人民政府，应当按照有关规定统一、准确、及时发布有关突发事件事态发展和应急处置工作的信息。

第五十四条 任何单位和个人不得编造、传播有关突发事件事态发展或者应急处置工作的虚假信息。

第五十五条 突发事件发生地的居民委员会、村民委员会和其他组织应当按照当地人民政府的决定、命令，进行宣传动员，组织群众开展自救和互救，协助维护社会秩序。

第五十六条 受到自然灾害危害或者发生事故灾难、公共卫生事件的单位，应当立即组织本单位应急救援队伍和工作人员营救受害人员，疏散、撤离、安置受到威胁的人员，控制危险源，标明危险区域，封锁危险场所，并采取其他防止危害扩大的必要措施，同时向所在地县级人民政府报告；对因本单位的问题引发的或者主体是本单位人员的社会安全事件，有关单位应当按照规定上报情况，并迅速派出负责人赶赴现场开展劝解、疏导工作。

突发事件发生地的其他单位应当服从人民政府发布的决定、命令，配合人民政府采取的应急处置措施，做好本单位的应急救援工作，并积极组织人员参加所在地的应急救援和处置工作。

第五十七条 突发事件发生地的公民应当服从人民政府、居民委员会、村民委员会或者所属单位的指挥和安排，配合人民政府采取的应急处置措施，积极参加应急救援工作，协助维护社会秩序。

第五章　事后恢复与重建

第五十八条　突发事件的威胁和危害得到控制或者消除后，履行统一领导职责或者组织处置突发事件的人民政府应当停止执行依照本法规定采取的应急处置措施，同时采取或者继续实施必要措施，防止发生自然灾害、事故灾难、公共卫生事件的次生、衍生事件或者重新引发社会安全事件。

第五十九条　突发事件应急处置工作结束后，履行统一领导职责的人民政府应当立即组织对突发事件造成的损失进行评估，组织受影响地区尽快恢复生产、生活、工作和社会秩序，制定恢复重建计划，并向上一级人民政府报告。

受突发事件影响地区的人民政府应当及时组织和协调公安、交通、铁路、民航、邮电、建设等有关部门恢复社会治安秩序，尽快修复被损坏的交通、通信、供水、排水、供电、供气、供热等公共设施。

第六十条　受突发事件影响地区的人民政府开展恢复重建工作需要上一级人民政府支持的，可以向上一级人民政府提出请求。上一级人民政府应当根据受影响地区遭受的损失和实际情况，提供资金、物资支持和技术指导，组织其他地区提供资金、物资和人力支援。

第六十一条　国务院根据受突发事件影响地区遭受损失的情况，制定扶持该地区有关行业发展的优惠政策。

受突发事件影响地区的人民政府应当根据本地区遭受损失的情况，制定救助、补偿、抚慰、抚恤、安置等善后工作计划并组织实施，妥善解决因处置突发事件引发的矛盾和纠纷。

公民参加应急救援工作或者协助维护社会秩序期间，其在本单位的工资待遇和福利不变；表现突出、成绩显著的，由县级以上人民政府给予表彰或者奖励。

县级以上人民政府对在应急救援工作中伤亡的人员依法给予抚恤。

第六十二条　履行统一领导职责的人民政府应当及时查明突发事件的发生经过和原因，总结突发事件应急处置工作的经验教训，制定改进措施，并向上一级人民政府提出报告。

第六章　法律责任

第六十三条　地方各级人民政府和县级以上各级人民政府有关部门违反本法规定，不履行法定职责的，由其上级行政机关或者监察机关责令改正；有下列情形之一的，根据情节对直接负责的主管人员和其他直接责任人员依法给予处分：

（一）未按规定采取预防措施，导致发生突发事件，或者未采取必要的防范措施，导致发生次生、衍生事件的；

（二）迟报、谎报、瞒报、漏报有关突发事件的信息，或者通报、报送、公布虚假信息，造成后果的；

（三）未按规定及时发布突发事件警报、采取预警期的措施，导致损害发生的；

（四）未按规定及时采取措施处置突发事件或者处置不当，造成后果的；

（五）不服从上级人民政府对突发事件应急处置工作的统一领导、指挥和协调的；

（六）未及时组织开展生产自救、恢复重建等善后工作的；

（七）截留、挪用、私分或者变相私分应急救援资金、物资的；

（八）不及时归还征用的单位和个人的财产，或者对被征用财产的单位和个人不按规定给予补偿的。

第六十四条 有关单位有下列情形之一的，由所在地履行统一领导职责的人民政府责令停产停业，暂扣或者吊销许可证或者营业执照，并处五万元以上二十万元以下的罚款；构成违反治安管理行为的，由公安机关依法给予处罚：

（一）未按规定采取预防措施，导致发生严重突发事件的；

（二）未及时消除已发现的可能引发突发事件的隐患，导致发生严重突发事件的；

（三）未做好应急设备、设施日常维护、检测工作，导致发生严重突发事件或者突发事件危害扩大的；

（四）突发事件发生后，不及时组织开展应急救援工作，造成严重后果的。

前款规定的行为，其他法律、行政法规规定由人民政府有关部门依法决定处罚的，从其规定。

第六十五条 违反本法规定，编造并传播有关突发事件事态发展或者应急处置工作的虚假信息，或者明知是有关突发事件事态发展或者应急处置工作的虚假信息而进行传播的，责令改正，给予警告；造成严重后果的，依法暂停其业务活动或者吊销其执业许可证；负有直接责任的人员是国家工作人员的，还应当对其依法给予处分；构成违反治安管理行为的，由公安机关依法给予处罚。

第六十六条 单位或者个人违反本法规定，不服从所在地人民政府及其有关部门发布的决定、命令或者不配合其依法采取的措施，构成违反治安管理行为的，由公安机关依法给予处罚。

第六十七条 单位或者个人违反本法规定，导致突发事件发生或者危害扩大，给他人人身、财产造成损害的，应当依法承担民事责任。

第六十八条 违反本法规定，构成犯罪的，依法追究刑事责任。

第七章 附 则

第六十九条 发生特别重大突发事件，对人民生命财产安全、国家安全、公共安全、环境安全或者社会秩序构成重大威胁，采取本法和其他有关法律、法规、规章规定的应急处置措施不能消除或者有效控制、减轻其严重社会危害，需要进入紧急状态的，由全国人民代表大会常务委员会或者国务院依照宪法和其他有关法律规定的权限和程序决定。

紧急状态期间采取的非常措施，依照有关法律规定执行或者由全国人民代表大会常务委员会另行规定。

第七十条 本法自2007年11月1日起施行。

附录二　　中华人民共和国国务院《国家突发公共事件总体应急预案》

（2006 年 1 月 8 日实施）

国家突发公共事件总体应急预案

1　总则

1.1　编制目的

提高政府保障公共安全和处置突发公共事件的能力，最大程度地预防和减少突发公共事件及其造成的损害，保障公众的生命财产安全，维护国家安全和社会稳定，促进经济社会全面、协调、可持续发展。

1.2　编制依据

依据宪法及有关法律、行政法规，制定本预案。

1.3　分类分级

本预案所称突发公共事件是指突然发生，造成或者可能造成重大人员伤亡、财产损失、生态环境破坏和严重社会危害，危及公共安全的紧急事件。

根据突发公共事件的发生过程、性质和机理，突发公共事件主要分为以下四类：

(1)自然灾害。主要包括水旱灾害，气象灾害，地震灾害，地质灾害，海洋灾害，生物灾害和森林草原火灾等。

(2)事故灾难。主要包括工矿商贸等企业的各类安全事故，交通运输事故，公共设施和设备事故，环境污染和生态破坏事件等。

(3)公共卫生事件。主要包括传染病疫情，群体性不明原因疾病，食品安全和职业危害，动物疫情，以及其他严重影响公众健康和生命安全的事件。

(4)社会安全事件。主要包括恐怖袭击事件，经济安全事件和涉外突发事件等。

各类突发公共事件按照其性质、严重程度、可控性和影响范围等因素，一般分为四级：Ⅰ级（特别重大）、Ⅱ级（重大）、Ⅲ级（较大）和Ⅳ级（一般）。

1.4　适用范围

本预案适用于涉及跨省级行政区划的，或超出事发地省级人民政府处置能力的特别重大突发公共事件应对工作。

本预案指导全国的突发公共事件应对工作。

1.5　工作原则

(1)以人为本，减少危害。切实履行政府的社会管理和公共服务职能，把保障公众健康和生命财产安全作为首要任务，最大限度地减少突发公共事件及其造成的人员伤亡和危害。

(2)居安思危，预防为主。高度重视公共安全工作，常抓不懈，防患于未然。增强忧患意识，坚持预防与应急相结合，常态与非常态相结合，做好应对突发公共事件的各项准备工作。

(3)统一领导，分级负责。在党中央、国务院的统一领导下，建立健全分类管理、分级负责，条块结合、属地管理为主的应急管理体制，在各级党委领导下，实行行政领导责任制，充分发挥专业应急指挥机构的作用。

(4)依法规范，加强管理。依据有关法律和行政法规，加强应急管理，维护公众的合法权益，使应对突发公共事件的工作规范化、制度化、法制化。

(5)快速反应，协同应对。加强以属地管理为主的应急处置队伍建设，建立联动协调制度，充分动员和发挥乡镇、社区、企事业单位、社会团体和志愿者队伍的作用，依靠公众力量，形成统一指挥、反应灵敏、功能齐全、协调有序、运转高效的应急管理机制。

(6)依靠科技，提高素质。加强公共安全科学研究和技术开发，采用先进的监测、预测、预警、预防和应急处置技术及设施，充分发挥专家队伍和专业人员的作用，提高应对突发公共事件的科技水平和指挥能力，避免发生次生、衍生事件；加强宣传和培训教育工作，提高公众自救、互救和应对各类突发公共事件的综合素质。

1.6 应急预案体系

全国突发公共事件应急预案体系包括：

(1)突发公共事件总体应急预案。总体应急预案是全国应急预案体系的总纲，是国务院应对特别重大突发公共事件的规范性文件。

(2)突发公共事件专项应急预案。专项应急预案主要是国务院及其有关部门为应对某一类型或某几种类型突发公共事件而制定的应急预案。

(3)突发公共事件部门应急预案。部门应急预案是国务院有关部门根据总体应急预案、专项应急预案和部门职责为应对突发公共事件制定的预案。

(4)突发公共事件地方应急预案。具体包括：省级人民政府的突发公共事件总体应急预案、专项应急预案和部门应急预案；各市(地)、县(市)人民政府及其基层政权组织的突发公共事件应急预案。上述预案在省级人民政府的领导下，按照分类管理、分级负责的原则，由地方人民政府及其有关部门分别制定。

(5)企事业单位根据有关法律法规制定的应急预案。

(6)举办大型会展和文化体育等重大活动，主办单位应当制订应急预案。

各类预案将根据实际情况变化不断补充、完善。

2 组织体系

2.1 领导机构

国务院是突发公共事件应急管理工作的最高行政领导机构。在国务院总理领导下，由国务院常务会议和国家相关突发公共事件应急指挥机构(以下简称相关应急指挥机构)负责突发公共事件的应急管理工作；必要时，派出国务院工作组指导有关工作。

2.2 办事机构

国务院办公厅设国务院应急管理办公室，履行值守应急、信息汇总和综合协调职责，发挥运转枢纽作用。

2.3 工作机构

国务院有关部门依据有关法律、行政法规和各自的职责，负责相关类别突发公共事件的应急管理工作。具体负责相关类别的突发公共事件专项和部门应急预案的起草与实施，贯彻落实国务院有关决定事项。

2.4 地方机构

地方各级人民政府是本行政区域突发公共事件应急管理工作的行政领导机构，负责本行政区域各类突发公共事件的应对工作。

2.5 专家组

国务院和各应急管理机构建立各类专业人才库，可以根据实际需要聘请有关专家组成专家组，为应急管理提供决策建议，必要时参加突发公共事件的应急处置工作。

3 运行机制

3.1 预测与预警

各地区、各部门要针对各种可能发生的突发公共事件，完善预测预警机制，建立预测预警系统，开展风险分析，做到早发现、早报告、早处置。

3.1.1 预警级别和发布

根据预测分析结果，对可能发生和可以预警的突发公共事件进行预警。预警级别依据突发公共事件可能造成的危害程度、紧急程度和发展势态，一般划分为四级：Ⅰ级（特别严重）、Ⅱ级（严重）、Ⅲ级（较重）和Ⅳ级（一般），依次用红色、橙色、黄色和蓝色表示。

预警信息包括突发公共事件的类别、预警级别、起始时间、可能影响范围、警示事项、应采取的措施和发布机关等。

预警信息的发布、调整和解除可通过广播、电视、报刊、通信、信息网络、警报器、宣传车或组织人员逐户通知等方式进行，对老、幼、病、残、孕等特殊人群以及学校等特殊场所和警报盲区应当采取有针对性的公告方式。

3.2 应急处置

3.2.1 信息报告

特别重大或者重大突发公共事件发生后，各地区、各部门要立即报告，最迟不得超过4小时，同时通报有关地区和部门。应急处置过程中，要及时续报有关情况。

3.2.2 先期处置

突发公共事件发生后，事发地的省级人民政府或者国务院有关部门在报告特别重大、重大突发公共事件信息的同时，要根据职责和规定的权限启动相关应急预案，及时、有效地进行处置，控制事态。

在境外发生涉及中国公民和机构的突发事件，我驻外使领馆、国务院有关部门和有关地方人民政府要采取措施控制事态发展，组织开展应急救援工作。

3.2.3 应急响应

对于先期处置未能有效控制事态的特别重大突发公共事件，要及时启动相关预案，由国务院相关应急指挥机构或国务院工作组统一指挥或指导有关地区、部门开展处置工作。

现场应急指挥机构负责现场的应急处置工作。

需要多个国务院相关部门共同参与处置的突发公共事件，由该类突发公共事件的业务主管部门牵头，其他部门予以协助。

3.2.4 应急结束

特别重大突发公共事件应急处置工作结束，或者相关危险因素消除后，现场应急指挥机构予以撤销。

3.3 恢复与重建

3.3.1 善后处置

要积极稳妥、深入细致地做好善后处置工作。对突发公共事件中的伤亡人员、应急处置工作人员，以及紧急调集、征用有关单位及个人的物资，要按照规定给予抚恤、补助或补偿，并提供心理及司法援助。有关部门要做好疫病防治和环境污染消除工作。保险监管机构督促有关保险机构及时做好有关单位和个人损失的理赔工作。

3.3.2　调查与评估

要对特别重大突发公共事件的起因、性质、影响、责任、经验教训和恢复重建等问题进行调查评估。

3.3.3　恢复重建

根据受灾地区恢复重建计划组织实施恢复重建工作。

3.4　信息发布

突发公共事件的信息发布应当及时、准确、客观、全面。事件发生的第一时间要向社会发布简要信息，随后发布初步核实情况、政府应对措施和公众防范措施等，并根据事件处置情况做好后续发布工作。

信息发布形式主要包括授权发布、散发新闻稿、组织报道、接受记者采访、举行新闻发布会等。

4　应急保障

各有关部门要按照职责分工和相关预案做好突发公共事件的应对工作，同时根据总体预案切实做好应对突发公共事件的人力、物力、财力、交通运输、医疗卫生及通信保障等工作，保证应急救援工作的需要和灾区群众的基本生活，以及恢复重建工作的顺利进行。

4.1　人力资源

公安(消防)、医疗卫生、地震救援、海上搜救、矿山救护、森林消防、防洪抢险、核与辐射、环境监控、危险化学品事故救援、铁路事故、民航事故、基础信息网络和重要信息系统事故处置，以及水、电、油、气等工程抢险救援队伍是应急救援的专业队伍和骨干力量。地方各级人民政府和有关部门、单位要加强应急救援队伍的业务培训和应急演练，建立联动协调机制，提高装备水平；动员社会团体、企事业单位以及志愿者等各种社会力量参与应急救援工作；增进国际交流与合作。要加强以乡镇和社区为单位的公众应急能力建设，发挥其在应对突发公共事件中的重要作用。

中国人民解放军和中国人民武装警察部队是处置突发公共事件的骨干和突击力量，按照有关规定参加应急处置工作。

4.2　财力保障

要保证所需突发公共事件应急准备和救援工作资金。对受突发公共事件影响较大的行业、企事业单位和个人要及时研究提出相应的补偿或救助政策。要对突发公共事件财政应急保障资金的使用和效果进行监管和评估。

鼓励自然人、法人或者其他组织(包括国际组织)按照《中华人民共和国公益事业捐赠法》等有关法律、法规的规定进行捐赠和援助。

4.3　物资保障

要建立健全应急物资监测网络、预警体系和应急物资生产、储备、调拨及紧急配送体系，完善应急工作程序，确保应急所需物资和生活用品的及时供应，并加强对物资储备的监督管理，及时予以补充和更新。

地方各级人民政府应根据有关法律、法规和应急预案的规定，做好物资储备工作。

4.4　基本生活保障

要做好受灾群众的基本生活保障工作，确保灾区群众有饭吃、有水喝、有衣穿、有住处、有病能得到及时医治。

4.5　医疗卫生保障

卫生部门负责组建医疗卫生应急专业技术队伍，根据需要及时赴现场开展医疗救治、疾病预防控制等卫生应急工作。及时为受灾地区提供药品、器械等卫生和医疗设备。必要时，组织动员红十字会等社会卫生力量参与医疗卫生救助工作。

4.6 交通运输保障

要保证紧急情况下应急交通工具的优先安排、优先调度、优先放行，确保运输安全畅通；要依法建立紧急情况社会交通运输工具的征用程序，确保抢险救灾物资和人员能够及时、安全送达。

根据应急处置需要，对现场及相关通道实行交通管制，开设应急救援“绿色通道”，保证应急救援工作的顺利开展。

4.7 治安维护

要加强对重点地区、重点场所、重点人群、重要物资和设备的安全保护，依法严厉打击违法犯罪活动。必要时，依法采取有效管制措施，控制事态，维护社会秩序。

4.8 人员防护

要指定或建立与人口密度、城市规模相适应的应急避险场所，完善紧急疏散管理办法和程序，明确各级责任人，确保在紧急情况下公众安全、有序的转移或疏散。

要采取必要的防护措施，严格按照程序开展应急救援工作，确保人员安全。

4.9 通信保障

建立健全应急通信、应急广播电视保障工作体系，完善公用通信网，建立有线和无线相结合、基础电信网络与机动通信系统相配套的应急通信系统，确保通信畅通。

4.10 公共设施

有关部门要按照职责分工，分别负责煤、电、油、气、水的供给，以及废水、废气、固体废弃物等有害物质的监测和处理。

4.11 科技支撑

要积极开展公共安全领域的科学研究；加大公共安全监测、预测、预警、预防和应急处置技术研发的投入，不断改进技术装备，建立健全公共安全应急技术平台，提高我国公共安全科技水平；注意发挥企业在公共安全领域的研发作用。

5 监督管理

5.1 预案演练

各地区、各部门要结合实际，有计划、有重点地组织有关部门对相关预案进行演练。

5.2 宣传和培训

宣传、教育、文化、广电、新闻出版等有关部门要通过图书、报刊、音像制品和电子出版物、广播、电视、网络等，广泛宣传应急法律法规和预防、避险、自救、互救、减灾等常识，增强公众的忧患意识、社会责任意识和自救、互救能力。各有关方面要有计划地对应急救援和管理人员进行培训，提高其专业技能。

5.3 责任与奖惩

突发公共事件应急处置工作实行责任追究制。

对突发公共事件应急管理工作中作出突出贡献的先进集体和个人要给予表彰和奖励。

对迟报、谎报、瞒报和漏报突发公共事件重要情况或者应急管理工作中有其他失职、渎职行为的，依法对有关责任人给予行政处分；构成犯罪的，依法追究刑事责任。

6 附则

6.1 预案管理

根据实际情况的变化，及时修订本预案。

本预案自发布之日起实施。

参考书目

[1]桂维民:《应急管理十日谈》,中共中央学校出版社 2010 年版
[2][美]肯尼思·G. 麦基:《企业危机防范》,于洪彦等译,商务印书馆 2008 年版
[3]郭明全:《赢在危机》,中国经济出版社 2009 年版
[4]劳伦斯·巴顿著:《组织危机管理》,符彩霞译,清华大学出版社 2002 年版
[5]杰佛里·R·卡波尼格罗著:《危机顾问》,杭建平译,中国三峡出版社 2001 年版
[6]薛澜、张强、钟开斌著:《危机管理》,清华大学出版社 2003 年版
[7]罗伯特·希斯:《危机管理》,王成等译,中信出版社 2004 年版
[8]刘刚:《危机管理》,北京,中国经济出版社 2004 年版
[9]苏伟伦:《危机管理——现代企业失误管理手册》,中国纺织出版社 2000 年版
[10]鲍勇剑等:《危机管理——当最坏的情况发生时》,复旦大学出版社 2003 年版
[11]诺曼·R·奥古斯丁:《危机管理》,中国人民大学出版社 2004 年版
[12]伊恩·L·米特若夫等:《危机防范与对策》,电子工业出版社 2004 年版
[13]孙玉红等:《直面危机》,中信出版社 2004 年版
[14]菲克:《危机管理》,韩应宁译,经济与生活出版事业公司,1987 年版
[15]许文惠等:《危机状态下的政府管理》,中国人民大学出版社 1997 年版
[16]佐佐淳行:《危机管理宝典》,褚先忠译,建宏出版社 1994 年版
[17]迈克尔·里杰斯特:《危机管理》,陈向阳等译,复旦大学出版社 1995 年版
[18]朱德武:《危机管理:面对突发事件的抉择》,广东经济出版社 2002 年版
[19]许芳:《如何进行危机管理》,北京大学出版社 2004 年版
[20]许文惠等:《危机状态下的政府管理》,中国人民大学出版社 2000 年版
[21]戴维·K·赫斯特:《危机与振兴》,中国对外翻译出版公司,2001 年版
[22]龟井利明:《危机管理理论》,中国金融出版社 1998 年版
[23]高厚满:《外国军警处置突发事件选评》,解放军出版社 1992 年版
[24]丹尼斯·麦奎尔等,大众传播模式论,上海译文出版社 1987 年版
[25]施拉姆等,传播学概论,新华出版社 1984 年版
[26]赛佛林等,传播学的起源、方法和应用,华夏出版社 2000 年版
[27]斯蒂文·小约翰,传播理论,中国社会科学出版社 1999 年版
[28]罗杰斯,传播学史——一种传记式的方法,上海译文出版社 2002 年版
[29]朱德武编著:《危机管理:面对突发事件的抉择》,广东经济出版社 2002 年版
[30]彼得·德鲁克著,齐若兰译:《管理的实践》,机械工业出版社 2009 年版
[31]彼得·德鲁克著,陈小白译:《管理:任务,责任与实践(第二部)》,华夏出版社 2007 年版
[32]罗德尼克 M]克雷默著:《组织中的信任》,中国城市出版社 2003 年版

[33]彼得·德鲁克著,许是详译:《卓有成效的管理者》许是详译,机械工业出版社 2005 年版
[34]伦纳德·萨菲尔著,段燕等译:《强势公关》,机械工业出版社 2002 年版
[35]彼得·德鲁克著,廖月娟译:《旁观者》,机械工业出版社 2005 年版
[36]格里·麦卡斯著,齐瑾译:《公关败局》,上海远东出版社 2007 年版
[37]《21 世纪的管理挑战》,1999 年版
[38]周三多著,管理学——原理与方法,上海,复旦大学出版社 1997 年版
[39]杨文士等著,管理学原理,中国人民大学出版社 2004 年版
[40]芮明杰著,管理学,高等出版社 2000 年版
[41]汪克夷等著:《管理学》(第四版),大连理工大学出版社 2006 年版
[42]迈克尔·尤西姆著,林一维译:《大决策:九个不朽的领导力传奇故事》,机械工业出版社 2007 年版
[43]桂维民著:《应急决策论》,中共中央学校出版社 2007 年版
[44]吴友富主编:《中国公共关系 20 年发展报告》,上海外语教育出版社 2007 年版
[45]王延章等著:《应急管理信息系统:基本原理、关键技术、案例》,科学出版社 2010 年版
[46]沃尔特·D·斯科特著,孙宏志译:《效率:提高工作绩效的 12 种途径》,中国发展出版社 2004 年版
[47]劳伦斯·E]萨斯坎德等著,李明伟等译:《打破罗伯特规则:达成共识获得结果的有效会议方法》,社会科学文献出版社 2008 年版
[48]格雷戈里·P]普拉斯塔克斯著,李辉译:《管理决策:理论与实践》,清华大学出版社 2011 年版
[49]Frederick T. L. Leong, James T. AustinY 主编,周晓林等译:《心理学研究手册》,中国轻工业出版社 2006 年版
[50]彼德·杜拉克著,许是详译:《有效的管理者》,中华企业管理发展中心 1978 年版
[51]卡尔·帕顿、大卫·沙维奇著,孙兰芝译:《政策分析和规划的初步方法》,华夏出版社 2001 年版
[52]谢燮区:《领导决策论》,东北大学出版 2003 年版
[53]吴友富主编:《中国公共关系 20 年发展报告》,上海外语教育出版社 2007 年版
[54]余明阳等编著:《危机管理战略》,清华大学出版社 2009 年版
[55]肖鹏英编著:《危机管理》,华南理工大学出版社 2008 年版
[56]肖汉仕著:《应用社会心理学》,湖南师范大学出版社 2008 年版
[57]雷吉斯特等著,风险问题与危机管理,谢新洲译,北京大学出版社 2005 年版
[58]周永生,现代企业危机管理,复旦大学出版社 2007 年版
[59]美,伊夫·阿达姆松著,方蕾译:《压力管理》,黑龙江科学技术出版社 2008 年版
[60]Elliot Aronson、Timothy D. Wilson、Robin M. Akert 等著:《社会心理学》,侯玉波译,中国轻工业出版社 2005 年版
[61]劳伦斯·巴顿著,许静予译:《危机管理:一套不可取代的简易危机管理方案》,东方出版社 2009 年版
[62]全国干部培训教材编审指导委员会组织编写:《突发事件应急管理》,人民出版社 2011 年版